UM VERMELHO
ENCARNADO NO CÉU

Um vermelho encarnado no céu
Por instruções do espírito Yehoshua Ben Nun
Pedro de Campos
Copyright © 2018 by
Lúmen Editorial Ltda.

2ª edição - Dezembro 2018
2-12-18-2.750-5.750

Coordenação editorial: *Ronaldo A. Sperdutti*
Revisão: *Roberto de Carvalho*
Projeto gráfico e arte da capa: *Juliana Mollinari*
Diagramação: *Juliana Mollinari*
Assistente editorial: *Ana Maria Rael Gambarini*

Dados Internacionais de Catalogação na Publicação (CIP)
(Câmara Brasileira do Livro, SP, Brasil)

Nun, Yehoshua Ben (Espírito)
  Um vermelho encarnado no céu / instruções de
Yehoshua Ben Nun ; [psicografado por] Pedro de
Campos. -- 2. ed. -- Catanduva, SP : Lúmen Editorial,
2018.

  Bibliografia.
  ISBN 978-85-7813-191-3

  1. Espiritismo - Filosofia 2. Objetos voadores não
identificados 3. Psicografia I. Campos, Pedro de.
II. Título.

18-22693   CDD-133.93

Índices para catálogo sistemático:

1. Ufologia : Visão espírita : Mensagens mediúnicas
   psicografadas : Espiritismo   133.93

Cibele Maria Dias - Bibliotecária - CRB-8/9427

Rua dos Ingleses, 150 – Morro dos Ingleses
CEP 01329-000 – São Paulo – SP
Fone: (0xx11) 3207-1353
visite nosso site: www.lumeneditorial.com.br
fale com a Lúmen: atendimento@lumeneditorial.com.br
departamento de vendas: comercial@lumeneditorial.com.br
contato editorial: editorial@lumeneditorial.com.br
siga-nos no twitter: @lumeneditorial

2018
Proibida a reprodução total ou parcial desta
obra sem prévia autorização da editora

Impresso no Brasil – *Printed in Brazil*

UM VERMELHO ENCARNADO NO CÉU

PEDRO DE CAMPOS
da série sobre ÓVNIS da History Channel

instruções de **YEHOSHUA BEN NUN**

LÚMEN
EDITORIAL

OUTRAS OBRAS DO AUTOR:

A EPÍSTOLA LENTULI

ARQUIVO EXTRATERRENO

COLÔNIA CAPELLA A OUTRA FACE DE ADÃO

LENTULUS – ENCARNAÇÕES DE EMMANUEL

OS ESCOLHIDOS DA UFOLOGIA NA
INTERPRETAÇÃO ESPÍRITA

UFO – FENÔMENO DE CONTATO

UNIVERSO PROFUNDO

ÍNDICE

Introdução..9
Fotos 17

1- Pluralidade dos Mundos Habitados 23
2- Espiritismo e Ufologia..30
3- Fenômenos de Fogo 39
4- Incidente em Ponta Porã.. 52
5- Um Estranho Poltergeist 63
6- Triângulos Alienígenas 76
7- Mistérios da Combustão Humana.................................... 90
8- Na Pista das Micro-ondas.................................104
9- Ponta Porã: A Exeter Brasileira dos UFOs...........................124
10- Metamorfose e Duplicação de Luzes 139
11- Conferência em Curitiba 148
12- Fenômeno Fugaz em Israel 170
13- Teleplastia do ET de Antimatéria 185
14- Materialização dos UFOs 199
15- Os ETs Sólidos de Roswell 213
16- Como Eles Chegam Aqui 234
17- A TCI Von Braun 265
18- Ike Encontra com ETs.....................................275
19- Uma TCM na CIA.....................................290
20- Caso da TCI com a TV Desligada.....................................301
21- Implante Hipnótico 317
22- Dr. Fritz: O Cirurgião do Perispírito.....................................329
23- Sessão Especial de Desabdução.....................................347
24- Cinza: Entidade Decaída 373

Bibliografia.....................................393

INTRODUÇÃO

Amigo, eu vi! E quero logo de início compartilhar o que aconteceu comigo. A Ufologia estuda os fatos, trata de casos práticos, supostamente ocorridos. Não é uma religião nem uma filosofia. Por isso tenho me dedicado a mostrar nos livros o Fenômeno UFO como ele se apresenta, sem tirar nem pôr. A seu turno, a espiritualidade me dá inspiração para localizar cada caso a ser narrado. Muitos deles chegam a mim sem que eu vá buscá-los. Durante a narrativa, uma intuição se faz presente em mim, mostrando-me com nitidez os desenvolvimentos que devem ser feitos. Quando o mentor espiritual julga necessário, recebo também o auxílio de outros espíritos, às vezes incorporados em outros médiuns para um trabalho mais específico, aplicado ao caso estudado. Assim a obra avança e é realizada, sem que forças contrárias possam desviar o nosso foco de atenção ou interferir no resultado do trabalho. *"Nada poderá truncar a obra!"*, foi a mensagem recebida.

UM VERMELHO ENCARNADO NO CÉU

E o trabalho foi em frente até a conclusão. Vou iniciar aqui contando uma experiência pessoal, de natureza rara, intrigante até aos mais céticos. Aconteceu durante a noite.

O dia para mim havia transcorrido como outro qualquer. Deitei-me por volta das 22 horas. Foi um sono tranquilo. Mas acordei subitamente, escutando umas explosões fora da casa. A cadela São Bernardo latiu, ela não gosta de fogos e fica sempre agitada. Pensei comigo: *"Tem gente soltando fogos de artifício"*. Quando olhei no relógio, o digital de cabeceira marcava 2h12 da manhã. Estávamos no início do dia 03 de fevereiro de 2006. Achei estranho, nas primeiras horas de uma sexta-feira comum, alguém ficar soltando fogos de artifício. Em razão de o meu aniversário ser no dia seguinte, ainda sonolento cheguei a pensar que fosse alguma brincadeira, mas não era. A data em si nada tinha de especial. E, àquela hora da madrugada, menos ainda. *"Isso não é coisa de criança* – pensei comigo –, *mas pode ser coisa da juventude"*, considerei em seguida.

Então virei do outro lado e tentei conciliar o sono. Cochilei um pouco, mas acordei de súbito. Um forte cheiro de queimado invadira o meu quarto. Olhei de novo no relógio, tinham se passado cinco minutos das explosões. Ele marcava agora 2h17 da manhã. *"Que cheiro horrível!"*, exclamei alto. A Dalcira, minha esposa, identificou logo: *"É de borracha queimada"*. Quanto a mim, imaginei que vinha lá de fora. *"Isso é hora para se queimar alguma coisa!"*, resmunguei aborrecido. A única coisa que me veio na cabeça foi que algum vizinho poderia estar queimando pneu. O odor era parecido. Mas a essa hora, *"quem estaria fazendo isso?"*, indaguei a mim mesmo.

Foi aí que levantei e fui à cozinha ver se havia algo queimando. Afinal, a geladeira e outros eletrodomésticos ficam ligados na noite inteira. Ao passar pelo quarto de meu filho, notei que a tevê estava ligada. Um chuvisco de instabilidade se fazia na tela. O Rafael estava assistindo um filme. Como é tempo de férias, nada de incomum havia em ficar vendo televisão até tarde. Mas com a tevê ligada, imaginei que o cheiro poderia vir dela. Ele também identificou um odor estranho na casa, como de borracha queimada, porém não era da televisão, constatamos isso.

Então prossegui a busca. Fui à cozinha, olhei tudo e nada encontrei. Abri o vidro da janela, para ter mais ar. Olhei nos demais cômodos, nada encontrei de errado. Mas o cheiro de queimado continuava forte. Quando voltei à cama, o odor aumentou ainda mais. Meu quarto estava insuportável. A Dalcira achou que vinha lá de fora. Então me deu na cabeça sair e dar uma olhada, para tirar tudo a limpo.

Abri a porta da sala e saí. No jardim, olhei para o lado do vizinho que me parecia mais provável a queima de pneu. Ali não havia nenhuma fumaça. Virei o rosto para o lado contrário, não tinha nada. Então olhei para o poste da esquina, onde tem um emaranhado de fios. Achei que poderia ser fio queimado, mas também não era. Nesse instante, notei que o odor tinha desaparecido. Eu estava no jardim, em meios às plantas e ao ar fresco. *"Será alguma coisa em cima da casa?"*, perguntei a mim mesmo. Olhei para cima, tentando encontrar a suposta causa. Então, o que vi foi de estarrecer!

Fiquei perplexo. Em frente a casa há uma árvore frondosa. Sobre ela, numa altura considerável havia uma enorme bola vermelha, quase do tamanho de uma Lua cheia. *"O que é isso?"*, indaguei surpreso. E comecei a refletir. Era algo incomum. Tomei atenção em mim mesmo. Eu estava acordado, absolutamente calmo e consciente. Olhei tudo no ar, varrendo o céu do hemisfério sul inteiro. Ele estava totalmente límpido, sem nuvens. A constelação do Cruzeiro do Sul estava magnífica. Então fixei aquela enorme bola vermelha. Era um vermelho encarnado no céu, muito intenso. Aquilo não era a Lua, não era uma estrela, não era um planeta – estava perto demais para ser um corpo celeste. Eu estava tentando entender aquela esfera encarnada, totalmente estacionária e silenciosa. Notei bem, ela estava lá em cima parada, quieta. Não poderia ser um satélite. *"Será um fenômeno da natureza?"*, então pensei. Mas eu já estava olhando aquilo há mais de um minuto e não me parecia ser um fenômeno natural. Com toda certeza, também não tinha aparência nenhuma de qualquer engenho de voo conhecido.

"Será um balão?", pensei em seguida. Diante das alternativas que rapidamente passaram pela minha cabeça, essa hipótese era a mais forte. Eu tentava esgotar as possibilidades mais prováveis, queria saber o que era aquilo. Eu sei que os baloeiros costumam colocar fogos de artifício nos balões, para explodirem lá em cima. Essa poderia ser a causa das explosões. Fiquei observando bem aquela esfera. Concluí que não era um balão, conheço bem os balões. Na minha juventude cheguei a fazê-los nas festas juninas e vi grupo de baloeiro em atividade. Definitivamente, aquilo não era um balão. Descartei também o fenômeno atmosférico. Eu já estava com os olhos presos naquilo a mais de dois minutos e aquela esfera vermelha continuava lá em cima, estacionária. Foi aí que me dei conta de não poder identificá-la. "Deve ser um ufo", pensei. "Vou chamar o Rafael para saber a opinião dele".

Então entrei e fui rapidamente ao quarto: "Rafael, pega a máquina fotográfica e vem aqui rápido bater umas fotografias", eu disse. Contudo, tive o cuidado de não revelar o que vira. O caso para mim era insólito. Eu queria saber a opinião dele, sem influência alguma minha. Pensei em chamar a Dalcira, mas achei que ela poderia ficar impressionada. Eu não queria que ela ficasse com medo. Então voltei ao jardim. O ufo continuava lá em cima, no mesmo lugar de antes. Parecia que estava nos esperando. O Rafael chegou logo a seguir.

Vendo para onde eu olhava, ele fez o mesmo. Então a surpresa dele foi enorme. Nesse momento, tive certeza de que não era uma visão particular minha. "Caramba, que bola vermelha estranha!", exclamou admirado. E ficou olhando alguns momentos para entender o que via. Notei que ele ficara um pouco agitado. Quando a pilha foi colocada invertida e a máquina não acendeu, o Rafael disse: "Não estou conseguindo pôr as pilhas direito". Então procurei aliviar a tensão: "Fique calmo!", eu disse. "Faz algum tempo que aquilo está lá em cima, *e não está com jeito de que vai embora logo. Arrume a máquina com calma e bata umas fotografias"*, eu disse com tranquilidade. *"Mas vá com calma!"*, reforcei em seguida. Eram 2h29, em horário brasileiro de verão, quando a primeira chapa foi batida. No filme original ficaria estampado 1h29 da manhã, em razão da máquina Cânon digital PC1080, Powershot A400, não estar ajustada ao horário de verão. Era o único equipamento que tínhamos à disposição na hora. Ao todo, foram batidas 17 chapas.

Num dado instante, o ufo se distanciou um pouco, ficando mais longe. O motivo disso nós saberíamos em seguida. Nós estávamos na rota de descida dos aviões do Aeroporto Internacional de São Paulo, em Guarulhos. E um avião comercial se aproximava ao longe. *"Rafael, vê se dá para filmar isso!"*, exclamei. No local em que nós estávamos mesmo à noite dá para ver bem a fuselagem dos aviões. Ele rapidamente alterou os controles da máquina e fez uma breve filmagem. Registrou 1m08 de filme. No início do filme, fica nítida a passagem de um avião de grande porte, com luzes e sons característicos, quase na linha vertical de onde estávamos. Ele não se confunde com o ufo que ficara mais distanciado e de tamanho menor.

Na hora, calculamos que o avião passava a uns 500 metros de altura. Mas o nosso cálculo não estava certo. Conversando depois com um major do Exército ficamos sabendo que os aviões passam ali a uns 200 metros de altura, não mais que isso. Mesmo à noite, dá para ver bem a fuselagem dos aparelhos. Então tivemos de reconsiderar os cálculos. Na passagem do avião, o ufo se distanciara para uns 600 metros do solo. E parecia não se importar muito com o avião. Estou certo de que os pilotos e parte da tripulação poderiam ter visto o objeto. Após distanciar-se, não voltou mais à posição original, ficou lá em cima, estacionário nos céus. Algum tempo depois, fez um movimento lento e seguiu para o sudeste, como se fosse passar por baixo da ponta mais estendida do Cruzeiro do Sul. Então aumentou muito a velocidade e desapareceu de vista. Registramos a última foto às 2h41 da manhã.

UM VERMELHO ENCARNADO NO CÉU

Das explosões verificadas às 2h12, até o ufo sumir no céu às 2h41, passaram-se 29 minutos, sendo 15 de avistamento real. No início, o ufo estava estacionário no hemisfério sul, depois seguiu rumo sudeste até desaparecer de vista. Era uma grande esfera vermelha, quase do tamanho de uma Lua cheia. Emanava de dentro uma luz encarnada, mas de modo curioso não clareava a abóbada celeste, não refletia um halo de luz para fora, como se verifica nas lâmpadas acesas quando a energia exala e expande ao redor. Ele parecia guardar dentro de si a própria força. Isso me deu a ideia de campo eletromagnético. Já trabalhei com esse campo na construção de aparelhos de telex. Ao distanciar-se, até desaparecer de vista, apareceram quatro luzes verdes ao seu redor, como se fossem os pontos cardeais da esfera vermelha maior. No meio do grande círculo vermelho, surgiu uma esfera verde, era maior que as outras quatro ao redor. Ao distanciar-se, o objeto soltou fagulhas de luz amarela, pelos lados do globo. Era totalmente silencioso e muito mais rápido no deslocamento do que o barulhento avião que registramos a passagem no filme.

Depois desse acontecimento, não pudemos mais conciliar o sono, ficamos fazendo cálculos. Concluímos que para o ufo ficar em cima da nossa cabeça, teria de prosseguir uns 100 metros à frente, não mais que isso. E que no início, sua altura não era mais de 200 metros do solo. Quando o avião se aproximou, ele se distanciou um pouco, talvez para uns 600 metros do chão. Estimamos que a esfera vermelha tivesse uns 15 metros de diâmetro. Mas não sabemos se o que vimos era o ufo inteiro, um halo de luz do módulo propulsor, o campo eletromagnético ou uma materialização de outra natureza. Apenas ficamos com a impressão de que aquilo não era terrestre e de que fomos impelidos para fora de casa com o som das explosões e o odor intenso de borracha queimada (somente dentro de casa). Decerto, fora um caso de contato em que o ufo aparece nítido, pode ser registrado, mas não interfere diretamente com as pessoas nem com a natureza terrestre, exceto o fato de ter-nos tirado de casa para vê-lo.

Como é de conhecimento público, sou um escritor especializado em Ufologia e espiritualidade. O meu trabalho está pautado na seriedade dos fatos e na lógica de raciocínio. Também não sou fácil de impressionar. Tenho condições de suportar coisas graves a sangue frio, dominando as emoções. Não há dúvida de que se tratava de um ufo. As fotos tiradas e o filme que fizemos mostram apenas um pouco do que vimos. Na verdade, o que realmente vimos não ficou registrado, fora algo mais grandioso. A máquina não conseguiu registrar a nave como ela é, nem tampouco seus detalhes. Depois disso, compreendi que fora mais fácil ver o Fenômeno UFO com os meus próprios olhos do que registrá-lo com as nossas técnicas atuais.

Desde o início tive a sensação de saber o porquê de ter visto o objeto – há antecedentes meus na pesquisa dos ufos e no trato com pessoas abduzidas que me levaram a cogitar disso. Todavia, as provas materiais aqui escasseiam. No decorrer deste livro, você terá outros desenvolvimentos do caso, verá uma assistência pioneira de "desabdução" realizada por Dr. Fritz, espírito muito conhecido nas lides espíritas, com a minha presença e a de outras pessoas. Posso dizer, com certeza, que isso não é obra de ficção nem coisa de lunático – amigo, eu vi!

Depois dessa aparição, desse contato que não procurei, mas fui procurado, o meu empenho e cuidado pessoal na psicografia redobrou. Ao influxo do mentor espiritual passei a narrar coisas fantásticas, em que vários fenômenos enigmáticos, como aquele vermelho encarnado no céu de que fui testemunha, ficaram mais bem acomodados em mim para interpretação própria.

Mostro também neste livro o trabalho sério de outros pesquisadores civis e militares, porque casos assim estão ocorrendo desde o término da Segunda Grande Guerra e ninguém atualizado pode ficar alheio a eles. Os céticos e as pessoas espiritualizadas devem tomar ciência dos fatos e procurar decifrá-los. As aparições de naves e seres alienígenas, como também os eventos de abdução, todos fartamente testemunhados serão vistos aqui em detalhes.

Devo ressaltar que uma obra como esta não poderia falar de casos hipotéticos, por isso os casos aqui narrados são tidos como verdadeiros. No cosmos, os "mundos de expiações e provas" são muitos, segundo os postulados filosóficos espiritistas. Neles, as civilizações se multiplicam e agem segundo seu livre-arbítrio. Fala-se que muitas delas estão num patamar científico mais avançado, mas em algumas o avanço moral não prosperou na mesma escala, por isso o leitor encontrará aqui casos em que o desejo de saber dessas entidades enigmáticas culmina por levá-las a práticas insensíveis. A seu turno, as civilizações de "mundos regenerados", que estariam filosoficamente num patamar mais elevado, não foram objetos deste livro, muito embora possam também atuar na Terra. A visão espírita da Ufologia será mostrada no desenrolar dos acontecimentos, sempre que a equipe espiritual empenhada na divulgação do Fenômeno UFO, sob as instruções do mentor Yehoshua ben Nun[1] considerar oportuno fazê-lo.

Caro leitor, não cabe mais alongar aqui. Boa leitura.

Pedro de Campos

---

[1] Pronuncia-se "iôchúa"

PEDRO DE CAMPOS INSTRUÇÕES DE YEHOSHUA BEN NUN

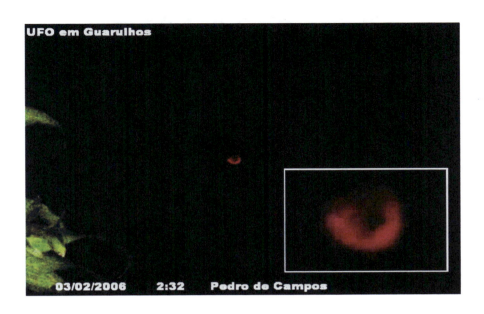

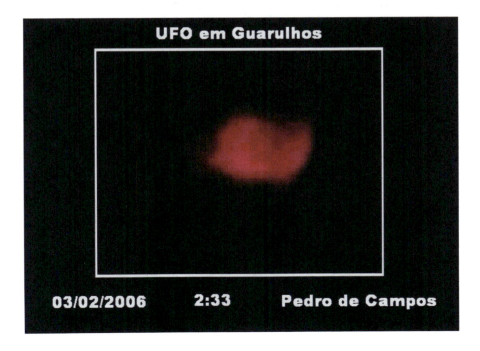

UM VERMELHO ENCARNADO NO CÉU

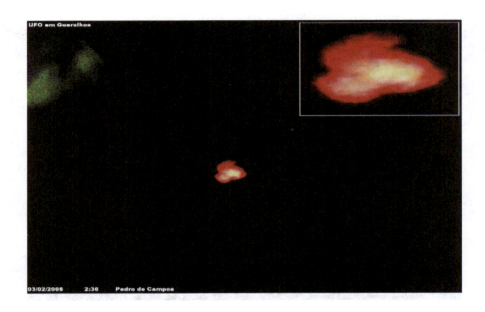

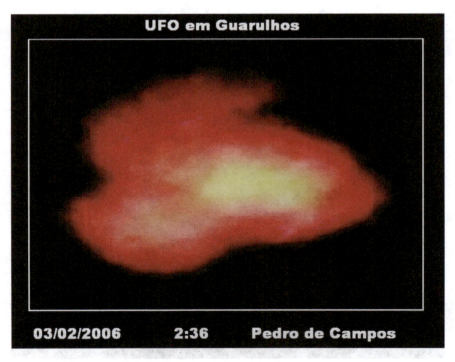

PEDRO DE CAMPOS INSTRUÇÕES DE YEHOSHUA BEN NUN

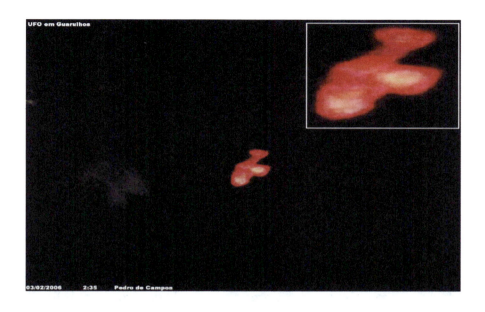

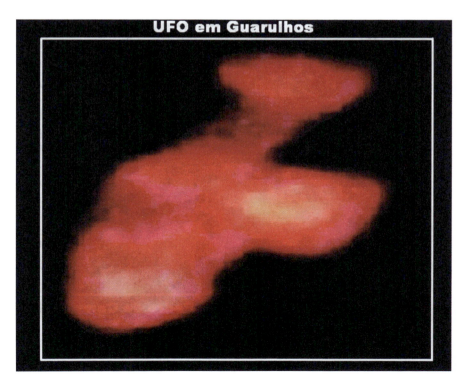

UM VERMELHO ENCARNADO NO CÉU

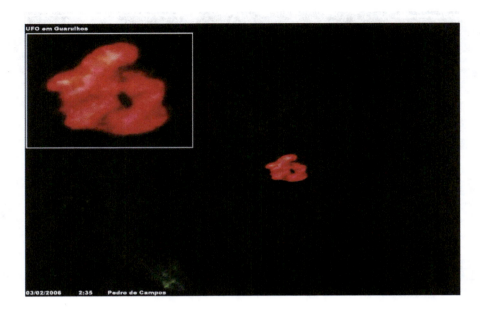

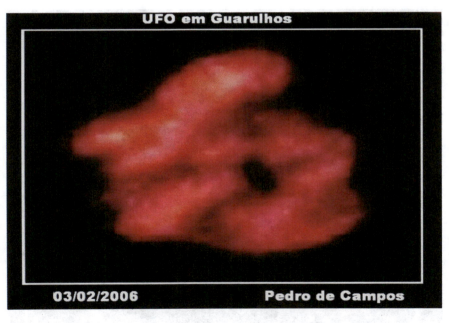

PEDRO DE CAMPOS INSTRUÇÕES DE **YEHOSHUA BEN NUN**

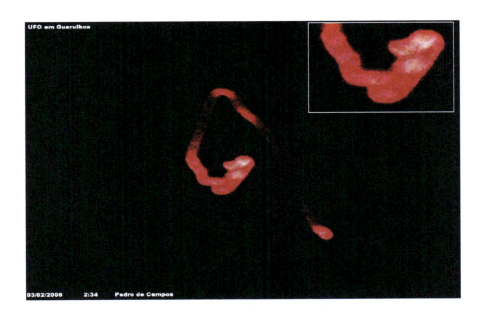

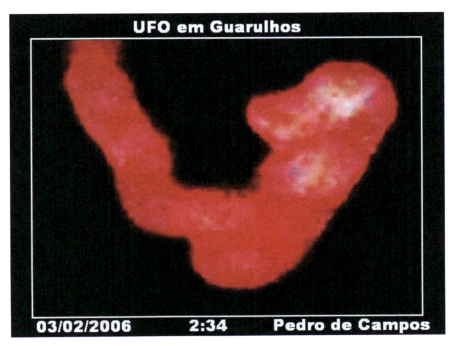

UM VERMELHO ENCARNADO NO CÉU

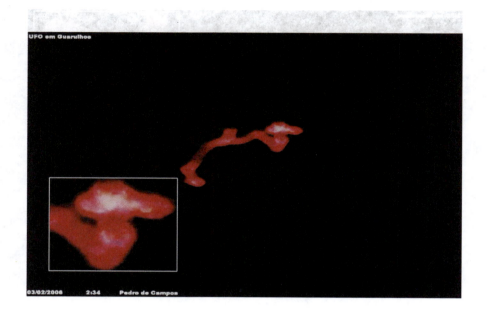

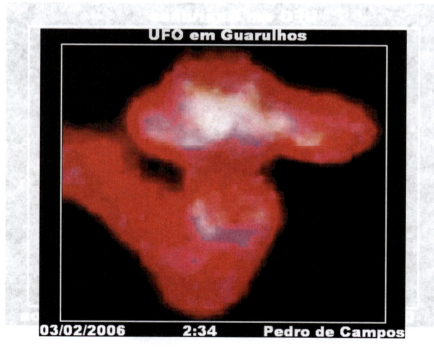

1

PLURALIDADE DOS MUNDOS HABITADOS

A questão da pluralidade dos mundos habitados é capaz de envolver por completo a pessoa que queira desvendar um pouco os mistérios existentes no cosmos. O tema é tão palpitante que além de prender a atenção também nos faz refletir sobre coisas enigmáticas. Quando tentamos montar o jogo de memória completo, percebemos que estamos lidando com algo grandioso, verdadeiramente monumental, de aparência sem-fim.

O que sabemos nós da vida em outros mundos? De modo apenas científico, sabemos que as naves e as sondas espaciais já lançadas, cerca de 200 missões com esse propósito até a alvorada do século XXI, não foram capazes de registrar a existência de vida. Não há seres de carne e osso nos demais planetas do sistema solar. Isso é certo.

As condições para o surgimento de vida do tipo humano, ou seja, que tenha germinado de uma simples bactéria,

UM VERMELHO ENCARNADO NO CÉU

evolucionado para organismos complexos e chegado até o patamar inteligente, não existe em nenhum outro planeta solar. Em razão disso, há uma questão que precisa ser respondida: Como explicar então a pluralidade dos mundos habitados de que fala o Espiritismo?

Nos centros espíritas, nas sociedades e nas federações os Espíritos continuam se manifestando. E de diversas maneiras têm dado provas de que a vida continua em outra dimensão, fora da matéria física. São as manifestações desses Espíritos amigos que nos dão a certeza de que a vida no mundo espiritual é um fato real. Quem frequenta regularmente o Espiritismo não tem dúvida disso, já teve inúmeras demonstrações práticas.

Os Espíritos codificadores, a seu turno, foram unânimes ao afirmar a existência de vida em outros mundos, quer seja esta num corpo material, semelhante ao do homem, vida extraterrestre, quer seja num corpo menos material, em outro estado vibratório, vida ultraterrestre. Em razão dessas informações, o espírita adquiriu melhor consciência dela e passou a postular a existência de vida em outros mundos. A própria lógica de raciocínio o induziu a isso.

De fato, a Astronomia divulga que a Terra é apenas um minúsculo planeta em órbita do Sol, um globo singelo na periferia de uma galáxia chamada Via Láctea. Estima-se que na Via Láctea tenha mais de 200 bilhões de estrelas. Boa parte delas pode carregar consigo um cortejo de planetas. E a Via Láctea é apenas uma das galáxias existentes no cosmos. No universo observável, aquilo que no passado era classificado como "nebulosas irresolúveis" hoje a ciência dá como bilhões e bilhões de outras galáxias. Nessa amplidão assombrosa, estima-se que exista uma quantidade tão monumental de planetas que seria impossível de imaginar os tipos de vida e suas variedades. Acredita-se que para o homem atravessar os assombrosos vazios interestelares precisará ainda avançar milhares de anos no saber científico. Hoje, não é possível.

Todavia, podemos dizer que assim como a vida germinou na Terra e prosperou até o patamar inteligente, em outros orbes, nas mesmas condições da Terra, a vida pode também ter feito um percurso semelhante. Planetas para isso não faltam no universo. E as informações dos Espíritos sobre a existência de vida extraterrestre no cosmos nos dão lampejos de que assim deve ser.

Mas além dessa vida sólida, dotada de corpo físico vulgar, os Espíritos informam também a existência de um tipo de vida num outro estado vibratório, num corpo diferente da matéria densa, algo para nós totalmente novo, ou seja, uma vida que não pode ser vista pelos olhos do homem, embora o Espírito esteja ali encarnado, por assim dizer.

Segundo os Espíritos, esse tipo de vida está postado nas regiões etéreas dos planetas físicos e nas profundezas etéreas do cosmos. São seres dimensionais, por assim dizer. Trata-se de vida situada em outra vibração da matéria, menos material que a carne. As criaturas têm um corpo mais rarefeito, que não está mais sujeito às enfermidades e às dores da carne. Contudo, ainda vivem num estágio de progresso que requer avanços na ciência e na moral. A essa bioforma incomum, dotada de invólucro corporal em estado vibratório mais sutil, damos o nome de Ultraterrestre (UT) ou ET de antimatéria.

Isso não quer dizer que o UT tenha uma bioforma semelhante à fumacinha organizada, movendo-se de um lado a outro acima da superfície do planeta. Não é isso. A física quântica define a matéria invisível como partículas e ondas em outras dimensões do espaço-tempo. Essa entidade dimensional, composta de feixes de energia, movimenta-se num mundo paralelo, de modo mais ou menos semelhante ao do Espírito errante quando atua na Terra junto aos seres humanos.

É assim que essa insólita vida pode ser entendida, como sendo um feixe organizado de partículas eclodido em outra dimensão do universo. E por ter evoluído segundo as leis naturais daquela esfera vibratória, adaptou-se no decorrer das Eras e aos poucos aperfeiçoou seu invólucro corporal.

A seu turno, o Espírito ali encarnado, por assim dizer, movimenta sua bioforma sutil de modo semelhante ao da Terra, ou seja, submete-se a viver ali num regime de encarnação e desencarnação, para cumprir sua marcha de progresso. Assim, o ET de antimatéria tem um ciclo vital definido, ou seja: nasce, cresce, se reproduz, envelhece e morre.

Os Espíritos de classe inferior precisam de corpos sólidos para evoluir, como os de carne e osso, por exemplo. Outros, um pouco mais adiantados, animam bioformas mais sutis, e podem conformá-las com as emanações fluídicas das esferas planetárias; por isso, ficam a elas vinculados como habitantes. Em outros mundos, ainda mais adiantados, o invólucro ultraterrestre é mais rarefeito, quase se confunde com o corpo espiritual, ficando próximo da natureza dos anjos, por assim dizer em comparação.

A seu turno, diferente dos anteriores, os Espíritos já depurados não animam mais essas bioformas todas, sejam elas físicas, de mundos tridimensionais, ou ultrafísicas, de outras regiões do espaço-tempo. Porque a evolução conseguida por eles no transcurso de bilhões de anos à frente de outros, lhes dera capacidade para atuar gerindo e criando em todas as dimensões, somente exercitando seu foco inteligente, sublimado que fora no curso da extensa escalada evolutiva.

Em todos os mundos em que o Espírito estagia num invólucro corporal, quer seja este mais ou menos material, o progresso da alma se faz nos campos da ciência e da moral. E não há uma norma rígida para enquadrar este ou aquele mundo. Quando o avanço moral supera o científico, o Espírito progride mais, porque se desenlaça dos bens materiais e promove sua depuração. O pensamento sublimado glorifica o Espírito.

Todavia, há mundos em que seus habitantes progrediram mais num campo do que no outro. Mais na ciência do que na moral, por exemplo. Nessas esferas, embora a condição corpórea seja menos material que a terrestre, ainda assim vigora ali certo estado de imperfeição, próximo do da Terra. Em alguns, as pesquisas científicas progrediram, mas os cotejos da personalidade ainda existem, enfraquecendo a condição moral. Noutros, a sensibilidade moral não tocou o suficiente para tratar todas as espécies de vida como a sua própria espécie. São mundos ainda de "expiações e provas", por assim dizer.

PEDRO DE CAMPOS INSTRUÇÕES DE YEHOSHUA BEN NUN

Na Terra, diferente dos mundos menos materiais, a alma se une a um corpo de carne para galgar seu progresso. E o faz de modo mais bruto. Passa por sucessivas vidas num corpo denso, desenvolvendo a ciência e a moral com méritos próprios, até que se capacite a estagiar em outras moradas mais adiantadas do infinito.

Falando sobre a pluralidade dos mundos habitados em seu livro, *O Que é o Espiritismo*, Allan Kardec formulou algumas perguntas sobre o tema e refletiu sobre elas:

> *Os diferentes mundos que circulam no espaço são povoados de habitantes como a Terra?*
> Todos os Espíritos o afirmam, e a razão diz que assim deve ser. A Terra não ocupa no universo nenhuma classe especial, nem por sua posição, nem por seu volume; nada poderia justificar o privilégio exclusivo de ser ela o único mundo habitado. Por outro lado, Deus não pode ter criado esses milhões de orbes para dar prazer apenas aos nossos olhos; tanto é que o maior número deles escapa à nossa vista.[1]
>
> *Se os mundos são povoados, podem sê-lo de habitantes em tudo semelhantes àqueles da Terra? Em uma palavra, esses habitantes poderiam viver entre nós, e nós entre eles?*
> A forma geral poderia ser mais ou menos a mesma, mas o organismo deve estar adaptado ao meio no qual deve viver, como os peixes são feitos para viverem na água e os pássaros no ar. Se o meio é diferente, como tudo leva a crer, e como parece demonstrá-lo as observações astronômicas, a organização deles deve ser diferente; não é, pois, provável que no estado normal pudessem viver uns entre os outros, com os mesmos corpos. É isso o que dizem todos os Espíritos.
>
> *Admitindo-se que esses mundos sejam povoados, eles estão sob o aspecto intelectual e moral na mesma posição da Terra?*
> Segundo o ensinamento dos Espíritos, os mundos estão em graus de desenvolvimento muito diferentes. Alguns estão nas mesmas condições da Terra. Outros, mais atrasados; os homens aí são mais embrutecidos, mais materiais e mais inclinados ao mal. Há, ao contrário, os que são mais avançados na moral, no intelecto

---

[1] Kardec recomenda as leituras de: *O Livro dos Espíritos*, cap. III, item V; *Revista Espírita*, março de 1858.

UM VERMELHO ENCARNADO NO CÉU

e no aspecto físico, onde a falta de moral é desconhecida, onde as artes e as ciências têm um grau de perfeição que não podemos compreender; onde a organização física, menos material, não está sujeita nem aos sofrimentos, nem às doenças, nem às deficiências. Os homens aí vivem em paz, sem procurar se prejudicarem, isentos de desgostos, de cuidados, de aflições e necessidades que os assaltam sobre a Terra. Há, enfim, os mais avançados ainda, onde o envoltório corporal, quase fluídico, aproxima-se mais e mais da natureza dos anjos. Na série progressiva dos mundos, a Terra não está no primeiro nem no último estágio. Ela é um dos mais materiais e mais atrasados.[2]

Compreende-se assim que os mundos onde a vida se desenrola têm apenas uma classificação relativa para enquadrar as criaturas encarnadas e desencarnadas. Quanto ao estado moral, os Espíritos definem cinco categorias: mundos primitivos, destinados às primeiras encarnações da alma humana; mundos de expiações e provas, onde predomina o mal, é o caso da Terra; mundos de regeneração, onde as almas haurem novas forças, preparando-se para outras incursões na matéria; mundos ditosos, onde o mal é sobrepujado pelo bem; mundos celestes ou divinos são as moradas dos Espíritos puros, somente o bem é ali praticado.

Quanto ao estado material, a ciência poderia classificá-los como: rochosos, gasosos e radiantes. O Espiritismo, a seu turno, junta a esses tipos os mundos menos materiais, localizados nas profundezas etéreas do cosmos ou nas esferas sutis de certos orbes físicos; e os mundos espirituais, habitações dos Espíritos em estado errante, ou seja, de posse do corpo perispiritual ou até sem ele, apenas como foco inteligente.

Considerando as possibilidades da mecânica quântica, dir-se-ia que os mundos de matéria invisível estariam postados em outras dimensões do espaço-tempo, constituindo as esferas menos materiais e as espirituais propriamente ditas, cada qual num estado vibratório específico.

Conforme ensinado pelos Espíritos, a vida germina em toda parte. Em alguns planetas, ela está presente numa forma

[2] Kardec recomenda as leituras de: *Revista Espírita* - março, abril e agosto de 1858; Idem, outubro de 1860; *O Evangelho Segundo o Espiritismo*, cap. III.

corpórea densa. Em outros, numa bioforma menos material. Nestes últimos, vive-se ali de modo raro. A entidade é invisível ao homem, assim como o são os Espíritos na Terra. Mas o ET de antimatéria vive ali num regime de pluralidade das existências[3], cumprindo assim sua escalada evolutiva.

É dessa natureza rara que procede a maior parte dos avistamentos extraordinários. Contudo, uma parte menor da casuística é de seres densos, de ETs sólidos, personagens que fazem incursões à Terra, vindos de mundos tridimensionais como ela, num processo semelhante ao conhecido no Espiritismo como "transporte associado aos efeitos de psicocinesia". Algo raro que veremos em detalhes, mais à frente.

No transcurso desta obra, vamo-nos deter no exame de várias dessas ocorrências, mostrando casos práticos, fatos e mais fatos para o leitor verificar as ligações existentes entre a pluralidade dos mundos habitados, de que trata a filosofia espírita, e a casuística do Fenômeno UFO.

---

[3] Allan Kardec. *O Céu e o Inferno*. 1ª Parte, Cap. III-17.

2

ESPIRITISMO E UFOLOGIA

Os Espíritos são inteligências errantes, ou seja, seres não revestidos de forma corpórea alguma, senão a forma perispiritual. Salvo os Espíritos puros, que não precisam mais renascer na matéria (não possuem sequer corpo perispiritual), todos os demais, para evoluir, devem voltar à forma corpórea. O corpo que tomam pode ser de matéria sólida, seja terrestre seja extraterrestre (ET sólido), ou pode ser de matéria sutil, como a dos ultraterrestres (ETs de antimatéria).

A diferença marcante entre um e outro é o estado de sua matéria corpórea. O primeiro tipo é denso, vive em mundos tridimensionais como a Terra e outros mais do universo; o segundo, sutil, vive em outras dimensões do espaço-tempo.

O Espírito anima diferentes bioformas, mas quando desencarnado aguarda seu retorno à vida corpórea nas colônias espirituais, onde ali vive sem que haja procriação, porque os

Espíritos não se reproduzem, são obras do Criador, conforme postula o Espiritismo.

As várias dimensões do espaço-tempo compõem o chamado mundo invisível. E são povoadas por criaturas insólitas, como os Espíritos e os ETs de antimatéria. Essas duas entidades, cada qual a seu modo e com características próprias, comunicam-se com o homem, mas ele pouco as distingue. Em razão dessa dificuldade, pode haver interpretação errada do médium para saber com qual das duas criaturas o contato foi feito. Às vezes, Espíritos levianos procuram se passar por outros, identificando-se futilmente como seres "extraterrestres", quando na verdade não o são.

Canalizar é receptar uma mensagem extrafísica. É interagir com um pensamento inteligente que flui pelo éter. Isso quer dizer que as criaturas pensantes podem ser receptadas, incluindo os Espíritos e os seres viventes em outras esferas. Contudo, as diferenças na receptação são substanciais. O conteúdo e o modo de transmissão das mensagens são algo diferente. Uma comunicação cujo conteúdo esteja recheado de termos expressivos, mas com muita fabulação sobre energias e planos existenciais, denotando no fundo não sair do status terra-a-terra, por lógica não poderia vir de uma entidade evoluída de outra esfera. O mais provável, neste caso, é que seja um embuste espiritual. Casos assim, o dirigente, amparado por seus guias, deve fazer o afastamento e encaminhar o Espírito à sessão apropriada, para doutrinação. Os Espíritos podem fazer aparições e executarem outras atividades, mas não usam naves espaciais estruturadas para se comunicarem.

Os ETs de antimatéria são invisíveis e não incorporam, mas se comunicam por telepatia. Tampouco o fazem por psicografia mecânica. Os que assim procedem e obtêm êxito estão na erraticidade, são Espíritos, seja de que orbe for do infinito. Isso não quer dizer que aqueles não tentem psicografar. Eles o fazem, mas ao fazê-lo não logram êxito. Apenas produzem sinais incompreensíveis, como se um poltergeist estivesse

UM VERMELHO ENCARNADO NO CÉU

atuando no médium ou perto dele com efeitos físicos. A dificuldade no braço é notória. O membro fica rígido em excesso e a dificuldade de articulação reflete em dor muscular intensa. A razão disso é que a entidade atua exclusivamente no cérebro, e de modo incorreto. Não pode enquadrar seu corpo espiritual no do médium, porque está encarnado. Em suma, não é Espírito errante, mas uma entidade ultraterrestre.

Se um Espírito estrangeiro (de outro orbe) incorporasse o médium, ele teria de usar o aparato físico para se comunicar. Para falar, teria de saber o idioma; para escrever, teria de dominar a escrita. Como não sabe o idioma nem tampouco a escrita, não poderia fazê-lo. Somente o faria se tivesse experiência anterior vivida na Terra. Neste caso, já estaria num patamar evolutivo mais avantajado, não se identificando como ET, mas como Espírito universal vivendo em outras esferas.

Contudo, ambos poderiam passar uma imagem mental ao médium, comunicando-se por clarividência. Nesta condição, não haveria idioma nenhum na interpretação. O médium interpretaria a mensagem segundo sua própria cultura, conforme sua clarividência, sua intuição e seu sentimento; poderia expressar a mensagem com suas palavras, psicografar por transmissão telepática e registrar desenhos no papel, caso tenha habilidade própria para isso. Para realizar a tarefa, o sensitivo precisaria ter vários dotes mediúnicos bem desenvolvidos e ajuda de seu guia espiritual para validar a mensagem.

Caso a entidade informe ter vindo de outro orbe e estar ali encarnada, por assim dizer, então a prova alienígena só pode ser aceita com a demonstração da nave nos céus, de modo que o ufo fique bem nítido aos observadores e possa constituir prova fotográfica do evento.

O Espírito de outro orbe, em estado errante ou emancipado do aparato físico, quando em grau adiantado ou ajudado por outros pode vir à Terra e comunicar-se por incorporação. Pode se materializar e fazer outros contatos peculiares ao Espírito, mas não usa naves estruturadas no deslocamento, não precisa delas para viajar no espaço.

Um Espírito protetor pode identificar para seu médium uma entidade ET que esteja "próxima". Mas, ao público, o que identifica sem equívoco o alienígena, seja um ET sólido ou um de antimatéria, é a sua nave ou a própria criatura. Enquanto ela não mostrar a nave e disser por si própria a que veio, qualquer outra comunicação canalizada pode ser considerada como vinda de Espírito em estado errante ou desdobrado. Sem a nave, não há Fenômeno UFO. E sem Ufo não há Ufologia, embora possa haver canalização.

Os médiuns espíritas podem captar perfeitamente mensagens alienígenas. Mas é preciso entender primeiro o porquê disso ser raro nas Casas Espíritas. É muito importante lembrar que a prova "definitiva", para o público, de uma canalização, só pode ser dada com a aparição da nave em céu aberto. Caso contrário, a comunicação ficaria duvidosa para todos. Dentro de um ambiente fechado, não haveria como fazer isso, não daria para ver a nave nos céus. E dentro das cidades, isso seria uma atividade pouco viável, poderia desencadear uma situação de pânico. Além disso, trata-se de fenômeno físico, para o qual há riscos. Uma pessoa não preparada poderia não suportar o choque emocional e sofrer as consequências disso. Antes de qualquer atividade espírita conjugada à Ufologia, é preciso a permissão do mentor espiritual da Casa Espírita para fazê-lo, porque é sempre a espiritualidade superior que deve organizar e comandar essa prática, para que não haja riscos.

É certo que o Espírito tem melhores condições do que o homem para saber das intenções do alienígena e dar orientação quanto à conveniência ou não do contato. Mas não há como dizer à priori se a comunicação do Espírito com a entidade é possível ou não num dado caso, porque isso depende da condição evolutiva de cada um deles. Apenas por uma questão de lógica, seres extrafísicos já evoluídos deveriam ter mais facilidade de comunicação entre si do que os homens com eles, porque a dificuldade humana para isso é grande.

UM VERMELHO ENCARNADO NO CÉU

É preciso considerar que entre os Espíritos há vários graus de refinamento. Cada grau estagia numa estratificação diferenciada da do outro. O de peso específico maior não consegue subir a paragens mais rarefeitas. O peixe não respira fora da água, mas o homem submerso tem artifícios para fazê-lo. O Espírito mais evoluído pode descer a camadas de vibração inferior, enquanto que o de lá não conseguiria subir. Assim se compreende que numa certa dimensão espiritual há várias estratificações, como se fossem planos de uma extensa escada. Essa concepção evolutiva é válida para todos os Espíritos ainda em estágio de depuração, seja de que orbe for do infinito.

Considerando o ensino de que *"uma outra dimensão é um outro mundo"*, para se ir à outra esfera há que se ter condições de elevação para isso, seja um Espírito ou um ser alienígena. A seu turno, cada tipo alienígena estagia em uma dimensão específica, segundo sua evolução. Os de classe mais alta podem descer para níveis mais baixos. Mas isso não significa que essa movimentação dos seres se faça na esfera dos Espíritos, a dimensão deles é outra. Um está encarnado, por assim dizer, o outro, desencarnado. Quando a movimentação alienígena se faz no ambiente terrestre, no espaço tridimensional, acontecem os fenômenos luminosos, os fantásticos objetos voadores não identificados vistos no céu.

Os ETs podem se apresentar na Terra convertendo a si próprios e ao seu objeto voador, fazendo uma transmutação temporária e reversível. Com a visão evolutiva dada pelos Espíritos da codificação, podemos dizer que assim como o homem desenvolveu tecnologia, construiu foguetes e produziu os fantásticos fenômenos de psicocinesia; assim, também, o alienígena pode ter construído em seu mundo os objetos voadores e se capacitado a viajar por outra dimensão, entrando nesta por meio de instrumentos conversores. Isso, embora seja um fato invulgar, não se mostra impossível: o Fenômeno UFO o demonstra, os Espíritos o confirmam e a teoria quântica dá subsídios para entendimento das outras dimensões onde a matéria vibra em forma de energia.

Caro leitor, estas informações dadas aqui sobre os tipos de vida extra e ultraterrestre, de modo algum estão isoladas na história dos contatos mediúnicos. Quem estuda a Doutrina Espírita com atenção, sabe que o espírito Maria João de Deus, mãe de Chico Xavier, amparada pelo espírito Emmanuel, visitou vários planetas solares e informou o modo de vida em alguns deles. Num dos planetas, disse que as nuvens não são nuvens, mas aparelhos[1] gigantescos que pairam nos céus. E de fato, trata-se de seres dimensionais, em outro estado vibratório, fora do alcance visual humano, entidades que produzem técnicas avançadas e podem viajar de um lado a outro do cosmos, cada qual segundo sua evolução e capacidade.

A seu turno, Kardec não mencionou ter feito contato com astronautas extra ou entidades ultraterrestres. Mas referiu contatos com Espíritos estrangeiros (vindos de outros planetas), o que é diferente, quer estivessem estes em estado errante ou emancipados do corpo. Como ser humano, Kardec nada sabia da vida em outros planetas. Foram os Espíritos que falaram dessa vida, e para citar alguns: São Luís, Erasto, Georges, Palissy, Galileu. Após Kardec, o médium Chico Xavier também escreveu sobre o tema, sensibilizado pelos espíritos Emmanuel e Humberto de Campos. E outros também o fizeram.

Se considerarmos apenas as informações científicas conhecidas, teríamos de dizer que não há vida fora da Terra, porque as naves e as sondas espaciais já lançadas não conseguiram registrar nada. Já é certo que não há seres de carne e osso nos demais planetas solares e em outros da periferia. Aí surgem as perguntas: Como comprovar então a teoria da pluralidade dos mundos habitados? Como comprovar no dizer dos Espíritos que todos os orbes são habitados? Como comprovar que nesses orbes se vive num regime de pluralidade das existências como diz o Espiritismo? Numa expressão: O Fenômeno UFO o comprova!

Quem investiga os ufos sabe naturalmente que não se pode admitir tudo o que é relatado. As mentiras constantes

---

[1] XAVIER, 1981, pp. 42-43.

do ser humano, suas doenças, seus exageros, suas obsessões, seus enganos devem ser retirados do rol de considerações. Mas ainda assim sobram os casos indecifráveis, em que as pesquisas mostram alguma chance de serem verdadeiros.

Parte das testemunhas é gente séria, de moral elevado, boa formação e boa saúde. São pessoas dignas de crédito. Algumas passaram pelo agressivo trauma de abdução e chegam à Casa Espírita buscando conforto e assistência. Os Espíritos benfeitores sabem a verdade dos fatos, não precisam fazer regressão hipnótica para isso. Podem inclusive arrebatar a alma durante o sono físico, seja dos humanos, seja dos UTs ou ETs. Podem inclusive propor contato com as criaturas, se for o caso. O tratamento pode ser feito seguindo um processo espírita, com acompanhamento médico paralelo e boas chances de sucesso para aquele que tenha sofrido o trauma de abdução.

É certo que devemos ter muito cuidado com a questão ufológica. Mas de modo apenas científico, não há como afirmar que a existência da alma seja um fato demonstrável e a dos seres alienígenas não o seja. Ambos os fenômenos, espiritual e ufológico, são fatos demonstráveis. A questão está em aceitá-los. Quem examina os fatos com preconceito, rejeitando as teorias sem colocá-las à prova, fazendo juízo segundo os seus valores culturais antigos ou enraizados no fanatismo, por certo está perdendo grande oportunidade de saber um pouco mais sobre os fenômenos.

Para aproximar de modo mais adequado Espiritismo e Ufologia, a primeira coisa a fazer é procurar um entendimento amplo do que seja a pluralidade dos mundos habitados de que fala a Doutrina Espírita, com todas as suas variações, sem ideias preconcebidas. As muitas moradas do cosmos não são estorvos doutrinários, mas solução evolutiva para as almas.

O conceito filosófico do Espiritismo e as suas práticas experimentais podem dar uma nova base de sustentação para entendimento dos fenômenos ufológicos. E a investigação científica desse tipo de vida poderia aproximar Espiritismo e Ufologia. Para essa aproximação ocorrer, de início teria de haver a leitura das obras de Allan Kardec e a dos bons livros de Ufologia. Em termos de investigação prática, teria de haver um projeto de contato, com o qual o tema poderia ser articulado de modo científico, com investigações de campo pautadas na ciência, pois os tempos atuais exigem novas abordagens, com técnicas refinadas de pesquisa.

A Ufologia não é uma atividade para ser feita num recinto fechado, como no do Centro Espírita. Os fenômenos ocorrem lá fora, no aconchego da natureza. Por isso é preciso ir a campo e investigar com metodologia apropriada. A preferência de aprofundar estudos recai sempre no caso bruto, por assim dizer. Naquele em que a testemunha relata em detalhes e com simplicidade os fatos que vivenciou, a sua experiência pessoal diante do Fenômeno UFO sem interferência cultural alguma. Não há muito interesse por relatos que de antemão dizem achar isso ou aquilo de um caso vivenciado, dando como comprovada uma teoria preconcebida. Esses relatos são geralmente deixados de lado, porque foram influenciados pelos valores culturais da pessoa. Casos assim, pouco ou nada acrescentam.

Não é a teoria existente que deve vestir os casos, mas são os casos estudados que devem possibilitar a formulação de uma teoria. Depois o pesquisador tem que ir a campo, para validar a teoria com casos práticos e tentar uma generalização. Nesse ponto, entram os estudos especializados, como, por exemplo, os do psiquiatra, do físico, do astrônomo, do sensitivo e até do religioso. A grandeza dos tempos atuais exige o estudo desses casos com metodologia científica.

Observa-se que a pesquisa do Fenômeno UFO no Brasil está sendo levada muito a sério, isso é notado por todos. Os pesquisadores não fazem dela uma simples curiosidade. Como em outras atividades, os enganos na Ufologia decorrem do fanatismo religioso, da mística ilusória e de exames científicos superficiais, insuficientes devido à falta de melhores condições para realização dos trabalhos.

UM VERMELHO ENCARNADO NO CÉU

No caso da investigação científica, isso é até certo ponto justificável, pois falta apoio do governo e das universidades. Faltam equipes permanentes, infraestrutura de mobilização e recursos financeiros para sustentar a iniciativa. Afinal, é preciso montar telescópios, examinar filmes, fotografias, processos de revelação, estudar o espectro luminoso para saber que material queimado gera tal luminosidade, fazer medidas de radiação, estudar os casos detectados no radar, examinar resíduos, avaliar testemunhas, contatados e abduzidos. É preciso também elaborar programas de computador, desenvolver tecnologia específica, formar equipes especializadas e ir a campo tentar o contato, seja em que parte for do território. E isso tudo não se faz sem recursos. Mas para tentar contato, essas atividades devem ser realizadas, são imprescindíveis na Ufologia. Com elas, a verdade dos fatos vem à tona por si mesma.

Observa-se que tanto no fenômeno espiritual quanto no ufológico existem coisas em comum. Em ambos, o agente causador é uma inteligência extraordinária, de natureza insólita. Também são comuns as bolas de luz, as névoas que dão origem a seres e a objetos insólitos, os transportes de coisas sólidas por uma dimensão invisível, as materializações, a telepatia, a levitação, as curas extraordinárias, a soltura da alma e ainda outros fenômenos raros. Um mundo menos material se abre aos olhos do homem sem que ele possa entendê-lo. Mas o estudo comparativo dos fenômenos se revela muito salutar e descortina a ele novas possibilidades de interpretação dos fatos.

A Ufologia científica tem sido muito proveitosa para mostrar a pluralidade dos mundos habitados com sua casuística. E a visão espírita dos fenômenos tem completado esse senso prático mostrando as manifestações espirituais, suas teorias e seus postulados filosóficos, contribuindo assim para uma decifração mais integral e harmônica do Fenômeno UFO.

No próximo capítulo vamos iniciar os relatos de casos intrigantes, que nos ajudarão a entender na prática certos acontecimentos verificados na Ufologia.

3

FENÔMENOS DE FOGO

O ano de 1947 havia sido muito agitado. O incidente verificado em Roswell era responsável por muitas indagações da imprensa. Isso porque o governo americano depois de dar sua versão oficial dos fatos, dizendo que uma nave alienígena acidentara-se nos desertos do Novo México, voltou atrás nas declarações, dizendo que havia um engano no comunicado e que tudo não passava de um balão experimental. Muitos engoliram as explicações, mas alguns especialistas relutaram em aceitar a última versão. A partir daí, a falta de confiança naquilo que os militares relatavam passou a ser quase perene.

Foi num clima assim de desconfiança que uma nova ocorrência veio a público. Era algo insólito, nada parecido com o incidente em Roswell, mas também difícil de ser explicado. Sem dúvida, era um fenômeno para ser estudado. E talvez sua pesquisa pudesse elucidar os ufos verificados na

UM VERMELHO ENCARNADO NO CÉU

região. De modo enigmático, a Força Aérea do Exército dos Estados Unidos entrou para investigar o caso.

As pesquisas do fenômeno de poltergeist estiveram sempre a cargo de entidades privadas, como a American Society for Psychical Research (Sociedade Americana de Pesquisas Psíquicas), interessadas em temas paranormais. Mas agora, num caso como outros, a Força Aérea pretendia ela mesma conduzir as investigações. O motivo dessa decisão era enigmático. Afinal, as atividades da Força Aérea nada tinham que ver com fenômenos paranormais. Por que então ela estaria interessada em estudar um poltergeist? Essa pergunta era inevitável. E era feita com insistência pelos repórteres.

Os especialistas sabiam que a Sociedade Russa de Psicologia Experimental houvera estudado os fenômenos de poltergeist antes da Segunda Grande Guerra. O jornal russo *Rebus*, o inglês *Journal*, da Sociedade de Londres, o francês *Annales des Sciences Psychiques* e o alemão *Psychische Studien*, de Leipzig, noticiaram amplamente as pesquisas. Além disso, a capacidade do cérebro em transmitir mensagens à longa distância também estava em testes na Rússia. Anos depois, em 1959, quando chegou a Leningrado a notícia de que um sensitivo a bordo do Nautilus, o mais sofisticado submarino nuclear norte-americano, tinha contatado por telepatia o comando de operações em terra, a Rússia teve a certeza de que a Marinha americana estivera dentro das pesquisas paranormais desde há muito.

Em 1948, alguns consideravam que a Força Aérea estava interessada nas investigações porque seria preciso saber mais das enigmáticas explosões que o poltergeist provocava em sua efusão, associando tal conhecimento àquilo que estava acontecendo nos céus, coisas de sua responsabilidade. O controle total do espaço aéreo era fundamental. Tudo o que pudesse contrariá-lo deveria ser investigado. Outros pensavam que o fogo produzido no fenômeno viria de fonte oculta nos céus. Não eram poucos os que pensavam que o motivo seria o aparecimento misterioso de entidades não humanas

PEDRO DE CAMPOS INSTRUÇÕES DE YEHOSHUA BEN NUN

na Terra, conforme relatavam as testemunhas de contatos. A seu turno, o incidente em Roswell era por demais recente e enigmático. Contudo, a resposta oficial por que houve a investigação militar nunca veio.

Dentre aqueles que pretendiam uma resposta estava Vincent Gaddis, jornalista especializado em temas incomuns. Ele houvera estudado os fenômenos estranhos, daqueles que estão além dos limites da ciência. Em seu livro *Mysterious Fires and Lights* (Fogos e Luzes Misteriosas), lançado anos depois, ele registraria casos enigmáticos de *poltergeist do fogo*, dando sua interpretação paracientífica das ocorrências. Apenas de passagem, lembramos que esse tipo de fenômeno seria chamado de parapirogenia pelo cientista brasileiro Hernani G. Andrade.

A seu turno, Gaddis houvera cunhado o nome *"eletro animais"*, no âmbito da parapsicologia, pretendendo com isso atualizar o clássico *"elementais do fogo"* (as salamandras da literatura esotérica), e sugerido que a energia ígnea se precipitaria deles, fazendo eclodir fogo nos fenômenos de poltergeist.

Contudo, as pretensões da Força Aérea eram bem outras, nada tinham com a parapsicologia. O Projeto Sign, conhecido também como Projeto Disco, cada vez mais deixava claro que a explicação de *"tecnologia estrangeira normal"*, para os avistamentos e as atividades insólitas em solo norte-americano, era totalmente insustentável. A explicação teria que ser outra. Diante do enigma, a preferência militar recaía sempre no psicológico. A expressão caía bem quando por trás do fenômeno havia algo que ninguém queria admitir.

Gaddis houvera registrado[1] um acontecimento fantástico, em Macomb, no estado de Illinois. O fato ocorrera na casa da família Willey, que morava numa fazenda do território central. Era uma família comum, composta de marido, mulher, dois filhos e um cunhado solteiro. A vida ali corria de maneira pacata, até que um ataque de poltergeist se encarregaria de mudar tudo.

---

[1] GADDIS, 1968.

UM VERMELHO ENCARNADO NO CÉU

A casa da fazenda era confortável, tinha cinco cômodos grandes. As paredes estavam revestidas com papel decorativo, dando ao interior um aspecto requintado. Certo dia apareceu na parede uma mancha estranha. Isso aconteceu na sala. Era uma marca pequena, de tonalidade marrom. Aos poucos, o acastanhado foi ficando mais forte. A mancha aumentou e, de repente, como vindo do nada, brotou na parede uma chama de fogo, que queimou devagar uma parte do papel decorativo. Era algo profundamente enigmático.

Em seguida, a parede inteira ficou impregnada de manchas. Após um breve tempo, o fogo pipocou de novo, para espanto da família. Dia após dia esse espocar de fogo se repetiu. Os moradores não sabiam mais o que fazer. E os vizinhos correram para ajudar. Atônitos, viram o fogo brotar sozinho na parede. Sem dúvida, algo misterioso estava acontecendo.

As manchas estranhas surgiram inicialmente na sala, depois foram a outros cômodos. Após seu aparecimento, num instante o fogo pipocou nas paredes. As tentativas da família para apagar eram insuficientes. Então os vizinhos vieram acudir. Com balde d'água numa mão e pano molhado na outra, eles umedeceram as paredes para evitar novas explosões. Mas o fogo não parou de espocar, mesmo com as paredes umedecidas. Era incrível, nada parecia detê-lo. O caso era inexplicável, mas verdadeiro. Estava ocorrendo ali, na frente de todos.

Willey, o dono da casa, tratou de chamar os bombeiros. E repetiu isso por diversas vezes. Eles comprovaram que quando as manchas atingiam a temperatura de 177° C, o fogo espocava nas paredes. Não havia muita dificuldade em apagar os focos, mas o fogo estranhamente sempre voltava. Havia perigo de incêndio, caso atingisse outros materiais combustíveis da casa.

Na semana seguinte, a coisa piorou. As manchas marrons não ficaram somente nos papeis de parede, mas passaram a surgir também em outros locais da casa. O terraço foi contemplado por elas, pipocou fogo nas paredes. O perigo aumentou. As cortinas ficaram amarelecidas e o fogo brotou nelas em seguida. Os móveis, como a mesa de jantar, as cadeiras e o sofá, foram todos atingidos de modo intrigante. Ele vinha de dentro da madeira, sem que ninguém soubesse como, e saía assoprando. Parecia uma combustão espontânea, vinda das moléculas da própria madeira. Nessa condição, a casa parecia mais um forno de micro-ondas, estava em polvorosa. Era uma infestação feroz do enigmático poltergeist do fogo.

Fred Wilson, chefe dos bombeiros, se esforçou o quanto pôde para umedecer as paredes e os móveis, mas o fogo insistia em pipocar, mesmo estando tudo ainda molhado. Na insólita emergência, atônito com os acontecimentos, ele disse aos repórteres: *"A coisa toda é tão confusa e tão fantástica que me sinto constrangido em falar disso publicamente. Não tenho como explicar esse fogo!"*

Em poucos dias a notícia espalhou. De várias partes da região surgiram pesquisadores autônomos. A fazenda recebeu uma verdadeira invasão de curiosos. Notificada pelos bombeiros, a Força Aérea do Exército mandou seus homens ao local. Por determinação dos especialistas, sabendo que os curiosos nada poderiam resolver, a fazenda inteira foi varrida. Somente gente habilitada passou a trabalhar no caso.

Lewis Gust, um dos técnicos da Força Aérea, em experiência anterior constatara que as ondas de rádio, quando emitidas em curtíssima frequência, podiam acender lâmpadas de *flash* nos aviões durante o voo. Ele tentaria comprovar sua teoria de que a emissão de fótons ou de ondas eletromagnéticas poderia acender o fogo na casa dos Willey. Várias experiências foram realizadas, exaustivamente. Mas nada foi obtido. Então vieram outras hipóteses. Usando equipamento especial, Gust tentou captar outras ondas. E novos testes foram realizados.

Se alguma onda fosse receptada no equipamento, então o trabalho dele seria achar a fonte emissora da radiação. Algo invisível deveria produzi-la, vindo de perto ou de longe

UM VERMELHO ENCARNADO NO CÉU

da casa. Mas foi inútil, nada conseguiu. E como nada fora receptado, outras possibilidades vieram. A emissão de micro-ondas foi considerada. Mas o equipamento nada pôde registrar, talvez por insuficiência da própria tecnologia usada. Tudo ali fora inútil. A causa invisível, produtora do fogo, não pôde ser achada pelos técnicos da Força Aérea. Em razão disso, as perguntas ficaram no ar: Como o fogo foi provocado? De que modo é controlado? Quem é o agente emissor? Na verdade, não houve resposta para nenhuma dessas perguntas.

Então, uma guarnição policial especializada em fogo criminoso tomou as rédeas do caso. Os policiais suspeitaram de que das paredes deveriam verter algum tipo de gás. Então fizeram testes em pontos sugestivos, mas nenhum gás foi encontrado nas paredes ou em qualquer outra parte da casa. Depois de testar muito e de eliminar outras hipóteses, sobreveio uma tentativa desesperada para esclarecer o caso.

Desde há muito, os especialistas da Sociedade Americana de Pesquisas Psíquicas tinham cogitado a possibilidade de nas erupções de poltergeist haver um agente humano, uma pessoa que facilitasse a eclosão dos fenômenos. Esse agente fora chamado por eles de epicentro, ou seja, pessoa em torno da qual os fenômenos se processam.

O epicentro, segundo as proposições, seria um jovem adolescente com energias sexuais em "ebulição" ou, então, um adulto em crise existencial, que de maneira desconhecida pela ciência e até dele mesmo, provocaria a erupção com a sua força de pensamento, ainda que de modo inconsciente para ele. Ou seja, tratava-se de uma teoria que, a priori, "explica tudo sem comprovar nada". Com ele, apenas se observa que quando o epicentro é retirado do local, os fenômenos cessam.

Outra possibilidade considerada, também desconhecida da ciência, fora a do epicentro ter seus fluidos corporais sugados por uma inteligência espiritual, a qual poderia com isso realizar a parapirogenia, ou seja, provocar o fogo, realizando uma metamorfose na matéria. Nessa teoria, a inteligência invisível seria a responsável por tudo, e o epicentro, apenas uma vítima da ação nefasta. Também nessa proposição, quando o epicentro é retirado do local, os fenômenos cessam.

Sem testar esses fundamentos, mas se aproveitando deles, a guarnição policial fez de tudo e forjou uma confissão de Wanet, sobrinha do dono da fazenda, uma mocinha adolescente que não morava na casa e estava ali apenas de passagem, dizendo que ela seria a responsável por acender o fogo. Contudo, as pessoas da casa contestaram, dizendo aos policiais: *"Se vocês nada viram, como podem dizer que foi ela? Nós estávamos aqui, vimos tudo e não foi ela!"*

A tal alegação não pôde ser engolida por ninguém. Era mais do que evidente que Wanet não poderia incendiar os papéis de parede, com o fogo vindo de dentro das paredes, inclusive estando elas umedecidas com água. Não poderia atear fogo no tampo da mesa, vindo o calor de dentro da própria madeira, o mesmo acontecendo nas cadeiras, nos sofás, nas cortinas. E isso na frente de todos, estando ela também presente e tentando apagar o fogo. Inclusive, não havia como explicar a atuação dos bombeiros, que após um foco debelado, outro em seguida surgia, e quase sempre no mesmo local do anterior.

Todos ali lutavam contra um agente invisível, inclusive Wanet. Ela não era criminosa, não tinha feito esforço mental nenhum e não tinha poderes paranormais que pudessem qualificá-la como epicentro. Embora o agente estivesse oculto, seu propósito parecia evidente. Talvez quisesse atear fogo e ver a reação das pessoas, como numa experiência, para avaliá-las. Isso, os técnicos da Força Aérea observaram bem.

De modo divertido, diante da conclusão inaceitável dada pela polícia, alguém disse: *"A Wanet teria de ter uma fábrica de fósforos e a capacidade de ficar invisível diante de todos, para atear fogo em tudo àquilo"*. A atuação da polícia fora reprovada publicamente. E a Força Aérea apenas comprovara sua intenção de entender os fenômenos insólitos, sem o conseguir.

No Brasil, anos depois, não foi por acaso que o general Moacyr Uchôa se deteve na pesquisa dos fenômenos paranormais, associando-os ao Fenômeno UFO quando entre

UM VERMELHO ENCARNADO NO CÉU

eles houvesse alguma sugestiva ligação. E de fato, parece mesmo haver algo comum em ambos.

Façamos aqui uma pausa, caro leitor, para observarmos o Espiritismo. Quem participa das sessões de efeitos físicos, desde há muito sabe dos fatos incomuns ali verificados. O aparecimento de bolas luminosas com vários tamanhos, variando desde uma pequena cabeça de alfinete até um globo de luz, é ocorrência normal nos processos de materialização. Elas antecedem o aparecimento do fantasma e são produzidas, segundo os Espíritos, com a manipulação do ectoplasma do médium, ou seja, com o uso de um fluido vital oriundo do próprio ser vivo. Esse fluido, existente com fartura em certas pessoas, é tido como combustível de que as inteligências sutis se servem para realizar os fenômenos chamados paranormais.

No efeito poltergeist, uma somatória de condições faz o fenômeno eclodir. Ele inicia tendo um médium não educado, por assim dizer, como epicentro. Esse médium, portador daquele fluido em abundância, por falta de uso em ações tidas como altruístas, deixa escapá-lo, através de seus orifícios corporais, dando margem ao uso dele por uma inteligência invisível. Há de se ter em conta que um agente malfazejo, com intensa força de pensamento e movido pela volúpia de experimentar com leviandade ou vingança, pode canalizar a energia liberada pelo epicentro e realizar com ela atos nocivos ao homem.

Observou-se que vários poltergeists são agentes invisíveis que praticam ações nefastas, promovendo sempre confusão, desregramento e maldade. Um Espírito vingativo, ao encontrar o médium do qual é antagonista, com sua força psíquica pode retirar o combustível de que precisa e produzir os distúrbios. De modo semelhante, o ET de antimatéria realiza suas experiências na Terra, mas com engano é tomado por espírito elemental.

Desse modo, surgem as misteriosas eclosões de fogo; as explosões que emanam das paredes; as garrafas e canetas que explodem sozinhas; as sonoras pancadas nos móveis; o andar pesado nos assoalhos; os estalos nas madeiras; a movimentação de objetos na casa; as coisas que balançam no ar como folha morta, fazendo ziguezague; os objetos que transitam no ar como se fossem carregados por alguém invisível, ultrapassando até barreiras sólidas; as coisas que deslizam numa dada superfície, inclusive irregular; as peças que voam pelo ar, como por encanto; as coisas que caem do teto, como vindas do céu; o aparecimento e a desaparição de coisas, inclusive de dinheiro; o arremesso de pedras, vindas não se sabe de onde; as águas que inundam recintos; a formação enigmática de gelo; a interrupção da corrente elétrica; as luzes que se apagam e acendem na casa; a campainha que toca sem ninguém acionar; as pessoas que mordem outras como se estivessem possessas; as aparições misteriosas de cães e de outras feras ameaçando pessoas. Enfim, tudo isso e ainda outros efeitos semelhantes são manifestações do poltergeist. E, curiosamente, algumas também do Fenômeno UFO, mostrando que um agente invisível atua em ambos.

Em razão dessas ocorrências, uma questão fora proposta aos serviços de inteligência. O raciocínio era o seguinte: Se um agente humano, com sua força de pensamento pode produzir fogo e explosões nas coisas materiais; e se um Espírito pode provocar esses efeitos e ainda outros usando como combustível um dado fluido vital, considerando-se que os corpos vivos são dotados daquele fluido em abundância, pergunta-se: Poderia uma inteligência, visível ou invisível, usando de tecnologia, provocar a combustão humana num contingente militar inteiro?

Esse tema passou a ser estudado na década de 1940 e seguiu em frente. O interesse militar é supostamente diverso do propósito das agremiações de pesquisas psíquicas. Uma arma terrível talvez pudesse ser produzida pelo inimigo durante a guerra. Estendendo o raciocínio, o que faria uma civilização alienígena contra o planeta humano? Essa pergunta

UM VERMELHO ENCARNADO NO CÉU

precisava de resposta. As investigações prosseguiram, corroboradas com o uso de filmes, de fotografias e de testemunhas colocadas sob a ação de sono hipnótico, mas a resposta oficial nunca veio. E outras perguntas ainda surgiram: O que são os ufos? O que eles querem? Por que praticam abduções? Por que fazem implantes em seres humanos? As evidências mostravam que algo precisava ser feito. Mas como a ciência não conseguiu até hoje responder satisfatoriamente a essas indagações, nem tampouco há sensitivo na Terra com legitimidade para falar em nome dos supostos alienígenas, em razão disso, a ação militar de "acobertamento" surgiu como mecanismo natural de defesa contra o pânico.

Nas ações militares, diante de um perigo, é sabido que o medo pode inibir as reações de defesa. E num confronto de forças, a diferença pode estar no ímpeto da reação. Ela pode ser o fiel da balança para configurar a vitória. Esse raciocínio é válido para as civilizações erguidas em cima de valores materiais, como a sociedade humana. De modo conclusivo, um suposto agente invisível, fosse ele um poltergeist ou uma criatura alienígena, só poderia ser avaliado por aquilo que ele mesmo oferece. Quem promove confusão, fogo, explosões no ar, sequestros e implantes, não está oferecendo nada de bom ao homem. Com certeza, não poderia ser considerado amigo, nem tampouco uma inteligência com moral elevado, digna de nossa reverência. Foi considerando isso que os casos intrigantes, em que por trás deles atuaria uma inteligência invisível, passaram a ser estudados com muita cautela pelos ufólogos científicos.

A 07 de abril de 1958, o navio cargueiro Ulrich navegava em alto mar, ao sul da Irlanda, quando um fato insólito aconteceu. O timoneiro John Greeley estava em serviço naquele dia. E por um bom tempo ele já conduzia a embarcação sem ser substituído por outro timoneiro. Durante uma rajada de vento, os tripulantes notaram que a embarcação parecia estar sem rumo. Ela ia de bombordo para estibordo, ou seja, navegava de lado, com perigo de tombar. O leme parecia não obedecer ao condutor. De modo estranho, parecia mesmo não ter ninguém no leme. O perigo era real. Uma catástrofe avizinhava-se. Havia risco de o navio afundar. Diante da iminente tragédia, os membros da tripulação correram para a casa do leme. Então, o que viram foi de estarrecer.

John Greeley, o timoneiro, havia desaparecido. Não tinha ninguém no leme conduzindo o barco. No local, havia apenas um montículo de cinzas. O homem fora completamente carbonizado. Dele, nada mais restava. Por perto, à sua volta, o chão e as coisas não estavam sequer chamuscados, denotando que somente ele havia queimado até a extinção. O inexplicável acontecera ali. E mais tarde, após as investigações, sem nada ser concluído, o fato seria qualificado como: Combustão Humana Espontânea — CHE.

De modo curioso, no mesmo dia e à mesma hora, outro fato raro ocorreu, longe dali. Os relatos oficiais dão conta de que numa localidade próxima a Nimwegen, na Holanda, um rapaz de 18 anos dirigia seu Volkswagen numa região acidentada. Era um caminho tortuoso, cheio de depressões, local difícil de dirigir. Mas Wilhelm den Bruick era um jovem precavido, calmo e cuidadoso. Sua carta era recente, mas sua habilidade no volante era das melhores. De repente, o carro se precipitou numa ribanceira. Os motoristas que vinham atrás, de imediato trataram de avisar a polícia que estava próxima ao local. E o caso teve pronto atendimento.

A polícia técnica deu conta de que o motor havia travado, parara de funcionar antes de o veículo cair na ribanceira. O fato era incomum. Perguntava-se: Por que o motor travou? Uma causa mecânica poderia ser aceita, caso não houvesse outra. Afinal, um defeito no motor poderia mesmo desencadear o acidente. Mas o fato estanho era outro, o insólito estava no condutor do veículo.

Na queda, o carro não havia incendiado. O banco do motorista estava em perfeito estado, nem sequer chamuscado. A cabine do condutor permanecia quase intacta. A direção do veículo não tinha nada, estava perfeita. Mas o mesmo não se podia dizer de Wilhelm. Ele tinha virado um montículo de cinzas em cima do banco. O moço havia queimado por inteiro. De modo misterioso, estava carbonizado. Esse era o segundo caso de Combustão Humana Espontânea — CHE, ocorrido no mesmo dia e na mesma hora.

Ainda naquele mesmo dia e na mesma hora, outro caso insólito ocorrera, distante dali, na Inglaterra, nas estradas que levam à cidade de Liverpool.

George Turner era um caminhoneiro acostumado com aquelas estradas. Ele sempre dizia a seus ajudantes que *"ninguém está livre de acidentes, porque eles não avisam antes vir"*. George era uma pessoa bem-humorada e descontraída, mas um profissional sério e atencioso no volante. Ele foi em frente, na viagem. E desta vez estava sozinho na cabine. Então ocorreu um acidente fatal.

As investigações do caso também deram conta de que o motor do caminhão havia travado, parara de funcionar bruscamente. O veículo saiu da estrada aos poucos, trafegou no acostamento, bateu as rodas numa vala e deitou de lado no mato. Deslizou arrancando arbustos e parou numa depressão do terreno, sem incendiar. Uma placa sinalizando a localidade de Upton-by-Chester fora levada por ele. A polícia atendeu ao chamado. Quando a porta do caminhão foi aberta, o policial ficou estarrecido. Esperava encontrar ali um corpo morto, todo estropiado e cheio de sangue, como é comum em casos de acidente assim. Mas o fato era outro: *"Nunca vi um caso como esse"*, disse ele depois. Sua expressão foi de profundo espanto.

Ao abrir a porta do veículo, o ar de dentro escapou, como uma panela de pressão. Eram as cinzas de carne humana e restos carbonizados que exalavam um cheiro morno de cozimento, causando nojo e arrepio. O que restou do motorista estava espalhado na cabine, de modo incompreensível. Como ele teria queimado daquele jeito, nunca se soube. O incidente foi considerado uma Combustão Humana Espontânea — CHE, ocorrida sem causa aparente.

Fora o terceiro caso com as mesmas características, cada qual num país diferente. E todos na mesma data e no mesmo horário, com os motores travados e os corpos queimados da mesma maneira. O porquê dessas ocorrências ficou no ar algum tempo, até que alguém teve a ideia de associá-los a outros acontecimentos insólitos. Aí as coisas começaram a ficar sugestivamente mais claras, corroborando as suspeitas da Força Aérea quanto à existência de um agente oculto como responsável e dando à questão outra base de entendimento. Mas quanto isso, caro leitor, não vamos nos antecipar aqui, mais à frente ainda voltaremos ao caso.

Quanto ao poltergeist do fogo pesquisado pela Força Aérea, o interesse do agente oculto parecia estar concentrado em colocar fogo nas coisas e avaliar a reação das pessoas, como se estivesse fazendo uma insólita experiência. A causa lógica daquele fogo nunca seria encontrada. Então surgiu a pergunta: O agente invisível poderia ser uma criatura alienígena? Isso precisava ser estudado, e foi!

No próximo capítulo vamos ver outros casos raros, para em seguida iniciarmos a interligação deles e observarmos com mais evidências o agente invisível causador desses fenômenos raros.

4

INCIDENTE EM PONTA PORÃ

Em 1957, observou-se uma série de ocorrências extraordinárias em Ponta Porã, cidade do Mato Grosso do Sul, quase na divisa com o Paraguai. O assunto foi publicado em alguns jornais sem muito destaque, mas estudado com dedicação por um dos pioneiros da Ufologia brasileira, o Dr. Olavo Fontes (1924-1968), numa época em que os Estados Unidos tinham grande interesse no tema.

O Dr. Fontes já era um médico gastroenterologista experiente, formado pela Faculdade de Medicina do Rio de Janeiro, chefiava uma equipe de especialistas na escola Nacional de Medicina da cidade. Como representante no Brasil da Aerial Phenomena Research Organization — APRO, instituição norte-americana especializada no estudo dos ufos, ele se encarregou de reunir os fatos e de encaminhá-los à presidente daquela agremiação, a senhora Coral Lorenzen.

Os arquivos da APRO reuniam quase tudo que havia de melhor e mais atual na Ufologia mundial. E a senhora Lorenzen havia disponibilizado os arquivos para o pesquisador Walter Webb, interessado em detalhar do Caso Hill. Webb, por sua vez, pretendia associar aquele caso a outros, numa tentativa de descobrir alguma coisa que o levasse a entender o modus operandi e o porquê da tendência dos ufos em perseguir as pessoas e os veículos na estrada. O Caso Ponta Porã tinha coisas em comum com o incidente em Indian Head, vivido pelo casal Hill.

A seu turno, em meados de 1966, o escritor John Fuller trabalhava em seu livro *A Viagem Interrompida*. E num almoço com Coral Lorenzen tomou conhecimento da revirada de documentos feita por Webb nos arquivos da APRO, ao estudar o Caso Ponta Porã. Fuller ficou sabendo que os ufos na cidade brasileira tinham a forma de Saturno, uma arquitetura comum, testemunhada em outros países. Havia também descrições relatando objetos do tipo charuto e na forma de disco, semelhante ao que se verificava nos Estados Unidos.

Em toda parte, causava estranheza o fato de os ufos realizarem voos rasantes por sobre os veículos, insistindo em cima deles por um bom tempo, chegando a ficar horas sobrevoando os carros em locais ermos, como nos planaltos de Ponta Porã, uma região recoberta de florestas e cortada por estradas infinitamente solitárias.

"Talvez os ufos estivessem ali realizando algum tipo de experiência", considerou a senhora Lorenzen.

"Pode ser, mas ainda é cedo para uma conclusão definitiva", respondeu Fuller, sabendo que ambos estavam apenas especulando.

O caso intrigante dava conta de que a 21 de dezembro de 1957, logo ao cair da noite, por volta da 18h30, uma fazendeira da região acompanhada de seu motorista, de um serviçal da fazenda e dos três filhos dela, trafegavam naqueles ermos com um jipão do tipo exército, seguindo em direção à cidade.

Aos longe, na parte alta do morro, num ponto bem acima da estrada, todos avistaram duas luzes que aos poucos se

UM VERMELHO ENCARNADO NO CÉU

aproximavam do jipe. Não demoraram muito, e dois objetos se fizeram brilhantes, nitidamente voando um lado do outro.

O carro prosseguiu viagem. E logo mais à frente, os objetos pairaram no ar, ainda distantes, dando a impressão de que observavam o jipe. *"O que é aquilo?"*, interrogou o motorista, com voz de espanto e rosto preocupado.

"São duas luzes muito estranhas!", exclamou a fazendeira.

Nesse meio tempo, o jipe seguiu na estrada e aproximou-se ainda mais das luzes. Com os olhos presos na aparição, todos viram que aquilo brilhava muito. Então os dois objetos passaram a deslizar no ar, bem acima da estrada. Ao longo do percurso, faziam um movimento conjunto, um estranho balanço em ziguezague, como se fossem duas folhas mortas no ar.

Não dava para dizer que aquilo fosse qualquer tipo de aeronave conhecida. Era algo estranho, diferente de tudo que já tinham visto. E ninguém ali estava sugestionado por histórias de discos voadores. Eles nada sabiam de ufos, quase não iam ao cinema e não tinham televisão na fazenda. Mais tarde, a mulher relataria: *"Quando eles ficaram visíveis, pareciam duas esferas metálicas, de uns cinco metros de circunferência e um grande anel em volta"*. Sem dúvida, eram dois ufos, normalmente descritos como do tipo Saturno.

Na parte superior, vindo de dentro, todos viram uma luz vermelha que exalava para fora com intensidade, projetando na cúpula celeste um halo avermelhado, dando a impressão de um poente de fogo no céu noturno. Da parte inferior, uma luz branco-prateada iluminava intensamente, ofuscando por completo a visão de todos. Mas variava o brilho e a intensidade.

Falando sobre o caso mais tarde, com sua experiência, Coral disse a Fuller: *"Talvez essas luzes fossem artifícios dos ufos para observarem a terra, focarem com nitidez as formas vivas e rastearem os aviões de caça se aproximando"*.

"Isso é possível!", exclamou Fuller. *"No incidente em Exeter*[1], *as luzes eram como essas. E o modus operandi dos ufos era semelhante"*.

---

[1] FULLER, 1966.

O jipão da fazenda prosseguiu devagar naqueles ermos, um erro seria fatal. E por duas vezes o motorista parou o veículo, tentando identificar os objetos. Numa das vezes, um dos ufos desceu até pouco acima do chão, ao lado da estrada, como se esperasse uma aproximação para contato, mas o outro ficou no alto, a pouca distância, vendo tudo, aparentando estar de cautela e, talvez, preparado para uma ação de emergência.

O motorista não arriscou em se aproximar, mas seguiu em frente. Durante duas horas seguidas os ufos ficaram em cima do jipe, perseguindo os ocupantes em toda extensão do trajeto, até Ponta Porã. Quando o jipe entrou na cidade, o pessoal teve um alívio. Porque os ufos subiram e desapareceram no céu. Foram momentos inesquecíveis, de extrema aflição. E nada daquilo pôde ficar registrado, senão na lembrança. As pessoas não tinham à mão máquina fotográfica nem filmadora. Eles nem sequer imaginavam que poderiam ver aquilo nos céus, conheceram o Fenômeno UFO por tê-lo visto de perto. E para surpresa deles, a ocorrência não ficaria nisso.

Quase um mês depois, a 19 de fevereiro de 1958, alguns membros da mesma família iam da fazenda para a cidade de Ponta Porã, levando mercadoria. Era bem cedo, às 4 horas da manhã (gente da fazenda acorda cedo para as tarefas diárias). Na mesma estrada, o ufo desceu e pairou no alto, em frente ao jipe. Parecia conhecê-lo.

O motorista parou. O ufo, por sua vez, diminuiu o seu brilho vermelho e foi suavizando até se transformar numa bola de luz prateada. Em instantes, o objeto luzente se tornara metálico, sólido. E parecia disposto a fazer contato. Mas os ocupantes do jipe ficaram com medo. Tiveram a sensação de que poderiam ser capturados. O motorista não esperou mais: deu marcha à ré, manobrou o veículo e saiu em disparada, fugindo com tudo na estrada. Mas o ufo não ficou parado, foi atrás. Em Ponta Porã, ele se deteve, não entrou na cidade. Ficou ali parado, cerca de meia hora, próximo às árvores do bosque, bem na entrada da cidade. Depois, sumiu.

UM VERMELHO ENCARNADO NO CÉU

Uma conversa agitada se fez num estabelecimento de comércio. E outras seis testemunhas se juntaram ao grupo. Num segundo jipe, eles voltaram pela mesma estrada, em busca do objeto. Então alguém do grupo divisou ao longe uma luz. O ufo fora encontrado. A luz subiu mais nos céus e todos notaram que estavam sendo seguidos. Mas o ufo permaneceu alto e distante o tempo todo, não se aproximando. Somente desapareceu às 6h00 da manhã, duas horas depois do primeiro avistamento. A insólita perseguição houvera se repetido também desta vez, e por duas horas.

Durante o dia inteiro, os comentários na cidade correram soltos. Foi aí que um grupo de cidadãos respeitáveis, gente conhecida de todos na cidade, incluindo um professor, um tabelião, um fiscal de impostos e um estudante de direito, animados com os comentários se dispuseram a tirar tudo a limpo. Então os quatro foram a pé até a entrada da cidade, ao local onde o ufo estivera parado. E ficaram ali próximos a um arvoredo, com os olhos varrendo os céus. Pareciam estar convictos da empreitada. Mas o ufo se revelaria insistente.

Eram 22h30 da noite, quando um objeto de cor vermelha intensa surgiu no céu, fez alguns contornos e parecia vir resoluto na direção deles. Mas súbito, de modo instantâneo, o ufo parou no alto. E curiosamente ficou ali estacionário por alguns minutos. Depois oscilou no ar, fazendo um balanço intrigante. De início, houve certa admiração dos homens. Mas quando o ufo desceu mais e eles notaram que um segundo ufo também se aproximara, a coragem desapareceu e os quatro voltaram correndo para a cidade.

A seu turno, a família da fazenda quando soube do ocorrido não pôde aprovar a atitude. Isso porque os homens estavam dispostos a tirar tudo a limpo. Eles consideravam que era preciso saber o que era aquilo. Com certeza, a reação seria diferente, caso houvesse outra vez. E parece até que estavam adivinhando, porque não foi preciso esperar muito. A 03 de março, sobreveio um novo incidente.

O jipão da fazenda trafegava tranquilo na mesma estrada, quando o ufo tornou a aparecer. Pairou a altura de um ou dois metros acima da estrada. E ficou ali, esperando o jipe. Mas desta vez o motorista estava decidido. Na hora, ele pensava: "Se eu danificar aquilo, ele não voa mais". Foi aí que acelerou o jipe, indo com tudo para cima do ufo, tentando chocá-lo com a lateral do veículo. Mas, num reflexo, o ufo subiu em disparada e desapareceu no alto.

Em seus relatos, o Dr. Fontes não deu mais detalhes do caso enviado aos arquivos da APRO. E a senhora Lorenzen concluiu sua narrativa a Fuller, considerando que no estudo das "ortotenias" (caminho descrito pelos ufos) a cidade de Ponta Porã é o ponto sul de maior incidência do fenômeno, conforme as observações do francês Aimé Michel ao estudar as rotas.

Ao terminar o almoço, Fuller disse a Coral: *"Em Exeter foram registrados mais de uma dúzia de casos similares a esse de Ponta Porã. E outros mais ainda ocorreram em vários locais dos Estados Unidos, principalmente entre 1965-66. Estou convencido de que se quisermos tentar entender os ufos, precisamos relacionar os casos, fazer perguntas e buscar respostas lógicas, para cada uma das questões"*.

De fato, em Exeter, estado de New Hampshire, a 03 de setembro de 1965, dia em que as aparições se fizeram mais intensas na cidade, cerca de 60 pessoas, entre professores, policiais rodoviários, mecânicos, estudantes, motoristas e donas de casa, acusaram o aparecimento de uma grande onda de ufos.

Além delas, outros moradores notaram uma agitação anormal em seus estábulos: galinhas, cavalos, cães e gatos denotavam intenso nervosismo. A identificação dos ufos projetando luz avermelhada, perseguindo animais, veículos e pessoas, fora constante em Exeter. E em outubro de 1965, a revista *Look* trouxe uma matéria escrita por Fuller: *"O relatório oficial das autoridades policiais foi composto de 200 páginas datilografadas, mostrando registros de 73 objetos aéreos não identificados em Exeter"*, escreveu ele.

Um dos depoimentos de maior significado foi feito por um estudante do 3º colegial, Joseph Albert, de 16 anos. O episódio

UM VERMELHO ENCARNADO NO CÉU

dava conta de que num dia daquele mês, a casa dele fora iluminada por um imenso clarão vermelho. Olhando para o céu, divisou nas alturas um objeto parado lá em cima. Era enorme. E tinha forma de charuto. Alguns minutos depois, de modo enigmático, soltou-se dele um objeto menor, em forma de disco, exalando uma coloração laranja, bem viva. O objeto desceu lentamente. Pairou em cima da rede de força. Estendeu uma haste prateada até tocar no fio de alta tensão. E ficou em contato dele, por alguns segundos. Depois, recolheu a haste e subiu em grande velocidade, sendo engolido pela nave--mãe do mesmo modo enigmático que dela houvera saído.

Esse aparente roubo de energia dos cabos de alta tensão não fora observado em Ponta Porã. Mas a proximidade dessa cidade com as Cataratas do Iguaçu, onde as quedas d'água são sete vezes mais volumosas do que as do Niagara Falls, pode ser um indício de que os ufos encontram ali algum tipo de energia, para continuarem operando na Terra. Contudo, caro leitor, sobre o Caso Exeter não vamos nos antecipar aqui, mais à frente ainda vamos estudá-lo em detalhes.

A seu turno, os ufos de Ponta Porã mostraram características importantes ao estudo. Eles eram objetos voadores com recursos superiores aos engenhos do homem. Pairavam no ar e movimentavam-se em ziguezague. Quando preciso, partiam velozmente com a rapidez do relâmpago. Ora se mostravam visíveis, ora não. Embora fossem estruturados, davam mostras de poderem operar além da matéria, com a solidez do metal e a fugacidade da luz. Eles cambiavam a luminosidade conforme o tipo de operação. Suas ações eram inteligentes: às vezes, mostravam ímpeto, em outras, apenas precaução. Sem dúvida, denotavam receio. Certas vezes, pareciam querer contato. Em outras, apenas fazer exibição. Preferiam sempre mostrar o engenho e ficar incógnitos. Na maioria das vezes, procuraram experimentar os seres humanos, impondo ameaças e testando reações, demonstrando assim não conhecerem as reações do homem. No episódio do grupo, quando este disparou a correr de volta para a cidade, os ufos mostraram ser capazes de enxergar à noite, ao estilo infravermelho, para localizar pessoas à distância e persegui-las depois. No episódio do jipe, quando o motorista tentou abalroar o ufo, ele demonstrou receio ao impacto físico, talvez porque lhe fosse fatal, como se verificara em Roswell, dez anos antes. Com lógica de raciocínio, Fuller chegou a essas conclusões do caso. E as teve confirmadas em seguida, porque os registros norte-americanos mostraram que a 24 de junho de 1967, a mesma região de Ponta Porã seria sobrevoada por uma esquadrilha de 10 objetos aéreos não identificados, voando em curiosa formação.

Os ufos se deslocavam a mais de 6.000 quilômetros por hora. Fizeram tangência na fronteira brasileira e cortaram o Paraguai de norte a sul. Em Assunção, capital do país, as comunicações no Aeroporto Internacional foram interrompidas durante a passagem dos ufos. Quando atingiram a Argentina, a esquadrilha foi avistada por inúmeras pessoas, em seis províncias diferentes. Cinco dias após a ocorrência, a Força Aérea Argentina criou um órgão especial para investigar os ufos. E fez um apelo público, pedindo filmes, fotos ou qualquer outro material sobre eles.

Quem já avistou o Fenômeno UFO jamais pôde sustentar que fora uma brincadeira de mau-gosto, uma vingança ou uma maldade do gênero poltergeist espiritual. Pelo fato do Fenômeno UFO se dar a céu aberto e denotar tecnologia superior à humana, ficou mais harmonioso pensar em termos de ser um evento alienígena. Em certos casos, os ufos foram considerados provenientes de civilizações muito avançadas e conduta de moral elevado; em outros, contudo, embora a nave se fizesse brilhante e cheia de luz, suas ações foram claramente nocivas ao homem, denotando técnica desenvolvida, mas uma evolução moral precária. As características aéreas do Fenômeno UFO são bem distintas das do poltergeist. Mas suas ações em terra mostraram que os ufos podem agir produzindo efeitos daquele tipo. Em razão disso, muita coisa comum parece haver em ambos. E de fato, na mesma cidade

UM VERMELHO ENCARNADO NO CÉU

de Ponta Porã, essa semelhança seria verificada num sítio das proximidades. Mas quanto a isso, caro leitor, não vamos nos antecipar aqui, mais à frente ainda falaremos do caso.

John Fuller estava convencido de que os serviços oficiais de Governo sabem muito mais dos ufos do que dizem. E isso não está restrito apenas aos órgãos internos das Forças Armadas, mas extrapola a outros organismos de inteligência. Em razão disso, um departamento de inteligência como a CIA teria excelentes razões para investigar os ufos, principalmente por estar interessada em ter a ordem pública sob controle.

Quando Fuller almoçou com a senhora Lorenzen, corriam notícias no meio ufológico tidas como confiáveis, dando conta de que antes da ocorrência em Ponta Porã, entre os anos de 1954 a 1959, a CIA estivera investigando o vazamento de informações sobre tecnologia avançada para construção de naves em forma de disco. Ela teria mandado dois agentes investigar um caso muito sugestivo de canalização. Isso porque tinha chegado à Agência informações de que uma sensitiva do Maine havia feito contato telepático com o comandante de uma nave alienígena. Seria preciso investigar a canalização, tomando o lugar vago deixado pelo Projeto Blue Book, que naquela altura parecia não muito interessado em coisas psíquicas. O trabalho investigativo da Força Aérea visava casos que pudessem oferecer provas materiais. E o caso da sensitiva era diferente, sinalizava uma via mental de contato. A CIA fora a campo, tomando as rédeas do caso. Havia suposição de que a nave acidentada em Roswell fosse pilotada através de controle mental. No Maine, os agentes trataram de arrumar uma sessão.

Durante o evento, a médium fizera contato e recebera informações telepáticas, supostamente vindas do comandante da nave. Os agentes da CIA, a seu turno, fizeram várias perguntas e receberam respostas tidas como sensatas, dignas de estudo. Quando esgotaram as questões, o comandante da nave disse que pretendia interagir com um deles, telepaticamente. O agente em melhores condições psíquicas teria sido escolhido pelo próprio alienígena. Fez intensa mentalização para saber se conseguiria obter respostas. E elas vieram, por telepatia. Tudo foi colocado no papel e depois levado ao chefe, nos escritórios da CIA.

Na sede do organismo, durante as conversas dando conta do acontecimento, um sorriso de escárnio sobreveio na leitura das mensagens. Estava claro que o suposto alienígena alterara o processo investigativo. Agora, a experiência deveria ser outra, não mais com a mulher, mas com o próprio agente da CIA. As coisas prosseguiram meio de improviso. Depois de concentrar-se, o agente que fizera contato no Maine voltou a fazê-lo na sede da organização. Dois outros agentes com mais experiência no tema ufológico foram chamados às pressas para a ocasião. E começaram a fazer perguntas sobre a origem do ufo, sobre o motivo de sua presença na Terra e outras indagações muito objetivas. A seu turno, o enigmático comandante da nave se fez presente, no psiquismo do agente da CIA. E respondeu com o mesmo desembaraço e a mesma sensatez de antes no Maine, dizendo coisas que superavam muito o conhecimento do canalizador. Todos ficaram pasmos com as respostas.

A conversa prosseguiu e já se prolongava por mais de uma hora, mas não convencia o ceticismo dos agentes. Por mais lúcidas que fossem as respostas, ninguém podia aceitá-las como coisa certa. A dúvida pairou no ar. Afinal, faltava a prova concreta para resolver a questão. Foi aí que o diretor, para encerrar o caso, disse que somente uma demonstração com a nave se fazendo visível seria satisfatória, nada mais! Repassada a questão ao suposto comandante da nave, este pediu que todos fossem à janela. Então o que viram, foi de estarrecer.

Formou-se no céu uma nave luzidia, de estilo clássico, com cúpula na parte superior e vigias em quase toda sua volta. Diante dos chefes da CIA, postados em frente à janela, o objeto pairou no ar, silencioso, ficando ali estacionário por alguns instantes. Depois produziu um clarão enorme, envolvendo a si mesmo com o halo luminoso. E desapareceu misteriosamente,

UM VERMELHO ENCARNADO NO CÉU

dentro do clarão. Fora algo de estarrecer. Inacreditável. Os agentes ficaram boquiabertos. Estavam certos de que o pedido do diretor seria negado, ninguém esperava por uma nave no céu.

Ao lado dos escritórios da CIA, em Washington, o Aeroporto Nacional foi requisitado para informar sobre as imagens captadas no radar. Mas os técnicos disseram que nada de especial fora detectado. E, por conseguinte, a prova solicitada ficou apenas na memória dos observadores.

Com essa notícia, John Fuller se convenceu de que os membros daquela respeitável instituição somente poderiam considerar a nave um sonho, inclusive as mensagens recebidas por intuição e grafadas pelo agente. Afinal, a informação para investigar uma nave no céu deveria ser repassada para a USAF. Mas sem as provas, o que dizer à Força Aérea? A CIA houvera obtido em 1953 ascendências para lidar com os Serviços de Inteligência de todos os órgãos militares e não poderia ficar desacreditada logo em seu início. O episódio passou a ser um embaraço para a CIA. Com sutileza, ela precisava repassá-lo. A USAF teria de entrar no caso. Por isso, as coisas não pararam aí. No transcurso do tempo, as oportunidades se fizeram e os militares ficaram a par dos acontecimentos. Então, um novo interesse tomou corpo, dando lugar a novas investigações.

Mais a frente ainda voltaremos a esse caso, para vermos outros contornos. Por ora, vamos observar no próximo capítulo novas ocorrências intrigantes, vividas em Ponta Porã.

5

UM ESTRANHO POLTERGEIST

Ponta Porã é conhecida na Ufologia por ser uma localidade visitada por ufos. Ao norte, a cidade é uma das portas de entrada para o Pantanal Mato-Grossense, região inigualável em plenitude de vida animal; ao sul, ela abre o cenário em direção às fantásticas Cataratas do Iguaçu, cujas energias envolvem o sentido humano, causando uma sensação de soltura da alma. É também uma comunidade de descendentes japoneses, de antigos imigrantes vindos da distante ilha de Okinawa. Em Ponta Porã, passa a enigmática Linha Bavic, um corredor de ufos descoberto em 1954 pelo francês Aimé Michel.

Estudando as ondas ufológicas, Aimé constatou que os ufos concentravam aparições entre as cidades francesas de Bayonne e Vichy (vem daí a sigla Bavic). Quando ele estendeu essa linha ao redor do mundo, ela cortou o Brasil entrando pelo Ceará, ao norte de Fortaleza, e saindo pelo Mato Grosso do Sul, em Ponta Porã. Foi nessa cidade de eventos

UM VERMELHO ENCARNADO NO CÉU

ufológicos intrigantes, que um estranho caso de poltergeist começou.

Os arquivos do Instituto Brasileiro de Pesquisas Psicobiofísicas (IBPP) estão repletos de registros dessas ocorrências estranhas, possibilitando amplo estudo aos pesquisadores. Um desses casos é o que ficou conhecido como Poltergeist do Paraguai. O estudo desse evento nos mostra íntima conexão dele com o Caso Ponta Porã que narramos. O pesquisador Hernani G. Andrade, então presidente do IBPP, encarregou-se de registrar o caso nos arquivos do Instituto.

A palavra poltergeist é de origem alemã. E quer dizer Espírito barulhento. Desde há muito, a crença popular se encarregou de dar esse nome aos fenômenos, porque os considerou como casos produzidos por Espíritos, duendes e por toda sorte de seres incorpóreos. Mas aqui, o agente invisível tem características um pouco diferentes e talvez a palavra alienígena possa definir melhor a entidade produtora dos fenômenos, dada sua conexão com o incidente ufo verificado naquela cidade. A parapsicologia, a seu turno, deu ao fenômeno a sigla RSPK, que vem do inglês Recurrent Spontaneous Psycho Kinesis (Psicocinesia Recorrente Espontânea), retirando o tema do contexto místico e dando a ele uma base científica.

Se o caso que vamos narrar tivesse ocorrido nos Estados Unidos, os organismos militares por certo o teria investigado no ato da ocorrência, assim como o fizeram com o poltergeist do fogo, vivido pela família Willey, no Illinois, anos antes. Em Ponta Porã, os fenômenos foram muito mais intensos e sugestivos de atividade alienígena do que os de Illinois.

Mas ainda assim, a distância não impediu que dois emissários norte-americanos estivessem no local, apresentando-se às testemunhas como repórteres de um importante jornal. Ali, colheram depoimentos de quem houvera vivenciado os fatos, registraram tudo com método científico, através de filmes, fotografias e medições. Classificaram as ocorrências e formularam hipóteses para serem confrontadas com casos semelhantes observados nos Estados Unidos, dos quais o caso da família Willey era apenas um deles.

Em 1962, a família do senhor Katsumi Okabe comprara um pedaço de terra de 100 hectares, quase em solo paraguaio, na divisa com o Brasil, distante cerca de 20 quilômetros de Ponta Porã. E aos poucos foi formando ali um sítio de agricultura. Anos depois, o sítio estava formado e produzindo.

Em 1969, dez anos depois do primeiro incidente ufo e dois anos após o sobrevoo da esquadrilha de ufos no Paraguai, essa família de lavradores começou a observar no sítio algo estranho. Os fenômenos foram ocorrendo aos poucos. O local parecia monitorado. E em 1972 sobreveio um surto intenso, denunciando uma verdadeira infestação. Era algo sem igual na literatura parapsicológica, um tanto diferente dos casos comuns de poltergeist.

A 28 de julho de 1972, o periódico de notícias da comunidade japonesa em São Paulo, *Jornal Paulista*, publicou matéria assinada pelo jornalista Kazunari Akaki. O caso dava conta de que naqueles dias, ao cair da noite, a família Okabe estava toda reunida na sala, conversando ao redor da mesa de jantar. O ambiente era iluminado por um forte lampião de gás. Súbito, para espanto geral uma pedra do tamanho de um ovo atingiu com violência o bujão de gás, fazendo um estampido agudo. Com a pedrada, o lampião quase apagou. E a pedra rolou pelo assoalho, ficando ali parada. Curiosamente, quando foi pega na mão, estava *quente*.

"Quem atirou isso?", alguém disse. Mas não houve qualquer reposta. Ninguém ali tinha atirado nada. E a sala estava fechada. De fora, a pedra não poderia ter vindo, mas veio! De modo misterioso, ela estava ali, desafiando o raciocínio de todos. Por aquela noite, a coisa parou aí. Mas não ficaria nisso por muito tempo. O episódio da pedra seria apenas o início de tudo.

A família Okabe houvera construído a casa com sacrifício. Inicialmente, fizeram apenas um pavimento térreo, mais ou menos amplo. Depois, construíram o piso de cima. E fizeram

UM VERMELHO ENCARNADO NO CÉU

dentro da sala uma escada de madeira, estreita e quase a pique, para chegar ao andar superior sem tomar muito espaço da sala. Com essa escada íngreme, somente com muita dificuldade os móveis foram colocados no cômodo superior. Alguns, só puderam entrar pela janela, vindos de fora, porque não dava para passar naquela escada pequena e estreita.

Diferente das pessoas, o agente responsável pela pedrada parecia não ter dificuldade nenhuma de acesso ao quarto de cima. No dia seguinte, algo insólito aconteceu. Um bujão pesado, cheio de gás, foi parar no dormitório de cima. E junto com ele, sem que ninguém visse, foi levado também um bujão vazio, o reserva da cozinha. Com dificuldade, os membros da família desceram os bujões.

Depois deles, foi a vez da bicicleta. Dia após dia, ela sumia do lugar onde estava e aparecia no quarto. O dono do sítio decidiu acabar com aquilo (até então ele achava que era uma brincadeira de mau-gosto). Okabe pegou o jipe e foi a Ponta Porã comprar cadeado e corrente. Quando voltou, a bicicleta estava no quarto. Depois de levá-la ao paiol, passou a corrente e prendeu-a numa caixa grande de ferramentas agrícolas. E a chave do cadeado deu para um amigo de confiança, que se esqueceu de restituí-la e viajou com ela para São Paulo, enquanto a bicicleta ficara lá, presa no cadeado.

Mas o agente invisível não se deteve. No dia seguinte, sem ninguém ver, a bicicleta se soltou. Ela deixou a corrente no paiol e o cadeado fechado, preso na caixa de ferramentas, e foi misteriosamente aparecer no quarto, para espanto de todos.

Desse dia em diante, o senhor Okabe não teve dúvida de que estava lidando com algo misterioso, de origem rara O receio começou então a tomar conta da família.

Nos dias seguintes, o mistério do transporte invisível se repetiu. As coisas sumiam de um lugar e apareciam no quarto. Outros objetos foram levados ao dormitório. O trabalho de descida por aquela escada estreita e íngreme, cada vez se revelava mais inútil. E não demorou muito para ter no quarto um amontoado de coisas: dois bujões de gás, uma bicicleta, um pneu de jipe, um macaco de caminhão, um garrafão de vidro, duas enxadas, um carrinho de mão, um rolo de tela de arame, quatro sacos de aniagem, uma lata de lixo, um par de sapatos, um trilho de ferro, algumas roupas, ferramentas e utensílios domésticos. Tudo fora transportado ao dormitório, de modo enigmático e sem ninguém ver.

Em Ponta Porã, a colônia japonesa ficou aturdida. E se encarregou de falar a parentes e amigos o que estava tendo no sítio. Os comentários chegaram a São Paulo. E o jornalista Kazunari Akaki se interessou pelo caso. Ele se dispôs a mostrar a verdade para a colônia japonesa. Então não perdeu tempo e viajou. Em Ponta Porã foi recebido por Okabe, que o convidou para passar alguns dias no sítio e ver tudo por si mesmo.

Sua primeira providência foi tirar a bagunça do quarto. Com ajuda da família, eles retiraram tudo que não era dali. Mesmo porque, aquele quarto era o de hóspede. E o repórter, iria dormir nele. Mas o ceticismo do jornalista sobrepunha qualquer ideia sobrenatural. Ele estava convicto de que pegaria o autor da brincadeira ou, então, que nada mais aconteceria ali.

O quarto ficou um brinco, limpo de tudo. Mas o jornalista era precavido. Ele viu que a janela e a escada precisavam de mais providências. Se alguém tentasse entrar, seria preciso um sinal. Então colocou latas vazias no peitoril da janela e nos últimos degraus da escada, barrando as passagens. Não dava para ninguém entrar sem deixar vestígios.

À tarde, quando todos estavam conversando na sala, Okabe contou ao jornalista um fato intrigante. Disse que tinha no sítio um jipe Toyota, modelo grande, carroceria coberta e motor potente. E que toda vez que ligava o jipão, algo incomum sempre acontecia. Disse que toda vez quando saía para dar umas voltas, o agente invisível fazia algo extraordinário. Parecia que o funcionamento do motor dava algum tipo de energia ao invisível para disparar os fenômenos.

Então Akaki decidiu fazer um teste. Eles ligaram o jipe Toyota e deram duas voltas ao redor da casa. Quando desceram do jipe, um barulho se fez na cozinha, e logo em seguida outro. Uma colherinha estava apenas caída no chão, mas um sabonete tinha atingido o fogão com violência. Como já estava na hora de preparar o jantar, as mulheres ficaram na cozinha. E o jornalista ficou lá, vendo o serviço. A moça mais nova tropeçou numa lata de talco, que deveria estar no banheiro, não no chão da cozinha. Apesar da queda, ela não se feriu. Após o jantar, Okabe foi ligar o jipe. E deu duas voltas em torno da casa, para experimentar. Quando terminou a segunda volta, uma pilha de livros caiu da estante da sala. Naquela noite, não tiveram mais nada.

As experiências com o agente invisível prosseguiram no dia seguinte. Como no caso da bicicleta, o jornalista também comprou um cadeado e trancou com a corrente os dois pneus do jipe, prendendo-os num esteio robusto do paiol. E a chave ficou em seu bolso. Mas não demorou muito para os pneus sumirem do local, sem ninguém ver, e irem parar no quarto. A seu turno, as latas do peitoril da janela estavam lá, intactas. E as da escada, tinham sido retiradas pelo jornalista, na subida. Ninguém poderia ter entrado no quarto. O fato era inexplicável.

Outros fenômenos também aconteceram. Nesse dia, tinha chegado a casa mais visita. E os filhos de Okabe ganharam caixas de balas. À noite, enquanto as visitas conversavam no quarto, caiu uma chuva de balas bem em cima dos hóspedes. Quando foram examinar as caixas, os lacres de selo estavam intactos, mas as caixas tinham ficado vazias. De modo misterioso, as balas tinham saído das caixas e entrado no quarto, viajando por fora do nosso espaço, num efeito de teletransporte. *"As balas apareciam no ar, vindas do nada, rolavam no alto, apenas a um metro da nossa cabeça"*, disse uma das testemunhas.

Vendo que os objetos de baixo iam parar em cima sem saber como, Akaki teve a ideia de amarrar um fio comprido e fino em cada um deles, para dar linha e descobrir por onde passavam. Se desse certo, o trajeto do invisível ficaria claro. Dito e feito, as coisas grandes foram levadas para o quarto de cima, mas desta vez tinham deixado para trás os rabos de fio.

De modo estranho, os fios estavam inseridos nas frestas, por entre as tábuas do assoalho, num espaço de apenas um ou dois milímetros, ficando dependurados no teto, esvoaçando no cômodo de baixo. Era algo totalmente absurdo, mas verídico. Todos ficaram boquiabertos. Então alguém perguntou: *"Como poderia uma bicicleta passar pela fresta das tábuas?"*. Mistério!

Outros fenômenos, como globos luminosos no ar e parapirogenia também ocorreram ali. Certa feita, um foco de incêndio eclodiu na roupa; outra vez, nas madeiras, sendo apagado de pronto em ambos os casos. Parecia que a intenção não era incendiar tudo, mas testar a reação humana quando o fogo eclodisse. De modo estranho, o agente invisível não produzia fenômenos se alguém estivesse espiando. Por certo, não pretendia mostrar a ocorrência, mas sim o fato já ocorrido, talvez para saber da reação humana diante dele. Enquanto o jornalista fazia experiências, o agente invisível parecia fazer dele o experimentado. E assim as coisas foram acontecendo, até sobrevir algo mais extraordinário.

No dia seguinte, mais visitas chegaram a casa. À noite, enquanto uns ficaram à mesa de jantar, outros foram ao jipe, para nova experiência. Mas desta feita o jipão estava carregado. E por causa disso o motor foi mais exigido, e o barulho, muito maior! Então a coisa piorou. No término da segunda volta, uma pedra atingiu o bujão de gás, fazendo um estampido agudo.

Naqueles dias, já tinha se tornado comum uma pedra atingir o bujão. Sabendo disso, alguém da casa disse: *"A pedrada é sinal de que alguma coisa foi levada ao quarto"*. Então todos correram para ver. Dito e feito, quando chegaram ao dormitório, um macaco de caminhão estava em cima da cama. Era inacreditável, mas o objeto estava lá. Uma ferramenta difícil de carregar e pesando mais de 20 quilos, entrara ali misteriosamente. Enquanto pairava no ar uma sensação de absurdo, no mesmo instante uma explosão se fez fora da casa, no local em que o jipe fora deixado. Então outra correria se fez, escada abaixo. Quando chegaram ao quintal, o que viram foi

UM VERMELHO ENCARNADO NO CÉU

de estarrecer. Jamais algo assim fora relatado antes na história da parapsicologia no Brasil.

O presidente do IBPP, Hernani G. Andrade, diria mais tarde: *"Tomei conhecimento de muitos relatos insólitos, mas dois deles me chamaram mais atenção: um, foi o estranho animal avistado no Poltergeist de Guarulhos, que não poderia ser terrestre; o outro foi a incrível teleportação de objetos pesados, verificada no Poltergeist do Paraguai"*.

E de fato, quando a família Okabe e as visitas chegaram ao local onde o jipe tinha sido deixado, o susto foi enorme: o jipe Toyota havia sumido. Ainda atônitos, procurando entender o fato, alguém disse: *"Para o quarto ele não foi! Nós estávamos lá quando sobreveio a explosão. E se tivesse ido, teria desmontado a casa inteira: o jipão pesa 2.500 kg, está carregado!"*.

Naquela noite, a escuridão era enorme. Não dava para ver nada, a poucos metros de distância. Mas ainda assim era preciso procurar. Um dos filhos de Okabe foi pegar lanternas de mão. E todos saíram em busca do jipe. Não demorou muito, o jipe foi encontrado. Estava há 40 metros do local em que fora deixado. E de modo incrível, o veículo estava posicionado entre o paiol e o muro de alvenaria, sem quase margem de manobra para entrar ali. O muro e o paiol não estavam danificados. A seu turno, o jipe estava brecado, com o motor parado e a primeira-marcha engatada. Não fora ligado, ninguém escutara o forte ronco do motor. De modo estranho, o para-choque de aço tinha sido entortado, como se fosse retorcido por uma força descomunal. E mais estranho ainda era o local em que fora deixado, bem mais alto que o terreno onde estivera. Não daria para o enorme jipe ser empurrado pelo aclive até a parte alta. Além disso, tinha chovido e o chão estava molhado, só havia marcas de sapato, as deles. Não havia marca nenhuma de pneu. O jipão parecia ter caído do céu e ficado ali, espremido entre o paiol e o muro. Para eles, não havia dúvida: o jipe de 2.500 kg fora teleportado à distância de 40 metros! De onde teria vindo a energia capaz de produzir esse trabalho? Mistério!

PEDRO DE CAMPOS INSTRUÇÕES DE YEHOSHUA BEN NUN

O jornalista e as visitas estavam ali para estudar o caso, mas não identificaram o epicentro, ou seja, não encontraram o agente humano causador dos fenômenos. Além disso, todos ali eram adeptos do budismo e acreditavam em fatos espirituais, mas não identificaram o agente causador. Pergunta-se: Teria sido uma experiência alienígena?

De modo definitivo, a resposta não pode ser dada. Mas se nós observarmos os antecedentes em Ponta Porã, o incidente ufo ali verificado, a revoada da esquadrilha, as condições ocorrentes e os fatos correlatos, talvez se possa concluir que os ufos praticam efeitos físicos do tipo poltergeist. Investigações posteriores se encarregariam de dar novas pistas.

De modo geral, em casos de poltergeist os pesquisadores se detêm em dois agentes principais, de quem supostamente sairiam as energias necessárias para desencadear os fenômenos, ou seja, de um agente humano, conhecido na parapsicologia como epicentro, e de uma inteligência invisível, o agente espiritual.

Todavia, quando passamos a considerar a questão da pluralidade dos mundos habitados, em que outros seres inteligentes poderiam atuar nos fenômenos, surge então a possibilidade de ter um terceiro personagem nesse contexto: o agente alienígena. As evidências de sua atuação no fenômeno poltergeist são também muito sugestivas. E a distinção de cada um dos três agentes poderia ser feita pelas evidências até agora constatadas. Vamos observar um pouco isso.

A ação do agente humano, como epicentro dos fenômenos, está caracterizada por ocorrências bem definidas. Quando atua o pensamento do homem, a energia exteriorizada advém dele mesmo, e é produzida por sua intensa vontade. Experiências levadas a efeito em laboratório mostraram que a força de pensamento pode movimentar objetos leves, deslocando-os por pequena distância, desde alguns milímetros até no máximo cinco metros. A trajetória descrita é comum, geralmente em linha reta e sem velocidade. Os transportes são vacilantes e produzem quebras frequentes. Pequenas

UM VERMELHO ENCARNADO NO CÉU

peças de metal podem dobrar. As moléculas aquecidas por ação mental podem deformar os plásticos e chamuscar os papéis. Impactos de pouca intensidade foram obtidos, após uma pequena e brusca deslocação do objeto. Não foi observado ordem alguma no deslocamento. Os ruídos são pequenos. Os fenômenos visuais são raros e de pouca expressão. Alguns sensitivos foram capazes de sensibilizar chapas fotográficas, mas com pouca definição de imagem. O sensitivo não apresenta transe mediúnico. O agente humano, quando irado, com mais facilidade projeta o pensamento e pode gerar impulsos contrários ao opositor, mas somente foram observados efeitos físicos de pouca expressão. O fenômeno de psicosinesia foi realmente confirmado em experimentos levados a efeito em laboratório, mas todos eles de pequena movimentação, nada parecido com o caso do jipe.

A seu turno, a atuação do agente espiritual nos fenômenos está caracterizada por efeitos de maior envergadura. Ele produz os mesmos feitos do agente humano e ainda outros, mas numa proporção maior e com mais intensidade. Seus feitos são mais expressivos. A energia obtida por ele advém do fluido cósmico universal, segundo os Espíritos. Através do pensamento, transforma a energia primordial em outras, manipula uma química sutil e produz os fenômenos segundo sua capacidade motora. Nessa condição, pode movimentar objetos mais ou menos pesados, tais como pedras, roupas e utensílios domésticos. Pesquisas feitas mostraram a capacidade do Espírito em levar objetos a até 15 metros de distância. Todavia, nas sessões de materialização, objetos não existentes no local surgiram de súbito, sugerindo um transporte invisível de longo percurso ou um ato de criação do agente espiritual. A trajetória do objeto levitado mostra--se incomum, apresentando curvas no ar e ângulos variados na deslocação. O objeto se movimenta com facilidade para qualquer direção, podendo ser lento e até muito veloz. Os transportes não causam quebras, são perfeitos, parecendo carregados por mão invisível. Há ordem nos deslocados e alguns são feitos "por fora do nosso espaço", entrando nele de súbito, como se um portal abrisse no céu para dar passagem. Alterações moleculares são obtidas, de modo a tornar o metal flexível, a pedra quente e o fogo eclodir em materiais combustíveis. Sons variados são produzidos. Os fenômenos visuais são abundantes e coletivos. Imagens de seres espirituais são obtidas em fotografias, com boa definição de imagem. Na ocorrência dos fenômenos, o transe mediúnico é comum. E o agente espiritual pode direcionar pulsos de energia, produzindo efeitos físicos de certa expressão em seres humanos, podendo inclusive feri-los.

O agente alienígena, por sua vez, atua na Terra com muito mais raridade. E seus feitos estão quase sempre associados ao Fenômeno UFO. Curiosamente, ele produz os mesmos feitos do epicentro humano e os do agente espiritual, e junta a esses feitos ainda outros, de potência maior. A energia empregada por ele advém de recursos obtidos no ambiente terrestre, quer da natureza mineral quer dos seres vivos, e de sua capacidade técnica para transformar uma energia em outra. Quando atua na Terra, observam-se pulsos de luzes variadas, inclusive com trajetória curva, descrevendo no ar um arco luminoso. De modo incomum, o agente alienígena provoca alterações moleculares, causando na matéria uma transmutação insólita, ou seja, converte a matéria em energia e vice-versa. Ele também isola os efeitos da gravidade e transporta facilmente coisas pesadas, como, por exemplo, o jipão de Okabe, de 2500 kg, vencendo longas distâncias e entrando no nosso espaço repentinamente, como num efeito de teletransporte. Desmaterializa coisas sólidas, como paredes e telhados, quando seu propósito é transportar à nave os seres humanos. Conforma vórtices de energia causando um portal de entrada a outra região do espaço-tempo. Através desse portal, também chamado "buraco de minhoca", penetra num hiperespaço e viaja, por fora do nosso espaço, com objetos tangíveis, sem desmaterializá-los, como, por exemplo, os seres humanos, levando-os para outros orbes e

UM VERMELHO ENCARNADO NO CÉU

outras regiões do espaço-tempo. Com isso, os efeitos do tipo poltergeist nas ações do agente alienígena são abundantes.

Quando em 1969 o sítio de Okabe começou a produzir frutas, legumes e verduras, uma série de fenômenos insólitos começou a acontecer. Certa feita, em frente ao sítio, um paraguaio fazia serviço na estrada e sentou-se na beira dela com uma penca de bananas. Ele notou que quando retirava uma banana da penca, duas outras sumiam. Então tirou duas, comeu, e viu que tinham sumido quatro. Parecia um teste matemático, no qual ele ficava no prejuízo. A quantidade que sumia era sempre o dobro da que tinha comido. Achando que alguém roubava as frutas enquanto trabalhava, ele tratou de levar a penca presa em uma de suas mãos. Não tinha ninguém por perto. Mas ao proteger as bananas, sentiu algo como um soco nas costas. Era estranho. Embora ele fosse um homem forte, desmaiou e julgou ter ficado assim por um bom tempo. Quando horas depois voltou a si, não pode lembrar-se de outros acontecimentos durante o tempo que ficara desacordado.

Curiosamente, cerca de 500 metros dali, estava o sítio da família Morales. Ali, também, fora palco de fenômenos inusitados. Enquanto os da família Morales dormiam, as camas balançavam de um lado para outro. Certa feita, uma das camas levitou no ar, fazendo um movimento de ziguezague, em frente a todos. A partir desse dia, a família Morales ficou com medo de ser atirada de cima da cama, enquanto dormia. Então todos passaram a dormir no chão. Mas ainda assim os fenômenos persistiram. Havia sempre alguém que se sentia empurrado do colchão e acordava fora dele, no chão. Não passaram muitos dias e os objetos de casa foram atirados para fora, atraindo a atenção dos curiosos que queriam ver os fenômenos. Os Morales não puderam suportar aquilo e mudaram de casa.

No sítio, ficou apenas uma senhora idosa, que parecia não se incomodar com os fenômenos. Ela trabalhava na lavoura dos Okabe e não queria perder o emprego. Certa vez, fazendo a colheita, recebeu uma saraivada de tomates. Ela ficou brava, pensando que fossem os filhos de Okabe. Mas nos dias seguintes, eles também foram vítimas de uma saraivada de tomates e pepinos. Parecia ter ali um agressor em estado invisível. Depois a coisa passou.

A seu turno, o jornalista Akaki era um homem cético ao extremo. Para ele, seria preciso entender as coisas de modo científico. Então foi a fundo nas pesquisas. Além de registrar os depoimentos e de fotografar tudo, passou a fazer também medições. Numa delas, constatou que os fenômenos somente aconteciam dentro de certos limites territoriais, formando um triângulo de lados iguais.

Três pontos de ocorrência foram identificados por ele. O primeiro era a casa da família Okabe; o segundo, a horta de legumes; o terceiro, a casa da família Morales. Outras famílias moravam por perto, mas para elas nada acontecia. Medindo as distâncias, Akaki concluiu que a união desses três pontos formava um triângulo equilátero, com quase 500 metros de lado. Era curioso, mas fora desse triângulo os fenômenos não se repetiam. Em razão disso, houve margem para se considerar ali outra teoria – a dos triângulos alienígenas. Vamos ver isso no próximo capítulo.

6

TRIÂNGULOS ALIENÍGENAS

Em 1954, verificou-se na França e em vários países do mundo uma grande revoada de ufos. O francês Aimé Michel estudou as ondas e concluiu que os ufos executam ações planejadas. Ele colocou num mapa todas as aparições que pôde e verificou que elas ocorriam em pontos consecutivos, formando linhas quase retas. Algumas dessas linhas de revoadas, quando cruzadas por outras, formavam áreas triangulares, de tamanhos variados. Verificou que nesses triângulos o Fenômeno UFO acontecia com mais frequência, produzindo efeitos físicos e denunciando atividade planejada. Mas ainda assim, parecia algo insólito, talvez fosse reconhecimento territorial ou experiências com seres vivos. Michel fundamentou suas reflexões em dados concretos, tanto quanto possível, colhendo relatos confiáveis, principalmente de registros oficiais. Esse estudo deu origem à teoria dos triângulos alienígenas.

PEDRO DE CAMPOS INSTRUÇÕES DE YEHOSHUA BEN NUN

Em 1977 houve a confirmação surpreendente de alguns desses triângulos. Nos mares ao sul da Inglaterra, entre o País de Gales e a Irlanda, está o canal São Jorge, dando entrada para o mar da Irlanda. Ao leste da entrada do canal encontra-se a baía de Santa Brides. Nessa baía fica o recife de Stack, formado por pequenas ilhas. No triângulo de Santa Brides estão estacionárias as forças militares da Inglaterra e dos Estados Unidos, fazendo manobras e fortificações do canal. A região é plena de abrigos nucleares e recebe a sigla EGD III, indicando: *"Aviso: Área Restrita - Perigo"*. Como veremos, é também a região preferida dos ufos.

No princípio de 1977 a cidade galesa de Carmarthen foi palco de um fato estranho. Louise Bassett era proprietária de um restaurante local. Já era noite quando ela voltava para casa, dirigindo por aquela via pacata, pela qual passava sempre. Num descampado de estrada, logo mais à frente, divisou à sua direta uma massa escura, de tonalidade marrom e com luzes piscando. No mesmo instante, o rádio do carro começou a rosnar e perdeu a sintonia. Ela pensou que as luzes fossem da polícia, atendendo a um desastre. Então prosseguiu, contornou as árvores e quando se aproximou do local que imaginava ser o do acidente, não havia nenhum carro de polícia e as luzes tinham desaparecido. O descampado estava escuro e vazio. No dia seguinte, Louise falou disso aos patrulheiros. Não havia registro de acidente na estrada. Mas os moradores da região tinham relatado à polícia que os aparelhos de rádio e televisão deixaram de funcionar na hora indicada por Louise. Alguns falaram do aparecimento de luzes e de objetos voadores não identificados. De fato, fora o início de uma onda de ufos, como se constataria depois.

A 04 de fevereiro de 1977, na escola primária de Broad Haven, perto da baía de Santa Brides, enquanto as crianças jogavam futebol no horário de almoço, uma delas alertou as demais para algo estranho no céu. Então os meninos, todos entre nove e 11 anos, viram no alto um objeto desconhecido aproximar-se. O ufo baixou devagar, fazendo certo zumbido.

UM VERMELHO ENCARNADO NO CÉU

Parecia ter descido ao nível do solo. Mas ficou parcialmente encoberto pelas árvores do outro lado da cerca. Por isso, no local em que os meninos estavam só dava para ver a parte superior do ufo. Ele aparentava ter dois complexos circulares, um sobre o outro, sugerindo uma espécie de cúpula. No topo, uma luz vermelha pulsava. E no platô superior, dava para ver umas dez ou 11 janelas. Quem viu melhor, informou ter nele uma espécie de porta na base. Dois seres saíram do ufo e andaram no local. Eram criaturas prateadas, tinham cabeça grande e duas orelhas enormes. Não eram altos nem bonitos. Durante uns 20 minutos as crianças ficaram ali, com os olhos presos no ufo. Até que o sinal da escola tocou e tiveram que voltar às aulas.

Logo na entrada, contaram tudo à senhora Morgan. A professora, de olhos ainda presos na janela, porque também vira o ufo, ficou quieta e ouviu o relato das crianças. Pôde constatar que o objeto não era fruto de sua imaginação. Então foi ao diretor e reportou o caso a ele. Com sua experiência, o senhor Lewhellin insistiu com as crianças. Mas observou que nenhuma delas arredava pé da história. As crianças, quando inventam uma coisa sofisticada, são incapazes de mantê-la por muito tempo. Logo caem em contradição ou alguma delas sempre recua, contando a verdade. Mas com os meninos isso não ocorria, eles eram em número de 15 e fincaram pé nos relatos. Foi então que o diretor decidiu separá-los. Mandou pegar papel e lápis para desenharem o avistamento. Com os desenhos em mãos, o homem ficou boquiaberto. Eram nítidos, coerentes entre si e batiam com os relatos anteriores, inclusive com os da professora, feitos a ele na sala da diretoria.

Eram 3h30 da tarde, quando veio o sinal da saída. Os meninos correram ao local, mas não puderam ver nada. Então pularam a cerca. Quando estavam para atravessar o pequeno curso d'água, o ufo saiu detrás do matagal e ficou nítido. A reação natural foi dar meia volta e voltar correndo: *"O charuto estava arrastando outro objeto, parecia de prata"*, disseram ainda assustados. Em casa, contaram aos pais. Um dos garotos voltou ao local com familiares e amigos. A árvore mais próxima ao ufo tinha duas cores na copa: a do lado do ufo estava amarelecida, a do outro lado, puxava mais o verde. Um poste de iluminação teve a cruzeta levemente entortada. Segundo os meninos, o ufo tinha esbarrado nela. Por volta das 6h00 da tarde, uma chuva torrencial varreu o local. E a mãe de um dos meninos telefonou ao jornal *Western Telegraph*, que se encarregou de mandar no dia seguinte um repórter falar com o diretor. A imprensa batizou o local de Triângulo de Broad Haven. E era só o começo. O mais intrigante estava para vir.

A 12 de abril de 1977, os moradores da fazenda Ripperstone tiveram uma experiência incomum. Pauline, esposa de Bill Coombs, voltava da cidade com Kieron, seu filho de dez anos e suas gêmeas, de oito. Ela vinha devagar com o carro, quando uma luz surgiu ao longe. Dava a impressão de vir direto ao veículo, como se fosse bater de frente. Mas passou por cima, fazendo as crianças encolherem a cabeça. O menino Kieron, acompanhou o trajeto. Olhando no vidro traseiro, gritou para a mãe, dizendo que a luz parecia uma bola de futebol amarela. Notou que um facho concentrado de luz cinzenta, vindo da parte inferior da bola, projetava-se no ar como lança, batendo a ponta luminosa no chão e espalhando-se como se fosse uma tocha brilhante de cabeça para baixo. Bem lá na frente, a bola mudou de direção. Fez uma curva no céu e veio de novo para cima do carro, agora pela traseira. Chegou rapidamente, e ficou lado a lado com ele, movendo-se na mesma velocidade. A estrada era estreita, apenas um trecho exclusivo da fazenda, sem escape. Não havia o que fazer, senão seguir em frente. Pauline não teve dúvida, tinha que fugir. Ela queria ficar livre do perseguidor. Então pisou fundo no acelerador. O velocímetro assinalava 150 km por hora. Na passagem de uma ponte de madeira, ouviu-se um barulho enorme. As crianças se puseram a chorar. Pauline estava desesperada, a bola voava ao lado do carro. E o carro também parecia voar. Mas de súbito, algo aconteceu. A bola sumiu e o carro amorteceu. Os faróis apagaram e ele morreu. Andou

UM VERMELHO ENCARNADO NO CÉU

um pouco mais e parou no meio da estrada. Apavorada, ela agarrou as crianças e saiu correndo, chutando cascalhos e pisando em poças d'água. A bola de luz não se deteve, veio atrás. Ela passou a porteira como um foguete, correndo desvairada, e entrou em casa quase levando a porta junto. Bill notou o desespero da esposa. *"Tem um ufo lá fora querendo me pegar!"*, ela gritou. Ainda deu tempo de o marido ver pela janela o ufo distanciando. Não havia o que fazer, senão acalmar a família. Foi o que ele fez.

Quando o susto passou, Bill e seu filho mais velho, Clinton, foram ao carro. A parte mecânica estava em bom estado, mas a elétrica, teve de ser refeita. Os fatos insólitos prosseguiram na fazenda. E na metade daquele ano, quando o verão terminou, Bill tinha trocado duas televisões e cinco vezes de carro. Os veículos eram usados, mas isso não era normal.

A perseguição dos ufos não se deu somente com Pauline, mas aconteceu também com Deborah Swan, dois dias depois, a 14 de abril. A garota tinha 13 anos e morava na outra ponta do triângulo de Santa Brides, na cidade de Herbrandstone. Eram 18h30 da tarde, quando ela e as amigas foram brincar mais distante do parque e viram um ufo brilhante no céu. Da turma, duas meninas ficaram com medo e voltaram, mas as outras prosseguiram. Deborah disse mais tarde: *"Nos campos à frente, havia algo incomum. Eu nunca tinha visto nada parecido. Pensei que os meus olhos estivessem me traindo, mas não! O que mais chamava atenção era a cor de prata, muito brilhante do objeto. Ele tinha forma redonda, como a de uma bola. E fazia os mesmos movimentos em todas as direções: para frente, para trás e da esquerda para a direita. Conforme nos movíamos, a bola também se movia. Então ficamos com medo e voltamos correndo, o mais depressa possível, sem olhar para trás"*. As outras meninas disseram o mesmo, confirmando o relato de Deborah. Tal como verificado antes, estava comprovado que o ufo perseguia as pessoas.

A fazenda Ripperstone era de gado leiteiro. Billie Coombs era um dos três vaqueiros responsáveis. Ele morava ali com a esposa e cinco filhos, num chalé muito aconchegante. E os ufos estavam atormentando. Uma semana depois, Pauline levou outro susto. Ela estava na cozinha, fazendo o serviço, quando viu na janela uma nave prateada se aproximando. Tinha cerca de seis metros de circunferência. O engenho parou a um metro do chão, estendeu um tripé de apoio e ficou parado. Depois, partiu em direção ao mar, deixando no chão a terra queimada.

A 22 de abril, a coisa voltou. A família estava assistindo televisão. Por volta das 23h30, um clarão acendeu a janela sem cortina da sala. Pauline observou o intenso brilho, mas não disse nada ao marido, achou que ele ia pensar que ela estava sofrendo dos nervos. Cerca de uma hora depois, enquanto passava um filme, a televisão começou a chiar e Bill olhou em direção à janela, ficando estarrecido. Era um rosto estranho: *"Um ser de tamanho medonho, com quase dois metros de altura. Usava um traje branco e seu rosto estava encoberto por uma viseira negra. A criatura parecia interessada na televisão"*, contou ele, depois.

Apavorado, telefonou ao administrador da fazenda e foi aconselhado a chamar a polícia. Além disso, telefonou para o ufólogo Randall Pugh, que associou o aparecimento da nave e o clarão da sala (vistos por Pauline), com o humanoide da janela (acusado por Bill), e disse que a criatura poderia ser um dos operadores da nave. Pugh, também achou prudente chamar a polícia. Nesse meio tempo, chegou ao chalé o administrador Hewison, acompanhado de policiais. Tudo foi vasculhado, mas o intruso não foi mais visto.

Passaram-se três semanas. As gêmeas brincavam de pega-pega na grama do jardim, quando viram passar calmamente, à distância de uns 15 metros, uma criatura estranha. As duas meninas de oito anos não poderiam inventar uma história daquela e sustentá-la por muito tempo. Mas cada qual falou com certeza do que vira e descreveu a figura com mais detalhes do que Bill o fizera, dando outros pormenores. No final, a entidade se esfumou no ar, desaparecendo subitamente de vista.

UM VERMELHO ENCARNADO NO CÉU

Em razão da insólita desaparição, considerou-se depois a possibilidade de a criatura ter entrado num portal e saído em algum universo paralelo, de vibração mais sutil. Se fosse assim, talvez estivesse mais perto do que todos imaginavam, para entrar e sair do espaço terrestre com tanta facilidade.

Em 1954, Aimé Michel houvera concluído que quanto mais próxima for a observação de um fenômeno, maior será a riqueza de detalhes dada pela testemunha. Mas o resultado que se obtêm disso, é que o fato se torna ainda mais estranho na medida em que é visto melhor, fugindo cada vez mais da compreensão humana, ou seja: *"Quanto mais se vê, menos se entende"*, disse Michel. Sem dúvida, isso se confirmou na fazenda Ripperstone. E essa realidade tem cada vez mais sido confirmada na história dos ufos. Mas a aparição do humanoide não fora tudo, outros fatos mais intrigantes ainda viriam.

Tudo começou quando as crianças brincavam no pasto. Elas olharam para cima e viram três ufos indo na direção das ilhas Stack. Um deles voava mais baixo, este atravessou o pasto e lá na ponta estendida da invernada a nave pairou no ar, poucos metros acima do solo. Uma criatura prateada desceu, levando na mão uma caixa vermelha, com luz fluorescente. Quando retornou, ao subir a escada não tinha mais a caixa na mão. O ufo levantou voo e seguiu rumo ao mar. As crianças, como já esperado, correram para pegar a caixa. Procuraram no local, mas não a encontraram. Pauline não deu muita importância ao fato. Mas na manhã seguinte, as crianças amanheceram com os joelhos e os pés inchados. Olhando nas pernas, a mãe viu que tinham vergões vermelhos. Mas sua preocupação logo passou, porque os sintomas foram aos poucos desaparecendo e no final de três dias tinham sumido. As crianças ficaram boas e os dias seguiram, até que veio um novo fato ainda mais insólito.

Era 05 de outubro de 1977. De modo estranho, Bill notou que os animais estavam desaparecendo. O leite havia diminuído e as vacas se agitavam nervosas. Ele ficara intrigado. Os fatos insólitos desafiavam seu entendimento, ele não podia aceitá-los. Então resolveu passar a noite na estrebaria, onde as vacas ficavam confinadas separadamente, cada qual em seu estábulo. Além disso, algumas estavam para dar cria e ele pretendia dar assistência para não perder os bezerros. O vaqueiro passou a noite inteira no estábulo, quase sem pregar os olhos. A madrugada já andava no fim, faltando pouco para ele iniciar a ordenha. Foi aí que resolveu voltar para casa, tomar uma xícara de café, e depois colocar mãos à obra.

Foi só o tempo de sair do estábulo, atravessar o pasto, entrar em casa e esquentar a água do café. Aí o telefone tocou. Do outro lado da linha, o dono da Fazenda Broadmoor esbravejava irritado. Reclamou com Bill que as vacas estavam destruindo sua plantação. Bill não ficou quieto, retrucou asperamente a acusação. Afinal, fazia somente uns minutos que ele deixara o estábulo com as vacas presas e as portas fechadas, o gado esperava a ordenha que ele mesmo faria após o café. Não dava para os animais terem saído de lá, atravessado as cancelas fechadas, andado um quilômetro e meio e atravessado a cerca do vizinho. Mas a descrença de Bill deixou o fazendeiro ainda mais nervoso. Dizia irritado que as vacas estavam acabando com seu pasto. Algo precisava ser feito.

Para manter a boa vizinhança, Bill disse que estaria lá num minuto. Então chamou seu filho, Clinton, e os dois foram até lá. Antes, porém, passaram no estábulo, para descargo de consciência. Então o que viram foi de estarrecer. Todas as vacas tinham sumido. O estábulo estava incrivelmente vazio. Boquiabertos, eles foram em frente. Quando se aproximaram da fazenda vizinha, não puderam entender como o gado tinha transposto as cercas, os portões fechados e todo tipo de obstáculo para chegar ao terreno alheio e se fartar na plantação do vizinho.

De modo enigmático, as 158 vacas, pesando algo em torno de 50 toneladas, tinham sido teleportadas para a fazenda ao lado. Com efeito, nenhuma ação de poltergeist houvera sido tão potente para teleportar um rebanho inteiro de gado.

UM VERMELHO ENCARNADO NO CÉU

O fenômeno transcendia a tudo até então conhecido. O ufólogo Randall Pugh, representando a Sociedade Britânica de Pesquisa Ufológica, visitou a fazenda e não conseguiu encontrar explicação para o mistério. Mas considerou certo o que dissera Aimé Michel: *"Quanto mais se vê, menos se entende!"*. O agente invisível, nitidamente ligado aos ufos que sobrevoavam a região, fizera algo fantástico, difícil de acreditar até mesmo pelos ufólogos adeptos da parapsicologia.

Os episódios tidos como paranormais ocorriam com frequência por ali. Certa feita, um ufo enorme passou pelos ocupantes de um carro, seguindo em direção ao recife de Stack, no triângulo de Santa Brides. O objeto voava tão baixo sobre o mar que os passageiros colocaram as mãos no rosto, achando que o ufo se chocaria na encosta da ilha. Mas para surpresa geral, o ufo atravessou as rochas, sendo engolido por elas. O que era aparentemente sólido tornara-se fugaz, desafiando a mente dos ufólogos mais impregnados de estudos científicos.

Pauline Coombs era uma católica praticante, dotada de grande sensibilidade paranormal. Tinha visões constantes de Espíritos, que duravam até meia hora. Quando isso ocorria, ela perguntava às amigas se também estavam vendo. A resposta era negativa. Em razão disso, a Sociedade de Pesquisas Mediúnicas disse ser ela uma médium natural. A mediunidade mais aflorada é peculiar a pessoas com grande sensibilidade. E Pauline era uma delas. Então surgiu a pergunta: *"As aparições são de ETs sólidos, de ETs de antimatéria ou de Espíritos?"*.

Fazendo uma breve pausa, lembramos que os ensinos atuais mostram que o Espírito humano é um foco inteligente, uma quintessência psíquica individualizada no primórdio das Eras e que hoje, após ter estagiado nas espécies inferiores, prossegue sua evolução encarnando no homem, em múltiplas existências. Para mergulhar na matéria, o Espírito toma as energias do fluido cósmico universal e constrói para si um corpo vaporoso, semimaterial, também chamado de corpo espiritual, que lhe serve de molde para agregar matéria e produzir um novo corpo denso com o qual estagia no mundo físico.

A seu turno, o invólucro corporal de que o Espírito se serve, varia segundo a constituição físico-química de cada globo. Na Terra, é um corpo de carne e osso, humano. Fora dela, quando o aparato é ainda denso, chamamos de "ET sólido", entidade humanoide extraterrestre. Todavia, se a bioforma for menos material, ultrafísica, originalmente invisível aos olhos do homem, chamamos essa entidade de "ET de anti-matéria", para diferenciá-la da sólida e também do Espírito.

O ET de antimatéria é um ser de outra dimensão, um tipo menos material que o homem. O termo "menos material" não significa ter menos matéria, mas sim que ela seja mais leve, mais sutil, mais rarefeita. A bioforma assim constituída é mais dinâmica que as partículas de energia em vibração intensa. Quando vinculado a um orbe planetário, o invólucro corporal do ET de antimatéria é proveniente do substrato de partículas emanadas da própria esfera planetária. Vive numa outra dimensão do espaço-tempo, diferente de tudo conhecido na Terra, por isso não há termos adequados de comparação para defini-lo. Os Espíritos codificadores foram unânimes em dizer que o corpo menos material faz estadia nas regiões etéreas de alguns planetas solares, onde ali vive e evolui num regime de pluralidade das existências.

Num relance superficial, as criaturas vistas por Pauline poderiam ser qualquer uma das três. Todavia, detendo-se nos particulares, lembramos que os Espíritos não fazem uso de espaçonaves para irem de um lado a outro do cosmos. Quanto às duas outras entidades, o ET sólido, por definição, deveria ser uma entidade concreta, nada tendo a ver com seres que atravessam as rochas; o bom senso nos aponta para uma entidade de outra natureza, um ser de outra dimensão, ultra-físico, um ET de antimatéria, por assim dizer.

Antes de Pauline ir morar na fazenda sua clarividência do mundo espiritual era notória. E essa condição particular ain-da permaneceria com ela, fazendo parte de sua vida cotidiana.

UM VERMELHO ENCARNADO NO CÉU

Na medida em que os anos passaram e os ufos foram para o sudoeste do País de Gales, os casos insólitos se avolumaram ainda mais, independente da sensibilidade de Pauline. Morando em Ripperstone, a visão dos ufos não era um particular dela, pessoas não sensitivas também os viam. Era algo de notoriedade geral, indicando que as entidades se faziam concretas, ainda que às vezes não estivessem totalmente sólidas, denotando, assim, um estádio de existência passageira, menos material que a terrestre.

O Triângulo de Broad Haven foi engolido pelo de Santa Brides nas revoadas de ufos pelo mar da Irlanda, inclusive durante as inúmeras manobras militares na região. A seu turno, o Triângulo de Santa Brides fora engolido por outro maior, que ainda vamos mostrar, corroborando as teorias de Aimé Michel.

Para Michel, os eventos em Ponta Porã eram sinônimos de intensa atividade alienígena na Terra. Todavia, essa hipótese somente ganhou consistência anos depois, em decorrência de outros acontecimentos intrigantes que vieram corroborar a ideia. Um desses casos se verificou na França. Em junho de 1971, a polícia rodoviária francesa foi chamada para uma ocorrência incomum. Havia um acidente envolvendo um Simca 1000, cor azul-acinzentada, e um homem de 40 anos.

No dia anterior, a esposa de Léon Eveillé tinha dado esse veículo como referência para a polícia procurar seu marido. O homem trabalhava como agente comercial e de modo enigmático não voltara para casa. O delegado imaginou que fosse uma "fuga amorosa". Mas prometeu iniciar as buscas na manhã do dia seguinte. Sabia-se que Léon costumava cortar caminho, saindo da estrada Nacional 77. Para ganhar tempo, costumava tomar um atalho, entrava num ermo da estrada e atravessava um longo pinheiral. O delegado achou oportuno iniciar as buscas nesse trecho. E não demorou muito para resolver a questão. Nas cercanias de Châlons-sur-Marne, o policial achou o carro, que estava de uma maneira inabitual.

Léon estava morto, sentado no banco do motorista. Fora carbonizado dentro do veículo. O estranho é que num

PEDRO DE CAMPOS INSTRUÇÕES DE YEHOSHUA BEN NUN

acidente envolvendo fogo, a reação comum é destravar o cinto e sair do carro, mas isso não ocorrera. O cinto de segurança estava fechado, quando na hora bastaria um simples toque para soltá-lo. Por que o motorista não tentou soltar o cinto? A resposta parecia ser: "Não deu tempo!".

O Simca estava em meio à estrada, transformado numa massa informe de ferro fundido. Segundo a perícia, o veículo fora submetido a um calor de 3.800° C, algo absurdo. Mas o cinto de segurança e outras coisas dentro da cabine ficaram intactos. E como o cinto estava fixado no corpo da vítima, cogitou-se que o calor poderia ter sido imediato, não dando tempo de destravá-lo. As evidências desse estranho calor podiam ser vistas num raio de 15 metros. O asfalto ficara derretido e o solo, em volta, nitidamente carbonizado.

Embora estivesse morto, o corpo de Léon não recebera aquela temperatura altíssima, estava inteiro e com as mãos no peito. As árvores próximas, nada tinham sofrido. O calor, além de instantâneo, fora localizado no veículo. Cogitaram-se várias possibilidades, mas nenhuma se encaixava no caso. Um incêndio comum não produziria uma massa tão grande de ferro fundido. Ao mesmo tempo, não deixaria de queimar a ramagem próxima, que também estava intacta. Em razão disso, as investigações foram em frente. Os moradores da vizinhança tinham visto no dia anterior um objeto estranho sobrevoar o local e roçar o solo. Não era avião, nem helicóptero ou engenho conhecido. Era um ufo que se apresentava nitidamente metálico e brilhante. Apenas isso fora declarado.

Foi aí que um ufólogo impetuoso e querendo saber tudo, associou esse caso a outros e disse que aquilo poderia ser um caso de Combustão Humana Espontânea — CHE. Na hora, essa ideia fora descartada, a explicação teria que ser outra. Mas anos depois, por volta de 1975, houve quem levasse a sério a tal observação. O Caso Léon Eveillé jamais seria associado à teoria dos ufos se não fossem as testemunhas. O ufólogo impetuoso associara o Caso Léon ao dos três homens cremados a 07 de abril de 1958, já relatado antes. Naquela

UM VERMELHO ENCARNADO NO CÉU

data, apareceram três casos de CHE, dois deles no interior de veículos.

Recordando um pouco aqueles episódios, um ocorrera na Holanda, na cidade de Nimwegen, onde Wilhelm den Bruick fora achado morto, carbonizado em seu Volkswagen, depois de um fogo seletivo que não queimara outra coisa senão a ele mesmo. O outro, no mesmo dia e na mesma hora, verificara-se próximo a Upton-by-Chester, na Inglaterra, nas estradas que levam à cidade de Liverpool, quando George Turner ardera dentro de seu caminhão mergulhado na ribanceira. E o terceiro, ainda no mesmo dia e hora, observado nos mares do sul da Irlanda, quando o timoneiro John Greeley, a serviço no cargueiro Ulrich, ardera por completo até às cinzas, sendo reduzido a um montículo de pó sem queimar nada em sua volta.

Esses três casos ganharam mais importância quando foram ligados à linha Bavic e aos triângulos traçados por Aimé Michel. Foi aí que se verificou uma possível ligação com a teoria dos ufos. Observando as cidades de Nimwegen (Holanda), de Liverpool (Inglaterra) e o ponto marítimo no sul da Irlanda, em que se verificaram as três CHEs, constatou-se algo curioso. Ao ligar esses pontos, formou-se um triângulo isóscele, com dois lados iguais e um diferente. Nos lados iguais, estavam as linhas: Liverpool—Mar da Irlanda e Liverpool—Nimwegen, cada uma medindo 548 km. A base media 949 km e ligava Nimwegen—Mar na Irlanda. Esse triângulo enorme engolia por completo o Triângulo de Santa Brides.

O ufólogo Maurice Chatelain[1] deteve-se no caso e concluiu que o triângulo de fogo sugeria algo intencional: uma atividade alienígena na Terra. Estudando casos de ufos associados a aviões, considerou que se os ufos tivessem feito um voo sincronizado, mantendo contato permanente e voando em formação triangular, poderiam ter realizado as três combustões (CHEs) simultaneamente, em pontos distintos e todas ao mesmo tempo.

---

[1] CHÂTELAIN, 1980.

Quem estuda os ufos sabe que no evento de abdução eles são capazes de sugar várias vítimas ao mesmo tempo para a nave. Para Maurice, os alienígenas teriam disparado três feixes distintos de radiação e fulminado as vítimas, talvez em razão de alguma experiência que achavam necessária (caso das três CHEs) ou de algum erro na operação (caso do Simca). Assim, a tecnologia alienígena teria queimado as vítimas ao realizar o serviço. Para ele, isso poderia justificar a incineração seletiva associada à alta temperatura, ou seja, somente as vítimas queimaram e nada mais ao redor delas. As micro-ondas deveriam ter entrado em ação e queimando seletivamente aquilo que tinham planejado, deixando o resto intacto.

No próximo capítulo vamos observar outras evidências que podem nos ajudar a entender um pouco essas chances.

7

MISTÉRIOS DA COMBUSTÃO HUMANA

A noite de 17 de abril de 1827 foi muito estranha para N.N. O esplendor de seus 24 anos se estampava na face jovial, delineando a figura de uma pessoa cheia de vida, magra, séria, não bebia e frequentava regularmente a catedral de Reims. Naquela noite, enquanto participava do culto religioso, um calor descontrolado envolveu seu corpo. Em razão disso, quando saiu da catedral, resolveu parar na casa de seu irmão, para dar um tempo e ver se melhorava.

Na época antiga, era comum ter em casa alguma barra de enxofre, para uso nas lamparinas, nos lampiões e acender o fogo de modo geral. Procurando melhorar a claridade, acendeu uma barra e ficou com ela na mão, durante alguns instantes. O enxofre inflamado derreteu rapidamente, caindo parte em seus dedos e algumas gotas na roupa, que começaram a incendiar-se. O fogo produziu chispas, num espocar rápido de faíscas. De imediato, a dor sobreveio. Com os gritos de socorro, seu irmão veio acudir de pronto, conseguindo apagar a roupa com as próprias mãos. Mas ele notou algo estranho: o fogo das mãos não se apagava. Uma chama azulada envolvera os membros, fazendo as mãos queimarem como velas. Todos imaginaram que tal fato seria por efeito do enxofre, que estava impregnado nas mãos. Aí tentaram apagar com água, mas foi em vão. Então jogaram farinha, o fogo aumentou. Quando foi colocada uma cataplasma de barro nas mãos, o fogo cessou. De imediato, a vítima foi levada ao médico. O Dr. Richard fez um exame cuidadoso, notou que as mãos estavam vermelhas e inchadas, ainda exalando uma espécie de fluido vaporoso, parecendo eflúvios quentes de suor. Foi aí que, para espanto do médico, as chamas brotaram novamente. De imediato, ele mergulhou as mãos da vítima na água, deixando-as assim por algum tempo. O fogo cessou por completo e a normalidade foi restabelecida. Depois da emergência, a vítima foi liberada.

Em casa, quando tudo parecia resolvido, o fogo recomeçou de súbito. As chamas reapareceram e as mãos foram novamente mergulhadas na água. Mas cada vez que as tirava, fluía delas uma espécie de gordura derretida. E logo em seguida o fogo voltava, espargindo no ar uma estranha chama azul. A vítima passou a noite com as mãos mergulhadas na água. Na manhã seguinte, iniciou o tratamento médico. Nada de mais importante aconteceu daí para frente. Com o tempo, as feridas foram cicatrizando e após 20 dias estavam praticamente curadas, configurando apenas as marcas de uma queimadura simples.

Esta Combustão Humana Espontânea fora apenas uma variante leve da clássica CHE, a qual costuma ser fulminante. São poucos os casos em que a vítima sobrevive para depois contar a história. Quando isso acontece, as coisas ficam mais claras, mas ainda assim são insuficientes para elucidar o caso.

Em novembro de 1974, o povoado de Savannah, na Geórgia, Estados Unidos, foi palco de uma insólita ocorrência. Jack Angel era um deficiente físico que usava cadeira de rodas o tempo todo. Para sua surpresa, foi dormir uma noite e somente voltou a acordar quatro dias depois. Ao acordar, estava com o antebraço direito brutalmente queimado, mas seu pijama e os lençóis de cama estavam intactos. Nada houvera queimado, senão ele. Conduzido ao hospital, o médico especialista disse: *"Jack não queimou por fora, mas somente as carnes internas do braço"*. As queimaduras tinham já quatro dias e as carnes do braço estavam em estado de putrefação. Não houve outra maneira senão amputar o antebraço e parte do braço direito. Jack ficaria com um débito físico ainda maior que antes.

Anos depois, alguns incrédulos do fenômeno acusaram-no de ter queimado o braço com água fervendo, porque ele entrara na justiça solicitando indenização pela perda do membro. Jack se encontrava em precário estado financeiro e precisava de ajuda material para sobreviver. A justiça lhe garantia esse direito e ele foi em frente, ganhando a causa. Todavia, quando solicitado a fazer uma regressão hipnótica para confirmar o incidente, Jack concordou de imediato, querendo saber o que se passara com ele. Não obstante todos os esforços, durante a hipnose não conseguiu lembrar nada da queimadura e menos ainda dos quatro dias em que estivera dormindo. Mesmo com hipnose, o mistério prosseguiu.

A seu turno, com a senhora Boisson ocorreu algo ainda mais trágico. Ela já contava 80 anos, estava enfraquecida e gostava de tomar bebida forte, mas a idade não lhe permitia exagero. Ela se acostumara a ficar na sala, sentada na poltrona, em frente à lareira. Num breve instante, sua ama de companhia teve de ausentar-se. Quando retornou, teve um grande susto: a senhora Boisson estava totalmente em chamas. A moça gritou como louca e as pessoas acudiram. Uma delas tentou apagar com as mãos, mas o fogo passou para as mãos dela, como se houvesse tocado em álcool ou coisa altamente inflamável. Então jogaram água, o fogo aumentou. E prosseguiu tão feroz que não pôde ser apagado. Foi até o fim, queimando as carnes como fogo de maçarico, assim definido pelas testemunhas. O corpo da vítima fora desfeito em cinzas, reduzido a um pequeno monte de gordura escura e pegajosa por sobre o sofá. Mas o sofá, de modo inexplicável, estava somente chamuscado, nada havia sofrido. O fogo queimara apenas o corpo da mulher. Ela se autoextinguira na cadeira em que sentava há anos. De seu corpo, apenas se desprenderam uma perna e as duas mãos, que caíram intactas no solo. A inexplicável chama azulada fizera uma funesta visita, consumindo em breve tempo a senhora Boisson.

As experiências militares do pós-guerra desenvolveram armas de radiação com alto poder destrutivo. Ao arsenal nuclear então existente, juntaram-se outras armas poderosas: os raios ultrassônicos, os *lasers* de raios-X, os projetores de micro-ondas e as armas magnéticas, capazes de cozinhar integralmente o opositor na frente de batalha. Mas, ainda assim, a Combustão Humana Espontânea permaneceu um mistério a ser desvendado. As novas armas mostraram que uma hipotética civilização mais adiantada poderia facilmente submeter outra com o uso delas.

De fato, em 1961, o reverendo Winogene Savage expôs um caso estranho. Certa manhã, o irmão de um amigo dele fora acordado com os altos gritos da esposa. Então correu para a sala e encontrou-a estendida no solo, totalmente em chamas. Por sobre a mulher, havia uma estranha "bola de fogo" suspensa no ar. O marido fez de tudo para apagar as chamas. E apagou, usando água e pano. Mas a mulher não suportou os ferimentos e veio a falecer horas depois. O como ela pegara fogo permaneceria um verdadeiro mistério, ninguém pôde jamais entender. Então alguém perguntou: Por que as roupas incendiaram-se e o tapete em baixo dela não? Por que os móveis ao redor não incendiaram? Por que não havia outro vestígio de fogo na casa? O fogo surgira de modo inexplicável, fora seletivo, ou seja, precipitara-se apenas na mulher.

A indicação de haver uma bola de fogo sobre a vítima deu margem a surgir uma teoria – a hipótese da bola de fogo.

Essa ideia tomou vulto em casos de CHE, sendo levada muito a sério. Considerou-se que durante uma tempestade, após um relâmpago comum, pode formar-se dentro de casa

UM VERMELHO ENCARNADO NO CÉU

uma bola luminosa, carregada de eletricidade, que misturada com alguma química do ambiente mais o gás metano do próprio organismo, poderia produzir uma explosão, queimando a pessoa inteira. Todavia, experiências levadas a efeito em laboratório não produziram nada parecido. Os testes mostraram que uma bola de fogo assim produzida, teria um poder de queima muito pequeno quando comparado à ferocidade de uma combustão tipo CHE. Além disso, a queima não seria seletiva, ou seja, o fogo produzido não ficaria restrito ao corpo da vítima, mas queimaria tudo por perto. Para produzir um cozimento seletivo, com chamas de altíssima temperatura, o efeito "bola de fogo" deveria estar sincronizado a uma ação de raio *lasers*. E tal efeito seria complexo, não existindo tecnologia para executar essa tarefa em anos passados. Portanto, a queima espontânea da mulher fora imputada à natureza, mesmo sem saber como a natureza o faria. Por conseguinte, o caso dado a público pelo reverendo Savage e outros casos semelhantes ficou sem solução.

Formado basicamente de água, a possibilidade do corpo humano se autoincendiar é remota. Embora tenha em seu abdome muita gordura e um pouco de gás metano, fora isso, o restante do corpo exige enorme quantidade de calor e um longo tempo de queima para ser reduzido a cinzas. O corpo, por si só, mesmo aceso e ardente, não teria capacidade para se autoextinguir até o fim. Contudo, inúmeros casos parecem mostrar o contrário. E isso fez os parapsicólogos e os adeptos da Ufologia considerar outras possibilidades.

Mateo Orfila foi um dos grandes cérebros da medicina legal do século XIX. Ele considerou em seu *Tratado de Medicina Legal*, publicado em 1847, que o corpo humano pode sofrer combustão e incendiar-se sem que as causas disso sejam conhecidas. Depois de estudar diversos casos, concluiu que as mulheres obesas e alcoólatras eram vítimas em potencial da Combustão Humana Espontânea. Essa conclusão, conforme verificado depois, não estava correta. Pessoas com outras características também foram vítimas da CHE, inclusive aquelas que nunca tinham bebido. Mas a sua descrição do fenômeno permanece até hoje válida, dada a precisão dos detalhes e reincidência dos fatos.

No princípio da CHE, observa-se o surgimento de uma chama pouco viva, que rapidamente se torna azulada, quase impossível de ser extinta com água. Vários casos foram vistos em que se jogando água, a chama avivava. Nos casos em que fora extinta, o indivíduo apresentou depois escaras profundas no local atingido, além de convulsões, diarreia e vômito, seguidos por rápida putrefação da carne e morte decorrente dos ferimentos. Nos casos em que a vítima se salvou, os relatos dão conta de ter levado um forte golpe no corpo, sem saber de onde veio, e visto surgir do nada uma chama azul, que veio para cima queimando e produzindo dor inferior ao de uma chama normal.

Quando a chama não se apaga, ela segue seu curso numa rapidez assombrosa. De modo estranho, embora a temperatura seja altíssima, o fogo demonstrou ser seletivo, ou seja, consome inteiramente a parte central do corpo, mas deixa quase intacta a periferia, como os pés, as mãos, a cabeça e algumas vértebras da coluna. Todavia, a parte central do corpo, com mais quantidade de água e ossos resistentes, fica reduzida a cinzas.

No ambiente próximo ao corpo (chão, paredes e móveis), encontra-se fartamente um material oleoso, de cor amarelo-enegrecida, com odor sulfuroso de enxofre. Essa gordura tem um repugnantemente odor fétido, gerado pelos intestinos impregnados de matéria em decomposição, reduzidos à fumaça pegajosa enquanto ardiam em chamas.

O fogo demonstra estar concentrado, com interesse apenas no corpo humano, já que quase nada é queimado em sua volta. Os móveis permanecem quase intactos, mas as roupas são geralmente queimadas por inteiro, como se somente os fluidos corporais fossem importantes ao incêndio. É comum observar o tapete por debaixo da vítima incrivelmente intacto, e o banco, que lhe serviu de acento, apenas chamuscado. A

UM VERMELHO ENCARNADO NO CÉU

incineração corporal é extremamente rápida, em meio a um calor altíssimo. Num tempo mínimo, tudo vira um punhado de cinzas, sendo notável a insuficiência de combustível para explicar tanta destruição e o respeito do fogo pelo tapete, pelo banco e pelos móveis que rodeavam a vítima.

A combustão CHE é rápida e causa espécie o fato de ser diferente dos incêndios comuns. Para reduzir um corpo humano a cinzas, a tarefa é extremamente difícil. Em geral, é preciso mantê-lo em chamas por horas e horas, como se fosse uma vela, mas alimentando sempre o fogo com mais e mais combustível. Esse teste foi levado a efeito em laboratório, revelando que para um corpo de carne e osso queimar inteiramente, é preciso jogar combustível e reacender o fogo muitas vezes. E ainda assim, os ossos não se desfazem por completo.

Foi comprovado que os cadáveres mantidos em fornos de cremação por um período de 3 horas, à temperatura de 900° C, não se reduzem a cinzas, sendo preciso triturar os ossos. Quando a temperatura é levada a 1.100° C, os ossos ainda podem não virar pó. Quem estudou o processo cremação, afirma que nele os restos corporais se apresentam cinzentos, enquanto na CHE são totalmente brancos, denotando uma temperatura de queima ainda mais elevada. O incêndio parcial de um cômodo da casa, por exemplo, como acontece na CHE, deveria atingir 200° C, mas o dano que ele causa ao corpo mostra uma temperatura estimada em 2.500° C, sendo algo incomum e absolutamente estranho. Por isso, acredita-se numa causa externa, causadora do fogo.

Se for assim, a combustão não seria espontânea, mas provocada por um agente externo. E essa força invisível, a Força Aérea americana pretendia encontrar em 1947, conforme mostrado em capítulo anterior. Posteriormente, as pesquisas dos fenômenos paranormais revelaram dados alarmantes. Na década de 1950, ocorreram 11 casos; na de 60, sete casos; na de 70, 13 casos; e na de 80, 22 casos. Em razão isso, algumas hipóteses científicas foram consideradas para explicar a CHE.

A "teoria do vórtice instantâneo" foi uma delas. Ela considera que por motivos exclusivamente naturais ocorreria uma concentração de forças cósmicas sobre a pessoa. Essa energia enigmática seria o resultado do alinhamento de corpos celestes, como, por exemplo, o hipotético enfileiramento de 200 estrelas em uma só linha de força, mantendo-se nesse sincronismo por mais de um segundo. O vórtice instantâneo funcionaria como um minúsculo buraco negro, sugando as energias e projetando todas elas em um só ponto, como um raio *laser*. A incidência desse feixe de luz em uma pessoa resultaria em uma combustão com alto poder destrutivo. Foi considerando isso, que alguns estudiosos disseram ser esse "erro" da natureza apenas uma maneira complicada de justificar a grande ignorância científica sobre os reais motivos da CHE.

Os ocultistas também deram a sua versão: a "teoria do vórtice espiritual instantâneo". O caso dá conta que uma enfermeira começou a incendiar-se à vista de todos. Alguns minutos depois, estava totalmente queimada. Os exames feitos na vítima não puderam determinar a causa de um fogo tão voraz. Mesmo que ela tivesse manipulado produtos químicos, seu corpo não poderia ter reduzido a pó, como fora. Para isso, são necessárias temperaturas altíssimas, fato não ocorrido com ela. Então, um ocultista fora consultado para dar a sua versão.

Ele contou que Espíritos inferiores se juntam aos milhares e confrontam-se entre si num ambiente de guerra. Quando uma horda de Espíritos rebeldes se junta para confrontar um único opositor que está encarnado, as entidades invisíveis convergem toda a sua energia fazendo um feixe de calor concentrado, equivalente a reunir os raios do Sol numa lupa gigante, projetando depois essa luz mortífera ao corpo da vítima. *"Surge assim o fogo, vindo das camadas internas da carne"*, disse o ocultista.

Nessa concepção, a energia das partículas daria um salto quântico em direção ao átomo, produzindo a CHE como vingança das entidades rebeldes. Essa versão mística do vórtice instantâneo ganhou muitos adeptos. Mas ainda assim, é de uma lógica complicada, explica o fato apenas com os valores da imaginação, sem apresentar provas. Com certeza, num caso de morte, nenhum juiz poderia aceitar esse argumento como prova, ficaria fácil escapar de um crime responsabilizando os Espíritos.

As hipóteses ventiladas não pararam aí, outras ainda vieram: o "poltergeist do fogo" foi responsabilizado, mas a prova definitiva não apareceu; o "gás metano" dos intestinos foi cogitado, mas ele não produz temperaturas tão altas; o "raio bola", produzido pela natureza, foi uma possibilidade não corroborada na prática; houve quem postulasse a existência do *"pyrotron"*, uma suposta nova partícula subatômica causadora do fogo, mas ele nunca foi encontrado pela ciência; a combinação de "substâncias químicas" no tubo digestivo também não encontrou corroboração prática. Por último, foi considerado o Fenômeno UFO, mas não é fácil aceitar que seres tidos como inteligentes venham de tão longe para queimar os homens, salvo se fossem evoluídos apenas na ciência, não na moral, estivessem fazendo experiências em benefício próprio e de modo que os humanos não tivessem consciência disso, fato que dificultaria a defesa e a proteção da espécie.

Todavia, a ação de um agente externo, causador do fenômeno, parece mais provável do que o organismo humano queimar a si mesmo. Por isso, o agente alienígena foi cogitado. No Fenômeno UFO, sabe-se que os animais sofrem mutilações, mas não existe "combustão espontânea bovina". Então surgiu a pergunta: Os alienígenas poderiam fazer experiências seletivas, em cada espécie animal? Como se nota, as possibilidades são muitas. E para desvendar o enigma, valem as evidências mais significativas. É isso que mostramos aqui, as evidências. Quanto a outros desenvolvimentos, isso depende de cada um.

Para o povo norte-americano, o ano de 1947 fora deveras estranho. Em Oregon, numa tarde ensolarada, os carros de um cortejo nupcial avançavam vagarosamente rumo à igreja, eles já estavam a pouca distância da ponte sobre o rio Salmon, construída a 25 metros acima do rio, quando o cortejo teve de parar subitamente. De modo estranho, a estrutura inteira da ponte estava em chamas. A moldura de ferro queimava de modo insólito. O carro da noiva parou a poucos metros do afunilamento, e os fotógrafos se encarregaram de registrar a cena. Parecia absurdo, mas a ponte ardeu em chamas por longo tempo. Ao cessar, os técnicos da polícia quiseram saber se o fogo havia sido criminoso. Constatou-se que os ferros da ponte não tinham sido untados com material inflamável. E, ainda assim, mesmo que tivessem sido, o fogo teria que parar súbito, por falta de combustível (a ponte era de ferro), mas não foi isso o que aconteceu, ela queimou por muito tempo sem consumir nenhum combustível conhecido. Não dava para explicar o porquê dos cabos de aço terem atingido uma temperatura tão alta, a ponto de começarem a liquefazer o ferro. Por certo, havia ali uma causa incomum, de origem desconhecida. E como essa causa nunca fora encontrada, a Força Aérea do Exército tinha motivos para se preocupar com os fenômenos de fogo.

Em julho de 1953, o estado da Carolina do Norte foi surpreendido com uma ocorrência em Fayetteville. A notícia de jornal dava algo inacreditável: *"Ofereço a soma de 5.000 dólares por qualquer informação sobre o paradeiro de cinco crianças, extraídas subitamente de uma casa em chamas, na madrugada do dia de Natal"*. Relatava que os pais escaparam ilesos, pensando que os filhos tinham sido mortos no incêndio, produto de ligação incorreta de cabos, mas nenhum vestígio delas fora encontrado nos escombros. Assim, imaginava-se que talvez estivessem vivas. Um chofer de ônibus declarou ter visto "bolas de fogo" pairando sobre o telhado. Diante dessa notícia, os moradores do povoado indagavam: *"As crianças foram salvas ou sacrificadas pelo agente invisível?"*. Não dava para entender na hora, mas o tempo passou e as crianças não voltaram.

Em 1970, aconteceu na Namíbia um estranho caso de fogo, associado ao Fenômeno UFO. Mas o fato somente veio

UM VERMELHO ENCARNADO NO CÉU

a público depois de 23 anos, em fevereiro de 1993. Nesta data, a pesquisadora sul-africana, Pam Puxley, consultora da revista *UFO Afrinews*, publicou uma entrevista realizada na Cidade do Cabo, África do Sul.

Para resguardar os particulares, a testemunha em questão concordou em ser chamada de Hein. Na época, ele tinha 11 anos e morava no povoado de Swapkopmund. Seu pai trabalhava como geólogo, desbravando minas de urânio no deserto. Os serviços de campo obrigavam as famílias a viver em assentamentos provisórios, especialmente construídos para abrigar os trabalhadores. Na ocasião, Hein se encontrava num desses acampamentos, em meio ao deserto africano da Namíbia. Foi nesse ermo que tudo começou.

No retiro do assentamento, os finais de semana eram alegres, as famílias sempre se reuniam para fazer uma festa. O único lazer deles era esse, só dava para fazer isso em meio ao deserto. Foi assim que se juntaram ali cerca de 30 pessoas. Tinha gente variada: homens, mulheres e crianças. A noite era calma e esplêndida. Embora o deserto fosse profundamente escuro, a limpidez do céu africano, aceso pelas estrelas como lâmpadas cintilantes, era uma tela natural refletindo exuberante beleza. Após o jantar, entre nove e 10 horas da noite, enquanto todos conversavam descontraídos, o insólito aconteceu. Quem conta é a testemunha (*UFO Afrinews*):

> Nos dois lados do acampamento havia elevações montanhosas. Entre elas, existe um vale, um espaço vazio em forma de V, do tamanho de dois campos de jogar rúgbi. De súbito, como se alguém houvesse acionado um interruptor, produziu-se uma enorme quantidade de chamas do tamanho das elevações, que tinham a altura de um edifício de oito andares. Na minha estimativa — disse Hein — o muro de chamas tinha uma altura de 25 metros. E de um lado a outro, parecia uma enorme tela de cinema, feita de fogo. O calor que gerava era intenso, todos ali podiam senti-lo. As crianças se puseram a gritar, incluindo a mim, que nessa idade tinha um agudo estridente, muitas mulheres também gritaram. Eu me lembro de que um dos homens se descontrolou, o pânico e o reboliço foram enormes. Apesar da minha pouca idade, lembro-me dos detalhes claramente. O fenômeno teve duração de três a 5 minutos, mas já

parecia durar uma eternidade, quando repentinamente cessou, como se alguém tivesse apagado uma lâmpada. Então os homens pegaram as armas, acionaram seus tratores e fizeram uma batida, para saber o motivo do fogo. Depois de muito procurar, não encontraram nada. Nenhuma pista do enigmático incêndio fora achada.

Naquela noite, ninguém pregou os olhos. E o dia seguinte seria ainda mais agitado. Ao raiar do dia, após uma xícara de café, todos foram ao ponto do incêndio. Era preciso tirar tudo a limpo. Não ficou nada sem inspecionar, mas como na noite anterior, o mistério não se desfez. Isso porque o calor das chamas deveria ter queimado a terra e a escassa vegetação do deserto, mas nada! A areia estava límpida, a rala vegetação, intacta. Então alguém perguntou: *"Será que algum engraçadinho escorreu gasolina na encosta e ateou fogo?"*. A pergunta tinha razão de ser, mas não havia no acampamento combustível para um fogo tão grande. Quando investigado, nada foi encontrado.

Os especialistas pensaram então em algum tipo de gás ou alguma eletricidade estática, coisas da natureza. Sabia-se que entre duas montanhas há possibilidade de eclodir o chamado Fogo de Santelmo, ou seja, uma chama azul cintilante, produzida por eletricidade estática, que aparece na ponta do mastro do navio, em razão das batidas do vento nas velas e das ondas no casco da embarcação. Por isso, a carga elétrica se acumula na ponta do mastro, forma uma bola de luz e explode num brevíssimo repente. Algo semelhante também acontece na ponta das asas do avião, na torre das igrejas e no cume das montanhas, quando as nuvens e os ventos se encarregam de criar ali a tal carga estática.

Mas no deserto não havia água, não tinha nuvens nem tempestades e tampouco fora achado acumulo de gás. Além disso, o incêndio não fora breve como o Santelmo, mas durara de três a 5 minutos. Era um enigma, e não parou aí. Outro fato intrigante foi narrado pela testemunha *(UFO Afrinews)*:

> Logo após o incidente descobri no acampamento muitas marcas de pés pequenos, como pegadas de boneco. As marcas deixadas

UM VERMELHO ENCARNADO NO CÉU

eram como pés de crianças, porém menores ainda, tinham o tamanho de quatro dedos. Estavam perto de uma caixa usada para guardar ferramentas, como se algo tivesse entrado na caixa, sem sair de lá (não havia pegadas de retorno). Minha mãe foi comigo dar uma olhada. Para ela, alguém havia esquecido ali uma boneca. Mas, claramente, não havia nenhum brinquedo dentro da caixa. Além disso, após a ocorrência, nossos animais reagiram negativamente, ficando sem comer, sem beber e não se aproximaram mais do vale entre as montanhas, onde ocorrera o incêndio.

Nunca se soube como poderia um enigmático fogo ter 25 metros de altura flamejar no deserto como tela de cinema, postada de um lado a outro da montanha. Nunca se soube como poderia um fogo daqueles acender sozinho, sem combustível conhecido, em meio ao deserto. Nunca se soube como aquele fogo enigmático poderia queimar por cinco minutos, com as pessoas sentindo seu calor, mas ao mesmo tempo sem queimar a rala vegetação do deserto e sem chamuscar a areia. Sem dúvida, aquele fogo não fora uma ilusão, cerca de 30 pessoas, entre adultos e crianças, testemunharam o fato. Além disso, que mistério foi aquele das pegadas minúsculas no chão? Na verdade, caro leitor, a resposta disso nunca veio. E o mistério nunca foi solucionado.

O Dr. Allen Hynek, principal consultor do projeto Blue Book, após o encerramento de suas atividades junto à iniciativa militar registrou em seu livro, *The Edge of Reality*[1], um fato qualificado por ele como: *"Um dos poucos casos documentados onde algo que devemos considerar como ufo causou sérios danos e, sem dúvida, tratava-se de um objeto, e por certo, não identificado"*. A revista britânica *Flying Saucer Review* publicou a matéria, dando destaque especial.

O caso dava conta de que a 07 de agosto de 1970, a cidade de Saladar, na Etiópia, fora palco de uma ocorrência incomum. Uma esfera vermelha de tonalidade bem viva riscou os céus fazendo um ruído ensurdecedor. Deslizou por sobre a estrada e na passagem chamuscou tudo que encontrou na frente, sem

---

[1] HYNEK & VALLE, 1975.

causar incêndio. O calor exalado fora insuportável. Na passagem, o ufo derreteu o asfalto de uma estrada local. Até que parou estacionário sobre uma elevação próxima à estrada. Movimentou-se de um lado para outro, num balanço de pêndulo, depois voltou em contramarcha, sobrevoando a mesma estrada carbonizada que deixara há pouco. Em seguida, subiu e velozmente desapareceu no céu.

O fenômeno percorreu três quilômetros para cada lado e teve duração de 10 minutos. Mas deixou um saldo bastante funesto: um morto, oito feridos e 50 casas destruídas. A contundência do insólito gerou preocupação. As autoridades locais investigaram e fizeram consultas externas. Após o processo, disseram tratar-se apenas de um "bólido" (um tipo grande e brilhante de meteoro que quando passa no céu é confundido com ufo, mas caído na terra é um pedaço grande de minério, não podendo mais ser confundido com disco voador).

Em suas investigações, Hynek constatou que a fonte térmica que riscara os céus fora capaz de fundir o asfalto, derreter objetos metálicos, queimar os arbustos e a erva, sem emitir fogo nenhum. Tratava-se de um fenômeno que não poderia ser qualificado como Fogo de Santelmo, relâmpago globular, bólido, vórtice instantâneo ou qualquer outro fenômeno natural parecido. Isso porque eles têm outras características e são brevíssimos, não duram 10 minutos, nem tampouco sobrevoam quilômetros fazendo exibições no ar, indo para frente e para trás.

Com efeito, o ufo fora responsável pelos danos materiais, pelos feridos e pela morte verificada. O objeto aparentava estar com problemas e emitia calor do tipo micro-ondas. Por certo, para fazer o que fez, o calor exalado era devastador. E a Força Aérea dos Estados Unidos tinha motivos de sobra para aprofundar estudos desse efeito tão funesto.

No próximo capítulo vamos ver outros cenários desse misterioso fenômeno e um pouco do trabalho dos investigadores civis e militares para melhor entender o caso.

8

NA PISTA DAS MICRO-ONDAS

No início de 1952, cerca de sete anos após o término da Segunda Grande Guerra, a igreja que Sonny Desverger frequentava houvera decidido formar uma turma de escoteiros. A guerra havia terminado e a comunidade queria dar aos jovens a oportunidade de progresso no campo da fraternidade. Em vez de soldados, a referência agora seria o escotismo, com a prática de ao menos uma boa ação diária em favor do semelhante.

Sonny já estava na casa dos 30 anos, fora engajado no Corpo de Fuzileiros Navais e houvera lutado no Pacífico a maior parte do tempo. Agora, como empregado de uma loja de ferragens na Flórida, pretendia esquecer o passado e contribuir na formação dos jovens. Com sua experiência e vontade de ajudar, fora colocado na chefia de um grupo de escoteiros.

A 19 de agosto de 1952, a reunião semanal fora realizada na igreja, para colocar tudo em ordem. Após o relato individual das boas ações e dos comentários do chefe, o encontro terminou. Como a noite estava tranquila e a reunião terminara cedo, Sonny se propôs a dar condução para quatro meninos do grupo. O carro seguia na estrada e todos conversavam descontraídos. A chuva, nos últimos dias, fora constante e a pista de corridas talvez estivesse encharcada, podendo comprometer a prova no final de semana. Não custava dar uma olhada. Afinal, ficava no meio do caminho e todos estavam interessados em saber se a pista estava em ordem. Em seguida, o carro rumou para o sul, deixando um dos escoteiros em casa. E a vigem prosseguiu por uma pista secundária, paralela à movimentada estrada costeira. Era um local com pouca habitação e cheio de árvores, com pinheiros e palmeiras nativas embelezando a paisagem litorânea.

Foi aí que uma luz forte resplandeceu entre os pinheiros do bosque, chamando a atenção do motorista. Era algo que vinha de dentro da mata. Sonny diminuiu a marcha e perguntou aos meninos se tinham visto. Como eles nada viram, o carro seguiu. Mas a pergunta de Sonny despertou atenção, os três escoteiros ficaram atentos. Nisso, a luz pulsou de novo. Agora, não havia dúvida, algo estava refletindo de dentro da mata e todos viram. Sonny acelerou, mas estava num ponto da estrada em que não dava para chegar ao local. Na verdade, ele pensou que fosse um avião caindo no mato, com as pessoas precisando de ajuda. Como chefe dos escoteiros, estava pronto a dar o exemplo. Fez o retorno e voltou para ver. Se fosse preciso, iria praticar sua boa ação diária, prestando socorro às vítimas.

O carro parou na beira da estrada. Mas para chegar ao local, teria que atravessar uma larga faixa de mato roçado, uma capoeira brava até chegar ao ponto. O terreno era perigoso, com pequenas lagoas e infestado de cobras. Mas Sonny estava determinado a prestar ajuda. No rádio do carro, havia começado um programa muito conhecido, de apenas 15 minutos. Antes de sair, ele disse aos meninos: *"Se eu não voltar até o término do programa, vão chamar o xerife"*.

UM VERMELHO ENCARNADO NO CÉU

Os garotos ficaram ali na espera, enquanto Sonny, munido de duas lanternas de mão e uma faca de mato, embrenhou-se na capoeira e foi em frente. Na escuridão, sua referência no céu era a estrela Polar. Ele entrou na mata, caminhando para o leste. Parou na primeira clareira, o mato ali dava na cintura. Foi aí que sentiu um estranho odor: *"Era um cheiro agudo e penetrante"*, contou depois. *"No início, era fraco, uma ligeira percepção"*. Havia também *"uma diferença de temperatura, pouco perceptível, como quem anda ao lado de um prédio de tijolos, logo após o pôr do sol"*, comparou. Então foi em frente e saiu numa capoeira maior. Estava tão escuro que parecia uma lagoa. Quando colocou a lanterna, viu que era uma clareira de mato roçado. Então foi em frente. Por certo, não imaginava que estava prestes a ter o maior impacto de sua vida.

A seu turno, os três escoteiros que ficaram no carro viam a lanterna clarear as palmeiras, os pinheiros e as capoeiras do bosque. O facho de luz projetado mostrava uma silhueta caminhando no mato e explorando o terreno. Então o chefe dos escoteiros entrou numa clareira e parou pela segunda vez. Percebeu que o estranho cheiro havia aumentado. E o calor, a seu turno, também aumentara, estava insuportável. *"Era úmido e opressivo, tornando a respiração difícil"*, contou ele depois.

Deu mais alguns passos, querendo achar o suposto avião acidentado. Foi aí que sentiu uma sensação estranha. Era como se alguém estivesse à sua espreita, para lhe fazer algo horrível. Ele precisava saber onde estava e para onde ir. Olhou para cima, em busca da estrela Polar. Mas não achou essa estrela nem quaisquer outras. O céu estava escuro como breu. Seus olhos procuravam em vão alguma claridade. Em meio à escuridão, percebeu que 10 metros acima de sua cabeça o céu fora obstruído por uma enorme prancha escura. Durante uns segundos ele ficou com os olhos presos, fixos naquela estranha forma. Algo enigmático parecia sobrepujar sua capacidade de raciocínio. Teve a nítida sensação de ser observado, como se alguém dissesse: Sai daí seu intruso.

Então sobreveio um instinto de defesa. Sonny deu uns passos para trás, esperando o enigma se definir diante dele.

Nesse retorno, notou que saíra da parte baixa do objeto e ficara na beirada da forma escura. Viu bem toda a silhueta do engenho que pairava no ar, agora em contraste com o céu e o brilho das estrelas. O calor de há pouco suavizara. E o ar ficara mais fresco. Então colocou a lanterna direta no objeto. Observou bem a base do engenho e sua borda lateral. Era grande e circular, ligeiramente abaulado na base. Tinha a superfície lisa, de cor cinzenta. Na parte de cima, sobressaía uma cúpula, em forma de torre. O objeto inteiro tinha forma de prato, era espesso e tinha aberturas a cada 30 centímetros, como se elas fossem cavidades de uma grande turbina. Nessas aberturas, distinguiam-se pequenos orifícios, como pontas de maçarico.

Mais tarde, quando entrevistado, disse nervoso: *"Foi aí que vi uma criatura viva. Uma estranha criatura, sem dúvida: assustadora! ameaçadora!"*, mas recusou-se a falar aos jornalistas o que realmente vira. Por certo houvera falado tudo ao pessoal do Projeto Blue Book e, agora, preferia não detalhar.

Diante dessa criatura ameaçadora, sua reação alterou-se. Por certo, aquilo não era um tripulante de avião acidentado, mas um antagonista perigoso, que colocava em risco sua vida. Para Sonny, a hora era fatal, um confronto se avizinhava. Tal como na guerra que deixara há pouco, seria preciso vencer o opositor, em defesa própria para não sucumbir. Mas sua arma era apenas uma faca de mato. Uma missão quase impossível desenhara-se em sua tela mental.

Enquanto esses pensamentos lhe assaltavam a mente, percebeu um movimento na torre do objeto, a cúpula parecia abrir-se. Um som, *"como de porta de cofre bem lubrificada"*, se fez no ambiente. Um medo terrível tomou conta dele. Estava imobilizado. Então, uma pequena bola de fogo projetou *"um vermelho encarnado no céu"*. Movimentou-se no ar, vindo em sua direção. Não era rápido, vinha lentamente. Mas na medida em que se aproximava, expandia cada vez mais, formando no ar uma nuvem encarnada. Uma insólita rede de névoa vermelha projetou-se sobre ele. Apenas com a lanterna na mão

UM VERMELHO ENCARNADO NO CÉU

e a faca de mato na outra, sentiu-se indefeso. Então largou tudo, protegendo o rosto com braços e mãos. Aquele estranho plasma o envolveu por inteiro. E Sonny não mais suportou, repentinamente perdeu os sentidos: desmaiou!

A 29 de julho, menos de um mês antes desse aconteci-mento, quando o Projeto Blue Book recebia 50 relatórios de ufo por dia, o diretor do serviço de informações da Força Aérea, general-de-divisão John Samford deu uma entrevista à im-prensa. Nela, ele tentou justificar a revoada de ufos sobre Washington, a poucos quilômetros da Casa Branca, ocasião em que sete objetos foram detectados por radar fazendo movimento lento nos céus. Disse que houvera autorizado a contratação de cientistas de renome, não militares, para es-tudar os relatórios. Isso mostrou aos especialistas a serie-dade com que o Fenômeno UFO estava sendo tratado pelo alto-comando, ainda que este não admitisse publicamente, dizendo que tudo era fenômeno natural. A questão era grave. Contratando cientistas civis, ele aliviaria a tensão dos militares.

Na verdade, os ufos já eram investigados com rigor desde 1947. Mas ainda seria preciso entender melhor os fenôme-nos e adotar outras providências. Um enigma dava mostras de espreitar os Estados Unidos num ponto muito próximo ao seu centro nervoso: a Casa Branca. Pistas concretas precisavam mostrar o fio da meada, para se desenrolar o novelo e enxer-gar-se o fenômeno em sua parte oculta. Uma defesa efetiva, diferente do despistamento que só encobre os acontecimen-tos sem oferecer resistência ao opositor, precisava ser en-gendrada para fortalecer a nação. O perigo parecia real.

Foi nesse clima que na manhã de 20 de agosto, enquanto tomava um banho de chuveiro em sua casa, o capitão Edward Ruppelt,[1] chefe do Projeto Blue Book, soube do Caso Flórida. Ligou rápido para seu chefe, o coronel Dunn, no Centro Técni-co de Inteligência Aérea — ATIC, recebendo instruções dele para embarcar num B-25 da Força Aérea, que o próprio co-ronel se encarregaria de requisitar para não se perder tempo num avião de carreira. O caso era urgente.

---

[1] RUPPELT, 1959.

Ruppelt atendeu de pronto. Pediu à esposa para arrumar sua mala. Teria de voar naquela hora para investigar o caso dos escoteiros. Chamou para acompanhá-lo o tenente Bob Olsson, que se encarregou dos materiais necessários à investigação, e dois pilotos, capitão Bill Hoey e capitão David Douglas. Quando a equipe chegou à Base Aérea da Flórida, um oficial de Inteligência já havia dado ordens a seu sargento para estar com Sonny à espera dos oficiais. O interrogatório logo começou.

Ruppelt precisava ficar convencido de que a história não era forjada. Ele tinha prática suficiente para deduzir logo se a testemunha falava verdade ou mentira. Por isso, iniciou o interrogatório de modo habitual. Sua técnica era fazer várias perguntas e anotar detalhes aparentemente insignificantes. Depois, fazer a testemunha falar várias vezes sobre o caso principal, mas puxando sempre os detalhes previamente anotados. Se nesse vaivém, agregando sempre mais pormenores ao principal, a testemunha relatasse os fatos sem ficar repetindo frases decoradas e se não tropeçasse em si mesma esquecendo o que disse há pouco, então a história poderia ser considerada boa, ensejando melhor investigação.

Sonny passara no teste. Sua história soou bem para os seis militares que o interrogaram. Os oficiais ficaram convencidos de que o caso era convincente. Portanto, seria preciso ir a campo. O local em que o ufo aterrissara teria de ser varrido em todos os sentidos. Após mais de uma hora de interrogatório, Sonny faria uma única indagação: *"O que foi que eu vi?"*, perguntou ele, supondo que os oficiais tinham a resposta. Mas ninguém ali antecipou nada. E Sonny ficaria ainda mais decepcionado quando, alguns dias depois, ele soube do rumo das investigações.

O chefe dos escoteiros não sabia ao certo quanto tempo ficara desmaiado. Quando o programa de rádio terminou e Sonny não apareceu, os meninos foram buscar ajuda. Bateram à porta do primeiro rancho. O casal que os atendeu viu que estavam agitados, os garotos precisavam de ajuda. Uma patrulha rodoviária foi acionada, que por sua vez transmitiu a mensagem ao gabinete do xerife. Cerca de uns 30 minutos depois, o xerife e seu assistente passaram no rancho, apanharam os meninos e foram ao local do incidente.

Quando o carro de polícia estacionou, Sonny estava saindo da mata, ainda atordoado. Recordou-se que quando começara a voltar a si, estava encostado numa árvore, num local úmido, de erva molhada. Sua primeira reação fora sair dali e procurar a estrada. Caminhara um pouco e vira o carro de polícia parado. *"O moço estava desorientado quando saiu da valeta e pisou no asfalto"*, disse depois o xerife. Sonny, profundamente perturbado, contou o acontecimento. E todos entraram no mato para investigar. Os policiais acharam sua lanterna ainda acesa. A segunda lanterna não foi encontrada (e jamais o seria em buscas posteriores). No local em que Sonny caíra, o mato estava amassado e havia marcas de seus cotovelos no chão. O local foi demarcado para perícia. A caminho da delegacia, para registrar a ocorrência, Sonny acalmou seu nervosismo e começou a perceber a si mesmo. *"Meu corpo esta ardendo"*, disse ele. Todos repararam que seu rosto e seus braços estavam queimados. O boné, ainda na cabeça, também estava queimado. Para o xerife, não havia dúvida, o caso deveria ser repassado à Força Aérea.

Durante o interrogatório, Ruppelt pediu a Sonny sua faca de mato e seu boné, para análise nos laboratórios de Dayton. Também conversou com o oficial médico da Base, para saber das impressões dele. O médico informou que havia queimaduras nos braços e na parte posterior das mãos. Suas narinas, por dentro, tinham sinais de queimadura. O grau delas podia ser considerado leve, como as de um sol muito forte. Seus cabelos estavam chamuscados, indicando algum tipo de explosão.

A história era extraordinária. E Ruppelt insistiu com o médico. Queria uma ideia de como queimaduras como aquelas poderiam ter acontecido. Então o médico, supondo a história absurda, saiu de sua área de formação e entrou em outra que nada sabia. Disse que as queimaduras leves podiam ser facilmente forjadas. E para demonstrar sua ideia, tirou um isqueiro do bolso e acendeu. Com cuidado, chamuscou os pelos do braço. Todavia, não aproximou o fogo de suas narinas, para mostrar como as de Sonny foram queimadas. Se assim o fizesse, por certo não acharia tão fácil. Então, sugeriu uma investigação da vida pessoal do rapaz, como se um passado delituoso pudesse justificar os efeitos físicos deixados pelo ufo. Para saber a verdade e trabalhar com ela, até mesmo os fatos que pudessem desqualificar publicamente a testemunha seriam úteis.

A área de aterrissagem e os arredores foram vasculhados palmo a palmo. As queimaduras de Sonny eram reais. Os militares buscavam fósforos, tochas ou sinais que pudessem produzir fogo. As árvores e as folhas também foram examinadas, para ver se algum raio, gás dos brejos ou fogo dos alagadiços poderia ter causado as queimaduras. Mas nenhum sinal disso foi encontrado. Não havia contradição na história. A hipótese de mistificação não poderia ser provada com os vestígios do local.

Dias depois, alguém do Projeto Blue Book se lembrou de que ninguém trouxera as amostras do solo e da relva, onde o suposto ufo houvera pairado. Os militares tinham colhido as amostras, mas na pressa de embarcar para outras investigações elas foram esquecidas na Flórida. Então, Ruppelt telefonou à Base e mandou despachá-las para um laboratório de agronomia, para análise detalhada do material.

O passado de Sonny foi investigado a fundo pelos militares, desde a sua infância. Verificou-se que ele não era dos melhores. Tinha sido expulso do Corpo de Fuzileiros Navais poucos meses após a guerra, por ter se ausentado sem permissão e roubado um automóvel. Também havia passado algum tempo num reformatório federal, em Ohio. Mas isso não dizia respeito ao ufo e fora em razão de seu passado que Sonny ingressara no Escotismo, queria apagar tudo com boas ações.

Após o incidente, os jornais anunciaram que *"altas patentes"* o tinham interrogado até *"altas horas da noite"*. E isso era um

UM VERMELHO ENCARNADO NO CÉU

exagero, porque o posto de capitão não é uma *"alta patente"* e fora o xerife que de madrugada registrara a ocorrência, não os militares. Os jornais davam que os oficiais teriam vindo de Washington, quando eles vieram de Dayton, e Sonny sabia disso. Davam também que os militares sabiam o que Sonny havia visto, mas informavam que nada poderia ser dito sob o risco de *"pânico nacional"*. Em tudo, havia um grande exagero.

Nenhum vestígio material do ufo fora encontrado nas investigações. Juntando o passado de Sonny e o exagero dos jornais, os militares desprezaram o próprio interrogatório e acharam que tudo não passava de um golpe do rapaz para ganhar dinheiro. A mistificação parecia clara e advogava conta Sonny. Mas as coisas começaram a modificar em seu favor. Os três escoteiros insistiam em dizer que tinham visto a silhueta do chefe envolta na névoa vermelha disparada pelo ufo, enquanto o Blue Book achava que de onde eles estavam não daria para ver bem a clareira. Mas os garotos não arredaram pé da história.

No campo de Wright-Patterson nunca nenhum facão fora mais bem examinado como o de Sonny. Ele não estava magnetizado, nem radioativo ou coisa assim. Quanto ao boné, um laboratório de Washington se encarregou de analisá-lo, para saber se as queimaduras mostravam algo que pudesse dar mais substância ou então anulasse a história. Descobriu-se que o boné estava achatado quando fora chamuscado. E que os furos da queimadura não tinham nada que ver com a hipótese do médico: não eram de isqueiro. Os furos tinham sido causados por centelhas elétricas. Provavelmente, essas mesmas centelhas queimaram também as narinas de Sonny, por dentro, quando aspiradas por ele durante o desmaio.

Mas os militares acharam que o boné poderia ter sido queimado pelo chefe dos escoteiros antes dele entrar no bosque. Então, o depoimento dos meninos derrubou essa teoria: *"O boné era novo, não tinha sido lavado nem passado"*. E acrescentaram: *"Não estava queimado antes, porque na reunião nós brincamos com o boné e teríamos visto isso"*.

Aí aconteceu um fato novo. O material esquecido na Flórida seria responsável por isso. As análises do solo, das raízes e da relva traziam novidades surpreendentes. Um profissional do laboratório telefonou ao chefe do Projeto Blue Book, perguntando: *"Capitão, como as raízes foram queimadas?"*. Uma sensação de absurdo pairou no ar. *"Raízes queimadas...?"*, perguntou Ruppelt ao invés de responder. Ele nada sabia disso. Para ele, não deveriam estar queimadas. Mas estavam! E por que estavam? Essa era a indagação chave.

Quando o laboratório sacudiu a terra e a areia, notou que as raízes estavam chamuscadas. A seu turno, as folhas maiores da relva, cujas pontas resvalaram o solo em razão da planta dobrada, também estavam crestadas na parte que roçava o solo. Esse tipo de queimadura foi reproduzido no laboratório, colocando as folhas vivas numa panela aquecida a 149° C. Mas o laboratório não imaginava como isso poderia ser feito a céu aberto, sem o material necessário, no período da noite, com o terreno alagadiço e a vegetação molhada, condições totalmente desfavoráveis. Além das folhas, as raízes também estavam chamuscadas. O Blue Book verificou que não havia no local fonte de água quente, substância química e nada natural que pudesse explicar o fenômeno. Então, suspeitaram do laboratório, mas isso também não deu em nada. Algo de incomum efetivamente ocorrera. O ufo fizera o serviço. Um calor seletivo, localizado, que não queima metais, fora ali disparado. As queimaduras tinham tudo que ver com a ação de micro-ondas.

A seu turno, enquanto Sonny estava na mata, sentira um estranho odor. O cheiro *"agudo"* e *"penetrante"*, segundo o chefe do Projeto Blue Book, poderia ser de Ozônio, porque esse gás tem o mesmo odor sentido por Sonny, além de causar desmaio quando respirado em abundância. Curiosamente, esse mesmo cheiro é sentido nas sessões de materialização de Espíritos, ele faz parte do processo. Na teleplastia da nave alienígena, algo semelhante poderia ter ocorrido. Além disso, o Ozônio tem um *"potencial elétrico"* que pode causar queima nos tecidos. Ruppelt precisava saber mais.

UM VERMELHO ENCARNADO NO CÉU

O capitão pegou um livro de química e estudou a teoria do calor induzido por Ozônio. Suspeitava que esse gás pudesse estar no local e ter feito todo o serviço de modo absolutamente natural, tanto no corpo de Sonny quanto nas raízes e folhas da relva. Mas quando falou disso a um respeitável cientista, sua teoria foi refutada. O homem lhe perguntou bruscamente: *"Que é que o senhor quer? Será preciso que o ufo chegue e pouse em cima de sua mesa no ATIC?"*. Então, parece que isso foi suficiente a ele. De fato: era o Fenômeno UFO.

Quando os ufos começaram a aparecer com mais intensidade em várias partes do globo, informações valiosas vieram à tona. Constatou-se que seu aparecimento quase sempre vinha acompanhado de estranhos efeitos físicos, os quais foram classificados como sendo de quatro tipos: mecânicos, eletromagnéticos, fisiológicos e parapsicológicos.

Os *"efeitos mecânicos"* interferem na natureza e deixam marcas no solo. No local onde o ufo passou, os galhos aparecem quebrados e o mato amassado; a vegetação fica amarelecida, como se uma estranha quentura tivesse passado por ela; os resíduos de queima se fazem presentes no solo, aparentando resultar de algum arranjo químico; as plantações ficam marcadas com estranhos sinais, que aparecem do dia para a noite, sugerindo um significado enigmático. A seu turno, os *"efeitos eletromagnéticos"* provocam alterações no fornecimento de energia, perturbações no funcionamento dos sistemas de comunicação dos aeroportos, interferência nos motores, nos aparelhos de rádio e televisão, no sistema elétrico de veículos, no funcionamento de relógios e bússolas. Por sua vez, os *"efeitos fisiológicos"* acontecem no corpo dos seres vivos, tais como paralisia temporal, arrepios, coceiras, garganta seca, sonolência, dificuldade respiratória, tontura, problemas na vista, queimaduras, estranhas cicatrizes, fobias incontroláveis, confusão mental, choque emocional, alteração brusca de comportamento, estranhas infecções, redução nas defesas do organismo, podendo com isso levar a óbito. Quanto aos *"efeitos parapsicológicos"*, estes provocam na pessoa um aguçamento para realização de fenômenos extrassensoriais, tais como: telepatia, levitação, teletransporte, materialização, soltura da alma, captação de energias e irradiação delas provocando enigmáticas curas no próprio corpo.

O estudo desses efeitos mostrou uma realidade física para os ufos. E também que eles produzem um enigmático processo de materialização, convertendo energia em matéria e vice-versa. O como isso é cientificamente possível não se sabe, mas o fato é amplamente testemunhado. Todavia, quanto à transmutação da matéria. não vamos nos adiantar aqui, mais à frente ainda trataremos desse fato intrigante.

Nas observações, verificou-se que a energia radiante dos ufos atua somente quando eles estão por perto. O efeito ocorre durante a manifestação e desaparece com o distanciamento do objeto. Sua intensidade varia. Nos aparelhos de rádio e televisão, essas ondas são facilmente notadas nas distorções que elas provocam, causando chiado no som, instabilidade e chuvisco na imagem. Nos veículos, o efeito das ondas interfere na bateria e no sistema de transmissão da faísca geradora da explosão carburante, por isso o carro para de funcionar.

Embora os ufos operem numa velocidade fantástica, na maioria dos avistamentos são silenciosos, denotando um sistema de propulsão não convencional. Em uma minoria de casos, o ruído é contínuo e verificam-se também explosões instantâneas, denotando atividade dentro dos limites da audição humana, talvez por algum desarranjo no sistema ou para chamar atenção e mostrar a presença deles na Terra.

No corpo humano, o eletromagnetismo e as micro-ondas podem criar tensões internas ou distender fibras e nervos motores de várias regiões do corpo, justificando assim a imobilidade das testemunhas diante da ação alienígena. Quando a energia é aplicada no cérebro, ela pode propagar-se em várias direções e alterar a produção de substâncias químicas no

UM VERMELHO ENCARNADO NO CÉU

corpo, que farão alterar o comportamento do sono, do estado nervoso, do metabolismo. Seus efeitos podem ser localizados em uma dada parte do corpo e também variar segundo as espécies de vida. Mas essa ação seletiva, parece dominada apenas em parte pelos alienígenas.

Verificou-se que em animais, as energias são mais agressivas do que no homem. Os cães ficam aterrorizados, latem como loucos, não comem, abandonam a casa e desconhecem o dono. Os cavalos se descontrolam. As ovelhas ficam paralisadas ou rompem a cerca em estado nervoso. Os insetos, a seu turno, fazem um silêncio total, como se tivessem desaparecido do ambiente. O comportamento alterado dos animais e do homem parece mostrar que as radiações podem tornar-se altamente nocivas a todas as formas de vida.

As árvores também são afetadas pela radiação. Um caso ocorrido em julho de 1976, mostra isso com nitidez. Nessa data, o ufólogo Maurice Chatelain foi convidado a ir às montanhas de Nice, na França, para visitar um local intrigante. A paisagem não era o magnífico visual da natureza, mas o efeito funesto das micro-ondas na vegetação.

Ele estava de férias em Saint-Tropez, na casa de amigos, quando após uma palestra fora convidado a subir quase 2.000 metros de montanha para ver as marcas deixadas por um ufo. Lá em cima, uma antiga floresta de pinheiros reveste o topo da montanha. No inverno, o chão fica todo coberto de neve, sendo apenas repontado pelas árvores. Mas no verão, a paisagem se modifica: a ramagem é farta e os pinheiros se elevam alto, mostrando toda sua imponência. Foi ali que apareceu uma estranha clareira, logo após um ufo sobrevoar o local.

Os pinheiros estavam cortados a um metro do solo. E queimados de um modo estranho, como nunca fora visto antes. Os troncos ficaram inteiros (com a casca intacta), mas o interior deles fora totalmente queimado. Cada árvore parecia um canudo feito de casca. Tudo dentro dela fora consumido pelo calor, um incêndio normal não faria isso. Com certeza teria primeiro queimado a casca, para em seguida queimar o interior. Algo ali ocorrera para inverter o processo. O mais sugestivo era a ação de micro-ondas. Quem as conhece, sabe que elas atuam com intensidade no meio líquido, por isso o interior do caule fora queimado, mas não a casca.

O ufo deixara um círculo de 20 metros de diâmetro no solo. Fora dele, a vegetação era alta e frondosa. Mas em seu interior, era baixa e repuxada para os lados, bem diferente da erva nativa anterior ao incidente. Uma espécie de mutação genética ocorrera, dando origem a uma nova espécie de planta rasteira, até então desconhecida no lugar. Sem dúvida, a radiação houvera mexido na natureza.

As ações alienígenas com o suposto emprego de micro-ondas têm preocupado os investigadores desde o início da era moderna dos ufos. Em 1956, um engenheiro norte-americano viveu uma experiência que o marcaria em definitivo, porque sérios problemas de saúde lhe vieram após o incidente.

O Caso Wheeler ocorreu no Arizona, quase na fronteira entre os Estados Unidos e o México. Era um dia quentíssimo de agosto, quando nas terras do sítio o moço divisou ao longe um objeto em forma de disco, excessivamente brilhante. E mais do que um brilho, aquilo parecia incandescente. *"Era um fogo voando no céu"*, diria ele depois. Mas de modo estranho, a nave soltava uma espécie de fumaça escura, aparentando estar avariada. *"Parecia aquele tipo de fumaça preta que sai dos caminhões a diesel"*, contou ele ao xerife.

O objeto estava a uns 350 metros do chão. E de modo notório tentava ganhar altura, sem conseguir. Wheeler disse depois: *"Achei que estivesse avariado"*. E permaneceu atônito, com os olhos presos no objeto e sem entender o que via. Foi aí que se aproximou um segundo engenho, igual ao primeiro. Ele veio devagar, posicionou-se em baixo do outro, guardando uma distância de uns 30 metros. Wheeler prosseguiu contando:

> Depois que surgiu o segundo objeto, como se fosse um rebocador aéreo, o caso terminou em poucos minutos. O engenho rebocador começou a balançar como um pêndulo debaixo da nave avariada. Nesse movimento, o rebocador se aproximou cada vez

UM VERMELHO ENCARNADO NO CÉU

mais daquele que parecia danificado. Até que os dois objetos luminosos ficaram a uns 15 metros um do outro. Aí então, em conjunto, os dois começaram a subir velozmente e desapareceram de vista.[2]

O moço ficara intrigado, jamais houvera visto algo parecido em toda sua vida. Ele estava a uns 500 metros do local e resolveu aproximar-se. Quando chegou lá, descobriu algo extraordinário. O ufo houvera deixado algo estranho no ar. A atmosfera estava diferente, havia um clima denso, sufocante, como se um pilar transparente estivesse ali erguido, saindo do chão e subindo às alturas. Quando Wheeler atravessou esse enigmático pilar invisível, seus olhos doeram e sua vista embaçou por completo. Na medida em que caminhava, uma repentina ânsia de vômito lhe tomou conta. Na hora, nada ficou no estômago. No dia seguinte, a coisa agravou. Sobreveio uma diarreia incontrolável, limpou o organismo por completo e depois amenizou. Mas ele continuou tendo crises de diarreia durante três longos anos e nenhum médico conseguiu curá-lo.

De modo enigmático, na sua região baixa surgiram umas manchas vermelhas. Seus órgãos internos, como intestinos e bexiga, pareciam afetados. Para o pesquisador Stanton Friedman, físico especialista em radioatividade, as doenças de Wheeler foram causadas por micro-ondas, quando de sua entrada no pilar radioativo dos ufos. Seu corpo ficara impregnado de substâncias nocivas. Era uma radiação desconhecida da medicina convencional. Oficialmente, os exames nada revelaram. Assim, o suposto ufo avariado e a causa das doenças permaneceram um enigma. Mas Wheeler não tinha dúvidas: *"Tudo fora causado pelos ufos"*.

Em 1971, 15 anos depois, numa noite fria de novembro, algo semelhante aconteceria na fazenda da família Johnson, perto de Delphos, no estado do Kansas. O efeito de micro-ondas dava sinais de estar atuando na natureza próxima aos avistamentos. Mas desta vez, para desvendar o mistério, o famoso sensitivo holandês Peter Hurkos, um homem de estatura

---

[2] Relatório UFO 9/78, *Planeta Especial*, n.º 104-A.

PEDRO DE CAMPOS INSTRUÇÕES DE YEHOSHUA BEN NUN

pequena e corpo atarracado, seria consultado para dar suas impressões. Com sua faculdade de psicometria, Hurkos relataria o acontecimento sem tê-lo presenciado. E o fez de um modo tal, que foi capaz de convencer os indecisos e deixar os céticos totalmente confusos.

O caso dava conta de que Ronald Johnson, um moço de 19 anos com muita vitalidade e determinação, num final de tarde, quase início de noite, finalizava seus trabalhos na fazenda. As chuvas tinham feito um alagadiço no curral. E ele tratava dos animais. Já havia tirado os cavalos dali, colocando-os na cocheira, tinha dado água e ração. Nisso, sua mãe chamou para o jantar. *"Já vou logo, mãe!"*, gritou ele do estábulo. Mas passou um tempo e rapaz não veio. A janta estava esfriando. Então os pais foram ao seu encontro. Afinal, ele não era de se fazer de rogado na hora da comida. Mas o motivo da demora era raro.

Ronald deixara há pouco o estábulo e estava parado no quintal, olhando para cima algo muito estranho. Tinha os olhos fixos em uma bola de luz resplandecente. A coisa estava no ar, parada a um metro acima do celeiro. Parecia uma esfera refletora de luz. *"Tinha uns três metros de diâmetro, mas não dava para ver bem, porque a luz era ofuscante"*, contou ele depois. A coisa emitia luzes: azul, vermelha, laranja. E numa intensidade tal que era impossível deter os olhos. Então, um som de *"máquina de lavar"* se fez no ambiente, aparentando vir do objeto. Assim como no caso Wheeler, os olhos de Ronald também começaram a doer. Ele se sentiu paralisado, ao influxo daquela estranha luz. Cinco longos minutos se passaram e seus pais testemunharam o fenômeno no final: *"A luz que já era forte, aumentara ainda mais"*, contou ele, *"então o objeto pareceu acelerar, deslocou-se flutuando e foi embora em linha reta, enquanto o som de 'máquina de lavar' se transformava numa espécie de 'rugido' no ar"*. O ufo desapareceu.

Nos idos de 1842, no condado de Little Rock, Arkansas, o general Polk chamou a atenção do médico Dr. Rhodes Buchanan, para um fenômeno que seria chamado depois de psicometria. O general dizia que quando tocava em alguma

UM VERMELHO ENCARNADO NO CÉU

peça de bronze, seu sistema nervoso era excitado. Ele estremecia por inteiro e um estranho gosto o acometia. Buchanan era um cientista emérito, e diante da insistência do general foi experimentar em laboratório, para ver se o fenômeno se repetia. Reuniu outros sensitivos. Tendo vedado os olhos de cada um, colocou nas mãos deles vários metais, para saber se poderiam identificar. O resultado foi bom, estimulando o médico a prosseguir. Então substituiu os metais por condimentos de cozinha, como açúcar, sal, pimenta. O resultado foi animador. Buchanan, como médico que era, quis fazer um teste com os pacientes de sua clínica. Levou os sensitivos aos doentes, para saber se seriam capazes de identificar doenças apenas tocando os pacientes. Para sua surpresa, não só as doenças foram identificadas como perceberam a localização delas no corpo. Então, as experiências seguiram. Buchanan passou a testar os fluidos magnéticos de Mesmer, como tratamento auxiliar.

Em 1849, sete anos depois, a psicometria veio à tona de modo mais claro. Buchanan decidiu colocar à frente dos sensitivos alguns objetos antigos. Tocando neles, os médiuns descreveram cenas vividas no passado, e também o caráter das pessoas que com eles estiveram vinculadas. Era incrível, mas os objetos pareciam ter gravado as cenas dos acontecimentos. Um clima de mistério se fez no ar, mas o fato era real.[3]

À luz dos ensinamentos espirituais, observamos que o fenômeno de psicometria está caracterizado pela capacidade que tem os materiais de serem gravados por uma ação inteligente externa. Não é o material que tem tudo na memória, mas é ele que faz a ligação com a memória espiritual de quem viveu os acontecimentos. O médium psicômetra, ao ter diante de si um objeto, liga-se aos registros da memória espiritual, fica impregnado das imagens e pode externá-las como se estivesse vendo os acontecimentos. Além disso, no mundo espiritual a natureza é um livro aberto, que pode ser lido pelos Espíritos segundo a elevação de cada um, independente da

---

[3] Registros do *Journal of Man*, vol. I, nº 4. J. BUCHANAN, Rhodes. *A manual of psychometry: the Dawn of a New Civilization*. Boston. 1886. Em PAULA, 1976.

gravação num objeto próximo. O fenômeno de *"telestesia re-trocognitiva"* volta no tempo, como se tudo na natureza fosse filmado e jogado nas telas do infinito. Para ver essas cenas, basta ao espectador viajar no tempo mais rápido do que as imagens; assim, situando-se na faixa de tempo desejada, em algum ponto do infinito pode recuperar qualquer cena do passado como se estivesse vendo o presente. Isso, no oriente antigo, fora chamado de *"registros akásicos"*. E podem ser lidos pela alma da pessoa.

O Caso Ronald já havia sido amplamente divulgado, quando alguns anos depois, dois colaboradores da revista *Saga*, um periódico norte-americano de grande prestígio, resolveram pesquisar os dotes psicométricos de Peter Hurkos.

Hurkos já era um psiquista famoso. Houvera iniciado sua carreira em 1946, como colaborador da polícia de Limburg e solucionado crimes hediondos. Com sua colaboração, casos graves foram rapidamente resolvidos. Em 1969, houvera tido um papel importante para esclarecer o assassinato da atriz Sharon Tate. Ele tocava nas coisas da vítima, do criminoso ou do local da ocorrência e sua clarividência era ativada, o episódio fatal surgia em sua mente e ele dava pistas à polícia para solucionar o caso. Em razão da sua reconhecida capacidade mediúnica, ele era sempre chamado para dar suas impressões em casos difíceis.

Os repórteres da *Saga* levaram a Hurkos um envelope, contendo amostras do solo em que Ronald vira flutuar o ufo naquele fim de tarde. Havia esperança de conseguir informações adicionais, mas ainda assim o ceticismo imperava. Hurkos, a seu turno, acostumado à investigação criminal, tomou o envelope, concentrou-se no que estava em suas mãos e começou a falar.

"Isso tem que ver com um campo aberto, lamacento, não como se fosse um brejo, mas muito molhado, com poças d'água no chão". Ele nada sabia do local, mas o descrevia como se estivesse lá, no alagadiço do curral. E prosseguiu: *"Aquele objeto era defeituoso, danificou-se durante o pouso, sobretudo seu sistema de gravitação"*. Os repórteres nada tinham dito a

UM VERMELHO ENCARNADO NO CÉU

ele, mas o psicômetra sabia da existência do ufo e confirmou a suspeita do objeto estar avariado, dando mais detalhes: *"Sem dúvida, o objeto tinha um problema. Quando pousou, surgiu um defeito no sistema de gravitação que lhe servia de impulso. Algo estava errado, mas depois ele conseguiu levantar voo".*

Uma das questões que preocupavam os pesquisadores era o motivo do ufo estar ali. E sem que a pergunta fosse feita, a resposta veio de modo parcial: *"No chão, estou vendo um círculo. O objeto estava ali, fazendo um trabalho de observação. Perto dele, se vê uma fazenda".* Parece apenas lógico que os alienígenas estavam interessados em observar as coisas da fazenda, estavam ali parados vendo Ronald cuidar dos cavalos, interessados nas coisas vivas: no homem e nos animais. Mas Hurkos ainda prosseguiu: *"O objeto não se distanciava no ar como avião, subia ao céu assim como tinha descido, ou seja, reto, para estabilizar a gravitação. E teve problemas para depois dar a partida e subir".* Naturalmente, se a nave tinha problemas para estabilizar, descer e partir, se os defeitos persistissem o ufo poderia não decolar; ou então, tentando isso, poderia acidentar-se, com prejuízo dos ocupantes, de modo seme-lhante à queda verificada em Roswell.

Mas Hurkos ainda continuou: *"Ali não há marcas de pés ou qualquer coisa assim, mas apenas aquele círculo. Não estou ven-do pessoas, elas trabalhavam dentro do objeto..., naquele objeto voador".* Com sua clarividência aguçada, o psicômetra houvera visto seres inteligentes dentro do ufo. Fazendo um trabalho bem-sucedido, diferente, por exemplo, do Caso Roswell, em que ocorreu a queda e as criaturas pereceram antes da tele-portação. Segundo as provas testemunhais, Hurkos acertara em sua clarividência e dera fatos novos, clareando um pouco mais a questão, através de sua paranormalidade.

No lugar onde o ufo pairou avariado, formou-se no chão um círculo de quase três metros. À noite, essa marca circular tomava uma luminosidade fosforescente. As árvores, perto do círculo, na ramada de baixo, irradiavam a mesma lumi-nosidade. Dentro do círculo, foi encontrada uma substância cinzenta. Quando se colocava os dedos nesse resíduo, estes perdiam momentaneamente o tato. A seu turno, a terra de fora do círculo estava encharcada pelas fortes chuvas, mas a de dentro, permanecia totalmente seca, com se tivesse recebido uma fortíssima dose de calor e se tornado vitrificada.

Na noite do acontecimento, por volta das 19h00, duas outras pessoas telefonaram ao xerife, dizendo que uma luz indecifrável houvera caído na fazenda dos Johnson. Uma delas era o diretor do colégio local, a outra, um policial aposentado. No dia seguinte, o xerife Ralph Enlow chegou à fazenda para investigar. Verificou logo as marcas deixadas pelo ufo, não havia radioatividade nelas. Mas a água, quando jogada no círculo, não era absorvida pela terra, mas escorria livremente como se fosse rolada numa camada de vidro. Os exames posteriores mostraram que nenhum vegetal brotou mais no círculo: a terra ficara estéril.

Estudos específicos mostraram que as micro-ondas provocam o aparecimento de sais metálicos no sangue; quando aplicadas numa ação mínima, apenas sutil, elas alteram as funções elétricas do cérebro; quando mais fortes, bloqueiam a cultura de agentes vivos, como os micróbios; aumentando a escala ainda mais, provocam queimadura e morte. Quem investigou os ufos sabe que eles produzem um tipo de radiação semelhante a micro-ondas, altamente nociva aos seres vivos. Por isso, é preciso cuidado, distância e defesa calculada.

A casuística recente mostra que os ufos não deixaram de fazer incursões à Terra. O *"vermelho encarnado no céu"* permanece desafiando a mente dos investigadores, com aparições repentinas e metamorfoses incompreensíveis.

No próximo capítulo vamos ver o que tem acontecido hoje em Ponta Porã.

9

PONTA PORÃ: A EXETER BRASILEIRA DOS UFOS

Em Ponta Porã a revoada de ufos em 1957 fora divulgada pelo jornalista João Martins, na conceituada revista *O Cruzeiro*. E despertara grande interesse do Dr. Olavo Fontes, a ponto de ele fazer um estudo profundo do caso e encaminhar seus registros para os arquivos da APRO, nos Estados Unidos. Mas agora, cerca de 50 anos depois, tudo já parecia terminado, não fosse a manchete dada pelo *Jornal de Notícias*,[1] a 21 de janeiro de 2006: *Objetos voadores percorrem os céus de Ponta Porã*. E, no Caderno III – Fronteira, os fatos foram relatados.

Todavia, antes do acontecimento de agora, uma aparição insólita já se verificara cerca de 30 anos atrás, quando um repórter da região fora perseguido por um ufo. O caso dava conta de que o jornalista dirigia tarde da noite, indo de Iguatemi para a localidade de Amambaí. Viajava com um amigo,

---

[1] Em janeiro de 2006, o editor da *Revista UFO*, A. J. Gevaerd obteve informações do *Jornal de Notícias* de Ponta Porã e repassou-as aos consultores da UFO.

nesse trecho escuro e retirado da estrada, quando uma luz esverdeada apareceu distante e aproximou-se rapidamente do carro. Quando chegou perto, deu para ver um objeto de formato oval, cheio de luzes. De modo estranho, o ufo atormentou os ocupantes do carro o tempo todo. Durante a perseguição, chegou a pousar num descampado da estrada, ficando ali à espreita do veículo. O motorista fez de tudo para se livrar do intruso, mas não deu. De súbito, os ocupantes do carro tiveram a sensação de perder os sentidos, ficando assim por longo tempo. Depois, quando se deram conta, estavam em meio à escuridão, desorientados. Daí em diante, suas vidas deixaram de ser as mesmas. O incidente exigiu deles um longo tratamento psicológico para recomposição do estado normal.

Agora, cerca de 30 anos depois, os moradores de Ponta Porão voltaram a viver a mesma ansiedade de antes, porque os ufos tinham voltado à cidade. De fato, na primeira quinzena de dezembro de 2005, eles se fizeram presentes. E as testemunhas foram muitas, tanto da zona rural quanto da urbana. No espaço de um mês, fizeram três contatos. No primeiro, apareceu uma grande bola de fogo azul, que cortou os céus de Ponta Porã, bem no centro da cidade, sentido leste-oeste. Atravessou o bairro de São João e prosseguiu em direção à cidade de Pedro Juan Caballero, no Paraguai.

Paulo Rocaro detalhou naquele jornal o acontecimento:

> Era por volta de 20 horas da noite. Eu trafegava de carro pela BR-463, indo para o centro da cidade, quando percebi aquele clarão azulado. Pensei de início que era uma estrela cadente, mas era muito grande para ser uma estrela. Depois imaginei ser um cometa ou algo parecido deixando um rastro luminoso no céu, como se estivesse caindo. Mas logo aquela bola se dividiu em várias outras, pequenas. Então tomaram rumos diferentes e desapareceram. Como agora tem muita coisa no céu, fiquei sem saber se aquilo era realmente um fenômeno extraterrestre ou algum objeto feito pelo homem, que tenha caído lá de cima. No dia seguinte, várias pessoas vieram me perguntar se havia saído alguma coisa nos jornais.

UM VERMELHO ENCARNADO NO CÉU

Além dessa enigmática aparição causou espécie o fato de tantas pessoas virem o ufo se dividir em vários outros, algo totalmente estranho à nossa ciência.

O comerciante João Carlos Mendes destacou a questão da luminosidade:

> Meu filho viu uma bola de fogo brilhante. Segundo ele, a luz era tão intensa que chegava a iluminar o céu. No outro dia, vários fregueses chegaram aqui contando que tinham visto discos voadores.

O moço relatara algo semelhante ao Caso Exeter, vivido nos Estados Unidos. E após a passagem dos ufos, um dos populares relatou:

> Eram várias luzes juntas, numa velocidade imensa, deixando para trás rastros de luz. De repente, a bola se dividiu, transformou-se em vários pontos luminosos do tamanho de pequenas estrelas. Então se separaram um pouco, e depois entraram em formação, como se fosse uma flecha. Era uma formação parecida com aquela dos gansos selvagens. Então, chamamos os vizinhos para ver aquilo, mas na mesma velocidade em que se formaram, desapareceram.

Fora algo enigmático nos céus, assim como também a multiplicação das luzes e o repentino desaparecimento delas.

Na mesma região do voo, distante 30 km de Ponta Porã, os moradores do assentamento Itamaraty viram um verdadeiro espetáculo de objetos luminosos. De imediato, ligaram para os fotógrafos e jornalistas da cidade, pedindo para alguém vir registrar os acontecimentos. Na verdade, eles estavam tão assustados que queriam compartilhar o avistamento das bolas voadoras com pessoas mais influentes, que pudessem chamar a atenção das autoridades para um fato tão incomum. Foi aí que a fotógrafa Adélia Barros entrou em cena:

> Ligaram para mim de noite — disse ela — pedindo que eu fosse lá fotografar. As pessoas disseram que eram vários objetos luminosos em formato arredondado, fazendo evoluções no céu. Mas não deu tempo, por causa da distância. Os objetos 'trançavam' no ar. E logo depois desapareceram, em grande velocidade. Algumas pessoas ficaram com muito medo, falaram até de ir embora de lá.

Adélia conhece bem a região e os moradores, porque é pastora evangélica e está em contato permanente com eles. Ela não observou nada que pudesse desabonar os relatos.

Em razão dos ufos, os investigadores locais foram até a Infraero, companhia estatal administradora do Aeroporto Internacional de Ponta Porã, para saber da captação dos radares. A resposta foi que tudo estava normal, nada fora acusado nos instrumentos que não fosse o tráfego de aeronaves.

Juntando os depoimentos, os peritos concluíram que os ufos sobrevoaram o local, mas a tecnologia usada no aeroporto não fora capaz de registrá-los. Observaram também que outros fatos semelhantes estão ocorrendo em várias partes do mundo, inclusive no México e nos Estados Unidos, com a diferença de que nesses países eles estão sendo registrados por tecnologia. Essas aparições no sul do Brasil fizeram os ufólogos voltarem ao passado e considerar Ponta Porã, a Exeter brasileira dos ufos.

O Projeto Blue Book vinha registrando em média 514 casos de avistamento por ano, quando essa cifra foi bruscamente aumentada. Somente no verão de 1965, esse número foi quase atingido. A cidade de Exeter, uma típica vila do estado de New Hampshire, tendo na época cerca de 7.000 habitantes, seria o alvo principal dos ufos. Em razão do tema ufo ainda permanecer um enigma, a Força Aérea dos Estados Unidos dava mostras de que as explicações para o público entender os ufos não deveriam estar em suas mãos, mas na de algum outro órgão científico do Governo, que não colocasse em jogo o prestígio da força militar norte-americana.

No interior daquele organismo militar, as investigações prosseguiam a todo vapor, mas a justificativa pública dos ufos fora relegada a uma equipe mínima, composta de um oficial de relações, um sargento e uma secretária. A principal função dessa equipe era de recusar-se a fazer comentários.

Em 1965, as ações práticas do Projeto Blue Book eram praticamente uma via de mão única, em que o comunicado

UM VERMELHO ENCARNADO NO CÉU

chegava ao destino certo, dentro da área militar, mas de lá nada era devolvido a público. Havia a nítida intenção de não realimentar o ciclo de informações, notoriamente para matar a publicidade dos ufos com a prática da inanição.

Foi nesse clima de acobertamento que a 03 de setembro de 1965 as coisas esquentaram em Exeter. O jovem Norman J. Muscarello, de 18 anos, houvera acertado seu ingresso na Marinha para o serviço militar. Saíra de uma cidadezinha litorânea e tentava pegar carona na estrada que vai de Amesbury, estado de Massachusetts, até Exeter, em New Hampshire. A Rodovia 150 estava solitária, já passava da meia-noite e poucos carros transitavam por ela. Nenhum deles parecia interessado em dar carona ao futuro marinheiro. Sem alternativa, ele prosseguia a pé naqueles ermos. Era 1h30 da manhã. E a maior parte do percurso já havia percorrido. Dos 20 km de estrada, faltavam apenas três para chegar a casa.

De mochila nas costas e caminhando a passo lento na beira da estrada, ao chegar num frondoso bosque o jovem deteve repentinamente o passo. Avistara algo estranho. Uma enorme esfera vermelha despontara lá na frente, subindo por trás das árvores. Era uma fonte altamente radiosa, de embaçar a vista. O bosque inteiro se iluminara com a estranha luz. Uma espécie de lua vermelha pairou no alto. Mas Muscarello viu bem que aquilo não era a Lua. Era algo desconhecido, emitindo uma luz encarnada. A esfera avançou devagar, aproximando-se. Veio pulsando como solavancos no ar até estacionar por completo sobre a casa de Clyde Russell. O rancho inteiro se acendeu de luz vermelha, era um resplendor fantasticamente belo nos céus. Mas terrível de suportar, porque dava mostras de algo desconhecido. Muscarello ficou estático, mal podia acreditar no que via. Estava boquiaberto, com os olhos presos na coisa.

Em plena lucidez, calculou que o objeto tinha entre 25 a 30 metros de comprimento. Era maior do que a casa de Russell. Um cinturão de cinco luzes vermelhas piscava continuamente ao redor do que parecia ser uma nave, acentuando ainda mais sua belíssima forma arredondada. Mas num repente, a coisa fez um movimento oscilante, um balanço leve, de um lado para outro, como se fosse um pêndulo. Inclinou-se para o lado, mostrando outros contornos de sua forma exuberante. Então, Muscarello teve a certeza de que aquilo não poderia ser um engenho terrestre, porque nada terrestre se comporta no ar daquela maneira. Depois da oscilação, o objeto deu uma guinada maior. Muscarello teve a nítida sensação de que a coisa vinha para cima dele. Então se jogou rapidamente numa valeta à beira da estrada, para proteger-se. A nave veio numa velocidade incrível, passou por cima dele e desapareceu no céu da mesma maneira que houvera surgido – apenas num repente.

Muscarello ficara apavorado. *"Acho que foi embora"*, considerou. Ele estava convicto de que era preciso fazer alguma coisa. Então correu até a casa de Russell e bateu na porta freneticamente. *"Socorro, abram a porta!"*, gritou desesperado. Mas não foi atendido. Enquanto esperava, divisou ao longe uma luz na estrada. Teve a certeza de que era um carro. Então correu e ficou parado na pista, acenando como louco para o motorista parar. Um casal estava no carro. *"Dê-me carona até Exeter, tenho que ir rapidamente ao xerife!"*. Muscarello não fez um pedido de carona, deu uma ordem em forma de súplica. Sentou no banco de trás e ficou ali tremendo. Num instante, o carro parou na delegacia. Ao lado da praça principal de Exeter, o relógio marcava 2h25 da manhã, quando ele entrou atropelando no prédio da chefatura e foi logo contando sua história para Reginald Toland, o policial de plantão.

Enquanto isso, não muito longe dali, o patrulheiro Eugene Bertrand fazia o seu trabalho. Cerca de uma hora antes, ele atendera um caso estranho. Estava fazendo a ronda nas cercanias de Exeter, quando encontrara uma mulher em estado de choque, tentando refazer a calma em cima do volante. O carro dela estava parado na beira da rodovia local. E ela, abalada demais para dirigir. Suas mãos tremiam e suas pernas não suportavam o peso do corpo, nem sequer

UM VERMELHO ENCARNADO NO CÉU

conseguia explicar direito o que ocorrera. Disse apenas que seu carro fora seguido por uns 20 km, desde a localidade de Epping até a entrada de Exeter. Era um objeto de cor vermelha cintilante, que flutuara o tempo todo sobre seu carro. Às vezes, vinha de frente e parecia abalroar o veículo. Outras vezes, por trás, fazendo-se presente no retrovisor, como se estivesse colado na traseira do veículo. Vez por outra, emparelhava, ora à direita ora à esquerda, como se estivesse numa competição de corrida. Era um procedimento no mínimo irresponsável, não revelando boas intenções. Parecia até uma brincadeira de mau-gosto, visando assustar a condutora do veículo. Quando chegou à entrada de Exeter, o objeto disparou na vertical e sumiu no céu. Bertrand procurou acalmar a mulher, mostrando que agora tudo estava bem. Então ela se acalmou e prosseguiu viagem. O policial, a seu turno, não deu muita importância ao caso, achando que algo acontecera, mas o descontrole ficara por conta da mente imaginativa da mulher.

Enquanto isso, na delegacia de Exeter, o policial Toland ouvia as declarações de Muscarello, que estava ansioso demais e queira falar tudo ao mesmo tempo. *"Calma, rapaz!"*, exclamou Toland, *"vá devagar!"*. Muscarello se acalmou e prosseguiu. No final dos relatos, o policial perguntou insinuando: *"Você andou bebendo?! Rapaz, quantas cervejas você tomou?"*. O caso era deveras incomum, difícil de acreditar por quem está acostumado à rotina noturna de uma delegacia de polícia. Mas Muscarello foi firme em sua resposta: *"Olha, sei que o senhor não está acreditando. Eu entendo isso, mas, por favor, mande alguém lá comigo!"*.

Naquele momento, a única coisa que o policial tinha certeza era de que o rapaz estava muito descontrolado, em razão de algo incomum. Toland não punha fé alguma na história de Muscarello, mas mesmo assim chamou uma radiopatrulha. Houvera considerado que sua obrigação teria de ser cumprida. Em apenas alguns minutos, Eugene Bertrand, o mesmo policial que atendera a mulher na estrada, estacionou sua viatura às portas da delegacia. Ele estava intrigado com a história da mulher E estava disposto a investigar os relatos de Muscarello. A averiguação estava para ser iniciada. E marcaria um novo e intrincado capítulo na história moderna dos ufos.

Fazendo uma pausa aqui para reflexão, lembramos que *Incidente em Exeter* seria título do livro de John G. Fuller, no qual ele mostrou sua primorosa investigação e narrou os fatos com mais detalhes do que o fez a Força Aérea americana. O incidente se tornaria um dos casos mais bem investigados da Ufologia em toda sua história moderna, superando até mesmo as investigações oficiais, conforme considerou depois o Dr. Allen Hynek, consultor do Projeto Blue Book.

Os acontecimentos em Exeter renderam destaque nos principais jornais de televisão, programas ao vivo com as testemunhas, reportagens em revistas especializadas, debates no Congresso norte-americano e na ONU. Finalmente, o incidente foi levado às telas de Hollywood pelo cineasta Steven Spielberg, em cenas do filme *Contatos Imediatos do Terceiro Grau*. A película, por trás da ficção científica, mostrava uma realidade fantástica e circunvizinha, externada de modo calculado para sensibilizar as grandes massas quanto ao Fenômeno UFO, alheias que estavam aos acontecimentos de Exeter, de Muroc e outros. Como admirador de Ufologia e de outros estudos que superam os limites da ciência, Spielberg vislumbrou o futuro, mostrando que a raça humana fará contatos com outras civilizações do infinito, muito diferentes da do planeta humano.

Voltando aos nossos relatos, em Exeter, sentado na viatura, o patrulheiro Bertrand disse a Muscarello: *"Onde foi o acontecimento, rapaz? Vamos até lá!"*. A noite estava clara e o céu totalmente limpo, favorecendo ampla observação visual. O serviço de meteorologia não assinalava nenhum fenômeno natural. Na altura de 1.500 metros, tudo ainda permanecia calmo como no solo. Os ventos de superfície eram de baixa velocidade, somente à altura de 3.000 metros eles aumentavam muito. Mas o céu ainda permanecia limpo, sem limites. A Lua desaparecera pouco antes da meia-noite, mas as estrelas

UM VERMELHO ENCARNADO NO CÉU

continuavam a brilhar lá em cima, e estavam ainda mais bonitas do que antes. O policial acelerou, e rapidamente chegou ao rancho, palco da insólita ocorrência.

Bertrand estacionou perto de um poste de iluminação. Abriu a porta, desceu um pé para fora do carro e pelo rádio contatou a delegacia: *"Estacionei no local"*, disse ele a Toland. *"Tudo aqui parece estar em ordem, vou investigar!"*.

Enquanto isso, fora do carro, Muscarello ficara ainda mais nervoso. Depois, caminhou em direção ao bosque, tendo Bertrand a seu lado. Eles atravessaram o rancho de Carl Dining até chegarem próximos ao curral de cavalos. A lanterna do policial varreu cuidadosamente o local. *"Olha, Muscarello, aqui não tem nada. Talvez tenha sido um helicóptero"*, disse ele. Tanto o policial quanto o futuro marinheiro sabiam que a Base Aérea de Pease, em Portsmouth, ficava apenas 15 km dali. Para Bertrand, a suposta aparição seria apenas uma aeronave militar. Mas para Muscarello, não era isso. E ele insistiu: *"Conheço helicópteros e aeronaves. Sei bem como eles voam. Aquilo não é nada disso!"*, disse com firmeza.

Nesse exato momento, os cavalos começaram a relinchar, ficaram alvoroçados. Davam coices e faziam um barulho enorme, como se algo desconhecido os ameaçasse. Os cães da redondeza uivaram em som alto e de modo enigmático, como se algum som que só eles conhecem ferisse brutalmente os seus tímpanos. Foi aí que Muscarello deu um grito abafado: *"Estou vendo! Estou vendo! É ele!"*, gritou para dentro, embargando a voz. A seu turno, o policial que olhava do lado contrário, virou-se e viu subir lentamente, saindo de além das árvores do bosque, um objeto redondo, espargindo luz brilhante, de cor escarlate.

A coisa estava lá, bem no alto, totalmente silenciosa. E fazia um movimento estranho, diferente das aeronaves normais. Num impulso oscilante, como de uma folha leve caindo da árvore, o objeto foi chegando perto dos observadores. Fazia isso pulsando para frente, num balanço inesperado, como um salto a galope. Ao mesmo tempo, eles notaram que o céu se acendera de um tom avermelhado, brilhante. No rancho, o telhado da moradia parecia incendiar-se. Um halo vermelho, encarnado, envolveu o rancho inteiro.

Diante da estranha nave, numa atitude de defesa, Bertrand sacou a arma e esperou a coisa se definir. Ele não sabia o que poderia vir em seguida. Mas o objeto passou por cima de sua cabeça como um raio. E ele se jogou no chão por instinto. Mas ainda assim conseguiu conter-se e não disparou a arma. Então, apavorados, correram para o carro, estacionado ali, na beira da estrada. Era o melhor refúgio. Bertrand queria pedir reforço policial a todo custo.

Tomou o rádio na mão e não perdeu tempo: *"Meu Deus! Estou vendo a maldita coisa!"*, gritou ele a todo pulmão. *"Estou parado na Rodovia 150"*, disse pedindo ajuda. E não havia outra coisa a fazer, senão ficar ali olhando a nave pairar silenciosa, quase em cima do curral de cavalos. Ela estava agora à distância de 100 metros, pairando no ar a uns 30 metros de altura. De modo curioso, balançava lentamente de um lado para outro, tendo uma carreira de luzes piscando em sequência. Bertrand diria depois: *"As luzes brilhavam tanto que era impossível saber a forma exata do objeto"*. E justificaria isso: *"Era como descrever um carro de farol alto, bem nos olhos da gente"*.

O reforço policial chegou a seguir. Era a viatura do patrulheiro David Hunt que estacionara. Ele ouvira o chamado do rádio e fora acudir. Todo policial sente grande alívio quando em uma situação perigosa tem ao lado um colega. Alguém com quem se possa contar na hora em que a vida está em jogo. O chamado do rádio dava entender isso, uma situação grave. E Hunt finalmente chegara. Por uns instantes, Bertrand e Muscarello se sentiram aliviados. Mas a coisa não se importou nem um pouco, continuou lá em cima. Parada, silenciosa e enigmática. Agora, eram três homens olhando o objeto.

Hunt contou mais tarde: *"Quando cheguei, vi mesmo aquelas luzes pulsando. Também ouvi os cavalos agitados na estrebaria. Os cães não paravam de latir. Aí então ela começou a se mexer, devagar, próxima à copa das árvores. Ela se balançava no ar, coisa de dar arrepio! Um avião não poderia fazer isso"*.

UM VERMELHO ENCARNADO NO CÉU

Depois, Bertrand disse: "*Você sabe como é... A nossa razão diz que aquilo não pode ser, mas você continua vendo...*". Então eu perguntei ao David: "*O que é isso, David? O que você acha?*". E ele me disse: "*Eu não sei, nunca vi um avião assim. Só sei que eles não mudaram muito desde a minha baixa*".

E os três homens ficaram ali, olhando aquela coisa. Certo tempo passou até o objeto se afastar e seguir para o oceano. Logo depois: "*Apareceu um B-47. Dava para ver bem a diferença. Não havia comparação...*", disse Hunt.

Em meio aos acontecimentos, quando Bertrand disse à delegacia que estava vendo o ufo, em seu gabinete de polícia, Toland recebia uma ligação. Era a telefonista de Exeter, do turno da noite. "*Um homem apavorado está pedindo socorro de um telefone público*", disse ela. "*Aos gritos, ele diz que um ufo está avançando sobre ele*", completou. O chamado vinha da localidade de Hampton, a uns de 12 km de Exeter. Toland comunicou imediatamente à polícia local. Telefonou também para os militares da Base Aérea de Pease. Mas o homem histérico jamais foi encontrado.

Naquela noite e nas seguintes, muita gente informou à polícia ter visto aparições similares na região. A repórter Virgínia Hale, moradora em Hampton, jornalista da *Gazette de Haverhill*, estava em sua cozinha lavando pratos, quando da janela avistou um objeto cintilante, em forma de disco. Por quatro minutos ela ficou com os olhos presos no objeto. Depois ele se distanciou e foi embora. A polícia de Exeter registraria nos dias seguintes 200 páginas de depoimentos, num total de 73 avistamentos, feitos por gente séria, honesta e em perfeito estado mental.

No dia seguinte, dois oficiais da Força Aérea foram à delegacia e entrevistaram os patrulheiros Bertrand e Hunt. Colheram informações detalhadas, dando conta das ocorrências. Os oficiais apenas anotaram tudo no relatório. Decerto, já tinham feito isso dezenas de vezes, mas seguramente tinham ordens de não comentar o caso. A missão era apenas relatar

PEDRO DE CAMPOS INSTRUÇÕES DE **YEHOSHUA BEN NUN**

os fatos, entregando tudo ao chefe. Então, alguma alta patente, que nada houvera visto, daria as explicações oficiais do caso.

O major David Griffin, piloto de comando e oficial de controle de desastres da Base Pease, a 15 de setembro declarou em seu relatório, registrado por Fuller:

> Desta vez foi impossível determinar a causa provável do avistamento. Os três observadores parecem pessoas estáveis e dignas de confiança, especialmente os dois patrulheiros. Examinei a área e não consegui descobrir nada que pudesse ter sido a causa provável do incidente. A Base Pease tinha cinco aviões B-47 voando na área durante o período, mas não creio que tenham algo que ver com esse avistamento.

A seu turno, não contente com as declarações do major Griffin (que dizia nada ter concluído), a 27 de outubro o porta-voz do Pentágono deu ao público outra versão da história. Ela foi publicada na *Gazette de Haverhill*. Em linhas gerais, o comunicado justificava o avistamento dizendo que além de um exercício aéreo de grande altitude (operação Big Blast), realizado pelo Comando Aéreo Estratégico, um segundo fato importante também ocorrera: um fenômeno chamado *"inversão térmica"*. Nesse fenômeno natural, o ar frio fica preso nas camadas de ar quente, fazendo os corpos celestes dar a impressão de estarem em movimento nos céus. O porta-voz do Pentágono prosseguiu dizendo que essa mudança de clima houvera causado *"oscilação e cintilação de estrelas e planetas"*. E complementou: *"Acreditamos que aquilo visto pelas pessoas era estrelas e planetas em formações incomuns"*.

Mas tanto Bertrand quanto Hunt, ambos ficaram indignados com as declarações do Pentágono. E resolveram escrever para a Força Aérea, ao major Hector Quintanilha, chefe do Projeto Blue Book. Na carta, de modo algum eles concordaram com a *"hipótese climática"* para o objeto avistado. Isso não tinha fundamento algum. E de fato, responsabilizar estrelas e planetas pelo incidente em Exeter era desprezar séculos de conhecimento científico. Quanto ao fato de o objeto estar vinculado à operação Big Blast, isso também não batia, porque

UM VERMELHO ENCARNADO NO CÉU

segundo informações, aquele exercício militar houvera sido realizado a partir da Base Aérea de Westover, em Springfield, distante 160 km de Exeter (local do avistamento). E a hipótese caia definitivamente por terra quando se observava a data do exercício, 02 de setembro de 1965, e a hora de seu encerramento, 14h00 da tarde. O ufo surgira na madrugada do dia seguinte, às 02h00 da manhã. Sem ser contundente, a carta dos patrulheiros dava entender nas entrelinhas que a ação de acobertamento disparada pelo Pentágono, era um tremendo fiasco em todas as suas hipóteses.

Além disso, os dois policiais estavam acostumados com os bombardeiros B-47 e B-52, que passavam naquele local o tempo todo. E não dava para confundir o ufo com os aviões. Em particular, o patrulheiro Bertrand houvera trabalhando quatro anos na Força Aérea reabastecendo aeronaves. Conhecia todos os tipos de aviões. Tinha uma vasta experiência, capaz de causar inveja a muito teórico de quartel.

Aos militares, causava espécie o fato de um objeto tão grande pairar no alto tão facilmente e ficar ali em silêncio total, por longo tempo, produzindo luzes diferenciadas e dando a entender que executava operações importantes com elas. Era impossível entender as pulsações do objeto no ar, seus movimentos erráticos e seus deslocamentos à curtíssima distância. Também era inacreditável a *operação refúgio*", em que o ufo se escondera atrás das árvores, para depois desaparecer dali de modo misterioso, e reaparecer em seguida em outro local, diferente daquele em que se refugiara. Parecia incrível um objeto tão grande e estático no ar, disparar em velocidade supersônica, sem produzir barulho algum, e sumir de vista num piscar de olhos. Todas as testemunhas, sem exceção, notaram que o objeto não poderia ser um engenho terrestre. Por mais que as autoridades dissimulassem, elas estavam convictas de que era uma espaçonave alienígena. E o povo, estava mais propenso a dar crédito às testemunhas do que ao Governo, que vinha sempre com explicações estapafúrdias.

No final da carta, Bertrand e Hunt forçavam uma retratação das autoridades. Alegando que certas pessoas estavam pensando que eles eram mentirosos ou não inteligentes o bastante. Isso os incomodava. Eram hipóteses que colocavam em jogo o emprego. Afinal, todo policial deve ser inteligente e confiável. Além disso, o Pentágono não tinha considerado o depoimento de outras testemunhas. O caso iniciara em razão da queixa dada por Muscarello, recruta da Marinha; além de existir duas outras testemunhas em estado de choque: a mulher do carro e o homem da cabine telefônica. Os policiais terminavam a carta dizendo: *"A história dada pelo Pentágono não é verdadeira; não podia ser possível. E fomos nós que vimos tudo, não o Pentágono".*

No início do ano seguinte, para desfazer o inconveniente, o tenente coronel John Spaulding, prestando serviço ao órgão do Secretário da Força Aérea, na USAF, deu a questão por encerrada ao responder aos patrulheiros: *"Não fomos capazes de identificar o objeto que observaram a 03 de setembro de 1965".* Todavia, ele redigiu em seguida um longo parágrafo de justificativa, que nas entrelinhas aludia ao padrão cético já conhecido: não pode ser..., então não é!

Oficialmente, os ufos eram tidos como verdadeiros apenas para as testemunhas. Ao público, os órgãos oficiais queriam dar uma explicação natural e os organismos de inteligência se encarregavam disso. Não faltaram especulações dando os ufos como balões de publicidade, como projetos ultrassecretos em serviços de espionagem, como fenômenos naturais do tipo raio-bola, que os físicos chamam de plasma (uma região de gás ionizado – ar neste caso – criado por uma forte carga elétrica) e outros despistamentos. Mas nada disso resistiu à análise e à constante reincidência do Fenômeno UFO.

A teoria do raio-bola, para as ocorrências em Exeter, não angariou aliados sequer dentre os cientistas. Um argumento popular se encarregou de desmontá-la, quando ironicamente insinuou que a explicação era estapafúrdia, conforme registrado por Fuller, ao dizer:

> A teoria de Philip Klass é uma aberração da natureza, desconhecida até mesmo da ciência: um plasma de tempo bom, da família do

UM VERMELHO ENCARNADO NO CÉU

raio-bola, causado por uma descarga elétrica de fios de alta tensão, que de algum modo tinha a capacidade de soltar-se do fio, crescer até ficar enorme, sair galopando pelos campos, movido pela própria energia, e ficar assim por longo tempo.

As forças armadas e os serviços de inteligência fizeram de tudo para encobrir a verdade dos fatos. Mas como todo acobertamento tem a cabeça de vidro e os pés de barro, ele nunca resistiu. Os ufólogos se encarregaram de desmontar a farsa. Primeiro, colhendo depoimento de testemunhas; segundo, varrendo os arquivos oficiais; terceiro, conseguindo aliados dentro dos próprios organismos oficiais (gente insatisfeita com a farsa); e, finalmente (depois de revirar o cérebro), jogando as provas e as evidências nos meios de comunicação, para o povo se encarregar de quebrar os pés de barro da mentira. O alicerce pouco a pouco foi minado, visando desmontar o corpo inteiro da farsa. E isso vem acontecendo com os mais intrigantes casos da Ufologia, incluindo o Caso Varginha, a Operação Prato, o Caso Roswell e outros.

Mas não vamos nos antecipar aqui, caro leitor, mais à frente ainda voltaremos a falar do acobertamento de casos intrigantes, que vieram à tona mostrando a verdade dos fatos. No próximo capítulo, vamos observar o intrigante fenômeno de duplicação de luzes durante voo.

10

METAMORFOSE E DUPLICAÇÃO DE LUZES

O capitão James Howard contou ao periódico *Sunday Chronicle*, logo após aterrissar em Londres:

> Eram 5 horas da tarde quando decolei do aeroporto de Idlewood, em Nova York, rumando ao nordeste, através do rio São Lourenço. Estávamos a uns 20 minutos de voo a nordeste de Sept-iles. Deveriam ser por volta de 21h05 da noite, em horário do Labrador, quando avistei a coisa pela primeira vez.

Ele pilotava uma aeronave da companhia Boac, levando consigo sete membros da tripulação e mais 20 passageiros de viagem. A aeronave rumava de Nova York, nos Estados Unidos, para Londres, na Inglaterra. Seu plano de voo era seguir para o nordeste, acompanhando o rio São Lourenço, no Canadá, ultrapassar Quebec, dobrar a Terra Nova e atravessar o oceano Atlântico até a Inglaterra, aterrissar nesse país e depois voltar aos Estados Unidos. O avistamento do ufo ocorreu

UM VERMELHO ENCARNADO NO CÉU

em 29 de junho de 1954, em Quebec, no Canadá, a 160 km de Sept-Iles, quatro horas após a decolagem do aparelho. Richard H. Hall, em seu livro *The UFO Evidence, conta:*

> A coisa apareceu à distância, como uma grande mancha escura no céu, acompanhada de uma porção de objetos menores ao seu redor. Era semelhante a uma pera suspensa no céu de cabeça para baixo.[1]

Durante 18 minutos os objetos acompanharam a aeronave fazendo um voo paralelo, mas guardando uma distância de oito quilômetros do avião. O enorme objeto em formato de pera era acompanhado por seis naves menores, de forma circular, que pareciam guardar a nave-mãe o tempo todo. Mas faziam isso de modo estranho: *"Às vezes, havia um alinhamento de três objetos na frente e três atrás. De outra feita, cinco alinhavam-se mais adiante e somente um ficava atrás da nave-mãe"*, contou o piloto.

A seu turno, o copiloto da aeronave, Lee Boyd, um profissional veterano que já tinha voado mais de meio milhão de milhas, em seu depoimento declarou: *"Fosse lá o que fosse, havia claramente seres inteligentes no controle das manobras daqueles objetos. E não acredito que qualquer ciência deste planeta fosse capaz de produzi-los."*[2]

Além de Boyd e do piloto, outros cinco membros da tripulação viram os mesmos objetos e fizeram declarações muito parecidas. Nada do que disseram podia ser encarado de modo leviano. A experiência, a capacitação e a seriedade dos tripulantes falavam mais alto, não dando margem a especulações descabidas de quem nada vira. A tripulação era altamente gabaritada. Todavia, ainda assim os comentários foram muitos. Afinal, o que eles viram era algo completamente fora dos padrões científicos, porque os ufos faziam metamorfoses fantásticas em pleno voo.

---

[1] HALL, 1964, p. 126. Parcial em BONDARCHUK, 1982.
[2] Declaração de Lee Boyd ao *Globe and Mail*, de Toronto, Canadá, em 02 de julho de 1954, conforme BONDARCHUK, 1982.

As coisas começaram a ficar mais insólitas quando o capitão Howard decidiu chamar a Base da Força Aérea, em Goose Bay. As palavras dele caíram na sala de comando como uma ordem. Pelo rádio, ele praticamente exigia uma escolta de caças para darem segurança à sua aeronave. E a Base militar não se fez de rogada. Imediatamente um avião caça subiu para realizar o serviço. Aí o avistamento adquiriu um caráter ainda mais insólito – as metamorfoses seriam intensas.

"A nave-mãe está mudando de formato!", exclamou alto um membro da tripulação. Com os olhos presos na coisa, todos testemunharam o mais estranho dos acontecimentos. *"Ela ficou parecida com uma flecha voadora, um imenso avião com asas delta virando para emparelhar conosco"*, contou o capitão.

Enquanto o caça se aproximava, o ufo aumentou de tamanho, tomando proporções enormes e deixando estupefatos tripulantes e passageiros do avião. Depois alterou ainda mais o formato, ficando chato e alongado. Agora, então, era imenso. Mas de modo novamente insólito, o ufo de proporções enormes voltou a encolher para o tamanho original. Enquanto a nave--mãe realizava incríveis metamorfoses, as naves menores continuavam em sua escolta, dando *"saltos de sapo"* no ar. Faziam pulsações que se assemelhavam aos sapos.

Foi aí que o caça chamou a aeronave pelo rádio. Disse que estava a 30 km de distância e voando muito mais alto. Howard confirmou que a frota de ufos ainda estava lá, acompanhando a aeronave lado a lado e fazendo manobras incompreensíveis. Então algo novamente aconteceu. De súbito, como se tivessem detectado a aproximação do caça, as naves menores pararam de fazer suas acrobacias no ar. E de modo indescritível, adentraram à nave-mãe, fundindo-se nela. Os seis objetos menores foram engolidos pela nave-piloto, sem causar impacto e sem deixar vestígio algum. O ufo maior, a seu turno, talvez para evitar confrontação com o caça, afastou-se numa velocidade incrível, desaparecendo nos céus em segundos. A aeronave, ao pousar em Goose Bay, tinha à sua espera o Serviço Secreto da Força Aérea, pronto para

UM VERMELHO ENCARNADO NO CÉU

interrogar os membros da tripulação e colher todos os detalhes da insólita ocorrência. Em seu depoimento, o capitão Howard declarou:

> Era algo sólido — estou certo disso — sendo manobrado e controlado de modo inteligente. Era uma espécie de nave-base, ligada de alguma maneira àqueles objetos menores, atuando nela como satélites assistentes. Devia ser alguma estranha forma de nave espacial de outro mundo.

O Dr. James McDonald, conceituado físico da Universidade do Arizona, numa conferência realizada em Montreal, no Canadá, em março de 1968, 14 anos depois do incidente, disse que *"nenhum fenômeno meteorológico observado pelo olho humano poderia responder, de modo razoável, por aquele fato extraordinário, visto pela tripulação".* E prosseguiu explicando que a aeronave viajava em condições altamente favoráveis. Estava numa altitude e numa velocidade que associadas às condições atmosféricas da região davam aos pilotos visibilidade *"perfeita".* Em razão disso, a refração do sol em nuvens de cristais de gelo, num fenômeno chamado parélio, era uma possibilidade insignificante. E assim também os relâmpagos globulares, um tipo específico de plasma eletrificado que geralmente aparece em meio às tempestades, formando bolas luminosas de uns 30 centímetros de diâmetro.

O professor estava certo de que nenhum plasmoide natural poderia ter produzido aqueles objetos que acompanharam o avião por 18 minutos, enganando a experiente tripulação da aeronave ao longo de 150 km de percurso. Disse também que os objetos menores, fundindo-se ao maior antes dele partir em definitivo, desafiavam qualquer explicação óbvia. E que agora, anos depois daquele episódio insólito, nenhum teórico tinha proposto uma explicação adequada para os ufos de Quebec. Para ele, a atuação dos ufos se evidenciava fortemente nas constantes alterações de forma, nas metamorfoses autenticadas pelos membros da tripulação, que não puderam ver detalhes estruturais, se é que havia algum naqueles ufos.

PEDRO DE CAMPOS INSTRUÇÕES DE YEHOSHUA BEN NUN

Atualmente, casos registrados em todo o mundo mostram os ufos fazendo uma constante duplicação de luzes em pleno voo. Mostram também as luzes sendo desovadas e ou receptadas por um engenho maior, uma nave-mãe. Isso já fora visto centenas de vezes. E de fato, as 23 fotografias do UFO Guarulhos mostram a capacidade do engenho em realizar estranhas metamorfoses em pleno voo, algo semelhante às do UFO Quebec. O estudo científico desse fenômeno há muito que desperta interesse no meio ufológico. E aqui, revela-se esclarecedor.

Alguns anos atrás, o trabalho do Dr. Breccia foi dado a público. Este cientista desenvolvia estudos na Universidade de Aqüila usando aparelhos de sonar. Todos sabem que o sonar é um instrumento que serve para a Marinha detectar a posição exata de um submarino. Ele funciona disparando ondas, as quais são rebatidas pela estrutura do engenho. Quando a onda volta, aparece na tela a posição exata do objeto no mar. E como a emissão de ondas é contínua, observa-se na tela o sentido exato que o submarino descreve embaixo da água.

O Dr. Breccia pretendia usar o sonar para fazer uma experiência, não com submarino, mas com avião, o que era muito diferente. No experimento, o sonar era deixado em terra, para ser sobrevoado por um caça supersônico e ver o que ele marcaria na tela. A experiência tinha duas fases: uma quando o avião se distanciava e, outra, quando se aproximava do sonar.

Na primeira fase, verificou-se que quando o avião passava pelo sonar e se distanciava, nenhuma leitura podia ser feita. A razão disso era simples: as ondas do sonar viajam à velocidade do som, e quando o avião passava por cima dele, as ondas não mais o alcançavam. O avião caça voava com o dobro da velocidade delas e não era atingido. Assim, o avião não podia ser detectado e nada aparecia na tela do sonar.

Na segunda fase, a situação se invertia. Quando o avião se aproximava ao longe, as ondas saíam do sonar para baterem de frente com ele. Batiam, voltavam e apareciam na tela. Mas na tela aparecia algo estranho. Era um defeito de recepção:

UM VERMELHO ENCARNADO NO CÉU

a luz assinalava um ponto no ar em que o avião já não mais estava; e de súbito, como vindo do nada, a luz se repartia em duas: uma seguia o curso do avião, a outra voltava para trás, e ambas sumiam da tela em momentos distintos. Em razão disso, a questão era: Como interpretar esta fase da experiência?

A emissão de ondas era contínua. E a volta delas também. Por isso, aparecia na tela o movimento do avião. Mas o caça viajava mais rápido que as ondas do sonar. Num dado ponto do percurso, elas não mais batiam no caça. E o sonar se atrapalhava na sinalização. Por isso a luz se duplicava, como se o avião tivesse se repartido em dois, voando um para cada lado. Em outras palavras: aparecia na tela um sinal de luz, era o avião; depois o sinal luminoso se dividia em dois, mostrando de modo errado dois aviões, voando um para cada lado; e logo em seguida, os dois sinais sumiam da tela, mas o avião continuava lá em cima, sobrevoando o espaço aéreo.

É prudente indagar então: Que comparação nós podemos fazer desse erro do sonar com os ufos se duplicando nos céus?

Os radares e as câmeras de vigilância do tipo Sistema Flir, são equipamentos que varrem os céus e captam os ufos. O olho humano, com suas limitações, também consegue captá-los. Alguns ufos já foram detectados viajando a mais de 30.000 km/h. Mas os sistemas de vigilância têm um limite de captação. Assim como o sonar não foi feito para detectar aviões voando acima da velocidade do som, o radar, por sua vez, também não foi feito para captar ufos com velocidade acima da luz. E o olho humano, a seu turno, não acompanha sequer a rotação de um ventilador, como poderia acompanhar um ufo em velocidade? Se admitirmos a hipótese de os ufos operarem numa rapidez superior à da luz, então o efeito das bolas luminosas se duplicando, saindo e fundindo-se à nave-mãe, encontram similaridade no erro do sonar.

Como já amplamente testemunhado, algumas bolas luminosas se convertem em ufos sólidos. Todavia, em outros casos isso não acontece, uma engole a outra sem que possamos entender o estranho fato. A duplicação luminosa pode também não ser uma realidade, mas uma ilusão de ótica ou, então, um fenômeno que escapa por completo à nossa percepção. O ufo, naquela hora, de modo instantâneo, pode estar assumindo uma velocidade incrível, talvez girando em torno dele mesmo, de modo imperceptível às nossas técnicas de observação. Pode inclusive estar entrando em um Buraco de Minhoca e se precipitando num Universo paralelo ao nosso. Como também, pode estar operando uma incrível metamorfose na matéria, transformando-se num campo organizado de energia e entrando no mundo das partículas, em outra dimensão do espaço-tempo. Mas tudo isso são apenas hipóteses. De modo científico, ainda nada sabemos dessa metamorfose.

Quando falamos em velocidade acima da luz, a ciência humana estaca por completo. Porque ela diz que nada pode operar além da luz. Nessa condição, tudo se transforma em energia. O engenho ficaria desintegrado. Mas de modo estranho, os ufos parecem operar além desse limite, porque em pleno voo fazem uma transmutação insólita, convertem a matéria em energia e vice-versa. Nisso, a compreensão da ciência é quase que nenhuma. Em razão dos ufos darem a ideia de operar numa outra realidade, além da matéria física, o homem tem que buscar outros conceitos científicos para procurar entendê-los. Caso contrário, a compreensão deles não vai mudar. Quem busca resolver os sinais de ufos somente com a ciência convencional, corre o risco de continuar buscando sem nada de novo encontrar. É certo que os limites atuais da ciência precisam ser ultrapassados. O espaço-tempo negativo, o mundo subatômico das partículas e a teoria dos buracos de minhoca são muito promissores a isso.

Juntando a essa dificuldade de entendimento teórico o número cada vez maior de avistamentos e os casos surpreendentes de abdução, a busca da verdade tem levado os pesquisadores a uma alternativa de cunho prático, ou seja, a de se tentar comunicação e esperar que a própria entidade alienígena diga quem é e por que veio. Isso está sendo feito por muitos canalizadores, cada qual correndo os seus riscos.

Nessa prática de contato, não é preciso professar fé alguma, basta apenas gostar da ideia, ter amor à verdade e uma boa postura moral para registrar os fatos, reproduzindo somente aquilo que constatou. Assim, a prova da pluralidade dos mundos habitados pode vir através de tecnologia, mostrando a ocorrência quando o ufo se fizer presente, visível nos céus para registro.

Anos atrás, o resultado prático dessas atividades foi pouco aceito, mas os tempos atuais já deram início a uma nova fase de entendimento. Os vários ramos da ciência, articulados na investigação do Fenômeno UFO, mais a seriedade nos trabalhos e as provas obtidas por meio técnico, começaram a modificar o estado anterior. E as coisas vão aos poucos se encaixando no seu devido lugar.

Nos idos de 1976, em sua edição de agosto, a *UFO Report* estampou as declarações do astrônomo Dr. Allen Hynek (o mais conceituado ufólogo do passado e antigo consultor do Projeto Blue Book, já desencarnado):

> Atualmente, sustento cada vez menos a ideia de que os ufos sejam naves espaciais de outros planetas. No Fenômeno UFO, há uma quantidade de coisas indefinidas que advogam contra a teoria extraterrestre. Penso que devemos reexaminar as provas e começar a olhar para mais perto...

Hynek considerava que esse *"reexame de provas"* deveria conectar o Fenômeno UFO ao homem. Os fatores que sugerem uma ligação ou um paralelismo do Fenômeno UFO com as ocorrências de ordem paranormal deveriam ser vistos mais de perto, não podendo ser desprezados. O *"olhar para mais perto"* significava análise introspectiva. A sensibilidade da mente humana para captar o mundo invisível poderia ser maior do que a imaginada. E isso era algo que ensejava outros estudos.

Observando a enigmática desmaterialização dos ufos e as monumentais distâncias interestelares que não permitiriam à

PEDRO DE CAMPOS INSTRUÇÕES DE **YEHOSHUA BEN NUN**

criatura densa viajar de um sistema planetário a outro, o entrevistador Timothy Beckley quis saber de Hynek se os ufos poderiam então vir de outro universo, de outra dimensão ou de outro seguimento do espaço-tempo. Quando propôs isso, o cientista não teceu maiores comentários, apenas disse: *"Considero a teoria extraterrestre 'ingênua'"*.[3]

Para ele, outras possibilidades mais promissoras deveriam ser cogitadas. Contudo, sendo apenas teoria, algo sem comprovação prática, Hynek não se definiu a favor de nenhuma teoria. E a questão ficou em aberto para cada qual tomar o seu partido e fazer sua interpretação.

No mundo dos fenômenos raros, não são poucos os que acham os ufos uma forma de inteligência superior, oriunda de mundo exóticos, capaz de sensibilizar a mente humana e de provocar uma transmutação insólita na matéria através de recursos ainda desconhecidos do homem.

No próximo capítulo, vamos ver uma conferência realizada em Curitiba, em comemoração à abertura parcial do Arquivo UFO da Força Aérea Brasileira.

---

[3] STEIGER, 1976, p 197.

11

CONFERÊNCIA EM CURITIBA

O 32º Congresso Brasileiro de Ufologia Científica, realizado em Curitiba, no Paraná, em novembro de 2005, trouxe um panorama atual dos acontecimentos ufológicos vividos no mundo. Dentre as conferências realizadas, o Espiritismo científico marcou presença e deu ao público uma visão clara da questão. Este texto é referente à conferência feita por Pedro de Campos, que assim principiou.

Amigos, eu pretendo mostrar aqui algumas faces do Fenômeno UFO. Estou convencido de que é preciso estudar cada uma de suas feições, se quisermos entender um pouco a questão extraterrestre. A minha visão do Fenômeno UFO é científica, até o ponto em que a nossa ciência é capaz de assim entendê-lo. A partir do momento em que este assume um caráter imaterial, sem suporte concreto, então minha visão do tema também se altera. Nesse ponto, passo a examinar a questão sob outra ótica, a do Espiritismo científico.

Lembro que cerca de um século e meio atrás, os fenômenos extraordinários, produzidos por Espíritos, deram origem à ciência espírita de comunicação. Anos depois, na medida em que os estudos avançaram, surgiu a Parapsicologia. Procuro examinar nesta conferência a questão ufológica de modo integral. Não estou querendo dizer com isso que o Fenômeno UFO seja produzido por Espíritos e nem por algum fator psíquico do homem. Apenas observo que na Ufologia existe um forte conteúdo imaterial e uma inteligência rara na produção das manifestações. Por isso, proponho uma análise comparada, que talvez possa nos ajudar na decifração dos acontecimentos. Por mais difícil que seja entender o Fenômeno UFO, ainda assim a sua pesquisa não pode ser desprezada. Muitas vezes, aquilo que hoje não podemos entender, amanhã se revela uma grande verdade. Estou certo de que o estudo da casuística poderá nos levar à verdade, hoje ainda enigmática. Então poderemos lidar com ele de modo mais adequado.

Vamos refletir um pouco sobre o Fenômeno UFO, examinando o *Caso Flotilhas Mexicanas*, mas fazendo conotações com casos vividos em outros países. Em 02 de julho de 1947, quando o comerciante de ferragens Dan Wilmot e sua esposa, sentados na varanda de casa, por volta das 22h00, viram um objeto brilhante riscar os céus e se perder distante, do outro lado da ponta mais estendida da vegetação, eles não poderiam imaginar que aquele acontecimento depois se transformaria no evento mais discutido da Ufologia Mundial: o Caso Roswell. Assim como aquele comerciante, talvez nós ainda não possamos avaliar o evento das Flotilhas Mexicanas, vivido naquela mesma região. A magnitude desse acontecimento, desenhando nos céus grandes sinais para decifração, talvez pudesse ser qualificado como sendo o prenúncio de "novos tempos", confirmando assim as profecias feitas na Antiguidade.

Quando vi as Flotilhas pela primeira vez, nas filmagens apresentadas ao público pelo jornalista mexicano Jaime

UM VERMELHO ENCARNADO NO CÉU

Maussán,[1] constatei com muita satisfação que o fenômeno de "luzes no céu", mencionado no livro *Universo Profundo*, pode ser um "preparatório para contatos mais efetivos com o homem no futuro", conforme afirmara o espírito Erasto, na referida obra, por mim psicografada. Com satisfação, também escutei Maussán dizer que é confiável o trabalho militar americano para garantir a qualidade de funcionamento do Sistema Flir, usado no *Caso Campeche*. Vale lembrar que esse equipamento é responsável pela vigilância aérea da fronteira entre os Estados Unidos e o México. E foi o Sistema Flir que registrou o episódio Campeche, que tanto preocupou os militares naquela região. A seu turno, as pesquisas feitas pela Universidade do México e o trabalho sério dos ufólogos que examinaram o outro filme, o das Flotilhas, deram maior confiança ao resultado das investigações. As centenas de naves, observadas naquela região, próxima à Roswell, em 2005, pareciam uma verdadeira exibição de vida inteligente, vinda de outras paragens do cosmos. Nós sabemos que os ufos não avisam antes vir. Eles surgem de repente. Os órgãos de inteligência levam em conta ao menos três hipóteses sobre a casuística geral.

A primeira delas, mais grave e talvez a menos provável, seria para saber se o nosso meio é propício à vida deles, visando algum tipo de infiltração na Terra. A segunda, também grave, mas muito provável em razão dos testemunhos, seria para fazer experiências com as nossas espécies de vida e tentar utilizá-las em benefício próprio. A terceira, mais cordial e também muito provável, seria para nos mostrar a existência deles, comunicar algo de interesse mútuo, preparando assim um contato mais formal conosco no futuro.

Mas tudo isso são apenas hipóteses. E não se sabe o motivo real da vinda deles. Por isso, o melhor mesmo é estar prevenido. Diante da dúvida, as providências de defesa do território e de segurança pessoal se fazem necessárias. Nas

---

[1] *Invasão: Caso Flotilhas Mexicanas*. Filme DVD Milagro Produções. Rua Padre Juvenal, 29. Ilha de Paquetá – RJ. CEP 20397-070. Também no shopping revista *UFO*.

PEDRO DE CAMPOS INSTRUÇÕES DE YEHOSHUA BEN NUN

Flotilhas que vi, causava admiração a quantidade enorme de pontos de luz. Os ufos voavam com muita organização, se é que o termo voo possa ser usado aqui para definir aquilo. Era um aglomerado magnífico que formava vários desenhos nos céus. Variavam as cores, ora branca, ora vermelha ou azul. Em pleno voo, eram engolidos por outros. Não dava para dizer que aquilo fosse o resultado de algum fenômeno da natureza ou de luzes projetadas da terra e refletidas no céu. O fato era tão incomum que ficava mais harmonioso chamar aquilo de Objeto Voador Não Identificado do que de qualquer outro nome. Então alguém perguntou: Será que uma atividade inteligente interfere ali? E se interfere, que inteligência é aquela?

Diante das perguntas, era preciso refletir. Quando queremos decifrar um enigma, temos que fazer diversos questionamentos. E quando, para obter as respostas, usamos um método científico de pesquisa, então damos a isso o nome de ciência. Para entender os fenômenos físicos, primeiro é preciso examiná-los considerando sua origem como sendo exclusivamente terrestre, seja natural, artificial ou psicológica. Se os fatos não ficarem resolvidos assim, então temos de analisá-los numa expectativa de origem extraterrestre. E se ainda for o caso, temos de ir em frente e pesquisá-los sob o ponto de vista mais difícil de todos, o da teoria ultraterrestre, ou seja, como um evento de outra natureza, além dos limites da matéria.

Para estudar os ufos, a metodologia científica tem que se apoiar naquilo que a própria aparição ofereceu, ou seja, nos filmes, fotografias, sons, dados de radar, medições de radioatividade, análises espectrográficas, condições ambientais e talvez em alguma coisa mais deixada por eles. E mesmo assim, a investigação científica pode ser apenas uma especulação. Porque a nossa ciência tem demonstrado não estar em um grau elevado para examinar os ufos. Mas ainda assim é preciso ir em frente. Na pior das hipóteses, o estudo será apenas um alerta para se desenvolver uma atividade científica mais intensa. Se a ciência oficial, as universidades e os órgãos de Governo não estiverem dispostos a estudar

UM VERMELHO ENCARNADO NO CÉU

fenômenos assim como os do México, então só nos resta dizer que eles devem se contentar com as nossas análises. A razão deve nortear as decisões. Se o Fenômeno UFO não é importante ao conhecimento e à segurança do país, então temos de ressaltar aqui que os responsáveis podem estar incorrendo num grave erro. Hoje, não cabe mais dizer que os ufos não existem. A existência deles é um fato. A pergunta hoje é: o que são e o que querem?

Hoje, não nos preocupam mais aqueles que acham os ufos uma coisa de lunáticos ou apenas objetos de ficção. Primeiro, pois os fatos demonstram o contrário e segundo, porque quando o poder de segurança é exercido por quem considera a existência deles, então a nação se fortalece. E hoje, nós estamos fortalecidos. O 32º Congresso Brasileiro de Ufologia Científica, por sinal, foi realizado em comemoração à abertura oficial – embora parcial – dos arquivos ufológicos da Força Aérea Brasileira (FAB). Mostrando seus registros, a FAB confirma suas responsabilidades. E pode ter a certeza de que se continuar assim, irá ganhar muitos aliados. A sociedade brasileira e a comunidade ufológica mundial estão propensas a marcharem ao seu lado. Novas iniciativas para decifração da casuística poderão ser realizadas, num trabalho amplo de cooperação e parceria.

Lembro aqui que o Dr. Carl Jung, o mais famoso psicanalista suíço, escrevendo ao major Donald Keyhoe, disse: *"Absolutamente nada favorece mais o surgimento de boatos infundados e o pânico no meio da sociedade do que a ignorância. É óbvio que o público de todo o mundo deveria saber a verdade sobre os discos voadores o quanto antes".* Hoje, a verdade já veio à tona. Os fenômenos existem. As novas tecnologias estão aí demonstrando isso. A nossa tarefa agora é saber o que eles são e o que querem. Os registros das flotilhas mexicanas e as condições em que o caso ocorreu foram examinados com rigor, conforme atesta o jornalista Maussán. Coisas novas puderam ser observadas nele. Gostaria de ressaltar aqui alguns fatos muito sugestivos que observei. Um deles, foi a questão da duplicação ou, então, a junção de duas luzes em apenas uma, em pleno voo, sugerindo algo desconhecido, que ainda precisa ser mais bem estudado. O outro fato mostrado por Maussán, em seu filme, foi o embaçamento das criaturas, ou seja, enquanto os seres humanos nas fotos estão sempre nítidos, as entidades alienígenas, a seu turno, apresentam-se embaçadas.

Essa falta de definição na imagem, esse embaçamento das formas, é fato característico do processo. Isso também é visto na materialização de Espíritos. No início da formação, o espectro se apresenta embaçado, porque ainda não está sólido. Durante a condensação, ele já pode ser notado, fica sensível à fotografia, mas ainda não está tangível, sólido. O estado embaçado da forma antecede o seu estado concreto.

Em razão de o colega Maussán garantir a integridade dos negativos e considerar pouco provável a fraude, quer no uso de bonecos quer no de um cenário montado, considero provável que o embaçamento deva-se ao fato de a entidade não estar ainda em estado tangível, sugestivamente em algumas fotos.

Devo ressaltar que Ufologia é estudo do Fenômeno UFO, e sem ufo não há "logia", não há estudo. Temos de tomar muito cuidado com fotos de seres vistos em situações nas quais as naves não aparecem. Porque estes poderiam ser os chamados "espíritos elementais" ou outra coisa do gênero. E não seres alienígenas, operadores de ufos, que as evidências mostram existir. Também devo destacar que não tomo partido de divulgações fatais, geradoras de pânico. Tais conclusões são subjetivas. Uma civilização adiantada, por certo, teria meios mais apropriados para nos alertar dos perigos, a tempo de adotarmos providências. Embora graves eventos naturais possam gerar desarranjos em algumas sociedades, ainda assim o futuro da humanidade não é incerto, mas promissor. A seu turno, as guerras sempre existiram na humanidade e outras muito graves ainda virão, antes da ampla regeneração humana no planeta, mas ainda com isso *o homem marcha para o progresso*", assim o dizem os Espíritos que escrevem comigo. Todavia, o trabalho apresentado

UM VERMELHO ENCARNADO NO CÉU

por Maussán, mostrando a casuística ufológica no México, é digno dos melhores elogios. Pesquisar os ufos é atividade importante. Se não houver investigação, a verdade não vem à tona. E quem investiga, deve divulgar os resultados de modo claro, para que não haja dúvida. Gostaria de lembrar aqui um caso visto anos atrás, que mostra bem a importância disso.

O *Caso Belga – UFO Triangular* – ocorreu a 30 de março de 1990. Nessa data, o serviço de defesa aérea da Rússia entrou em contato com o Comando de Operações Aéreas da Organização do Tratado do Atlântico Norte (OTAN), em Bruxelas, informando que um ufo acabava de violar o espaço aéreo russo. O comunicado dava conta de que caças russos tentaram interceptar o objeto, sem obter êxito. O intruso era detectado por radar e estava se movendo em direção a Bruxelas. A OTAN repassou o alerta para suas bases. A previsão dos russos era de que o objeto atingiria a capital belga em 20 minutos. Dito e feito – foi o que aconteceu. No tempo previsto a aeronave, ou seja lá o que fosse, estava nos céus da Bélgica. Testemunhas viram um artefato triangular de tamanho grande. O intruso parecia fazer voo tranquilo, talvez de reconhecimento. Deslocava-se à altura inferior a 200 metros e à velocidade de 300 km/h. Tudo fora visto, filmado e pego no radar.

Dois aviões F-16 da OTAN alçaram voo. Quando as aeronaves subiram, o ufo aumentou sua velocidade para 1.700 km/h, ficando à altura de 500 metros. Ele havia detectado de alguma maneira o lançamento dos aviões de caça. E quando os radares de bordo se fixaram no ufo, ele percebeu isso e se afastou numa velocidade tão espantosa que, segundo os peritos, a sua força de aceleração teria esmagado quem estivesse dentro. O ufo deveria ter algum sistema de compensação de forças, para manter o estado de inércia e preservar a vida dos tripulantes. Os F-16 nada conseguiram e tiveram que voltar à base. Uma centena de pessoas e três patrulhas assistiram ao episódio. O ufo era de formato triangular, tinha espessura achatada e dava ideia de uma fatia de pizza no ar. Era escuro, mas voava todo iluminado, como se estivesse envolvido por uma redoma vermelha. Parecia uma lâmpada voadora, brilhante. Tinha luz branca no meio, em baixo, além de vermelha nas pontas.

Depois surgiram fotografias polêmicas confirmando essa descrição (não se sabe se autênticas ou não, talvez algumas forjadas por falsificadores para ilustrar o caso verídico) pouco conhecida na história dos ufos. Mas como o objeto não girava em torno de seu próprio eixo, isso dava a ele certa semelhança aos nossos aviões. Havia a suspeita de ser tecnologia terrestre. Naqueles anos, os Estados Unidos estavam testando seus modernos aviões com tecnologia Stealth (palavra que significa disfarce ou camuflagem), desenvolvidos na Área 51. No ano seguinte, eles entrariam em ação na Guerra do Golfo. Essa aeronave faria sozinho o antigo serviço de uma esquadrilha inteira na Segunda Grande Guerra. Esse caça-bombardeiro era projetado para realizar voos de longo alcance, atingir seu alvo numa velocidade relativamente baixa, lançar sua carga e voltar à Base sem ser descoberto pelo inimigo, por isso era chamado de "avião invisível". Mas invisível ao radar, não à vista humana. Com sua forma triangular e fuselagem escura, o F-117 poderia ser tomado como sendo o ufo avistado.

Todavia, causava dúvida o fato de um avião militar tão moderno, projetado para enganar os radares, voar tão iluminado e ser percebido tão facilmente pelos radares russos e pelas pessoas. Ele parecia um alvo fácil de ser abatido. E isso era um contrassenso. O então coronel Wilfred Brouwer, comandante-em-chefe de operações aéreas da OTAN, foi questionado sobre isso. Ele admitiu ter garantias de que o ufo não era o Stealth, ou qualquer outro caça. Indagado pelo professor Auguste Meessen, da Universidade Católica da Bélgica, o coronel disse: *"O objeto foi detectado pelo radar e filmado, tinha forma triangular, emitia luz própria e seus movimentos não eram casuais. Mas não foi identificado"*. Apenas havia informação de que em novembro do ano anterior um

UM VERMELHO ENCARNADO NO CÉU

ufo triangular fora visto na região belga de Valônia. A situação vivida em Bruxelas fora inquietante.

Mas o tempo passou. Em 1998, oito anos depois, um ufólogo muito respeitado e dois amigos dele, durante uma noite de vigília, avistaram três ufos, quase no mesmo local. Os objetos tinham as mesmas características do de 1990. Várias fotos foram tiradas. Mas para surpresa geral, quando foram reveladas, elas não continham nada. Havia apenas uma cor cinza clara, em toda a extensão das chapas. As testemunhas ficaram sem entender o porquê daquilo. Antes, elas tinham visto os artefatos. Eles estavam bem nítidos. Tinham a forma triangular e emitiam luzes diferentes. As imagens não poderiam ser perdidas, mas foram! E por quê? O caso precisava ser investigado. E foi.

Vendo as fotografias, vieram as perguntas: Por que os ufos não foram capazes de sensibilizar a película? Se nós vimos, por que não saíram nas chapas? Seria alguma dissimulação dos ufos? Investigações e exames foram feitos. Verificou-se que o fotógrafo era um bom profissional, sabia tirar fotos e tomar todos os cuidados. A revelação tinha sido feita em estúdio, seguindo as normas. Constatou-se que a película não tinha defeito nenhum. E a máquina fotográfica era moderna. Então, o professor Meessen foi chamado. Ele se recordou de que em 1990 o ufo avistado tinha um halo de luz vermelha, em toda sua volta. Aí a questão da luz passou a ser mais bem estudada. Foi feito um exame rigoroso na máquina. E as coisas começavam a clarear. O laboratório mostrou que o filme tinha sido exposto à ação de raios infravermelhos. Os técnicos notaram que o equipamento não conseguia filtrar esse tipo de radiação. Outras máquinas faziam isso facilmente, mas aquela, não. A conclusão foi de que os ufos não tinham provocado nenhum efeito de camuflagem. O problema estava na câmera. Além da luz vermelha, vista por todos, havia também os raios invisíveis, aqueles postados nas regiões acima e abaixo do vermelho. Eles passavam a lente e alteravam a película. Em razão da confiança que as testemunhas passaram, concluiu-se que os ufos eram reais, mas a tecnologia usada no registro fora insuficiente.

O importante desta narrativa é mostrar que assim como aqueles três ufos da Bélgica foram motivo de acurada pesquisa, as Flotilhas Mexicanas e os ufos registrados no Sistema Flir da Força Aérea Mexicana (FAM) também o foram. Os ufólogos se detiveram nos casos. O trabalho foi feito. Não foi encontrado inconveniente capaz de invalidá-los. No que concerne às Flotilhas, Santiago Yturria e outros pesquisadores filmaram as mesmas coisas, dando a elas um cunho de universalidade. O método científico usado em cada caso permitiu responder ao menos as perguntas fundamentais:

Será que uma inteligência interfere ali? *"Sim, há claramente inteligência ali!"*, concluíram os investigadores civis.

Que inteligência é aquela? *"Não é terrestre! Não estamos sós! Estamos sendo observados..."*, disseram os militares.

Inicialmente, a hipótese dos ufos se encaixou bem. Mas agora, com as investigações já apuradas, a teoria dá indícios de estar certa. Se for assim, seria preciso fazer algo mais arrojado. Um projeto de contato deveria ser colocado na prática. Ao menos para sabermos se haveria resposta da outra parte. Parece que a comunicação por tecnologia deve anteceder o clássico contato de terceiro grau. Se os ufos não forem conduzidos por inteligências artificiais, as chances de comunicação aumentam, e muito! Um operador inteligente procede com criatividade. Mesmo que de outra natureza, ele poderia arrumar uma forma de nos responder. Recordamos que os relatos de contato não oficial já existem e foram feitos por pessoas sérias, dignas de nossa confiança.

Falando num linguajar popular: agora não basta saber que a raposa vem à granja, é preciso esperá-la! Afinal, os ufos se apresentam ali com certa frequência. Sem um projeto de contato corremos o risco de não entender o fenômeno. Procurar comunicação através de tecnologia não é coisa mística, mas atividade científica. Ainda que de início possamos ficar apenas na espera e observando, novos métodos precisam ser testados para sabermos qual deles dá resultado. É preciso ir a campo. Temos de sair da limitação das filmadoras e das teorias que todo papel aceita. Necessitamos buscar comunicação à curta distância, por meio de tecnologia moderna. Esse passo seguinte parece ser o mais promissor.

A Terra é um planeta *sui generis*. Os voos espaciais têm demonstrado que ela é muito especial. Outro, como ela, ainda não foi encontrado no cosmos. Todavia, de modo apenas científico, que reflexões podemos fazer sobre a possibilidade de vida extraterrestre? Com certeza, são muitas! Mas vamos fazer aqui apenas duas afirmativas, para reflexão. A primeira: uma vida como a nossa teria chance ínfima de existir no cosmos. A segunda: ela estaria tão longe de nós que os espaços a vencer seriam intransponíveis com os meios disponíveis. Vamos ver um pouco as duas.

O debate sobre a pluralidade dos mundos habitados foi enriquecido no início do século XX. Alfred Russel Wallace, coautor da Teoria Evolucionista, foi o primeiro cientista a introduzir um componente biológico no exame da questão. Numa crítica feita em 1904, quando era comum pensar que Deus colocava as criaturas prontas no mundo, o naturalista retomou um antigo ensaio, publicado a 12 de março de 1896 no *Journal Nature*,[2] e em seu novo trabalho, *O Lugar do Homem na Natureza*,[3] argumentou contra a existência de vida inteligente nos planetas do sistema solar. Vários astrônomos da época, apenas com o uso de telescópio, consideravam essa vida possível e muitos a davam como certa.

Wallace observou que o homem resulta de uma combinação complicadíssima de fatores, de uma série de episódios únicos e imprevisíveis ao longo de toda sua cadeia evolutiva. E concluiu que as mesmas ocorrências que deram origem ao homem, teriam ínfima chance de serem reproduzidas de novo, caso não houvesse uma inteligência dirigindo a cadeia evolutiva inteira, até culminar na espécie humana. Apenas o surgimento

---

[2] Web: <http://www.wku.edu/~smithch/wallace/S523.htm> (2006).
[3] REGIS JR., 1985, p. 157.

da vida já é um acontecimento por demais enigmático, sem solução científica até hoje. Em laboratório, nunca ninguém criou vida a partir da massa inerte. Contudo, saltando essa origem misteriosa, vamos observar um pouco a escalada evolutiva das espécies.

Então vemos desfilar à nossa frente uma série infindável de organismos simples, cada qual marchando em direção a tipos cada vez mais complexos. Vemos a passagem dos peixes aos répteis, dos dinossauros aos eventos de extinção, dos mamíferos aos primatas, dos primatas aos hominídeos, dos hominídeos ao homem. Um desfile de milhões de anos passa aos nossos olhos, sem que possamos entendê-lo bem. Contrariando a teoria evolutiva, além da seleção dos melhores, as catástrofes de extinção surgem como algo decisivo para o aparecimento do homem. Se não fosse um meteoro cair na Terra há 65 milhões de anos, talvez os dinossauros não fossem extintos, os mamíferos não tivessem prosperado e o homem, quem sabe não teria existido. Parece que as tragédias tiveram um papel importante na existência do homem.

A seu turno, todas as feições de vida, adaptadas ao meio e selecionando sempre os melhores indivíduos, no íntimo de cada uma delas há fatores inexplicáveis, em que aparecem as formas mutantes. Embora saibamos hoje que o mutante é um evento fraco e por isso mesmo não consegue constituir espécie, ainda assim consideramos que ele dará origem a outros indivíduos intermediários, que por sua vez também formarão outras espécies. E assim, avançando sempre passo a passo, superando catástrofes e promovendo eventos tão raros, chega-se ao homem. Ao longo dessa cadeia evolutiva há caminhos exclusivos, por assim dizer, de mão única, repletos de acasos inexplicáveis e fantásticos acidentes. Trata-se de um caminho sem retorno. Quem percorreu essa estrada, não poderia voltar a percorrê-la de novo, trilhando exatamente os mesmos passos. Ou seja, seria um desfile com ínfima chance de se reproduzir de novo, por si mesmo. Em outras palavras, isso quer dizer que se a humanidade tivesse de recomeçar de novo aqui na Terra, partido de uma simples bactéria, não haveria quase chance de a mesma se tornar de novo homem, se não houvesse no comando uma inteligência evoluída, gerenciando toda a cadeia de progresso.

Sendo assim tão difícil o homem voltar a surgir de novo aqui mesmo na Terra, num ambiente tão propício a ele, o que dizer então dessa mesma percorrida em outro planeta? Em condições ambientais tão adversas? Numa frase, seria quase impossível descrever! Foi essa a conclusão que chegou Wallace, já nos idos de 1904, para a existência de vida inteligente nos planetas do sistema solar. E confirmou sua tese em 1907, no trabalho: *Is Mars Habitable?* De fato, as sondas e as naves espaciais lançadas até hoje, cerca de duzentas missões ao espaço exterior com tarefa específica de achar vida, nos trouxeram informações valiosas. Consolidou-se a ideia de que as substâncias químicas dos demais planetas, na sua maioria, estão disponíveis também na Terra. Isso deu condições de experimentar em laboratório e prever que tipo de organismo terrestre teria chances de viver nesse ou naquele planeta. O resultado desanimou. Nos orbes conhecidos, não se espera encontrar mais do que simples bactérias, resistentes a condições extremas. E isso já seria um achado extraterrestre muito precioso.

A vereda espacial mostrou também que as condições atmosféricas de nosso planeta, como a radiação solar, o ar, as nuvens, as águas são expressões próprias da natureza terrestre. Até agora, não foi encontrado outro orbe em que essas mesmas condições estivessem ali presentes. Isso faz pensar que a Terra seja única. Para a ciência, é um planeta *sui generis*. Mas o universo é infinito. E a Terra foi originada nele. A lógica nos diz que ela não deve ser um evento único. Embora seja um lugar altamente diferenciado, ainda assim um número desconhecido de orbes semelhantes pode orbitar em espaços distantes, fora da nossa capacidade técnica de observação. E a vida ali pode ter surgido, evolucionado, se tornado inteligente e desenvolvido tecnologia avançada.

Todavia, a dificuldade para um contato seria enorme, em razão da distância monumental.

Apenas num rápido raciocínio, o sistema da estrela Capella, distante 42 anos-luz, se pudéssemos viajar à formidável velocidade de 300.000 km/h, cerca de cinco vezes mais rápido que a Voyager, chegaríamos à Lua em pouco mais de uma hora. Mas para chegar à Capella precisaríamos viajar 150 mil anos. Supondo a existência de um ser extraterrestre naquelas paragens, uma criatura nascida e evolucionada num mundo tridimensional, por mais adiantado que fosse, ainda assim seria algo de corpo denso, com ciclo vital limitado e físico frágil. Por lógica, não poderia fazer uma viagem assim tão longa.

Num outro raciocínio, considerando a mesma velocidade de 300.000 km/h, para chegar às Plêiades, distante 400 anos-luz, precisaríamos viajar um milhão e meio de anos. Todavia, Billy Meier, defendido por uns e atacado por outros – sem aqui entrarmos no mérito da questão –, em 1975 disse fazer contato com Semjase, que vinha do aglomerado das Plêiades. A nave viria a Terra em apenas sete horas – esta informação é de Semjase, segundo Meier. Numa conta rápida, isso seria possível se aqueles alienígenas viajassem seiscentas mil vezes mais rápido que a luz. Essa velocidade pode ser comparada à dos Espíritos. Seria a rapidez do pensamento. Mas seres sólidos, segundo a nossa ciência, não fazem isso.

Para se comunicar, um extraterrestre sólido faria uso de tecnologia avançada, operada à distância. Como, por exemplo, o Projeto SETI, que procura essas inteligências através de radiotelescópios, tentando receptar sinais inteligentes em forma de ondas, especialmente as de rádio. Ou então através de veículos espaciais, conduzidos por algum tipo de inteligência artificial, de modo semelhante ao que já fizemos com as sondas Pioneer e Voyager, as quais foram lançadas ao espaço extrassolar, num ponto vazio entre as constelações de Órion e Taurus, para que alguma civilização distante as capture e saiba da nossa existência aqui. Daqui a 2 milhões de anos, elas estarão naqueles distritos. Acredita-se que alguma civilização alienígena poderia fazer o mesmo, mandando suas sondas de lá para a Terra. Por isso, não podemos excluir a vinda de uma nave extraterrestre com esse *modus operandi*.

A entidade biológica extraterrestre não seria uma criatura exótica, no sentido de aparecer e desaparecer como por encanto, mas um ser de natureza sólida, que pretende, assim como nós, conhecer outras espécies de vida dentro do universo de três dimensões. Podendo para isso utilizar tecnologia avançadíssima, propelentes renováveis, naves dotadas de supercomputadores e operadas por inteligências artificiais. Os governos se esforçam para tentar contato com esse tipo de vida, mas ela ainda não foi contatada. A falta desse contato formal fez surgir outra hipótese na Ufologia: a ultraterrestre.

A "teoria ultraterrestre" surgiu em razão da imaterialidade do Fenômeno UFO. Se a manifestação alienígena for exótica, um ser que se faz presente e desaparece logo em seguida, de modo misterioso, aparentando operar em outra dimensão do espaço-tempo, então temos de estudá-lo com outras técnicas. Isso porque estaria além da nossa realidade física. E por estar além dela, teríamos de dar a ele outro nome, para não misturar as coisas e confundir tudo. Se houver a mistura, o entendimento lógico ficaria mais difícil e o rótulo de louco seria facilmente estampado no divulgador por seus opositores. A essa criatura, dotada de um corpo menos material, damos o nome de entidade ultraterrestre (UT) – trata-se de um ET de antimatéria, por assim dizer.

Ao examinarmos a possibilidade de vida fora da Terra, a prudência nos recomenda não fechar a porta para nenhuma pesquisa. Quem fecha a porta ao conhecimento fica prisioneiro da própria cultura. E é certo que nem todas as culturas juntas nos dariam o entendimento integral de tudo. Nas investigações do Fenômeno UFO, levadas a efeito oficialmente nos Estados Unidos, somente a hipótese extraterrestre foi considerada. Essa teoria é integralmente científica. Ela foi elaborada pelo célebre físico norte-americano Edward Condon. Com ela, sua intenção foi estudar a possibilidade de uma raça alienígena chegar a Terra com naves espaciais. Em 1969, a Comissão Condon, montada pela Universidade do Colorado, concluiu que os mais de 12 mil casos de ufos, registrados pela Força Aérea Norte-Americana (USAF) durante o Projeto Blue Book, não poderiam ser enquadrados nessa hipótese. Faltava neles a prova material conclusiva. Na época, a equipe foi muito criticada, porque desconsiderou as provas testemunhais e atribuiu tudo a eventos da natureza ou a coisas produzidas pela mente do observador. Isso apenas mostrou ao mundo uma estratégia do Governo norte-americano para silenciar. Em razão dessa conclusão, no ano seguinte, as investigações foram passadas para a Universidade do Colorado, a qual teve a tarefa de prosseguir os estudos, mas sem a responsabilidade de dar ao público a explicação de cada caso, como fazia antes a Força Aérea.

Os ufólogos da época como, por exemplo, o escritor John Fuller, relator do Caso Hill e investigador do Projeto Colorado, constataram que a finalidade da Comissão não era investigar o Fenômeno UFO, mas, sim, uma farsa para convencer as testemunhas de que elas não tinham visto nada. Era para persuadir as pessoas de que tudo não passava de fantasia. Os militares, a seu turno, sabiam da existência dos ufos, mas estavam tão aturdidos diante do enigma que preferiam silenciar. Na primeira linha de comando, as altas patentes deixavam transparecer algo sério, porque ficava no ar um clima indecifrável, algo enigmático, como, por exemplo, o Caso Roswell. A conclusão científica sobre os ufos nunca veio a público. Então surgiu no meio ufológico outra tese para explicar o fenômeno: a teoria ultraterrestre. Para formular essa hipótese, foi preciso considerar a questão das naves espaciais poderem ou não viajar a velocidade da luz. As dificuldades para isso são até hoje intransponíveis.

A hipótese de uma nave espacial voar com a cápsula dos astronautas refletindo para fora dela toda luz e calor gerados pela unidade propulsora, de modo a atingir a velocidade da luz sem dano algum aos astronautas, isso por enquanto está no campo da ficção. A nossa Física não vai além da relatividade. Ela diz que nada pode ser superior a velocidade da luz. E para atingir essa rapidez, a massa tem que se expandir, transformando-se em energia. Para viajar dessa forma não poderia haver um coágulo, por assim dizer, uma cápsula material onde dentro dela viajariam criaturas vivas, feitas de carne e osso e resguardadas da força exterior que transforma massa em energia. Assim não se atingiria a velocidade da luz. Até hoje, nenhum material foi produzido para refletir toda luz e calor que ele recebe, sem absorver nada e ficar intacto.

Além disso, tais viagens não adiantariam. Os vazios interestelares são tão grandes que para atravessá-los teríamos de usar a velocidade dos Espíritos. Semjase voava seiscentas mil vezes mais rápido que a luz para vir a Terra, isso, ao menos, é um exemplo de que a rapidez da luz nada resolveria. Se considerarmos a possibilidade de um ser sólido, digamos extraterrestre, fazer uma transmutação insólita e transformar-se em energia, depois viajar pelo cosmos mantendo-se vivo no mundo dos fótons, para em seguida converter-se no mesmo corpo sólido de antes; então, se é isso, se a criatura num quantum de luz continua vivendo, passando a ter uma bioforma que estaria além da matéria física, postada no mundo invisível das partículas, corpo de energia, em outra dimensão do espaço-tempo, então nisso tudo teríamos imperando na prática a "teoria ultraterrestre", não mais a solidez da "extraterrestre". Foi isso que se passou a considerar no Fenômeno UFO, porque o corpo denso de um ser extraterrestre não suportaria tanta transformação. Não faria uma transmutação insólita nem se tornaria energia vivente. Nessa condição, seu corpo morreria.

Não há engano em se afirmar que a questão extraterrestre implica segurança nacional (melhor dizendo – planetária), enquanto a ultraterrestre reflete no que se define como segurança religiosa. Contudo, em qualquer dos casos, se houvesse o contato formal, haveria na Terra uma profunda mudança, porque o homem precisaria mudar por completo sua cultura. Enquanto o contato extraterrestre iria alterar a ordem material das coisas, o ultraterrestre renovaria o espírito.

O relato das testemunhas talvez possa nos dar pistas quanto à natureza dos seres alienígenas. As evidências mais fortes de que eles procedem de uma natureza rara, estão no fato de os ufos e seus operadores realizarem na matéria uma transmutação insólita. Essa metamorfose é relatada por quase todas as testemunhas. Vamos ver isso mais detalhadamente. Quando um rastro de ufo aparece na tela de radar, ele pode ser visto por todos, mas é apenas um sinal. Quando se tenta interceptar o ufo e percebe-se apenas uma luz, ele é uma luz! Mas quando ela se movimenta de modo ordenado e depois desaparece, então não é mais uma simples luz. Algo inteligente está por trás dela. A movimentação intencional revela vontade e deliberação. O desaparecimento, a seu turno, pode ser apenas uma dissimulação. O ufo pode ainda estar por perto, em estado invisível ou pode ter aterrissado em local escondido.

Em casos assim, as testemunhas assumem um papel importante. São elas que vão nos dizer sobre a nave, o voo, o pouso, os operadores (como são, o que fazem) e a decolagem da nave. Se não fosse o relato delas, quase nada saberíamos sobre os ufos. Mas os depoimentos existem e devem ser levados a sério, por mais estranhos que sejam. E de fato são estranhos, sugerindo algo vindo de outra natureza.

No Caso Hill, marido e mulher relataram terem visto uma luz brilhante no céu, que parecia uma estrela. A coisa baixou um pouco, então a luz se fez mais forte e voou de modo singular. Quando baixou mais, observou-se que o artefato era brilhante e silencioso. Seus movimentos em nada se pareciam com o de nossas aeronaves. Flutuava no ar, caía como folha morta, mas era veloz quando precisava e fazia curvas a 90 graus.

UM VERMELHO ENCARNADO NO CÉU

O objeto era sólido, mas na partida, transformou-se numa bola de luz. E não se parecia em nada com nossos engenhos.

A seu turno, os operadores eram inteligentes, mas não humanos. Abduziram o casal. Dentro da nave, fizeram exames e estudaram o corpo humano. Coletaram materiais para pesquisa e devolveram o casal, dizendo que voltariam quando quisessem. E voltaram mesmo. Porque várias vezes produziram efeitos físicos na residência do casal e fora dela, à vista de outras testemunhas. Os detalhes disso e as atualizações do caso estão no livro, *UFO: Fenômeno de Contato*.

Embora as testemunhas digam, num primeiro momento, que o ufo é físico e concreto, num segundo instante, falam que é coisa totalmente extrafísica, imaterial. Ou seja, o que era material, de repente some. O objeto que estava no céu e que era metálico há pouco, num piscar de olhos passa a ser luminoso e faiscante. Aquilo, inicialmente sólido e consistente, desaparece misteriosamente de um lugar e reaparece de imediato em outro, como por encanto. O que podia ser filmado e fotografado, já não pode mais, sumiu. O que era visível nos aparelhos de radar perde-se em seguida, embora o objeto continue visível no ar. A coisa objetiva passa a ser algo subjetivo apenas num breve instante.

No Caso da Ponte Brooklyn, em Nova York, outra espantosa ocorrência norte-americana, os agentes policiais Dan e Richard, e um importante político de quem eles faziam a segurança pessoal naquele dia, ficaram atônitos com o que viram e indignados por não poderem fazer nada. Não puderam socorrer a vítima e sequer relatar o caso oficialmente. Acharam que seria inútil e que tudo se voltaria contra eles. Mas os policiais não puderam se conter. O impacto fora enorme. Era preciso falar. E tudo veio a público depois, através de Budd Hopkins[4]. As testemunhas deram conta de que a 30 de novembro de 1989, a moça Linda Cortile fora levada do décimo segundo andar de seu prédio, em Manhattan. A nave, toda iluminada de um vermelho fogo, produziu um raio de luz

---

[4] HOPKINS, 1998.

azul e sugou a moça do apartamento. Ela saiu pela janela e foi levada flutuando até a nave. Com sua camisola branca esvoaçante, as testemunhas disseram que *"parecia um anjo subindo ao céu".*

Constatou-se depois que Linda já tinha sido abduzida outras vezes. A diferença, agora, era o relato das testemunhas. Além dos policiais e do político, havia também o testemunho de outras pessoas confiáveis. Uma moça viu o episódio porque seu carro estancou misteriosamente em cima da Ponte Brooklyn. De modo estranho, quando Linda fora engolida pela nave, a coloração do objeto mudou. Mas em vez de desaparecer no céu, o artefato mergulhou no Rio Hudson e desapareceu na água, com a garota dentro, parecendo ter entrado num portal.

De fato, algumas testemunhas dizem que os ufos mergulham na água, outras, que eles afundam no solo. Relatam que são engolidos em pleno voo por outros objetos ainda maiores. Dizem que eles aparecem de forma brusca, depois mudam a luminosidade e ficam nebulosos, sendo envolvidos por uma espécie de névoa. Essa neblina, totalmente estranha, parece convertê-los numa outra substância rara. E os ufos, na frente das testemunhas, desaparecem misteriosamente, entrando no mesmo nada de onde vieram, num enigmático portal. Nessa descrição rara, parecem mais um módulo de transmutação da matéria do que um engenho de voo.

Além disso, essas aparições acontecem diariamente, em vários países do mundo. Há quem pergunte: Qual seria a capacidade alienígena de construção de naves? Com os avistamentos relatados, seria preciso lançar ao menos uma espaçonave por dia. E isso não é exagero, já foi estimado. Está no livro *Universo Profundo*. Parece que os ETs produzem naves assim como nós produzimos automóveis. Se for assim, as nossas chances não são boas. Seria melhor tê-los como amigos.

Os operadores de ufos, que são descritos pelas testemunhas como sendo criaturas físicas e concretas, estranhamente parecem respirar a nossa atmosfera, a qual deveria ser diferente da deles, mas se adaptam a ela com incrível

UM VERMELHO ENCARNADO NO CÉU

facilidade, sem traje espacial algum. E o mais estranho é que, numa atitude incomum, de repente param de respirar, comunicam-se por telepatia, passam a volitar e desaparecem no ar, misteriosamente.

As testemunhas informam uma variedade tão grande de tipos alienígenas na Terra e uma pulverização tão ampla da origem deles no cosmos, que seria mais harmonioso e lógico admitirmos a procedência deles como sendo de outra dimensão, do que de um mundo físico como o nosso, embora isso não possa ser descartado. Essa inteligência rara, mesmo que fosse de outra região do espaço-tempo, teria um ciclo vital definido, ou seja, nasce, cresce, se reproduz, envelhece e morre. E no transcurso da vida, produz tecnologia avançada, imaterial para nós, como nos mostra o próprio Fenômeno UFO. Os Espíritos que escrevem comigo dizem que no mais das vezes é assim. Do meu ponto de vista, digo que há chances de ser assim. Mas não pretendo aqui fazer valer as minhas ideias e convencer os outros, apenas mostro a lógica do raciocínio. Cada um deve examinar a questão e tirar suas próprias conclusões.

Com aquilo que as testemunhas relatam, as leis da nossa Física ficam subjugadas por completo e os ufos parecem mergulhar e emergir de um mundo totalmente desconhecido do nosso. Mas, ainda assim um mundo existente, novo e misterioso, algo como se fosse constituído de matéria invisível, de antimatéria ou matéria pelas avessas. Para nós, seria uma não localidade onde vivem seres de outra natureza, supostamente menos material que a nossa. Trata-se ao menos de uma composição física subatômica, ainda estranha à nossa ciência, talvez composta por feixes de partículas reunidas num campo magnético organizado, formando objetos e seres vivos, todos eles numa outra vibração da matéria muito além da nossa. Talvez um dia, essa ultrafísica possa fazer parte de alguma teoria científica. Então, o raciocínio lógico nos fará ver essa vida inteligente que o Fenômeno UFO nos dá mostras de existir.

A hipótese ultraterrestre é semelhante ao postulado espírita do "corpo menos material", que se diz existir em outros orbes do infinito. *"É ultra porque está além da matéria densa"*, afirma-se. Entidades biológicas de outra natureza plastificam sua forma corpórea e seus ufos na Terra, se fazendo presentes sem que saibamos como. O fenômeno ufológico nos mostra a materialização feita por entidades alienígenas de outra esfera, diferente da nossa. E são elas que dizem aos contatados que vieram de outro orbe do infinito, distante da Terra. Quem não considera esses relatos, com certeza, está mais distante de compreender o Fenômeno UFO do que as testemunhas. São elas que afirmam a existência dele. E sem o relato delas, para nós, não haveria ufos.

Por sua vez, os Espíritos do ambiente terrestre se materializam e mostram como são seus corpos. São diferentes dos alienígenas relatados. Um é um, outro é outro! Os Espíritos se fazem presentes nas Casas Espíritas, mostrando-nos isso de modo inequívoco. Quem já viu um Espírito materializado não tem dúvida de que é assim. As pessoas que viveram em nosso planeta e aqui morreram, hoje estão no plano espiritual, aguardando lá a nossa chegada. São elas que voltam para nos dizer que a vida continua além desta existência. São elas que falam também da encarnação e da vida em outros mundos. Após a morte, a vida prossegue num ambiente mais sutil, no mundo espiritual. Mas depois temos que voltar à "matéria" de novo, seja na Terra ou em outro mundo da imensidão celeste, num corpo talvez de constituição e de forma muito diferente deste que temos. Todos nós um dia iremos constatar isso. É apenas uma questão de tempo. Quem não sabe ou não acredita, basta esperar para ter a confirmação. A vida na matéria é curta.

Vamos observar a seguir alguns tipos de materialização, para em seguida vermos a hipótese científica que considera possível a vinda de ETs sólidos à Terra, porque no universo há certamente criaturas sólidas como nós.

12

FENÔMENO FUGAZ EM ISRAEL

No início da década de 1970, o sensitivo israelense Uri Geller estava despontando em seu país como pessoa incomum, capaz de entortar chaves e colheres com a "força de sua vontade", deixando atônitos milhares de observadores que compareciam às suas apresentações públicas. A seu turno, nos Estados Unidos, as entidades oficiais de inteligência estavam dispostas a saber mais sobre os chamados "poderes paranormais". E entidades particulares de pesquisa, subsidiadas com verbas públicas, tendo em seus quadros cientistas de valor, deslocavam-se a outros países em busca de sensitivos que pudessem ser estudados nas instituições americanas. Com essa iniciativa, a ciência nacional poderia colher benefícios.

O Dr. Andrija Puharich entrou nesse campo como chefe de uma equipe de cientistas interessados em estudar os casos paranormais e verificar se estavam ligados ao Fenômeno

PEDRO DE CAMPOS INSTRUÇÕES DE YEHOSHUA BEN NUN

UFO. Naquela época, a telepatia interessava tanto ao Governo americano que o astronauta Edgar Mitchell teve a tarefa de testá-la quando de sua viagem à Lua. Contudo, as experiências paranormais eram mostradas ao público protegidas pelos interesses oficiais, como se fossem coisas sem importância ou obras de fantasia. Nunca foi dada uma conclusão oficial.

No caso Geller, a preferência era mostrar apenas sua capacidade em dobrar metais. Por trás dessa fachada, escondia-se uma verdade sigilosa – outros interesses estavam em jogo. As comunicações telepáticas eram estudadas em ambiente militar. E o Fenômeno UFO se apresentava nos céus da América mostrando uma tecnologia fora de qualquer compreensão. Na verdade, buscava-se desenvolver uma tecnologia capaz de controlar com total eficácia o espaço aéreo, fato que garantiria a supremacia militar dos Estados Unidos sobre as demais nações e a sua defesa contra eventuais ações alienígenas.

Puharich já houvera estado no Brasil para estudar a paranormalidade de Arigó, mas a morte repentina do médium o impediu de prosseguir as pesquisas. Estivera também na Alemanha, estudando a Transcomunicação Instrumental (TCI) desenvolvida pelo Dr. Konstantin Raudive, um estudioso letão que vivia na cidade alemã de Bad Krozingen, local em que podia tratar os problemas de saúde de sua esposa. Raudive explicou como conseguia gravar vozes de pessoas mortas, que voltavam do além-vida para dizer aos parentes e amigos que estavam agora atuando em outra realidade da existência. Ouvindo as gravações, Puharich julgou que precisaria de muito treinamento para ouvir as vozes que Raudive dizia existir nas fitas. Em razão da falta de tempo, não prosseguiu com ele, considerando que as pesquisas com Geller seriam mais promissoras ao plano anteriormente traçado em seu instituto.

Em Israel, os fatos paranormais verificados por Puharich foram de grande impacto. E segundo ele, não poderiam ficar apenas ali. Teriam de ser levados à América para serem examinados a fundo. Seria imprescindível obter uma visão

UM VERMELHO ENCARNADO NO CÉU

verdadeiramente científica e abalizada dos fenômenos. Foi assim que em novembro de 1972, Geller desembarcou em Nova York para participar de um plano bem elaborado de pesquisas.

Para surpresa de todos, os fatos insólitos começaram a acontecer logo após sua chegada. Ele se alojou na casa de Puharich. E no mesmo dia, o cachorro de estimação, deitado perto da porta da cozinha, desapareceu como por encanto, bem na frente deles. Não demorou muito, o cão foi visto ao longe. Caminhava solitário na estrada, vindo apressado em direção a casa. Quando chegou perto do dono, estava todo trêmulo e agitado. Então eles compreenderam que o animal tinha sido misteriosamente teleportado.

Tanto Geller quanto Puharich já tinham visto várias vezes a teleportação de objetos inanimados, mas não puderam compreender como aquilo seria possível com o cão, um ser vivo como outros. Para eles, foi inevitável considerar que se a teleportação fora possível com o animal, poderia sê-lo também com os seres humanos. Afinal, os relatos de abdução eram muitos. Por certo, na mente do cientista, se um fato assim pudesse ser detidamente estudado em laboratório, talvez a Teoria dos Portais (Buracos de Minhocas) pudesse ser mais bem entendida, oferecendo subsídios à compreensão de como os ufos chegam aqui. Puharich se encarregou de comunicar a ocorrência ao astronauta Edgar Mitchell, membro da NASA.

Nos Estados Unidos, antes mesmo da chegada de Geller, tudo já houvera sido acertado pelos cientistas. Em São Francisco, ele fora recepcionado pelo capitão Mitchell, que juntamente com outros três cientistas o aguardava para iniciar os estudos. Durante um almoço realizado no Instituto Stanford de Pesquisas, Mitchell contou um fato ocorrido com ele na Lua. Disse que enquanto fazia seu passeio pelo solo lunar, realizando experiências previamente planejadas pela NASA, deixara por lá uma câmera muito boa. E que seria interessante tê-la de volta. Sem dúvida, fora um desafio aos poderes de Geller, motivado pelo enigmático teletransporte do cão.

PEDRO DE CAMPOS INSTRUÇÕES DE YEHOSHUA BEN NUN

O almoço já estava para terminar, quando algo incrível aconteceu de súbito. Geller saboreava um gostoso sorvete de baunilha, quando sentiu algo consistente em sua boca. De imediato, cuspiu fora. Era uma ponta de flecha em miniatura, um enfeite quebrado pela metade. Todos ficaram indignados com o descuido do cozinheiro. Um dos cientistas à mesa examinou o objeto e depois o repassou ao capitão Mitchell. *"Meu Deus!"*, exclamou o astronauta. E emendou em seguida: *"Eu já vi isto em algum lugar"*. Sem dúvida, ficara intrigado.

Então Mitchell guardou a peça no bolso e a equipe foi embora do restaurante, não antes de fazer a reclamação da comida. Quando já no laboratório, um misterioso objeto caiu na frente de todos, como se tivesse vindo do céu. Com a peça na mão, Mitchell estava visivelmente abalado: *"Meu Deus!"*, exclamou ele. *"É a outra metade da 'ponta de flecha' achada no sorvete"*. E concluiu: *"É o meu 'prendedor de gravata', uma peça de estimação que perdi há anos"*. Então Geller lhe deu uma esperança: *"Talvez um dia você receba de volta a câmera deixada na Lua"*. Contudo, nada mais transpirou sobre isso.

Foi o capitão Mitchell que se encarregou de apresentar Geller ao Dr. Wernher von Braun, famoso cientista da NASA, especialista em mísseis. Com ele, também aconteceram fatos curiosos. Von Braun tinha uma máquina de calcular eletrônica portátil, que havia parado de funcionar há alguns dias. As pilhas da máquina foram trocadas pela secretária, mas não adiantou. Então Geller pediu para segurá-la. Apertou-a nas mãos por alguns segundos. Quando Von Braun testou-a novamente, o visor luminoso acendeu, mas o fez de modo incorreto, mostrando os números oscilantes. Geller tomou-a nas mãos de novo, e a máquina foi consertada por completo.

Von Braun não podia acreditar no que vira: *"Um conjunto funcional complexo, cheio de componentes com funções distintas... Um conserto psíquico?!"*. Parecia que uma força misteriosa havia atuado ali, supostamente produzida por Geller ou, talvez, por um agente invisível que, de modo oculto, agira nele produzindo o feito paranormal. Quando Von Braun quis

UM VERMELHO ENCARNADO NO CÉU

testar novamente a suposta força misteriosa, então ficaria ainda mais intrigado. Foi ele mesmo que disse ao repórter: *"Geller entortou a minha aliança de ouro sem tocar nela, enquanto estava na palma de minha mão. Não entendo como pôde fazer isso. Não conheço nenhuma explicação científica para o caso. Só sei que o anel antes era redondo, agora está oval"*.

Nos Estados Unidos, as pesquisas estavam em curso porque os fenômenos verificados em Israel tinham sido extremamente insólitos. O interesse na causa era estratégico, talvez capaz de mudar o rumo da Física e de outros ramos da ciência. Por certo, qualquer país da Cortina de Ferro estaria interessado na investigação. Na época, a grande vantagem era "sair na frente". O controle do espaço aéreo, vital para manter a hegemonia americana, estava em jogo. Vamos observar melhor isso, porque os fatos em Israel falam por si sós.

A 1º de dezembro de 1971, Puharich hipnotizou[1] pela primeira vez o sensitivo Uri Geller.[2] Era pouco mais de meia-noite, quando Geller se estendeu no sofá de seu apartamento para cooperar com o cientista nas investigações. Além dos dois, havia também outras quatro testemunhas no recinto. Puharich explicou antes que Geller se recordaria de tudo e que só faria perguntas de seu interesse. Após os procedimentos, ele caiu em profundo sono hipnótico.

Durante a regressão, o hipnotizado se deteve nas imediações de uma caverna em Chipre, numa das colinas da Nicósia, juntamente com Joker, seu cãozinho de estimação.

"Que está fazendo", perguntou o médico.

"Sei que vim aqui para aprender. Mas fico sentado na escuridão da caverna o tempo todo, com Joker, sem fazer nada. Sei que estou aprendendo coisas, mas não sei quem está ensinando", contou Geller com voz distante, como hipnotizado.

"O que está aprendendo", quis saber o médico.

"É sobre as pessoas que vêm do espaço", disse Geller. E juntou: *"Mas ainda não devo falar dessas coisas, por enquanto"*.

[1] PUHARICH, 1974, pp. 88-89.
[2] GELLER, 1975, pp. 79, 166.

"Então é segredo?", interrogou o pesquisador.

"É, mas um dia você também saberá".

"Está bem. Vamos voltar ao período anterior à sua mudança para Chipre. Onde você está agora?".

De imediato, Geller começou a falar em hebraico. O médico compreendeu que ele houvera retornado a uma idade em que ainda não sabia falar inglês. Contudo, seria preciso continuar, pois o ponto parecia nevrálgico e muito promissor. Então Puharich chamou o Dr. Bentov, que estava ao seu lado, para prosseguir a entrevista em hebraico.

Geller contou que tinha três anos e brincava num jardim em frente à sua casa. Tinha ficado inteiramente só naquele dia 25 de dezembro de 1949. Nisso escutou uma campainha muito forte, estridente, que ficou ali retinindo em seus ouvidos. Os outros ruídos da natureza cessaram por completo. Algo novo e muito esquisito estava no jardim, parecia ter feito o tempo parar. Havia vento no ar, mas as folhas das árvores não se mexiam, estavam imóveis como se o tempo estivesse parado.

Geller se recordou que uma massa de luz prateada surgiu no céu. Então uma ideia veio em sua cabeça: *"O que aconteceu com o Sol?"*, indagou a si mesmo. Mas aquilo não era o Sol, ele sabia disso e contou ao Dr. Bentov. A luz agora estava chegando mais perto. Veio cada vez mais e mais. Era um colorido brilhante. Parecia um vulto imenso e reluzente. Não tinha rosto que se pudesse ver, apenas um semblante luminoso. Então, uns braços misteriosos se ergueram lentamente dos lados do corpo luminoso, ficando numa posição em cima da cabeça. Um brilho resplandecente se fez no ambiente, como um raio ofuscando a sua visão. Foi aí que Geller sentiu como se tivesse *"tomado um soco"*, disse ele em seus relatos. Nisso, sua testa doeu. O impacto da luz fora enorme, não dava para suportar. Então caiu de costas no chão e desmaiou, perdera os sentidos. Nesse ponto dos relatos, ele não podia prosseguir, porque estava desmaiado. Mas aí ocorreu um fato novo, mais intrigante do que o relato de Geller.

Dentro da sala da regressão, algo profundamente misterioso se fez presente. Era uma presença insólita. Uma sonoridade

UM VERMELHO ENCARNADO NO CÉU

fantástica soou no ambiente. E uma voz sobrenatural se fez registrar no gravador. Tinha uma entonação maquinal, algo como "voz de computador". Depois, quando Geller ouviu essa enigmática voz, ele demonstrou sentir sinais de medo e não pode considerá-la como sua. Embora estivesse gravada, tanto Bentov quanto Puharich disseram que a estranha voz não parecia sair dele, mas de algum local do próprio gravador, sendo diretamente registrada na fita. Era algo absolutamente incrível, mas verdadeiro. Então a estranha voz maquinal disse em inglês:

> Fomos nós que encontramos Uri no jardim, quando ele tinha três anos. Ele é o nosso colaborador, escolhido por nós para ajudar o homem. Nós o programamos [implante hipnótico] no jardim para atuar nos anos do porvir, mas também o programamos para não se lembrar de nada. Hoje, começa a obra dele. Andrija, você deverá auxiliá-lo. Estamo-nos revelando, porque acreditamos que o homem esteja no limiar de uma grande guerra [era final de 1971, época da Guerra Fria e de grande acirramento de ânimos entre Israel, Egito e demais países árabes]. Haverá um último ciclo de negociações, nas quais talvez não se consiga evitar a guerra [hoje podemos dizer que o conflito mundial não ocorreu].

Alguns dias depois, essa mesma voz voltou ao gravador deixando ali registrado sua identidade: Spectra, nome de uma espaçonave, que se dizia estacionada naquela região desde os tempos bíblicos. A voz apresentou-se depois por várias vezes, provocando intensos fenômenos físicos. E em todas as ocasiões, embora falasse com desenvoltura e mostrasse conhecimento das coisas, nunca demonstrou um grau de moral exemplar para que pudéssemos qualificá-la como possuidora de real sabedoria. Ao contrário, parecia já ter abduzido Geller, ato que uma civilização verdadeiramente avançada não praticaria.

Cinco dias depois, a 06 de dezembro, enquanto conversava com Puharich falando da regressão feita, Geller o fazia rabiscando no papel um desenho, coisa que lhe vinha das camadas profundas da mente. Quando terminou, tinha retratado no papel o desenho de uma sala ampla. Mostrando o desenho ao médico, recordou-se de já ter estado no interior daquela estranha sala. Era um recinto da espaçonave Spectra.

A regressão terminara. Mas os acontecimentos insólitos prosseguiram e tiveram o ápice em 03 de janeiro de 1972. Nesse dia, algo de muito especial foi verificado nos céus do Oriente Médio. Era algo tão monumental que marcaria definitivamente as testemunhas, ou seja, Uri Geller, Andrija Puharich e sua colega Ila Ziebell, que acabara de chegar a Israel.

O fato ocorrera em Tel Aviv. E fora tão extraordinário que sua exuberância extrapola os limites da lógica convencional. O grupo em questão rumava de carro para o sul, quando às 18h55 avistou no lado oeste da estrada uma grande estrela vermelha. Pela distância que estava, parecia ser realmente uma estrela. Mas Geller ficara intrigado, queria ver melhor aquilo e parou o carro no acostamento. Os três desceram, pisando na lama e jogando barro para os lados. Nessa época do ano, aquela região é gelada e úmida. Por alguns momentos, eles ficaram ali observando. Não demorou muito, a estrela simplesmente desapareceu. Contudo, há uns 1.000 metros do ponto em que estava surgiu no céu outra luz vermelha, tinha uns 90 metros de comprimento e pelas características não era uma estrela. Foi aí que surgiu outra luz, também vermelha, à direita, cerca de 100 metros da anterior. Puharich olhou no relógio, eram 19h15 da noite. *"Vamos sair daqui"*, disse Geller olhando fixamente aquelas duas luzes no céu.

Ele estava nitidamente assustado. Então pisou fundo no acelerador e seguiu em alta velocidade. No descampado maior, a visão era magnífica. Todos viam dezenas de luzes, naves magníficas sobrevoando o céu. Era algo notável, mas Geller estava assustado demais e recusou-se a parar. Não queria ver o espetáculo e continuou guiando em alta velocidade.

Às 19h23, apareceu na frente do veículo uma estrela brilhante, a uns 200 metros acima da estrada e não mais que 400 metros para ser alcançada pelo carro. Por mais que imprimisse velocidade ao carro, a luz se manteve o tempo todo nessa mesma posição, sem alterar em nada a distância. Mas

UM VERMELHO ENCARNADO NO CÉU

essa aparição era diferente das anteriores. Ela cintilava em sequência, produzindo várias cores: vermelha, azul, amarela, verde etc. E ficou assim durante três minutos, antes de desaparecer no céu.

Às 19h40, o carro trafegava nas proximidades de Kiryat Gat – aí surgiram no lado oeste duas luzes amarelas. Quando apagaram, três outras de cor laranja surgiram no céu, como se fossem *"pilares de fogo"*. Não estavam mais que 1.000 metros do carro e iluminavam o campo inteiro ao redor, sem tocarem o solo. Desses pilares de chama alaranjada, ergueram-se enormes *"colunas de fumaça"*, que ficaram pairando no ar, a exemplo das luzes. Era algo fantástico e maravilhoso. De imediato, Puharich se lembrou das nuvens e do fogo que tinham guiado o povo de Israel em suas jornadas do *Êxodo 40, 38*.

Às 19h41, enquanto a Lua cheia brilhava acima das colinas, no lado leste da região sul, quatro luzes vermelhas, todas em forma de disco, surgiram no céu e transitaram calmamente para o sudeste. Uma delas, logo se apagou, enquanto as outras vagaram na amplidão noturna por mais um minuto, depois apagaram. Os observadores estavam atônitos. O espetáculo era monumental e profundamente intrigante.

Às 19h43, surgiu no céu algo ainda mais grandioso, jamais pensado por eles. No mesmo lado em que sugira as quatro luzes vermelhas, agora uma gigantesca espaçonave pairava nos céus. Por certo, não tinha menos que 1.000 metros de circunferência, com forma circular nítida e contornos exuberantes. Às vezes, adernava um pouco, mostrando seus lados e suas luzes. Numa das pontas, as luzes lembravam vigias, mas eram apenas luzes e não janelas. A espaçonave produzia de dentro de si clarões de todos os matizes, que a iluminavam por inteiro, fazendo um espetáculo grandioso nos céus. E seguiu assim lentamente no céu noturno, indo do leste para o oeste. Quando passou por cima do grupo, não estava mais que 1.000 metros de altura. Então tomou quase o céu inteiro, iluminou completamente os campos distantes, parecendo que o "contato formal" com a humanidade já estava ocorrendo. Em Israel, todos deveriam estar vendo a magnífica exibição da gigantesca espaçonave, toda iluminada, movendo-se lentamente nos céus e dando demonstrações inequívocas de que o planeta humano não é o único habitado no universo. A arrogância humana deveria estar prestes a ser desfeita.

Mas, estranho! Na estrada, os carros que seguiam na mesma direção trafegavam sem qualquer alarde, fazendo ultrapassagens normais e não dando mostras de estarem preocupados com aquilo que ocorria nos céus. Outros vinham em sentido contrário, mas nenhum deles dava demonstração de estar vendo as cenas impressionantes observadas pelo grupo. Ninguém parou na estrada, ninguém alterou seu comportamento no volante e tudo estava normal para eles, exceto para Uri, Puharich e Ila Ziebell.

Caro leitor, as testemunhas compreenderam que aquela exibição fora *"somente para os seus olhos"*, e para mais ninguém. Tratava-se de uma *"visão mediúnica seletiva"*, em que as entidades motoras manipularam as energias, mostrando o Fenômeno UFO a seu critério, de maneira apenas paranormal. Sem dúvida, poderiam fazê-lo de modo sólido, materializando a nave em céu aberto, mas não o fizeram naquela ocasião. O carro parecia envolvido por alguma aparelhagem especial, talvez um grande "psicoscópio", capaz de mostrar aos passageiros as imagens etéreas vividas em outra dimensão do espaço-tempo, região ultrafísica em que a nave Spectra operava. Os fenômenos naquela noite prosseguiram, mas somente para os três ocupantes do veículo.

Enquanto a gigantesca espaçonave passava por cima da cabeça deles, surgiu no céu uma bola amarela, incandescente. E veio totalmente silenciosa em direção ao carro. Emparelhou com ele e explodiu! Ao mesmo tempo, pelo lado direito, outros dois clarões acompanharam o carro, desprendendo rastros de fumaça no céu. Por trás, duas chamas bem vivas se aproximaram, seguindo o veículo pela traseira. Então, pelo leste, veio outra bola silenciosa e explodiu em cima do carro, sem deixar nenhum cheiro de substância queimada e sem ser vista por todos os outros motoristas que trafegavam na estrada.

Nesse ponto, a exibição deixara de ser espetacular para ser pavorosa. Nitidamente, as luzes perseguiam o carro. De

UM VERMELHO ENCARNADO NO CÉU

súbito, em ambos os lados da estrada, como se fossem dois olhos gigantescos piscando no ar, luzes de um amarelo intenso lampejaram nos céus por alguns segundos. E esse pulsar seguiria em frente, ao longo dos próximos 35 minutos, desprendendo fumaça e despejando lampejos variados no deserto em cores amarelas, douradas, vermelhas e outros tons. Era impossível olhar todas aquelas luzes ao mesmo tempo.

Às 20h25 apareceram duas chamas vermelhas à direita do carro, na beira do horizonte. Seguiam o veículo como se fossem dois olhos ameaçadores. Deslocavam-se ao longe, iluminando os campos e os bosques da região com intensa luminosidade, mas somente vista pelos passageiros do carro. Quando o veículo passou pela cidade de Beersheba, elas pairaram por sobre os telhados e iluminaram as casas com um vermelho intenso. E ainda prosseguiram assim, seguindo o carro até a localidade de Dimona. Foi aí que um soldado pediu carona na estrada. E veio mesmo a calhar, porque seria o teste final para o grupo tirar suas conclusões do episódio. Com o estranho passageiro dentro do carro, elas desaparecem e naquela noite não voltaram mais.

No dia seguinte, os três abriram os jornais com muito interesse e escutaram os noticiários do rádio e da televisão. Mas absolutamente nada das estranhas luzes e da monumental espaçonave nos céus fora noticiado. Ficou claro para eles que tudo fora apenas uma espécie de alucinação, imagens paranormais de um mundo totalmente invisível a olhos comuns.

A experiência fora algo efêmero. As formas eram reais, objetivas, mas não ainda materializadas o suficiente para sensibilizar os observadores de fora do veículo. Não raro, casos assim podem sensibilizar chapas fotográficas e comprovar a existência efêmera das formas.

De fato, numa experiência posterior, vivida em 1972, a bordo de um jato da Lufthansa, Geller viu sua câmera Nykon levantar do local onde estava e flutuar perto dele. Pegou-a. Teve intuição para apontá-la em direção à janela e bater algumas chapas. Lá fora, não se via senão as nuvens e o azul do céu. Depois disso, a máquina ficou guardada um bom tempo, com o filme dentro. Quando revelado, para surpresa dele, em uma das chapas tinha três discos voadores.

Nos Estados Unidos, os negativos do filme foram examinados pelo Instituto Stanford de Pesquisas. A janela do avião foi inspecionada e a máquina fotográfica, estudada. As dimensões da objetiva foram calculadas e inúmeros exames para avaliar a foto foram feitos. Concluiu-se que ela não poderia ter sido falsificada. Na chapa, ficaram registrados três discos voadores, não vistos por ninguém do avião. Mas eles estavam lá, comprovando a existência efêmera das formas.

A experiência vivida em Israel não deu mostras de ser um "implante hipnótico", do qual ainda falaremos mais à frente, porque as três pessoas em estado lúcido observaram as mesmas cenas do episódio, sem sugestão nenhuma provocada por terceiros. Pareciam fatos vividos em outra vibração da matéria. No episódio, encaixa-se melhor a hipótese de a entidade motora ter retirado fluido vital do próprio Geller e insuflado essa energia nos dois outros, aguçando assim a clarividência dos três e mostrando de modo apenas paranormal os acontecimentos que rolavam lá fora, numa realidade distinta, vivida em outra dimensão do espaço-tempo.

Nesse estado alterado de consciência, os alienígenas encontraram a maneira conveniente para eles de fazer contato com a humanidade, quer através de clarividência mediúnica quer de meios "psicotrônicos", processo este que envolve o uso de aparelhos sensíveis ao psiquismo, até supostamente sobrevir um hipotético contato de terceiro grau.

Em contatos como aquele, o uso de aparelhos desconhecidos não se mostra impossível. No passado, os céticos duvidavam da existência de planetas no céu e de micróbios na Terra. Até que foram inventados o telescópio e o microscópio. Aí então as coisas mudaram, o invisível passou a ser visto nitidamente e tudo se modificou.

Com esse pensamento, um estudioso[3] de fenômenos espíritas ventilou no final do século XIX a possibilidade de no

---

[3] Trata-se de Alfred Erny. *O Psychismo Experimental*, Cap. I, p. 70.

UM VERMELHO ENCARNADO NO CÉU

futuro ser inventado o "psicoscópio", um instrumento capaz de observar os fluidos magnéticos e as matérias em forma de energias sutis. Cerca de 60 anos depois, um Espírito informou que esse aparelho existe no mundo espiritual. Disse que o psicoscópio destina-se à pesquisa da alma, ao estudo da matéria e da energia. *"Funciona à base de eletricidade e magnetismo, utilizando-se de elementos radiantes, análogos na essência aos raios gama, e é constituído de óculos de estudo, com recursos disponíveis à microfotografia".*[4]

Segundo as informações espirituais, aquele aparelho não é só capaz de perceber a transmutação dos fótons em processos químicos sutis, mas também de retratar fielmente a vida psíquica de cada indivíduo, percebendo as vibrações da alma e mostrando a sua vida interior de modo claro no visor do engenho. Portanto, com tal aparelho, ninguém seria privado de ver as variações da matéria nos planos sutis, nem esconderia de outros as verdades de si mesmo. Tudo seria um livro aberto.

A nave Spectra realizara uma materialização fugaz, invisível aos olhos de quem não fora sensibilizado por ela. Tratava-se de operadores atuando com tecnologia altamente desenvolvida, postados num estádio de existência corpórea além de toda a matéria conhecida, denotando uma polaridade de vida inversa, invisível ao homem em seu estado original, ou seja, um ser de outra esfera vibratória, um ET de antimatéria.

No que concerne à mediunidade, capaz de detectar as formas paranormais, ela pode ser descrita como sendo uma faculdade orgânica, própria de todos os indivíduos. Em alguns, apresenta-se mais aflorada que em outros. Naqueles em que ela está mais desenvolvida, os Espíritos fazem uso dela para um intercâmbio estreito com o homem. De modo apenas comparativo, a mediunidade seria uma ponte de ligação entre os mundos visível e invisível. Contudo, o desenvolvimento dessa faculdade é apenas gradativo. Na medida em que seu portador aprofunda conhecimento e a exercita de

---

[4] XAVIER, *Nos Domínios...* 1955, pp. 22-23.

modo bem direcionado, os mecanismos da mediunidade aos poucos se soltam, ampliam-se de um modo tal que a esfera invisível passa a ser notada como se fosse parte do mundo material. Nessa condição, o intercâmbio entre as duas esferas se estreita e o contato se faz mais regular, perfeitamente acessível ao médium.

Todavia, as esferas vibratórias são muitas. E cada uma delas é um mundo diferente do outro, com características próprias. O médium, segundo sua própria evolução espiritual e suas íntimas ligações psíquicas, fica mais predisposto a esse ou aquele contato, com essa ou aquela esfera de vibração. Mas não raro vamos encontrar médiuns bem dotados, que podem contatar tanto os desencarnados (Espíritos) de várias esferas, quanto os encarnados (alienígenas) de vários mundos. Uma energia é diferente da outra, cada qual com sua peculiaridade. Nesses médiuns, as faculdades de vidência, clariaudiência e telepatia estão desenvolvidas num grau que lhes permite fazer contato com seres de qualquer origem.

Os fenômenos do mundo invisível podem apresentar-se muito fugazes ao observador, ou seja, perceptíveis apenas aos médiuns de muita sensibilidade. Mas podem também atingir um ponto menos fugaz, quase material, sendo percebidos pela maioria dos médiuns. No fim dessa linha de percepção, chegam à materialidade total, quando então podem ser vistos por todos, independente do grau mediúnico de cada um. Compreende-se assim que o fenômeno pode ser amplamente graduado pela entidade motora. Primeiro, sensibiliza os médiuns videntes de percepção aguçada, seguem depois os demais médiuns videntes, e assim o fenômeno prossegue até se tornar tangível, situação em que é notado por todos, indistintamente.

Todavia, na época da Codificação Espírita, a ciência não tinha termos para definir esses efeitos físicos. O processo de materialização das formas precisava ser explicado com palavras, para mostrar os fatos. Em decorrência desse vazio

UM VERMELHO ENCARNADO NO CÉU

científico, os Espíritos introduziram a *"noção de fluido"*[5] para explicar os fenômenos. Hoje, podemos dizer que enquanto os sábios não reunirem os elementos necessários para certificá-los à luz da ciência, a noção de fluido, dada pelo Espiritismo, deve vigorar.

O fluido cósmico universal na filosofia espiritista é tido como sendo o estado primordial da matéria, o elemento cosmogônico básico do qual todas as matérias seriam derivadas. Colocando numa ponta o grau primeiro de fluidez da energia, e na outra, o estado máximo de condensação da matéria, ao longo dessa linha imaginária avultam inúmeras possibilidades intermediárias. A energia e a massa assumem gradações variadas, podendo conformar todas as coisas e explicar de modo genérico todas as formações da química invisível, dando a elas uma origem natural. Portanto, o grau de materialidade ou de fluidez de qualquer aparição insólita está sempre vinculado à capacidade da entidade motora em organizar essa "matriz geradora" e convertê-la numa outra química, provocando assim uma transmutação insólita.

O Fenômeno UFO é exemplo dessa transmutação dos fluidos. A imaterialidade do Caso Spectra é fato não explicado com os recursos atuais da ciência, salvo por aqueles que atribuem tudo à alucinação. E neste caso, considerando o fato vivido pelas três testemunhas (uma inclusive representante da NASA), pergunta-se: Por quem a alucinação teria sido provocada? Com que finalidade?

Considerando a mediunidade, tudo se aclara e pode ser experimentado. Sem ela, tudo escurece e nada se resolve. Com efeito, a ocorrência em Israel fora uma teleplastia fugaz, estado efêmero da matéria, estágio fluídico em que a massa já assume formas definidas, mas ainda não se apresenta tangível, sendo percebida apenas de modo paranormal.

No próximo capítulo vamos mostrar um caso de teleplastia sólida, fenômeno que ocorre num estágio posterior ao da fugacidade, em que as formas se apresentam concretas.

---

[5] Para aprofundar estudos ver livros de Allan Kardec: *A Gênese*, Cap. XIV - Os Fluidos; *Obras Póstumas*, Primeira Parte – Ciência.

13

TELEPLASTIA DO ET DE ANTIMATÉRIA

Os fantásticos acontecimentos se passaram em Goiás, na Fazenda Vale do Rio Ouro, propriedade de Wilson Plácido Gusmão, distante 26 km da cidade de Alexânia. O Planalto Central, onde está localizada a fazenda, é uma região privilegiada pela natureza. As montanhas desfilam verdejantes quase o ano inteiro. Ao abraço do curto inverno, elas fecham o rosto e desnudam as encostas, mostrando friamente seus contornos. Mas a primavera não tarda. E elas voltam a sorrir com o desabrochar das flores ao longo de sua vertente. A natureza em flor se estende pelas imensas planuras, deslumbrando a vista de quem viaja por aquelas estradas, escondidas do interior do Brasil. Esse ponto retirado da civilização não dista mais que 90 km de Brasília, a capital do país, construída estrategicamente na parte central do território. Foi aí que os ufos fizeram uma verdadeira infestação.

UM VERMELHO ENCARNADO NO CÉU

Era uma terça-feira comum, quando o senhor Gusmão entrou apressado na sede do então Instituto de Parapsicologia de Brasília, comunicando a seu presidente, o escritor Edmar Lins[1], que em sua propriedade estavam acontecendo coisas estranhas: *"Fora literalmente invadida pelos ufos"*, disse ele. Conforme os relatos, o caso parecia sério. Depois da conversa, acertaram que no sábado seguinte uma equipe estaria no local, para fazer investigações de campo.

Lins não perdeu tempo, convidou os demais membros do grupo e reuniu gente conhecedora de parapsicologia e hipnose, para um exame mais detalhado na fazenda. Contudo, imaginando que a coisa poderia ser grave, considerou que precisaria ter a melhor sustentação possível na empreitada. Então foi ao general Moacyr Uchôa, pesquisador interessado no tema, com trânsito fácil nas esferas militares do Governo.

As investidas ao local iniciaram-se em março de 1968 e prosseguiram por alguns meses, mostrando sempre estranhas ocorrências. No transcurso dos primeiros meses, observou-se que quando o grupo se reunia, as "coisas" passavam a acontecer, ou seja, deixavam de ser casuais para terem causa inteligente, bem definida, repetindo-se com certa regularidade.

Em suas experiências anteriores, o general Uchôa estudara os fenômenos paranormais e a materialização de Espíritos, feitas inclusive em sua residência. Isso deu a ele condições de distinguir um fenômeno do outro. As ocorrências na fazenda eram diferentes de tudo, sugerindo algo de origem alienígena.

A 22 de julho de 1968, o grupo rumou para lá mais uma vez, disposto a fazer contato com aquelas inteligências que produziam as estranhas luzes no céu. Foi fácil chegar até a Vila Olhos D'água, mas a partir daí o transporte ficou difícil. A estrada era péssima, a erosão encarregara-se de formar enormes crateras. Parecia impossível ultrapassá-las, mas a determinação militar em casos assim fala mais alto. Enquanto

---

[1] LINS, 1970.

PEDRO DE CAMPOS INSTRUÇÕES DE YEHOSHUA BEN NUN

alguns vacilavam, Uchôa estava determinado. O general sabia que no inverno aquela região é seca, chove pouco, não há atoleiro. O único problema são os buracos. Então instruiu o motorista da Kombi para prosseguir devagar. Os desvios foram feitos com cuidado e o grupo foi em frente. Pouco depois, chegaram à cancela da fazenda. A propriedade não aparentava diferença nenhuma com as outras da região, parecia comum. Por fora, nada tinha de especial. O carro parou e todos ficaram olhando o local. Edmar Lins se recordou do pensamento que teve quatro meses antes: *"O que haveria aqui de tão especial, a ponto de o proprietário viajar 90 quilômetros até Brasília para pedir ajuda ao Instituto?"*. Por certo, isso teria de ser mais bem pesquisado.

O terreno da fazenda é uma grande concavidade, quase uma bacia na borda das montanhas. Quem vem pela estrada e atravessa a porteira, não vê a casa do proprietário nem as outras construções pequenas lá no fundo, todas num nível mais baixo que a estrada e encobertas por uma ondulação do terreno. Após a cancela, seguindo uns 300 metros mais à frente chega-se ao ponto mais elevado, uma aconchegante planura triangular, preparada pelo dono para as vigílias noturnas. Nesse local, os observadores têm uma visão panorâmica da região. Ao redor do terreno, divisa-se lá no fundo a borda das montanhas, distantes dali uns mil metros, com elevações de dois ou 3 mil metros de altura. No meio da fazenda, há um pequeno bosque, e no fundo, um riacho cortando as terras, onde as aves e outros animais vão matar a sede. Foi aí, nesse ermo isolado da civilização que os ufos fizeram uma verdadeira infestação.

O proprietário estava eufórico. Na condição de sensitivo, percebia no íntimo que a hora havia chegado, ocasião em que os fenômenos se repetiriam na frente de todos. Ele, em particular, já os tinha visto muitas vezes. Às 19 horas, Gusmão disse ter recepcionado algo: *"General — disse ele — hoje às 9 da noite vamos subir até lá e todos irão ver..."*. E de fato, avizinhava-se uma noite de ocorrências exuberantes, que marcaria para sempre os participantes da vigília.

UM VERMELHO ENCARNADO NO CÉU

Às 20h45 o grupo se reuniu no ponto de observação. Por uma questão de segurança, todos concordaram em não sair do local demarcado — Gusmão parecia perceber o perigo. A noite estava calma, até que duas explosões luminosas acenderam os céus, prendendo a atenção dos observadores. Elas pareciam estar em cima da estrada de acesso à fazenda, a cerca de 50 metros de altura. Não demorou muito e uma grande massa iluminada, estranhamente fosca, de brilho apagado, veio colocar-se sobre o morro, no lado direito de quem desce a estrada. De vez em quando, de dentro dessa luz fosca partiam jatos de luz brilhante. Todos ficaram com os olhos presos nessas pulsações luminosas.

Mas estranho, agora a luz parecia um objeto nitidamente branco, contrastando vivamente o negro da noite que envolvia as árvores do bosque. De repente, sumiu. Mas em seguida, reapareceu em outro local. Agora está à direta, na ponta mais estendida da montanha. Não é mais branca, sua cor tomou outro matiz, um tom rosa-violáceo. Está mais brilhante, mais bonita e sua grandeza agora é muito maior. Mas de súbito, desapareceu. Mudou de posição e voltou ao ponto em que surgira pela primeira vez. Com esse espocar variado, iniciou-se um verdadeiro espetáculo luminoso nos céus. O grupo ficou boquiaberto, jamais houvera visto o espocar misterioso de tantos pirilampos.

Então, outra metamorfose se fez de repente. O pulsar brilhante se transformou em *"luz leitosa"*, fosca como da primeira vez. Sem dúvida, ainda é uma luz, mas agora parece apagada. Quem observa essas transformações luminosas, seus movimentos e suas mudanças no pulsar, tem a nítida impressão de que por trás delas há uma ação inteligente dirigindo tudo. Mas não dá para dizer se aquilo é apenas um ufo mudando insistentemente de posição, ou se vários deles, em exibição sincronizada. Sem dúvida, para os espectadores, parece uma preparação para algo ainda maior: um contato de terceiro grau parece iminente. O grupo percebe isso e fica inquieto. Foi aí que Gusmão balançou a lanterna para a *"coisa"*, que agora está sobre a floresta. Sua intenção era fazer contato. *"Naquela hora, eu supunha que tudo estivesse bem — contou ele depois —, mas não estava!"*, completou chateado.

Nessa altura, o senhor Waldir Coutinho, um funcionário da Universidade de Brasília que fazia parte do grupo, disse à boca pequena para o general: *"Estou passando mal, com terrível dor de cabeça, pressão no peito e ânsia de vômito"*. Uchôa escutou as queixas e procurou acalmá-lo. Mas não havia jeito, Waldir continuava passando mal.

Nesse instante, Gusmão deu um susto. Tentando aproximar-se da luz ele se distanciou uns 10 metros à frente. Pensou consigo mesmo: *"Não sei por que, mas tem qualquer coisa errada..."*. Em seu íntimo, algo lhe dizia que nem tudo estava bem. Foi aí que sentiu um forte impacto no corpo, sem saber de onde veio. Talvez fosse algo mental ou choque de alguma energia desconhecida. Súbito, caiu! Bateu de costas no mato, fazendo um barulho enorme na queda e deixando o grupo todo apreensivo. Mas ainda assim, conforme anteriormente combinado, ninguém saiu do lugar. Mantendo posição, apenas observaram. Gusmão se refez sozinho, deu mais uns passos e começou a sentir algo estranho. Observou a luz, que continuava pairando na floresta, quase na encosta do morro. Então não se conteve: primeiro falou alto, todos escutaram, depois tentou contato telepático, emitindo pensamentos para os supostos alienígenas. Estava mesmo disposto a falar com eles.

Foi aí que aconteceu algo novo. Em seu corpo, bateu uma energia estranha, um grande "choque", por assim dizer, e Gusmão passou a sentir as mesmas dores no peito que Waldir. Então compreendeu que alguém não estava bem.

Para ele, a iniciativa de contato deveria ser interrompida. Havia risco de vida, alguém estava em crise. Gusmão captou isso por telepatia e transmitiu rapidamente aos demais, dando ordem para todos entrarem na Kombi. Meio no atropelo, o veículo encheu num instante. O general entrou por último: *"Vendo aquela luz no alto do bosque, entrei no carro muito a*

UM VERMELHO ENCARNADO NO CÉU

contragosto, porque o momento parecia decisivo", contou depois Uchôa.

De dentro da Kombi, Gusmão ainda balançou a lanterna diversas vezes, tentando contato. Mas a luz foi embora e não reapareceu mais naquela noite. Ao chegar ao pátio da fazenda, Waldir entrou em transe — ele era médium. Quando a entidade comunicante foi questionada, disse: *"Vocês não deveriam ter trazido aqui este meu sensitivo — referindo-se a ele próprio —, porque se ali fosse feito contato, ele agora estaria morto, não teria resistido"*. Era nitidamente um Espírito que falava por ele. Por certo, durante o encontro, a energia exalada dos alienígenas e o descontrole emocional do médium fariam dele um defunto. Waldir confirmou isso depois, dizendo que efetivamente passara muito mal, quase a ponto de não suportar.

Uchôa, a seu turno, nada mais tendo a fazer naquela noite, prosseguiu as vigílias por meses a fio, tentando encontrar uma explicação científica para o caso. *"Esses avistamentos se repetiram outras vezes, confirmando cada vez mais o extraordinário que se passava naquele local"*, contou depois aos amigos. Mas o que poderia ele fazer? Com sua formação de engenheiro civil e na condição de professor de cálculo vetorial e mecânica racional da Academia Militar de Agulhas Negras, sabia que seria preciso delinear experimentos científicos para enquadrar os fenômenos. Examinando as ocorrências e elaborando teorias em seu gabinete, a tarefa depois seria de validar cada uma delas indo a campo. Seu laboratório de testes seria em primeiro lugar a fazenda, depois a Universidade. E ele procedeu assim.

Então planejou experimentos, fotografou cenas, filmou as luzes, gravou conversas telepáticas, registrou tudo em seu bloco de notas, consultou as melhores cabeças e estudou o que havia de melhor na parapsicologia. Contudo, do ponto de vista apenas científico, quase tudo foi em vão! Os fenômenos procediam de um mundo invisível, formado por energias. *"Eles materializavam e desmaterializavam com a rapidez do relâmpago"*, disse Uchôa.

PEDRO DE CAMPOS INSTRUÇÕES DE **YEHOSHUA BEN NUN**

Procedendo da energia e voltando a ela sem deixar vestígios, os ufos não davam margem a pesquisá-los na origem. Não havia como investigar o processo num ambiente etéreo. A ciência humana ainda está longe de investigar outra dimensão. O mundo quântico e as formações nebulosas que o Fenômeno UFO dá mostras de proceder transcendem aos conhecimentos atuais da Física para pesquisa objetiva.

Cerca de seis meses depois, a 31 de janeiro de 1969, verificou-se a fantástica materialização de um ser alienígena, testemunhada[2] por altos funcionários do Governo brasileiro e pelo proprietário da fazenda.

Eram 22h00, quando tudo começou. Os participantes da vigília estavam no mesmo ponto triangular de antes, previamente arrumado para observações. Foi aí que uma luz forte acendeu do outro lado do bosque, a noroeste, à direita dos observadores. Gusmão balançou a lanterna algumas vezes para chamar atenção. De imediato, a luz correspondeu aos acenos com pulsações. Era evidente um contato através de sinais luminosos. Então, a luz desapareceu subitamente. Mas de imediato voltou a surgir com as mesmas características, em outro local. Posicionou-se agora a noroeste. Contudo, ali não demorou muito, desapareceu novamente e surgiu atrás do bosque, na parte sudoeste. Tal como das vezes anteriores, era impossível saber se aquilo era uma única luz fazendo sistema ou se um conjunto delas, trabalhando de modo sincronizado. Todavia, essa incerteza ficaria resolvida a seguir.

Cada aparição pulsava no céu por alguns minutos. E os observadores estavam ali, atentos, olhando para o alto com os olhos presos na enigmática luz. O general levou o binóculo ao rosto, ajustou o foco e foi buscar a coisa ao longe, colocando-a a vista, com boa nitidez. Diferente das vezes anteriores, a coisa agora denotava ser um vulto de gente. E o

---

[2] General Alfredo Moacyr Uchôa (Exército), Major Jacob Zweiter (FAB), Dr. Osvaldo França (Juiz do Tribunal Regional Eleitoral), Dr. Ivanir Geraldo Vianna (Advogado da Assessoria Jurídica do IBRA e sensitivo), Sr. Hamilton Souza e Silva (membro do DASP), Sr. Galdino Luz de Lima (Fiscal de Rendas), Sr. Luiz de Albuquerque (Assessor de Relações Públicas do Ministério do Interior — fotógrafo), Sr. Wilson Plácido Gusmão (proprietário da Fazenda e sensitivo).

vulto não permanecia fixo, movia-se fazendo sistema, aparentando ter uma luz ligada à sua parte inferior.

De modo curioso, a coisa fazia questão de movimentar-se, talvez porque o movimento seja característico de vida e quisesse demonstrar isso. Então o mesmo vulto e a mesma luz ligada a ele desapareceu. Mas de imediato o conjunto voltou a surgir no outro lado do monte, agora a sudoeste. Sem dúvida, os pulsos de luz e os movimentos do vulto eram sinais de contato.

Por conseguinte, o operador alienígena não se deteve, sumiu dali e reapareceu no ponto sul. Por certo, agora não estava mais que 500 metros de distância. Então se mostrou nitidamente no alto, sendo visto por todos a olho nu. E continuou a deslocar-se no espaço. No binóculo, o vulto se apresenta agora bastante nítido. De súbito, desceu até a linha do horizonte, aparentando estar próximo ao chão.

Mas curioso, nesse deslocamento, a intensidade da luz diminuiu, mudando seu tom para vermelho fosco. Parecia apagada, enquanto a silhueta de gente desapareceu por completo, mesmo ao binóculo. Um lapso de tempo passou, até que a forma acendeu novamente e ficou vívida. Então se colocou na ponta estendida do bosque, mais próxima dos observadores. Estava agora a não mais que 150 metros da equipe. Jamais estivera tão perto. O contato de terceiro grau parecia iminente.

O grupo sentiu a gravidade do momento, principalmente o Gusmão: *"Estou captando um chamado!"*, exclamou ele convicto. *"É o mesmo que já senti outras vezes"*, completou. Para ele, o chamado teria que ser atendido. Gusmão não poderia deixar a oportunidade escapar. Então pegou caneta e papel, pensando registrar passo a passo os acontecimentos e, quem sabe, grafar uma eventual conversa com o alienígena. Resoluto, disse que iria até lá. E foi incentivado por todos. O grupo ficaria ali observando, atento, pronto para intervir se preciso fosse. E ele foi em frente.

Gusmão saiu do ponto de observação, seguiu para o sul na mesma direção da cancela de entrada da fazenda, fez uma ligeira curva à direita e se posicionou de frente para o estranho vulto. O general, de binóculo em punho, estava atento. Gusmão parou a poucos metros do enigmático vulto. Tendo a criatura em frente, ele relataria depois [Uchôa 1981]:

> Quando me aproximei, vi nitidamente um veículo em forma de barco fino, fundo, um tanto alongado, com a frente mais levantada; não tocava o solo, estava acima dele cerca de um metro de altura; a 'coisa' tinha uma tubulação no centro, com detalhes que não pude perceber, na hora, eu estava interessado na mensagem que ele me transmitiria. Quando cheguei próximo, recebeu-me com uma ligeira saudação, elevando discretamente o antebraço e espalmando a mão direita, depois conservou o braço caído, com o cotovelo junto ao corpo. Tinha um aspecto humano, estatura mediana, de 1,60 m a 1,70 m de altura; era um tipo esguio nos membros inferiores, mas de tórax bastante amplo; parecia não ter cabelos; seus lábios eram finos, a boca abatida, dando a impressão de não ter dentes; os olhos, grandes, de expressão extremamente forte, pareciam transmitir-me uma mensagem. Eu quis escrever, mas a entidade disse que não seria preciso, que me lembraria de tudo depois. Nessa hora, meu estado consciente ficou um tanto alterado. No final, apertou uma tecla na parte larga do cinto, que fazia parte de sua vestimenta, e um clarão azul pareceu eclodir dele mesmo, irradiando luz em volta.

A seu turno, a equipe de Uchôa observava essas cenas a olho nu, numa distância de 120 a 150 metros, enquanto o general, de binóculo em punho, divisava em linhas gerais a figura da entidade e seu objeto em forma de 'barco', de modo semelhante ao descrito por Gusmão. Durante uns 15 minutos todos ficaram ali, com os olhos presos naquela estranha figura: um vulto de gente em cima de um objeto sólido, plasmados de modo enigmático.

No final do encontro, em correspondência com a irradiação azul da criatura, acendeu-se sobre a montanha, no lado norte, numa distância de dois a 3 km, um grande foco de luz dourada, emitindo jatos que iluminaram todos os membros do grupo. Num lapso de tempo, a extraordinária ocorrência desapareceu sem deixar vestígios.

Do insólito acontecimento, restou apenas a coragem dos observadores, que decidiram dar a público um testemunho que o cético rejeita e a limitação da ciência não alcança. Exceto o senhor Galdino, que se sentiu mal e ficou descansando no carro, todos os demais deram os seus testemunhos, mostrando inclusive as três chapas batidas pelo Albuquerque, o fotógrafo da equipe.

Gusmão, que no retorno trouxera a mensagem alienígena, declarou-a de público: *"Paz a todo o universo... As experiências nucleares do homem estão abalando o nosso sistema"*. Na época, a Guerra Fria estava em curso, cheia de conflito ideológico entre russos e americanos, ambos estavam à beira de desencadear uma guerra nuclear, talvez fatal para a espécie humana como um todo, sem qualquer vencedor.

Uchôa tratou de registrar o *Caso Alexânia* em livro,[3] fazendo questão de destacar que na materialização de Espíritos ele próprio testemunhara uma entidade *"vestida de noiva"*, que houvera aparecido e desaparecido na frente de 20 pessoas, como por encanto. Segundo ele, por comparação, os operadores do Caso Alexânia poderiam ter atingido um grau de consciência mais refinado, com maior percepção das coisas e capacidade operacional mais desenvolvida. Sem dúvida, fora algo raro, distante dos padrões científicos. E o general teve que pagar um preço pela sua coragem: a incompreensão humana!

Em 29 de junho de 2006, após o ufólogo Roberto Beck dar conta aos amigos do lançamento de seu livro,[4] no qual conta suas experiências pessoais na Ufologia, perguntei-lhe sobre suas impressões desse episódio em Alexânia.

Beck tivera convívio estreito com o general Uchôa e participara assiduamente das vigílias na fazenda. Depois, mandou-me uma foto da ocorrência, batida naqueles idos de 1969, época em que a qualidade dos equipamentos era precária para fotografar à noite, principalmente numa distância em torno de 100 metros. A pouca definição da imagem não deu nitidez à aparição, de modo que ela ficasse inquestionável. Todavia, Beck considerou, dizendo-me:

---

[3] UCHÔA, 1981.
[4] BECK, 2006.

> Esse tal encontro foi alguma coisa muito especial. Pena que não me comunicaram na época e acabei não participando. Se tivesse sido convidado, certamente não teria ficado longe da ocorrência, teria ido para bem perto constatar o fato. Mas o pessoal sabia que eu era assim... Penso que por isso não me comunicaram. Por certo, não queriam correr o risco. Não há razões para duvidar do que eles viram. Tudo indica que o fato é verdadeiro. Essa é a minha opinião!

O Fenômeno UFO é um evento tão raro que até mesmo entre os ufólogos paira um clima mútuo de conjecturas. Por trás do insólito, avulta enorme desconfiança. Um jogo acirrado de confrontos toma corpo. A fraude, o exagero e outras desqualificações concorrem para distorcer os fatos. A seu turno, as crenças e as convicções também entram nas análises, dividindo os ufólogos em vários grupos.

Nos pontos extremos, vamos encontrar de um lado o grupo dos "místicos", e de outro, o dos "científicos". Ao longo dessa linha, há várias vertentes. Todos disputam a primazia da verdade. Enquanto os "místicos" tendem a ver o fenômeno segundo suas crenças, os "científicos", por sua vez, usam de uma ciência insuficiente, repelem os primeiros e procuram explicar os ufos lançando mão de um cientificismo exagerado. Sem dúvida, ambos buscam a verdade. E a vontade de ambos seria dizer: *"Olhem no céu, a nave está lá e o contato oficial foi feito, eu estava certo!"*.

Enquanto a espera prossegue, cada qual estuda os ufos segundo suas convicções. O mérito está em divulgar os resultados através de rede eletrônica, congressos, jornais, revistas e livros. Na Ufologia, não existe terreno seguro nem convicção definitiva, tudo parece momentâneo e passageiro. O definitivo ainda não aconteceu, o enigma tem caráter perene e cada qual faz a sua decifração. Em meio a esse ecletismo, inserimo-nos no contexto para mostrar "uma visão espírita da Ufologia" e aqui, em particular, o fenômeno de materialização.

Nos Estados Unidos, em 1966, o Dr. James McDonald, importante ufólogo e antigo reitor do Instituto de Física Atmosférica da

UM VERMELHO ENCARNADO NO CÉU

Universidade do Arizona, após estudar inúmeras ocorrências do Fenômeno UFO, numa de suas conferências deu a público aquilo que veio a ser conhecido depois como a "hipótese menos medíocre". Suas palavras foram oportunas.

Ele disse que 20 anos depois do início da era moderna dos ufos, iniciada em 1947, a maior parte da casuística se constituía de fraudes, boatos, alucinações, histerias de seitas da salvação, fenômenos atmosféricos interpretados erradamente e de objetos produzidos pelo homem (satélites, aeronaves e balões experimentais). Explicou que quando esses enganos são eliminados, outros ainda permanecem. Mas os casos que ficam são dignos de melhor consideração. Ainda assim, uma parte são fenômenos físicos mal compreendidos da ciência (plasmas, eletromagnetismo, condensação de vapores); outra parte são fenômenos psíquicos (paranormais), que o professor dizia não conhecer o suficiente para fazer um juízo completo; e, finalmente, casos de sondas extraterrestres.

Para McDonald, a hipótese "fenômenos psíquicos" seria a única capaz de contrapor-se à das "sondas extraterrestres". Contudo, como físico que era, deu a esta última o título de "hipótese menos medíocre". E considerou o Fenômeno UFO como sendo oriundo de outros planetas. Contudo, caro leitor, convém lembrar aqui que os estudos do professor McDonald datam de 1966, antes de o homem descer na Lua e antes de se conhecer as reais condições de vida nos demais planetas.

No Brasil, quando o Caso Alexânia foi dado a público, o general Uchôa deixou patente que se ficasse provada a não existência de vida inteligente nos demais planetas solares (como na verdade ficou), então teríamos que pensar em termos de os ufos serem oriundos de outros sistemas ou de outras galáxias. Todavia, nessa condição, disse que tudo ficaria complicado em termos de solução científica. E por isso, muita coisa teria que ser mudada. Então seria inevitável marcharmos de encontro a outras realidades, postadas em regiões invisíveis, que somente a paranormalidade é capaz de vislumbrar antes que seja achada uma solução científica para o Fenômeno UFO.

Hoje, neste princípio de novo milênio, estamos frente a frente com esta realidade: não há vida inteligente nos demais planetas solares e não foi encontrado além de Netuno nenhum orbe que pudesse corroborar na prática a teoria extraterrestre. Em suma, a morada dos ETs sólidos não foi achada. Por certo, ela deve estar muito distante.

Mas, em contrapartida, os contatos continuaram. A casuística ufológica não parou. Os animais mutilados, as abduções e os implantes alienígenas ficaram ainda mais abundantes. Não há dúvida, os antigos conceitos precisam ser reciclados.

O general Uchôa, o professor Hynek e outros que consideraram a teoria extraterrestre insustentável, tinham as suas razões para isso. Afinal, as distâncias entre uma estrela e outra são tão monumentais que ainda não há suporte científico para sustentar que os ufos sejam oriundos de planetas físicos e que os ETs sejam criaturas sólidas, assim como o homem. Com isso, a hipótese "fenômeno psíquico" (paranormal) tomou corpo e ficou em vantagem.

Além das dimensões física (tridimensional) e espiritual (extrafísica), projetou-se entre elas outra estratificação, uma quarta dimensão, onde supostamente viveriam os alienígenas ultrafísicos, colocando a esfera espiritual num patamar mais elevado, supostamente no quinto plano.

Em corroboração a isso, surgiu a hipótese das várias dimensões formando mundos paralelos, que a Física atual apenas começa teorizar. Nesses círculos invisíveis estariam as moradas dos ETs sutis, ou seja, os mundos de antimatéria, por assim dizer. Essas esferas, em perfeita sincronia com os mundos materiais, formariam um todo único, de dois polos magnéticos, opostos, mas dotados de energia inconcebível, responsável por uma reciprocidade no cosmos que redundaria na harmonia da gravitação, força organizadora de toda movimentação cósmica.

A passagem de uma esfera a outra, num efeito de transpolarização devidamente controlado para não haver autoextinção, seria responsável por liberar fantásticas energias na

UM VERMELHO ENCARNADO NO CÉU

mudança de polaridade, causando a força propulsora de que se servem os ufos de "antimatéria", por assim denominar, em suas insólitas viagens.

Em meio a essa complexidade, o homem terá ainda que deixar a sua pequenez científica para entender a existência dessas entidades insólitas que aportam a Terra. Os ETs de antimatéria dão mostras de converter a energia em massa, plastificando suas formas de modo concreto, para depois reverter o processo e voltar à energia, local de onde vieram.

Contudo, a materialização de certas criaturas denota algo diferente dos ETs de antimatéria (ultrafísicos, menos mate-riais). As entidades contatadas se dizem concretas na origem, densas, e de fato assim parecem ser quando em contato. Um sistema de teletransporte avançadíssimo parece colocá-las na Terra, entrando aqui por meio de hipotéticos Buracos de Minhoca, como se fossem corporificações *caídas do céu já densas*. No próximo capítulo vamos observar a materialização dos ufos, para depois focarmos distintamente os ETs sólidos.

14

MATERIALIZAÇÃO DOS UFOS

A materialização dos ufos é um evento tão desconcertante que se existe uma maneira científica de explicá-la ainda está para ser conhecida. Procura-se hoje uma forma menos mística do que a mostrada há anos. O conteúdo das explicações, sempre recheado de palavras esotéricas e geralmente impregnado de crenças sem fundamento lógico, até agora não foi suficiente para clarear os fatos. Sem dúvida, a teleplastia alienígena é uma questão difícil, porque a ciência ainda não está capacitada para examinar o mundo oculto de onde ela procede. A plastificação das formas é um fato real, amplamente testemunhado. E as dimensões invisíveis, de onde a energia constitui "matéria" moldável, ainda é um verdadeiro mistério científico. Contudo, essas inteligências denotam proceder dessas esferas misteriosas, as quais nós damos neste trabalho o nome provisório de "mundos de antimatéria".

UM VERMELHO ENCARNADO NO CÉU

O Fenômeno UFO surge desse "nada" invulgar (que deve ser outra coisa além do nada) e extrapola todos os limites da ciência. Por isso, o evento da transmutação insólita, ou seja, a capacidade alienígena de transformar energia em matéria e depois reverter o processo voltando ao mesmo "nada" de onde viera, tem sido discutido em busca de algo novo, que possa clarear um pouco a materialização de naves e seres alienígenas.

Quando afirmamos que tais entidades são ETs de anti-matéria, ou seja, bioformas dotadas de um corpo menos material que o terrestre, nós estamos colocando em xeque a solidez corporal das criaturas. E isso parece contrariar o senso prático. Afinal, tais seres operam na Terra fazendo uso de um corpo denso, praticam atos concretos e agem como criaturas sólidas. Contudo, em contrapartida, respiram a nossa atmosfera (que deveria ser diferente da deles), falam a nossa língua (quando não falamos sequer a de outros países da Terra) e passam a volitar, desaparecendo no ar sem deixar vestígios. É estranho o fato de os ufos não transitarem o tempo todo no nosso espaço, porque num abrir e fechar de olhos eles desaparecem de um lugar e surgem de imediato em outro. Essa fugacidade dos ufos sugere haver por trás deles o domínio de uma técnica ainda desconhecida da ciência, capaz de converter a energia numa química densa, para em seguida reverter tal polarização quase instantaneamente e voltar de novo ao estado fugaz de origem. As únicas semelhanças que temos dessa metamorfose invulgar dos ufos são a materialização de Espíritos e os fenômenos paranormais de transporte.

A materialização da noiva,[1] de que Uchôa se recordou quando da desaparição do vulto humanoide em Alexânia, fora um episódio testemunhado por ele anos antes, na época de suas pesquisas com o espírito do Padre Zabeu. A noiva fora materializada em Niterói, na residência da dona Miquita Rocha, tendo como médium João Cosme. Vamos observar

---

[1] UCHÔA, 1969.

PEDRO DE CAMPOS INSTRUÇÕES DE YEHOSHUA BEN NUN

um pouco como foi isso. Desnecessário relatar aqui as precauções tomadas para fazer com que tudo ocorresse dentro da mais absoluta lisura.

De início, foi acesa uma luz verde no salão, não muito intensa, mas suficiente o bastante para iluminar bem a sala e distinguir tudo no recinto, inclusive todos os assistentes, um a um. As pessoas ficaram atentas. Súbito, sem que ninguém fizesse movimento algum, de modo misterioso apareceu no meio da sala, à vista de todas as pessoas, como se tivesse vindo do nada ou fosse uma geração espontânea do ar, um biombo de três lados, usado antigamente para trocar de roupa. Era uma peça absolutamente material, sólida. O objeto tinha 1,40 m de altura, era composto de matéria branca brilhante, mostrando discreta transparência na textura. Sem dúvida, ali na sala, fora plasmado por algo inteligente. E essa inteligência teria de ser invisível aos olhos, assim como o biombo de três lados antes da aparição. A parte central da peça se postou paralela a primeira fila de pessoas, com as abas laterais ligeiramente dobradas em direção ao recinto do médium. Se alguém o visse de cima, enxergaria uma peça quase em forma de U. Todos observaram a aparição do biombo sem entender de onde aquilo viera.

Mas eis que súbito, atrás do biombo já formado, saindo calmamente do local em que estava o médium, surge um *vulto de mulher* com vestes brancas, trajando um vestido de noiva, com cauda longa e amplo véu. Aproxima-se do biombo e meneia graciosamente a cabeça. Quase todos ali a reconhecem, é o espírito Teresinha, que já se apresentara antes. Quem está na assistência, vê aquele vulto de mulher velado pela textura transparente do biombo. Apenas do ombro para cima, a visão do vulto apresenta-se direta para eles. Mas o general se encontra em uma posição privilegiada. Está mais à frente da primeira fila, onde fora colocado o biombo, na cadeira posta ao lado, de modo que vê o biombo por trás, a não mais que dois metros de distância. O biombo para ele não constitui obstáculo nenhum, pode ver em detalhes a aparição da mulher.

UM VERMELHO ENCARNADO NO CÉU

Então revira a memória buscando palavras para defini-la. Descreve a aparição como: *"Uma sombra de mulher mais ou menos densa"*. Todavia, tem a certeza de que essas palavras são insuficientes para defini-la. Então reconsidera, busca outros termos e a define como: *"Um corpo mais ou menos transparente, como de cristal fluido ou de água límpida"*. A impressão de transparência parece agora perfeita. E ela não se restringe à figura da mulher, mas se alastra para as suas vestimentas: ao vestido, ao véu, à cauda. Sua forma translúcida dá ao conjunto um tom singular, como se fosse uma única peça transparente. O general não tem dúvida do que vê, a luz da sala é suficiente para isso e nada impede a sua visão. A enigmática forma permanece no ambiente por uns 20 segundos.

De repente, o enigmático biombo se desfez por completo no ar. E da mesma maneira como houvera surgido, desapareceu dali. Para surpresa ainda maior, o vulto transparente de mulher agora se adensa, pouco a pouco. Então, já denso, perfeitamente concreto, caminha com elegância na sala. Seus movimentos e seus meneios são graciosamente femininos. Percorre toda a extensão da primeira fila de cadeiras com os assistentes atônitos, de olhos presos naquela faceira bioforma, nitidamente sólida. Ao voltar para a cabine, a "noiva" passa rente ao general. Num gesto particular de elegância feminina, movimenta seu extenso véu, que atinge levemente o rosto de Uchôa, mostrando faceira a solidez de sua forma materializada. Prossegue em seu desfile de retorno, roçando pesadamente o amplo vestido de seda nos joelhos do general. Ao atingir o local em que está o médium, a noiva repentinamente se desfez no ar, assim como se desfizera o enigmático biombo momentos atrás, não deixando vestígio algum de sua momentânea existência. Fora, efetivamente, uma fantástica materialização de Espírito, das muitas testemunhadas pelo general Uchôa.

Ainda perplexo, o general perguntaria a si mesmo: *"Um segundo ou uma fração de segundo antes, onde estaria o biombo?*

PEDRO DE CAMPOS INSTRUÇÕES DE YEHOSHUA BEN NUN

Onde estaria aquela mulher? Teriam ambos vindos à existência naquele instante ou já existiriam antes e ali se fizeram presentes?". Caro leitor, tais indagações são respondidas de modo análogo pelo mentor espiritual. Vamos antecipar aqui, fazendo comparações com o Fenômeno UFO, algumas informações que ficarão mais claras à frente, quando tratarmos o Caso Roswell com outros desenvolvimentos.

Quem já viu um Espírito se materializar sabe que se trata de um evento efêmero, de curta duração; nas sessões de efeitos físicos, isso já ficou bem caracterizado: a forma constituída consegue manter-se no estado sólido por algumas horas, mas depois se desfaz completamente no ar, sumindo sem deixar vestígios. Diferente dos Espíritos, a materialização alienígena pode ter efeito prolongado; é muito mais duradoura, a ponto de os corpos restarem sólidos na Terra se houver algum acidente.

Em uma materialização, o Espírito nunca deixou para trás um corpo morto, que pudesse ensejar uma necropsia, mas o alienígena sim. Algumas autópsias foram realizadas em ambiente militar sigiloso e vieram a público depois, através de testemunhas insatisfeitas com o acobertamento. A queda acidental de naves propiciou o resgate de corpos que foram guardados sob a tutela dos Estados Unidos, em local de acesso restrito, como é o caso da Área 51. Outros seres sólidos, em outras partes do mundo, também foram capturados e transportados para lá, como o ET de Varginha, apreendido no Brasil em janeiro de 1996. Considerando essas criaturas sólidas em mãos, há quem pergunte: Seria mesmo uma materialização? Se a dos Espíritos tem curta duração, por que então a teleplastia alienígena dura tanto tempo a ponto de ficarem sólidos na Terra? Caro leitor, o tema é controvertido e o nosso propósito aqui é estudá-lo.

Por mais que o homem tenha procurado vida inteligente no cosmos, apontado seus telescópios e direcionado com precisão suas espaçonaves, nenhum planeta com vida foi encontrado.

UM VERMELHO ENCARNADO NO CÉU

Isso fez a ciência dizer que não há ETs sólidos por perto. Para a ciência, eles estariam tão longe que não haveria como viajar milhares de anos para chegar aqui e fazer contato pessoal. Além de Plutão, as distâncias são colossais e uma viagem tão longa não seria possível para seres de carne e osso. Com a lógica da ciência atual, o contato direto estaria afastado.

Contudo, o Fenômeno UFO mostra algo diferente. Nos incidentes com naves, criaturas sólidas foram resgatadas, sem confirmação oficial. E essas entidades não terrestres estão guardadas em zona militar. Então: Como chegaram aqui? Nisso tudo parece haver um grande absurdo! Se de um lado não há planetas com vida, de outro, criaturas não terrestres foram capturadas. Sendo assim, de onde vieram? Como se explica uma incoerência tão grande?

Aqui teremos que seguir fazendo comparações. A materialização de Espíritos e de objetos transcendentes é algo fantástico. Quem já teve a oportunidade de ver e tocar as formas plasmadas em sessões espíritas para esse fim sabe que é algo absurdo, mas efetivamente real. O Espírito plastifica seu próprio corpo espiritual, com todas as formas. A materialização apresenta batimentos cardíacos, pulsação, hálito; tem peso, consistência, pode andar, falar e responder perguntas como um ser humano qualquer. Na rua, poderia ser tomada como tal, se não houvesse o fato de a forma se desfazer por inteiro, desaparecendo no ar sem deixar vestígios.

No Espiritismo, a materialização é chamada de "ectoplasmia", porque é o ectoplasma do médium que possibilita a criação do simulacro materializado. Essa substância é um plasma corporal existente em todos os seres vivos, mas encontra-se mais difusa nos médiuns de efeitos físicos, podendo ser usada pelos Espíritos na materialização de quase todas as coisas.

Todavia, a materialização não é exclusiva dos Espíritos, os ETs de antimatéria fazem algo parecido. Pelo fato de os alienígenas estarem encarnados em sua dimensão, não é a alma deles que se plastifica na Terra, mas sim o seu próprio corpo menos denso. A isso damos o nome de materialização por teleplastia. Diferente dos Espíritos que usam o ectoplasma do médium, os ETs de antimatéria(nome provisório) tomam da nave os fluidos nela armazenados, juntam o seu próprio e executam o serviço. No engenho, segundo o mentor espiritual, há um *"banco de plasma terrestre"*, por assim dizer, para uso no processo de conversão. Para materializar e desmaterializar as coisas há de se fazer uma combinação de energias e causar nelas uma transmutação insólita.

Agindo nos mananciais fluídicos da terra, da água, do ar e da vitalidade dos seres vivos, um substrato eterizado de elementos é extraído desses mananciais e com ele se elabora uma química sutil, com a qual a composição quântica das coisas extrafísicas é envolvida para realizar o processo da teleplastia; após o envolvimento das coisas com esse fluido combinado, baixando a vibração das partículas, através de aparelhos especiais, o engenho obtém uma queda quântica em direção ao mundo atômico. Verifica-se então uma trans-polarização da matéria, culminando por formar no mundo físico a química similar das coisas, dando a elas consistência e funcionalidade. Assim avultam na matéria densa os seres alienígenas e seus objetos voadores, todos eles subjugados às leis da Física.

Não se trata de uma materialização do perispírito, mas sim de corpos menos materiais convertidos à similaridade da matéria densa, por isso os ETs de antimatéria ficam penetrá-veis e perecíveis, sofrendo os infortúnios do ferimento caso atingidos. E sendo a nave o instrumento motor da teleplastia, caso haja um acidente com ela, os alienígenas não desma-terializam, morrem. A isso damos o nome de "teleplastia irre-versível". Seus corpos jazem na Terra, tanto quanto os dos homens. Em suma, o ET de antimatéria pode desmaterializar com extrema facilidade, mas também morre materializado.

No caso do espírito Teresinha, Uchôa notou a enigmática materialização de um biombo, depois observou o vestido de seda, sua cauda longa e o amplo véu da noiva. Os objetos que aos poucos foram ficando sólidos, até que o vestido, em particular, transformou-se em seda. O questionamento de *"onde estavam tais objetos uma fração de segundo antes"* encontra resposta nos estudos do Espiritismo científico.

Os objetos físicos, já existentes no mundo denso, podem ser transportados pela entidade motora seguindo por *"fora do nosso espaço"*, através de um hiperespaço. Eles entram na quarta dimensão do espaço-tempo através de portais, chamados também de Buracos de Minhoca. Na entrada, podem ser comparados a uma sombra, a qual adentra repentinamente à superfície sem que a própria superfície saiba como, por assim dizer sem melhor expressão, e o mesmo acontece na saída, quando desaparecem repentinamente do local. A entidade motora toma os objetos físicos de um local e os coloca noutro, de maneira totalmente desconhecida do homem, mas real.

Contudo, tais objetos podem também, sob a ação de uma inteligência extrafísica, quando já existentes em sua dimensão de origem, ter sua forma materializada através de uma transmutação insólita no campo de energia. Neste caso, a entidade motora converte as energias sutis em matéria sólida correspondente, como se fosse um ato instantâneo de criação, embora na verdade não o seja, porque o objeto já existia no mundo invisível antes de ser materializado.

Dessas duas maneiras, uma por teletransporte e outra por materialização, surgem os objetos, como se tivessem vindos do nada, sem que a ciência possa explicar os aparecimentos porque ela não domina o ambiente etéreo de onde o efeito provém.

A seu turno, a materialização da noiva reproduziu uma forma viva, um corpo de mulher que andava, sorria e mostrava suas formas. O *"corpo mais ou menos transparente, tal como cristal fluido ou água límpida"* que Uchôa vira, era na verdade o corpo espiritual de Teresinha. Aos poucos, ele se adensava até ficar totalmente sólido, para depois se desfazer no ar como por encanto, aos olhos de uma plateia perfeitamente lúcida.

De fato, a materialização de formas vivas pode ser realizada por duas entidades motoras, uma delas, o Espírito, a outra, o ET de antimatéria. Enquanto o Espírito materializa seu próprio corpo espiritual usando ectoplasma do médium (materialização por ectoplasmia), o ET de antimatéria, a seu turno, entidade encarnada num mundo menos material, plastifica seu próprio corpo físico usando seus fluidos e outros coletados na Terra (materialização por teleplastia). O caso da noiva fora uma ectoplasmia, enquanto o do vulto de Alexânia, teleplastia.

Antecipando-nos um pouco, lembramos que além dessas duas modalidades de materialização, há um terceiro fenômeno raro com o qual se fazem presentes na Terra outras formas vivas, trata-se da corporificação por teletransporte. Neste, tudo se passa como "fenômeno de transporte", provocado pelo agente psicocinético alienígena.

O fenômeno é operado por duas entidades alienígenas distintas, mas agindo em ação conjunta. Não raro, as testemunhas observam um líder da operação (tipo mais alto) e vários outros que lhe são subordinados (tipos mais baixos), ambos podem ser de uma mesma espécie. O ET de antimatéria é uma entidade ultrafísica, um ser da quarta dimensão que monitora outras entidades que lhe são inferiores, como os ETs sólidos de mundos densos, seres da terceira dimensão.

Essas entidades sólidas, cuja faculdade mental está bem desenvolvida, quando no exercício de intenso poder do pensamento conseguem abrir "tubos no espaço-tempo", por assim dizer, adentram a essas portas dimensionais e são teleportadas a outro destino no universo, sempre com o auxílio do ser ultrafísico que lhes monitora. Viajando *por fora do espaço tridimensional*", ou seja, por uma quarta dimensão do espaço-tempo, o ET sólido chega a Terra tal como verificado nos Casos Roswell e Varginha. Mas por estar fora de seu habitat, a Terra lhe é inóspita e nela não pode permanecer, sob a pena de não suportar – morrer.

Por mais que as autoridades despistem, o fato é que tais criaturas foram recuperadas e seus corpos mantidos em ambiente

UM VERMELHO ENCARNADO NO CÉU

sigiloso. Quando o sigilo é quebrado, então tudo volta à tona de maneira ainda mais intensa, porque o despistamento não é aceito nem mesmo por aqueles que deveriam guardar segredo. O acobertamento é um mal terrível, porque isola o trabalho dos cientistas. Desconhecendo os fatos, não podem estudá-los nem sequer admiti-los. Tudo fica em mãos restritas.

A materialização alienígena é um fato tão insólito que em não sabendo explicá-la, sobreveio no meio militar a "conspiração do silêncio", para encobrir tudo sem dizer nada. Nos acidentes, as entidades se materializaram, não foram desmaterializadas e morreram. Mas como não há vida nos demais planetas solares, as criaturas não poderiam existir. E como a materialização não pode ser explicada pela ciência, então não existe oficialmente. Contudo, as bioformas estão lá...

Em Roswell houve o acidente, as criaturas não puderam reverter a corporificação teletransportada e morreram, ficando em estado sólido. Em Varginha, a seu turno, a criatura fora plantada na Terra como ensaio de outras inteligências mais adiantadas, não houve a teleportação de retorno, supostamente para os operadores estudarem a desempenho da criatura e a reação humana diante dela, e culminou por ser capturada. Como não poderia ficar muito tempo fora de seu habitat, morreu.

A seu turno, o soldado que recebera dela a carga de radiação, também veio a perecer. Os eflúvios exalados da criatura descontrolaram suas funções orgânicas, destruíram suas defesas e deram origem a uma infecção generalizada, a qual ele não pôde suportar.

A entidade biológica extraterrestre foi levada aos Estados Unidos para ser devidamente estudada. Com ela, talvez as instituições norte-americanas pudessem encontrar mecanismos de defesa para neutralizar a ação nefasta que determinara a morte do soldado brasileiro. A falta de manifestação oficial para elucidar o caso aumentou ainda mais a agitação no meio ufológico, mas, publicamente, o caso fora abafado.

Acredita-se que um estudo do DNA da bioforma traria enorme conhecimento científico. Algo semelhante a isso fora tentado no passado, numa época em que a ciência estava pouco desenvolvida para concluir a questão com acerto. Na Inglaterra, William Crookes auscultou o coração de Katie King, um Espírito materializado, e concluiu que ele batia regularmente, denotando um ser constituído de órgãos e fluxo sanguíneo.

Recentemente, na Rússia, Maximilien Meck testemunhou a impressionante materialização de um homem com cerca de 40 anos, que quando sólido conversava longamente com os participantes da sessão. Numa delas, aconteceu algo inédito. Compareceram ao evento dois médicos oficiais. Eles tinham uma missão objetiva: saber se a bioforma era de carne. Então falaram com o Espírito materializado e tiveram a autorização dele para o experimento.

Os médicos tomaram todos os cuidados. Então, um deles, depois de ter usado uma substância amortecedora no braço da suposta bioforma, tomou de um bisturi e fez uma pequena incisão no braço da entidade. Os dois médicos examinaram bem o corte e ficaram certos de que o braço era de carne humana. Não havia dúvida – estavam diante de uma bioforma enigmática, não natural na Terra, porque nenhum ser vivo deste planeta gera uma criatura do nada. Então fizeram a mesma incisão e o mesmo exame no outro braço, aí a situação mudou. Os médicos ficaram pasmos, constataram com espanto que abaixo da epiderme não havia carne, mas uma substância amorfa, uma espécie de papa espessa e gelatinosa, classificada como ectoplasma. Concluíram que um dos braços era de carne, mas o outro não. Em suma, fora uma conclusão científica fora dos padrões.

Na época, não havia exame de DNA. Por isso não se soube a constituição genética de cada braço. Poderia ser o DNA do médium, doador exclusivo do ectoplasma, ou o do Espírito, cuja bioforma era ali reproduzida, ou ainda, uma mistura dos dois formando uma terceira composição genética. Por certo, os modernos exames atuais poderiam resolver o impasse. Mas ainda assim, com qualquer das três hipóteses, o mais provável seria obter um DNA humano, de criatura terrestre.

UM VERMELHO ENCARNADO NO CÉU

Por lógica, diferente da composição genética dos alienígenas que aportam à Terra, porque tais criaturas são descritas como sendo algo diferente dos homens, aparentando ser de uma espécie de vida humanoide desconhecida de tudo existente na Terra.

Na corporificação irreversível, quer por teleplastia quer por teleportação, o DNA alienígena pode ser perfeitamente conhecido. A criatura capturada num incidente o forneceria. Extrapolar a isso, somente seria possível se houvesse os exames oficiais em mãos, trazidos ao público por quem trabalha naquele ambiente sigiloso. Apenas numa ordem comparativa, a lógica nos diz que um dia isso virá à tona, assim como veio recentemente a captura de entidades alienígenas em Roswell. Por certo, o tempo se encarregará disso e a prova aparecerá.

Caro leitor, o nosso propósito aqui é mostrar os fatos ufológicos e elaborar com eles uma teoria. Cada qual tem o seu livre-arbítrio e deve tirar as suas próprias conclusões. Do ponto de vista científico, embora o fenômeno já tenha sido estudado em laboratório por cientistas de valor, o processo de materialização dos Espíritos é um verdadeiro mistério. A seu turno, os fenômenos alienígenas de teleplastia e teleportação nem sequer são comentados no mundo científico, porque não são admitidos oficialmente e ainda não foram pesquisados em laboratório por nenhum cientista de fora das Forças Armadas. Quem os viu, pode afirmar isso e mostrar algo mais, mas cientificamente não há como provar qualquer desses fenômenos. A materialização alienígena é tão insólita quanto o próprio Fenômeno UFO.

Segundo instruções do mentor espiritual, a evolução física e intelectual das criaturas se processa em infinitos mundos do cosmos. Cada qual com sua particularidade evolutiva. A densidade dos mundos e a dos envoltórios corporais diminui na medida em que o Espírito se purifica e progride em sabedoria. Nos mundos mais adiantados, o invólucro corpóreo é menos denso, menos pesado, mais leve, mais diáfano. Por conseguinte, as doenças não mais assaltam o corpo, porque este transcende a natureza da fauna microbiana que lhe é inferior. Na medida em que avança na escalada infinda do progresso, a constituição corpórea mais refinada contempla aquelas que lhe são inferiores, ao mesmo tempo em que estas não conseguem vislumbrar o ser diáfano que lhes é superior. Evoluir implica desmaterializar. E pouco a pouco a bioforma corporal se espiritualiza, chegando a confundir-se, em certos mundos, com seu próprio corpo espiritual de tão diáfana que se tornou. Conforme o mundo em que estagia, o Espírito toma um corpo adequado à natureza desse mundo. Quando postado no estádio de Espírito puro, então já superou a longa fase de encarnações corpóreas, não usa mais um invólucro corporal e sequer conserva o corpo espiritual que lhe serviu de molde para organizar o veículo físico, podendo, contudo, se julgar necessário, conformar novamente esses corpos, porque ao Espírito evoluído nada estabelece barreira de impedimento. A qualquer tempo, ele pode interagir na infinidade do cosmos usando apenas o foco inteligente que lhe caracteriza. Segundo sua vontade, age em toda parte, praticando somente o bem.

Contudo, nos infinitos mundos de expiações e provas em que a evolução é semelhante à da Terra, os corpos ali podem ser físicos, como os do homem, ou ultrafísicos, bioformas de polaridade inversa, organismos formados num campo de antimatéria, por assim dizer. Quando em corpos densos, a evolução e o transcurso da vida se processam nos moldes terrenos. Quando ultrafísicos, eles habitam as esferas profundas do cosmos, não guardando relação de entendimento para nós senão com o mundo dos Espíritos. Em certos orbes, físicos ou de antimatéria, a evolução científica superou o progresso moral. Nestes, as criaturas, mesmo aquelas de constituição ultrafísica, ainda estão sujeitas às vicissitudes da matéria e às imperfeições da personalidade. Nessas esferas, as realizações científicas superam às da Terra, mas a sensibilidade moral de seus habitantes ainda está por ser feita, guardado por isso relativa inferioridade. Por comparação, ali seria uma Terra povoada por humanoides ligados à ciência, interessados, mormente, nas pesquisas e nos aspectos materiais que lhes dão bem-estar à vida passageira, onde a fraternidade e o amor são decorrentes da prosperidade técnica e científica da civilização.

São entidades assim, com esse perfil evolutivo diferente do terrestre, que chegam a este orbe. Uns são densos, corporificam seus engenhos e a si mesmos por teleportação, outros, de antimatéria, se materializam por teleplastia, fazendo uma transpolarização instantânea na energia. Ambos fazem experimentos na geologia e nos seres vivos da Terra, após o quê eles revertem o processo e voltam às suas esferas. Sendo adiantados na ciência, mas fracos na moral, são qualificados aqui como criaturas "amorais", ou seja, como seres que a percepção da moralidade ainda não tocou o suficiente.

No próximo capítulo vamos mostrar as fantásticas ocorrências em Roswell, com a materialização irreversível de várias entidades, cujo perfil evolutivo, segundo informes espirituais, se encaixa nesse último que acabamos de traçar.

15

OS ETS SÓLIDOS DE ROSWELL

O dia 02 de julho de 1947 havia transcorrido normalmente para Dan Wilmot, dono de uma loja de ferragens na cidade de Roswell. Após o jantar, por volta das 21h50, ele e a esposa conversavam na varada de casa, observando com atenção o espetáculo que a natureza oferece em uma noite de verão.

Naquelas vastidões quase desérticas do estado do Novo México, o verão é severamente escaldante. A água se evapora com facilidade, deixando as alturas impregnadas de vapor. Na estação quente, as descargas elétricas fazem nos céus um espetáculo todo particular. É comum observar-se na região estudiosos de fenômenos atmosféricos, querendo cada qual captar as melhores imagens de um raio riscando os céus num traçado todo característico. Nesses dias, alguém sempre consegue uma boa foto, que lhe serve de recordação a vida inteira. A natureza ali é de uma beleza incomparável, mas ao mesmo tempo ela pode ser terrível, implacável com aquele que lhe desafia as leis. Foi numa dessas tempestades de verão que algo incomum aconteceu naquela cidadezinha isolada, quase desconhecida do povo, até ser fartamente noticiada nos jornais.

A notícia só veio a público em 08 de julho, no *Daily Record*, o jornal da cidade, que estampava: *"Dono da casa de ferragens de Roswell e sua mulher informam ter visto disco voador"*. Mas o periódico fazia questão de destacar que Wilmot era *"um dos cidadãos mais dignos e respeitáveis de Roswell"*. De modo notório, o editor queria que a notícia fosse levada a sério, porque, de fato, ela era séria.

Naquela noite, pouco antes das 10 horas, o casal Wilmot conversava confortavelmente na varanda, aproveitando um pouco de ar fresco e vendo uma curiosa tempestade de verão que se desenvolvia ao longe, a noroeste da cidade. Era uma tempestade elétrica, por assim dizer, com raios que riscavam os céus o tempo todo. Foi aí que surgiu no ar um objeto brilhante. Era uma luminosidade estranha, parecia que o brilho exalava de dentro. Aquilo voava rápido. Veio do sudeste, passou por cima da casa e foi para o noroeste. Diferente dos aviões, para Dan aquilo era totalmente silencioso. Sua esposa diria mais tarde ter ouvido apenas "um leve rumor". Era um brilho estranho, de aspecto globular, um tanto ovalado, como se fossem duas bacias colocadas de boca uma para outra, formando um objeto discoide no ar. Então aquilo riscou o céu rapidamente e foi se perder distante, atrás da copa das árvores, que encobriam a visão dos Wilmot. Vendo a luminosidade corrente nos céus, o casal não pôde se deter. Aquilo era intrigante demais. Então saíram para o quintal em busca de uma visão mais ampla, mas não deu para ver mais nada. O objeto ficara visível apenas uns 40 ou 50 segundos. Se aquilo tivesse caído, teria que ser distante, porque voava muito rápido. Enquanto isso, lá pelas bandas de onde o objeto desaparecera, a tempestade elétrica continuava forte, despejando furiosamente seus raios acompanhados de forte chuva de granizo. Essa situação perdurava desde o fim da tarde.

Contudo, o incidente testemunhado pelos Wilmot era apenas uma matéria coadjuvante à manchete principal do dia. O *Daily Record* trazia algo ainda mais intrigante, dava na primeira página um fato extraordinário: *"RAAF Captura Disco Voador num Rancho na Região de Roswell"*. Se apenas avistar um disco voador já era algo incomum, o que dizer então de sua captura? Sem dúvida, era um fato extraordinário! Na verdade, aquele objeto que cruzara os céus e sumira em localidade distante dava indícios de ser o mesmo capturado pela RAAF (Roswell Army Air Field), conforme insinuava o jornal, sem ter certeza disso.

A notícia era quentíssima, fora dada pela própria Força Aérea do Exército, num comunicado distribuído pelo primeiro-tenente Walter Haut. Como oficial de informações da Base, ele era a autoridade competente para isso, digno de crédito. A notícia dava conta de que o disco estava nas mãos do 509º Grupo de Bombeiros da Oitava Força Aérea, Base Militar de Roswell, e que fora resgatado pelo oficial de Inteligência da Base, o major Jesse Marcel.

Diante da gravidade do caso, antes de dá-lo a público o tenente Haut deveria ter comunicado seu oficial superior, o coronel William Blanchard, comandante da Base. E como não o fizera, sofreu depois as consequências, sendo desmentido em nota oficial pelo alto-comando, sob a alegação de que os destroços eram um *"balão atmosférico"*, lançado para estudar as condições do tempo. Mas os especialistas nunca engoliram essa nova versão oficial, e o tenente Haut menos ainda. Numa entrevista concedida anos depois, no mesmo jornal, quando perguntado o que fez quando ouviu a outra versão oficial, o tenente disse:

> O que eu poderia fazer? Talvez tivesse caído um balão, porém não tinha nenhuma relação com o disco voador. As pessoas não compreendem que naquela época não se podia perguntar: obedecia-se o superior. Hoje, a opinião pública faria um acompanhamento rigoroso, inclusive o Congresso seria interpelado. Mas aqueles tempos eram outros.

UM VERMELHO ENCARNADO NO CÉU

Os chefes militares insistiram na versão "balão atmosférico", como se um simples balão fosse capaz de ter a mesma luminosidade descrita pelo casal Wilmot, pudesse riscar os céus voando em alta velocidade, passar por sobre a casa deles e perder-se distante, apenas num piscar de olhos. Os Wilmot estavam certos de que aquilo não era coisa de balão, mas nada podiam fazer senão sustentar o que viram. Tampouco sabiam se o objeto havia caído ou não, ele apenas desaparecera distante, atrás da copa das árvores. Com o passar dos anos, os ufólogos obtiveram indícios de que naqueles dias estranhas luzes cruzaram os céus da região. Eles ficaram sabendo que estranhos objetos foram captados no radar e que não se tratava de balão nenhum, contrariando frontalmente a versão oficial dada pelos militares.

Caro leitor, depois disso, um monumental trabalho de despistamento seria montado pelo Governo norte-americano, na tentativa de acobertar o mais intrigante caso da Ufologia mundial em todos os tempos. A operação fora desencadeada exclusivamente por medo das consequências, por não se saber como controlar o espaço aéreo numa situação tão extraordinária. Imaginava-se uma situação de pânico popular, diante da impotência das forças de segurança em afrontar o suposto inimigo. Tentando resolver isso, foi dado saber que o presidente Henry Truman teria criado, a 24 de setembro daquele ano, um grupo altamente secreto, denominado Majestic-12, que jamais teria sua existência confirmada, mas trabalharia com afinco tentando solucionar a insólita franqueza da nação diante de uma eventual afronta alienígena.

A nota do tenente Haut não era uma invenção dele, estava fundamentada em provas conclusivas, nos achados oficiais do major Jesse Marcel, encarregado de primeira hora da investigação do caso. O desenrolar dos acontecimentos fora intrigante. Enquanto Wilmot observava ao longe as descargas elétricas, no rancho Foster, onde elas estavam caindo, o administrador William Mac Brazel vivia momentos de preocupação. Ali, as coisas aconteciam de modo intenso. O granizo pipocava

PEDRO DE CAMPOS INSTRUÇÕES DE YEHOSHUA BEN NUN

o telhado numa intensidade tal que parecia furá-lo. Enquanto lá fora os animais recebiam essa carga em cima do lombo, a tempestade zunia de causar medo. Relâmpagos acendiam violentamente os céus, sobrevindo trovões que explodiam de imediato, denotando que o raio caíra perto. A tempestade de verão despejava pouco aguaceiro, mas a atmosfera lá em cima era altamente elétrica. Brazel imaginava que as cercas da propriedade não resistiriam e que no dia seguinte haveria muito trabalho para recolocar tudo em ordem.

Pouco antes do amanhecer, o rancheiro já estava de pé. Nessa época do ano, as manhãs são belíssimas naquela região. A quinta-feira parecia ser de muito trabalho. E ele queria avaliar logo o estrago da noite anterior. Então preparou o cavalo e cavalgou pelas terras do rancho. Ao contrário das cercas caídas de que suspeitara, o que lhe chamou atenção foram as coisas reluzentes que começaram a aparecer num local de difícil acesso. O rancheiro aproximou-se, examinou aquilo. Sem dúvida, eram destroços de algo que havia caído na tempestade. Estavam espalhados numa vasta área, sugerindo que mais à frente deveria ter algo de maior proporção. Ele se embrenhou ainda mais no deserto e viu que os destroços eram de algo incomum. Ainda não dava para saber o que era aquilo, apenas teve a impressão de que a coisa poderia ser grave. Sem dúvida, considerou que precisava compartilhar seu achado com alguém. Na volta, ao encontrar cavalgando o filho de um rancheiro vizinho, sentiu-se estimulado e foi até lá para dar a notícia.

A dona do rancho, Loretta Proctor, anos depois do episódio relatou:

> Mac tinha na mão um pedaço de material que havia recolhido e queria mostrar-nos. Queria que fôssemos com ele ao local para ver o que tinha caído. Porém não fomos, porque não havia um meio de transporte e chegar até lá era difícil. Não conseguiu que ninguém o acompanhasse. O fragmento que trouxe tinha um aspecto de plástico, marrom-claro... Era muito leve, assim como rolha. Não era uma peça grande, talvez tivesse uns 10 centímetros de largura e só pouco maior que um lápis. Tentamos cortá-lo a faca, mas foi

UM VERMELHO ENCARNADO NO CÉU

inútil, também não conseguimos queimá-lo com fósforo. Sabíamos que não era uma peça de madeira. Era liso como plástico, não tinha arestas e nenhuma estria, era algo todo uniforme. Eu nunca tinha visto um material assim.[1]

Sem outra companhia, Mac Brazel voltou sozinho ao local dos destroços e continuou procurando. Para sua surpresa, encontrou coisas ainda mais estranhas, espalhadas ao longo de mais de um quilômetro. Mas o homem rude daqueles desertos nada sabia da onda de discos voadores que varria o país, por isso não fez relação nenhuma de seu achado com as coisas alienígenas. Para ele, isso nada contava. Mas no sábado foi a Corona, ao povoado mais próximo, distante 32 km de onde estava. E ali comentou com os amigos, falou do achado que fizera. Então ficou sabendo da história dos discos voadores e foi estimulado a procurar o xerife. Aqueles dias tinham sido de intensa revoada na região, e o pessoal achou que poderia ser algo mais grave. A história ficou em sua cabeça martelando a noite toda. E começou a fazer sentido.

Quando o domingo amanheceu, Brazel não teve dúvida, foi ao condado de Chavez, distante 45 km de seu rancho. Era 06 de julho de 1947, a manhã já andava alta quando ele entrou na delegacia para falar com o xerife. George Wilcox olhou os destroços e ficou intrigado, percebeu que o caso não era de sua alçada. Então chamou a Base Aérea de Roswell, distante 120 km do rancho Foster, e colocou o caso em mãos militares. Na verdade, não era a primeira vez que o xerife comunicava a Base. Na madrugada do dia anterior, 05 de julho, ele já o fizera. Os moradores de Chavez diziam ter visto um "avião cair lá pelos lados de Corona" – a informação foi repassada à Base.

Caro leitor, curiosamente, cerca de dois anos antes, o pessoal da Base Aérea de Roswell fora incumbido do lançamento da bomba atômica no Japão. Mas naquela altura, em 1947, após o término da Segunda Grande Guerra, o polígono de White Sands, no Novo México, era sede principal dos

---
[1]CONOZCA MAS, 1995, p.52.

mísseis teleguiados do Exército, prontos para entrarem em ação quando preciso fosse. Em razão disso, até hoje se pergunta: *"A revoada alienígena teria alguma relação com o armamento atômico?"*. Muitos acreditam que sim. E talvez os alienígenas estivessem ali desde há muito, observando tudo.

Foi assim que o major Jesse Marcel, oficial de inteligência da Base, foi atender ao chamado do xerife. Junto com o capitão Sheridan Cavitt, do corpo de contrainteligência, foi até o rancho Foster, sabendo que iria recolher destroços. Um major e um capitão do Exército foram a campo, fazer um serviço especializado, levando junto o rancheiro Mac Brazel. Enquanto Cavitt seguiu num jipe Carry All, Marcel levou um Buick42, veículos da Base, para recolherem os destroços. Mas naquele domingo chegaram tarde ao local e tiveram que dormir ali. O rancheiro Brazel morava com a esposa em Tularosa, longe dali, para os filhos estudarem na cidadezinha. No rancho Foster, situado a sudeste de Corona, ele ficava sozinho em uma casinhola, sem rádio nem telefone. Marcel e Cavitt tiveram que dormir lá, mal acomodados, e fazer o serviço no dia seguinte.

Anos depois, quando já aposentado, Marcel contou parte dos acontecimentos. Nessa altura, ele já se considerava livre da censura oficial. E não queria levar aquilo para além-vida, sem que o povo soubesse ao menos uma parte dos fatos. Contudo, ainda assim havia reservas, conforme se verificaria depois nos relatos do coronel Philip Corso. Marcel se lembrou de que naquela noite de domingo, antes de dormir no rancho, Brazel dissera que alguns dias antes (a data não fora mencionada), durante uma tempestade elétrica julgara ter ouvido uma explosão no fim da tarde. Era o indício de que algo anormal já havia ocorrido antes do avistamento dos Wilmot ou, então, de que um segundo acidente ocorrera em outro local. Mas Brazel não dera importância à explosão, porque na hora a tempestade elétrica já era forte. Os destroços só seriam encontrados por ele no dia seguinte, quando fora inspecionar as cercas.

UM VERMELHO ENCARNADO NO CÉU

Anos depois, em 1979, numa entrevista dada aos pesquisadores William Moore e Stanton Friedman, Marcel contou o que encontrara no rancho Foster aquele dia:

> Não era um balão meteorológico. Eu conhecia quase tudo o que voasse na época, tanto nosso quanto do estrangeiro. Conhecia também virtualmente todos os tipos de aparelho para observação meteorológica, ou radares de rastreamento usados tanto por civis quanto por militares. Não era, definitivamente, um aparelho atmosférico ou de rastreamento, avião ou míssil, não sabíamos o que era de fato. Limitamo-nos a recolher os fragmentos. Era algo que nunca tínhamos visto antes. Ignoro o que fosse. Mas não se tratava de coisa alguma construída pelo homem, nem com certeza de um balão meteorológico.[2]

O major Marcel naturalmente sabia o que estava falando. Três meses após o episódio Roswell, em outubro, fora transferido para a cidade de Washington, onde seria promovido a tenente-coronel, em dezembro do mesmo ano. *"Quando o Presidente Truman falou à nação dizendo que os russos tinham explodido um artefato nuclear, era o meu relatório que ele estava lendo"*, contou Marcel aos pesquisadores. Ainda depois, Friedman voltou a falar com ele, obtendo a confirmação:

> Quando chegamos ao local (rancho Foster), ficamos surpresos em ver os destroços espalhados numa região tão vasta. Não tinha nenhum sinal de impacto no solo. Lembrava alguma coisa explodida no ar enquanto voava à grande velocidade... Minha opinião, como especialista em aviação, é que aquilo não se tratava de balão-sonda, nem de avião ou de míssil.[3]

Naquele fim de mundo, os dois oficiais de inteligência ficaram o dia todo procurando destroços, recolhendo tudo e investigando. Estavam cumprindo uma missão de suma importância. E só partiram no final da tarde depois de terminado o serviço. Na volta, já de madrugada, Marcel parou em sua casa, na cidade de Roswell, querendo descansar um pouco. Foi aí que mostrou à esposa e ao filho de 11 anos, uma parte dos destroços que havia recolhido.

[2] BERLITZ & MOORE, 1980, pp. 81, 88.
[3] FRIEDMAN & BERLINER, 1992.

PEDRO DE CAMPOS INSTRUÇÕES DE YEHOSHUA BEN NUN

Hoje, o coronel Marcel Júnior, filho do major, é um oficial médico do Exército, fora piloto militar da reserva e qualificado investigador de acidentes aéreos, tendo servido no Vietnam. Recentemente, esteve também no Iraque, a serviço do Exército, participando do rescaldo da guerra. É ele que conta suas recordações da infância:

> Os restos e os dispositivos do aparelho acidentado deixaram em mim uma marca inesquecível na memória. O aparelho não era convencional, no sentido expresso da palavra, seus restos pertenciam provavelmente ao que então se chamava 'disco voador'. Aparentemente, ele tinha sido exigido além de sua capacidade. Para dizer isso, estou me baseando nos destroços encontrados, incluindo pedaços de 'vigas em duplo I' (não existentes em balões), contendo estranhos hieróglifos na parte interna, na cor rosa-púrpura, mas não me recordo que tivesse figuras de animais, como nos hieróglifos egípcios. Os restos do acidente foram simplesmente descritos como 'fragmentos metálicos não identificáveis', porém havia uma boa quantidade de 'vigas em duplo I', intactas. Eu só vi uma pequena parte dos destroços.[4]

Caro leitor, o nosso propósito aqui não é contar o Caso Roswell inteiro, mas estudar um pouco aqueles ETs sólidos que perderam a vida no acidente, interpretando um pouco "o como eles poderiam chegar aqui", numa hipótese que somente os tempos atuais poderiam dar respaldo científico. Não temos preocupação neste trabalho de tentar provar a existência deles. Isso já foi feito por outros pesquisadores de muito valor, alguns dos quais são mencionados no texto e podem ser pesquisados na literatura indicada. Embora os governos geralmente neguem tudo, as testemunhas confirmam o que viram. Afinal, foram elas que viram e não os porta-vozes de governo. Não obstante a negação oficial, isso nada afeta o nosso trabalho. Não impede os Espíritos de darem a sua versão. Ao contrário, toda postura de despistamento sempre estimula a verdade, fazendo-a vir à tona com outros meios. Atualmente, as testemunhas falam dos ufos sem darem importância alguma ao que o governo vai dizer. *"Elas sabem que*

---
[4] CONOZCA MÁS, 1995, p. 54.

UM VERMELHO ENCARNADO NO CÉU

o governo mente quando o assunto é disco voador"[5], disse o coronel Philip Corso, numa entrevista dada em julho de 1998, num evento ufológico realizado em Roswell, poucos dias antes de seu falecimento. E isso tem se confirmado cada vez mais na opinião pública.

O coronel Corso contou o caso de modo extenso em seu prestigioso livro.[6] Nele, deixou claro que o major Marcel chegara ao local antes mesmo de ir ao rancho Foster recolher os destroços. O achado de Brazel fora apenas uma parte dos acontecimentos. Dias antes, os radares da Base Aérea estavam captando no ar objetos não identificados, em sobrevoos enigmáticos. Na noite do incidente, eles podiam ser vistos nitidamente no écran de radar. Mas, após a tempestade, desapareceram da tela por completo. Com o primeiro telefonema dado pelo xerife Wilcox, informando que um avião tinha caído a 60 km a noroeste de Chavez, um grupo de bombeiros foi destacado para acudir o acidente. O trabalho de chegar ao local foi facilitado por alguns pesquisadores de coisas indígenas, que estavam acampados na região e tinham visto a queda daquilo que pensavam ser um avião. Ao mesmo tempo, sem que o xerife e os bombeiros soubessem, outro grupo de buscas, este muito mais especializado, houvera sido mandado ao local pelo Exército, em razão das capturas feitas no radar.

Segundo os relatos de Corso, o primeiro militar a ver os destroços foi Steve Arnold. A nave alienígena, permeada de revestimento escuro, estava quase intacta no solo. Mas seus fragmentos estavam espalhados por toda parte. A nave tinha uma forma delta-ovalada, com cantos lisos. Seu nariz estava enfiado na ribanceira, enquanto sua cauda apontava para o céu. Um calor ainda exalava do objeto, mostrando que a colisão acontecera poucos minutos antes da meia-noite, era ainda 04 de julho, quase saltando para o dia 5. Foi aí que, em meio à penumbra, num ponto ainda envolto em trevas, Arnold divisou pequenas formas, eram seres humanoides, com

---

[5] *Revista UFO*, nº. 114. Entrevista do Cel. Philip J. Corso, a Michael Lindemann.
[6] CORSO, 1999.

tonalidade cinza-escura. As criaturas estavam esparramadas no solo. Uma delas estava imóvel, mas parecia ameaçadora. Outra entidade apoiava-se num pequeno morro de areia. Quando os medidores de radiação mostraram que não havia perigo, a área foi liberada e os médicos correm em direção às criaturas, levando macas. Cada militar fazia seu trabalho de modo quase mecânico. Pareciam formigas, cada qual com sua tarefa específica. Todos se agitavam na execução, mas sem saber ainda o que pensar daquilo tudo. Ninguém jamais tivera passado por uma situação tão insólita na vida. No local, pairava no ar uma sensação de absurdo.

Foi aí que chegou a equipe de bombeiros. No local, Dan Dwyer e seu pessoal viram a nave acidentada e as criaturas. *"Não é maior que uma criança"*, pensou ele. *"Nem qualquer criança tem uma cabeça tão grande assim"*. A criatura tinha olhos grandes, escuros, separados por uma inclinação descendente. A que estava viva, fitou-o. Olhava diretamente para ele como se fosse um animal indefeso. Não emitia som nem qualquer reação. Mas Dan, de alguma maneira, sabia que ela estava morrendo. O nariz e a boca eram pequenos, como se fossem ranhuras na face. Quando o holofote bateu, deu para ver bem que a pele era marrom acinzentada. Mas essa observação não demorou muito. A equipe de bombeiros recebeu uma ordem do capitão: *"Vocês já podem voltar. A área já está protegida. O assunto é estritamente de nossa alçada. Vocês não viram nada aqui esta noite"*, e dispensou os bombeiros.

Dan tentou ainda ver mais alguma coisa, mas foi logo impedido por um sargento. Ao esboçar reação em palavras, foi levado ao major Jesse Marcel, chefe da Inteligência, que ele conhecia de vista na Base. Então escutou dele: *"Você tem que dar o fora daqui. E não conte a ninguém onde esteve e o que viu. Isto aqui é uma questão de segurança máxima, o tipo de coisa que poderia mandar você para a cadeia (...). Agora tire o seu veículo daqui (...). Mexa-se!"*[7]. E Dan fez rapidamente o que lhe foi sugerido pelo major.

---

[7] CORSO, 1999, p. 36.

UM VERMELHO ENCARNADO NO CÉU

Mais de 40 anos depois, em novembro de 1990, durante certa investigação, o investigador Friedman teve uma grata surpresa. Um homem, que ele deu a público apenas como FB, disse de modo convincente ter estado no local do incidente. Tratava-se de um fotógrafo da Força Aérea, que prestava serviço na base naval aeronáutica de Anacostia, cidade de Washington. Ele se recordava de que no começo de julho de 1947, juntamente com outro fotógrafo, identificado como AK, tinham sido embarcados com urgência num bombardeiro B-25, para o aeroporto de Roswell. Após o desembarque, tiveram ainda que viajar cerca de uma hora e meia, seguindo para o norte. Na região de Corona, havia três sítios distintos. Os locais estavam guardados rigidamente por soldados, com uma quantidade enorme de outros militares. Um dos sítios era o campo de escombros descoberto pelo rancheiro Mac Brazel, que o *Daily Record* se encarregara de divulgar a história, o segundo, era o ponto em que a nave fez a aterrissagem forçada, e o terceiro, o lugar em que os corpos foram encontrados em suas cápsulas de escape.

Enquanto AK subiu num caminhão para fotografar o ponto em que os soldados ainda recolhiam destroços, FB teve ordem de preparar sua câmera para tomada de fotografias a cinco metros de distância. Em seguida, teve que entrar numa tenda de campanha que media de 6x9 metros, toda escura. Quando entrou, saíram de lá dez ou 12 oficiais. Ele conta:

> Quando o flash explodiu pude ver quatro corpos, mas eu estava ainda com a vista um tanto cega, porque lá fora fazia um dia lindo, muito ensolarado... Tudo o que se fotografava ali eram corpos. Eles estavam em baixo de uma lona, que era levantada pelos oficiais para a tomada da foto. Após uma foto, o flash era trocado e outra era batida, passando depois o carretel da película para um oficial (cada carretel só tinha duas chapas de filme cortado de 10x12 cm) e passava-se à tomada seguinte. Parecia que os corpos eram idênticos: escuros, delgados, com cabeça demasiadamente grande. Eu bati umas 30 fotos. [8]

---

[8] CONOZCA MAS, 1995, p. 79-81.

Às 4 horas da manhã, FB e AK foram embarcados num B52, escutando de um oficial: *"O que vocês acreditam ter visto no Novo México, lembrem-se: jamais o viram!".*

No período de oito anos, entre 1978-86, valendo-se de uma agenda antiga do tenente Haut, os ufólogos Friedman e Moore entrevistaram nada menos que 92 testemunhas. E em agosto de 1986, enquanto o filme Roswell era rodado para reconstruir o caso, um antigo empregado da Funerária Ballard, que prestava serviços à Base Aérea de Roswell, encontrou Friedman e contou a ele uma história intrigante.

O homem era Glenn Denis. Ele dava conta de que na primeira semana de julho de 1947, fora consultado por um oficial da Base sobre a forma de conservar cadáveres. Um militar ligou perguntando se a funerária tinha ataúdes de criança. Quando Glenn lhe disse que tinha dois, então o oficial quis saber quanto tempo demoraria em conseguir outros. Falou que estavam fazendo um experimento e talvez precisasse de muitos. Mas o que intrigou Glenn foi o fato de o oficial querer saber sobre os líquidos usados para embalsamar corpos, especialmente para cadáveres que estivessem vários dias em meio às intempéries. Especulou sobre os líquidos usados no processo, queria saber se iriam alterar os tecidos do corpo, o sangue e outras partes. Estava claro que pretendia usar as substâncias na conservação de corpos.

Não demorou muito, houve um acidente na cidadezinha. Um rapaz tinha caído da moto e quebrado o nariz, precisava ser atendido no pronto-socorro da Base. Então, Glenn levou o rapaz de ambulância. Quando lá chegou, a sirene foi ligada e os guardas abriram a porteira, exatamente como faziam em casos de emergência. Enquanto o moço era atendido, Glenn viu uma enfermeira sair de um local restrito, com uma toalha enrolada no rosto. A enfermeira era conhecida dele, uma amiga que estava nitidamente com cara de choro. Notou que ela respirava profundo, buscando um pouco de ar puro, ao mesmo tempo em que era acometida de intensa ânsia de vômito. Estava profundamente enojada e nervosa. Eles trocaram rápidas algumas palavras. Numa atitude incomum, como pressentindo um grave perigo, a moça lhe disse para ir embora rápido.

No dia seguinte, Glenn encontrou a moça na cidade. Então ficou sabendo da ocorrência no dia anterior. É ele mesmo quem conta o caso da enfermeira X:

> Ao entrar na sala de procedimentos, ela encontrou dois médicos usando máscara cirúrgica e duas macas; em cada maca, havia uma bolsa de cadáver em cima. Os médicos estavam inclinados sobre uma das macas. Em uma das bolsas, havia dois corpos pequenos, mutilados. O mau-cheiro era insuportável, o mais forte e horripilante que jamais havia sentido em toda sua vida. Assustada, ela quis sair dali, mas os médicos lhe ordenaram que ficasse para anotar tudo o que ditavam. Disse que os médicos tinham terminado de cortar uma das mãos (num corpo já mutilado), ela tinha somente quatro dedos; nas pontas, em vez de unhas, havia ventosas. A boca não tinha dentes, era apenas uma peça de tecido cartilaginoso. Chamou atenção o fato de o ouvido ter dois canais auditivos, enquanto nós temos apenas um em cada, as orelhas não tinham lóbulos (local do brinco). O nariz era côncavo (uma depressão), com dois orifícios sem a ponte alta. Os olhos, muito... muito grandes! A estrutura óssea demonstrava que eram adultos, com cabeças grandes e desproporcionais ao corpo. Os médicos registraram que o crânio era tão flexível quanto o de um recém-nascido terrestre. E que o osso do ombro, até o cotovelo, era muito mais curto que o outro, que ia do cotovelo ao punho. Os médicos andavam de uma maca a outra, fazendo comparações. Um deles disse que as fisionomias recordavam um tipo de chinês antigo (baixo e sem cabelos), com idade de uns 100 anos. Mas em seguida, todos se sentiram mal e tiveram de abandonar o recinto. Foi então que encontrei a enfermeira no corredor.[9]

Caro leitor, nós aqui não pretendemos esgotar o assunto, apenas reproduzimos os testemunhos de uma realidade fantástica, tão insólita que beira a ficção. O fato em si é tão extraordinário que dar crédito a ele não é fácil, depende do entendimento de cada um. Estamos certos de que o crédito integral somente poderia ser dado num tempo futuro, com o advento da captação de sinais através de tecnologia ou com

---

[9] CONOZCA MAS, 1995, pp. 119-122.

PEDRO DE CAMPOS INSTRUÇÕES DE YEHOSHUA BEN NUN

a materialização dos alienígenas na Terra, fazendo contato amplamente testemunhado. Aí então os fatos se encarregariam de modificar por completo a cultura do homem. E uma nova fase da existência humana teria de ser vivida. Antes disso, vale considerar o testemunho de pessoas sérias, honestas e em perfeito estado de sanidade mental, como, por exemplo, o verificado recentemente nos Estados Unidos.

De fato, quando tudo parecia definitivamente encerrado, eis que em 1997 surge no cenário uma confissão que ninguém mais esperava. Ela começa assim: *"Meu nome é Philip J. Corso, e durante dois incríveis anos, na década de 1960, levei uma vida dupla, quando era tenente-coronel e chefiava o setor de Tecnologia Estrangeira da Pesquisa e Desenvolvimento do Exército, no Pentágono".*

Na verdade, era uma confissão com mais de três centenas e meia de páginas escritas. Nela, o coronel Corso, um militar dos mais respeitáveis dos Estados Unidos, apenas alguns meses antes de seu desencarne (julho de 1998, aos 83 anos), vinha a público para detalhar tudo o que acontecera em Roswell. Suas palavras eram impressionantes; suas narrativas, inacreditáveis. Sem dúvida, queria dar seu testemunho da verdade, para que as gerações futuras tivessem o direito de saber que a Terra não é o único planeta habitado do universo e que a tarefa de preservá-la deve prosseguir, envolvendo todas as pessoas. E ele continuou seu relato:

> No Pentágono, havia um simples móvel, um arquivo que herdei por causa do meu passado de homem de informações. O arquivo continha o segredo mais profundo e mais bem protegido do Exército: o arquivo Roswell. Era o esconderijo de restos e informações que um grupo de busca militar do 509º Army Air Field retirou dos destroços de um disco voador, que caiu nos arredores da cidade de Roswell, no deserto do Novo México, na escuridão da madrugada, durante a primeira semana de 1947. O arquivo Roswell era a herança do que aconteceu durante as horas e os dias após a colisão, quando foi executada a ação de acobertamento oficial do governo. Enquanto os militares tentavam fazer ideia do que era aquilo que havia caído, de onde tinha vindo e qual seria a intenção de seus

UM VERMELHO ENCARNADO NO CÉU

ocupantes, o Alto-comando montava um grupo secreto (Majestic-12), sob a liderança do chefe da inteligência, o almirante Roscoe Hillenkoeterr, para investigar a natureza dos discos voadores e reunir todas as informações sobre contatos com esses fenômenos. Enquanto que, ao mesmo tempo, pública e oficialmente, desacreditava-se a existência dos discos voadores. Essa operação vem prosseguindo de uma forma ou de outra durante 50 anos, em meio a um sigilo total.[10]

Agora, já no fim da vida, o coronel Corso estava disposto a contar tudo. Disse claramente que o Caso Roswell não fora uma fantasia, mas uma realidade vivida nos primeiros dias de Julho de 1947. Mais de uma década depois, em 1961, o arquivo do insólito chegou às suas mãos, por ordem do general Arthur Trudeau, diretor da R&D do Exército. Sua missão era examinar o legado, filtrar a tecnologia encontrada em Roswell e canalizá-la para o desenvolvimento industrial, numa operação de engenharia reversa, em benefício da segurança e defesa militar.

Curiosamente, como se o destino escolhesse os homens, o então major Corso, na noite de 06 de julho de 1947, enquanto o major Marcel dormia no rancho Foster para no dia seguinte recolher os destroços achados por Mac Brazel, ele dava serviço em Fort Riley, no Kansas. E não poderia imaginar que aquela noite de domingo ficaria gravada em sua memória, marcada que fora por um acontecimento deveras incomum.

Em seus relatos, o coronel Corso se recorda de quando chegara a Forty Riley. Esse quartel era uma antiga sede do 7º Regimento de Cavalaria de Custer. Ali, um antigo estábulo fora reformado e agora dava lugar a uma pista de boliche. Na época, o então major Corso adorava jogar boliche. E não demorou muito para fazer inúmeros *strikes* e ficar muito conhecido do pessoal. Os soldados passaram a comentar seu desempenho com grande entusiasmo, porque se aproximava um torneio muito disputado no Exército. Embora Corso fosse um oficial acostumado a práticas esportivas no clube dos oficiais, os soldados resolveram ariscar. Afinal, o torneio permitiria a

[10] CORSO, 1999, pp. 19-20.

participação de oficiais e o major seria um bom reforço para o time. Foi o sargento Bill Brown, conhecido pelos soldados como "Brownie", que disse ter observado seu desempenho nos sábados e, um tanto sem jeito, convidou-o a participar da seleção. Foi assim que Corso se tornou um amigo muito estimado dos soldados, participando dos treinos e do torneio. Naquela noite inesquecível de domingo, essa amizade lhe valeria uma descoberta que mais tarde contribuiria muito para o desenvolvimento de seu trabalho no Exército.

Durante a tarde daquele domingo, havia chegado ao quartel um comboio de caminhões. Parecia uma carga normal, como outra qualquer. O único senão era que *peças de reposição"*, como estavam registradas no manifesto de carga, deveriam vir de Wright Field, e não de Fort Bliss, no Texas, de onde dizia vir a carga. Mas Corso só saberia o motivo dessa impropriedade anos depois, quando recebeu o insólito arquivo do general Trudeau. Naquela noite, ele era o oficial de plantão. Seu trabalho era fazer a inspeção dos postos de sentinela, fechar os clubes sociais e ficar de olho no telefone e no aparelho de telex, para, se necessário, tomar as providências necessárias. Ao longe, observou a aproximação de uma tempestade de verão e ficou torcendo para ela não chegar depressa ao quartel, porque se fosse assim, teria que tomar muita chuva e pisar em muita lama, para fazer a inspeção noturna. Quando deu a hora, ele iniciou o trabalho. E no final, deslocou-se até o prédio da veterinária, o insólito estava ali.

Estranhamente, notou que o militar responsável não estava em seu posto. Então escutou uma voz na escuridão, era Brownie, do time de boliche, dizendo: *"Major, o senhor sabe o que tem aqui?"* O soldado estava do outro lado da cerca, onde não poderia estar. Naquela noite, o prédio da veterinária fora classificado como sendo de "acesso proibido". O que Brownie estava fazendo lá era uma incógnita, não deveria estar ali. Como oficial do dia, Corso poderia entrar no prédio. E foi o que ele fez. Dentro do recinto proibido, viu que o soldado estava atônito.

UM VERMELHO ENCARNADO NO CÉU

Em razão da amizade nos jogos de boliche, Brownie se sentiu à vontade para dizer ao major que os motoristas tinham dito coisas estranhas. Contaram que a carga dos caminhões era de um desastre atendido pelo 509º, de Roswell. E que quando olharam dentro, viram que *"a coisa não é deste planeta"*. A história era tão absurda que não dava para acreditar, precisava ser conferida. De imediato, Corso fez vistas grossas e mandou Brownie sair: *"Volte ao seu posto!"*, disse firme. *"Sim, senhor! Ficarei lá fora vigiando para o senhor"*, disse o soldado, certo de que o major também se surpreenderia.

Em meio à escuridão, Corso acendeu o farolete. No depósito, tinha uns 30 engradados. Ele deu uma olhada geral nos caixotes, notando que um deles já parecia ter sido aberto: a tampa estava frouxa. Bastou forçar um pouco mais a madeira, para encontrar algo extraordinário. Então seu estômago veio parar na garganta: fora algo de estarrecer.

Em seus relatos no *The Day After Roswell*[11], ele conta que algo estranho estava encaixotado ali. Dentro do madeiramento, distinguia-se um tipo de caixão especial, diferente de todos os demais. Dentro, havia um recipiente grande de vidro, era enorme. Um conteúdo insólito estava nele mergulhado. Submerso num líquido azul gelatinoso, como se fosse uma solução grossa de óleo diesel, flutuava um estranho ser. *"Era algo macio e brilhante como a barriga de um peixe"*, considerou o major. E prosseguiu: *"À primeira vista, pensei que fosse uma criança morta que eles estivessem levando para algum lugar, mas aquilo não era uma criança"*.

Detendo a luminosidade na criatura submersa no líquido gelatinoso, Corso percebeu que aquilo era uma forma humanoide. À primeira vista, parecia um quadrúpede de forma humana. Mas era algo diferente disso, porque tinha braços e mãos. Não notou polegar nenhum, mas as mãos tinham horrivelmente seis[12] dedos, enquanto as pernas e os pés eram muito finos. Flutuando em meio àquela substância incandescente,

---

[11] CORSO, 1998, pp. 33-36.

[12] CORSO, 1998, p. 34, capítulo 2. Conforme edição original em língua inglesa.

PEDRO DE CAMPOS INSTRUÇÕES DE YEHOSHUA BEN NUN

notava-se uma enorme cabeça, totalmente desproporcional ao corpo, em forma de lâmpada, nitidamente sem queixo, que flutuava como um balão chinês. Era uma cena de causar medo.

Num instante, Corso se retraiu diante da criatura morta. Mas retomando o controle, sentiu-se impulsionado para abrir o recipiente e tocar a pele cinza da criatura. Mas ainda assim não pôde concluir se aquilo era revestido de pele ou se havia uma cobertura única, muito fina, que envolvia a criatura inteira. Olhando a cabeça, pensou que os olhos da entidade estivessem virados para trás, porque não dava para ver as pupilas, nem a íris e as demais características de um olho comum. As órbitas eram enormes, em forma de amêndoa, inclinadas, apontando para o nariz. E o nariz era diferente, sem protuberância nenhuma, como se a narina de um bebê não tivesse crescido, mas ficado para dentro na gestação. O crânio, a seu turno, era tão grande que todas as feições da face ficavam restritas ao pequeno compartimento inferior da cabeça, sem quase expressão facial nenhuma. Não tinha as maçãs do rosto, nem orelhas. Tampouco sobrancelhas e nenhum pelo na face. Notava-se bem uma fenda na parte inferior do rosto, sem dúvida: era uma minúscula boca, fechada. Difícil entender como aquilo poderia comer e comunicar-se falando. Tratava-se de algo tão incomum que não havia outra coisa a fazer senão ficar ali observando aquela enigmática figura, flutuando num líquido incandescente. Seu aspecto geral não demonstrava danos corporais, não tinha sinais de trauma, escoriações nem sangue no corpo. Embora fosse profundamente enigmático, o corpo estava completo.

Na caixa, havia um documento da Inteligência do Exército, dizendo que a criatura era ocupante de um engenho de voo, caído dias antes em Roswell. Havia também um manifesto dirigido para o Comando de Material Aéreo de Wrigth Field, indicando o destino para o setor de patologia do necrotério do Hospital Militar de Walter Reed, onde se supunha que a criatura seria autopsiada. Corso colocou tudo no lugar, saiu dali totalmente desconcertado. Mais tarde, ao entrar em seu gabinete, sentou e ficou imaginando que aquilo poderia ser

UM VERMELHO ENCARNADO NO CÉU

um corpo humano, uma criatura mutante, talvez decorrente da explosão atômica em Hiroshima, no Japão. Isso passou pela sua cabeça como alternativa lógica. Naquela altura, ele não poderia imaginar que anos depois, no Pentágono, teria em mãos um substancioso arquivo, contendo talvez a necropsia da mesma criatura que acabara de ver em meio ao líquido azul.

Caro leitor, os relatos testemunhais do Caso Roswell variam um pouco as datas do incidente, sendo dias *"dois ou 3 opondo-se a 4 de julho de 1947"*, disse Corso ao contar sua história. Mas todos davam conta de que o fato verdadeiramente ocorrera. Quem observa os relatos da enfermeira X, feitos por Glenn Denis, e os do coronel Corso, nota que enquanto a enfermeira vira uma mão decepada com *"quatro dedos"*, de um corpo mutilado, recuperado cerca de cinco[13] quilômetros do local do acidente, Corso, a seu turno, observara uma criatura inteira, com *"seis dedos"*[14] em cada mão. Ambos eram de corpos resgatados pelo grupo 509º, de Roswell. Tudo leva a crer que havia dois tipos de criatura dentro da nave, e não apenas um.

Quanto à enfermeira X, esta foi exaustivamente procurada por alguns ufólogos. Glenn Denis não quis dizer seu verdadeiro nome, com receio de colocá-la em perigo. Deu--lhe então um pseudônimo: Naomi Maria Seiff. Nas investigações, vieram à tona alguns nomes de enfermeiras que na época prestavam serviço na Base de Roswell. Quase todas já tinham desencarnado, restando apenas uma: Rosemary J. Brown. Esta, aos 78 anos e ainda muito lúcida, entrevistada na Inglaterra, onde vivia, disse: *"Sei que estava ocorrendo algo ultrassecreto na Base, porém os oficiais se encarregaram de que tudo ficasse restrito ao corpo interno, sem nada vazar"*[15], e não falou nada mais sobre o episódio, encerrando assim o caso.

Também foi ventilado um segundo acidente na região de Roswell, na localidade de San Agustín. Duas testemunhas

---

[13] CONOZCA MAS, 1995, p. 121.
[14] CORSO, 1998, p. 34, capítulo 2. Conforme edição original em língua inglesa.
[15] CONOZCA MAS, 1995, p. 125.

deram relatos importantes, sugerindo fortemente a existência desse segundo caso, o qual complementaria o primeiro. Uma das testemunhas, Gerald Anderson, disse que quando criança vira os destroços da nave e os corpos dos alienígenas. Seus relatos são impressionantes e altamente convincentes. Isso fez com que o conhecido psicólogo John Carpenter, fizesse com ele várias regressões sob sono hipnótico. No final, Carpenter certificou: *"Gerald Anderson disse a verdade; e sua experiência na infância existiu e é autêntica"*[16]. A seu turno, o físico nuclear Stanton Friedman, principal investigador do Caso Roswell, depois de entrevistar quase uma centena de pessoas e de estudar o caso por anos a fio, ficou convicto de que uma segunda nave caiu de fato na região de Roswell, naqueles dias, mas, para ele, os relatos do coronel Corso ainda precisavam de mais investigação.

Caro leitor, desde o início dos acontecimentos o Caso Roswell gerou uma verdadeira paranoia. O Secretário de Defesa dos Estados Unidos, almirante James Forrestal, foi ao suicídio. Os chamados "homens de preto" entraram em ação e até hoje não se sabe ao certo quem foram e o que fizeram. As dissimulações, os acobertamentos, os trabalhos de inteligência, as afirmações e os desmentidos, as mentiras e as investigações foram intermináveis. Em cada investida, uma novidade importante sempre surgia, tornando ainda mais difícil a montagem inteira do quebra-cabeça. Isso dificultou ainda mais o entendimento e fez de Roswell um caso inacabado.

A ocorrência ali não fora um contato amigável entre civilizações, mas um grave acidente alienígena. Segundo os vestígios, o planeta humano estava sendo observado ocultamente por entidades externas querendo, com isso, algo não bem definido. O coronel Corso tratou de estudar essa incidência com afinco e de se aproveitar do artefato acidentado para desenvolver tecnologia terrestre de última geração, em trabalho de engenharia reversa. Contudo, o como eles chegaram aqui, vindos de tão longe, é um enigma ainda a ser desvendado. No próximo capítulo vamos ver um pouco isso.

---

[16] CONOZCA MAS, 1995, p. 128.

16

COMO ELES CHEGAM AQUI

Em 1961, o coronel Corso havia feito o melhor de todos os seus relatórios para o general Trudeau. Nele, falava sobre o achado mais importante de todos: *o alienígena extraterrestre.* Corso havia lido o relatório da autópsia,[1] visto as fotografias e os desenhos feitos pelo Exército. Tudo estava no arquivo que lhe fora confiado pelo general Trudeau. Em primeira pessoa, estudara detalhadamente cada cena descrita, esmiuçara cada particular para tentar entender a criatura. Os destroços em seu poder e alguns aparelhos da nave estavam vinculados à criatura e ele precisava interligar as peças e montar o quebra-cabeça inteiro. Precisava explorar o material para

---

[1] A autópsia estudada pelo coronel Philip Corso não demonstra ser a mesma divulgada em 1995, pelo produtor inglês Ray Santilli, a qual fora montada pelo cineasta para sua notoriedade e para auferir lucro. Corso não era ufólogo, mas militar de carreira do Exército, com acesso a documentos sigilosos. A realidade do Caso Roswell independe da farsa idealizada pelos homens, sejam eles civis ou militares.

pegar o fio da meada, desenrolar o novelo e propor ações que pudessem redundar em benefícios científicos, capazes de promover mais segurança, mais aprendizado e mais avanço nas investidas espaciais. Os achados de Roswell eram um verdadeiro tesouro, mas profundamente enigmático. Seria preciso decifrá-lo.

Nos relatórios, os legistas do Hospital Militar de Walter Reed ventilaram a hipótese de que a grande capacidade dos pulmões e do coração da criatura, ambos desproporcionais ao pequeno corpo (1 metro e 30 centímetros), seriam em razão de metabolismo lento, talvez devido ao tempo biológico que para ela, supostamente, deveria passar muito devagar, vivendo num campo gravitacional mais reduzido que o terrestre. Isso poderia justificar um pouco a longa viagem que teria feito para chegar a Terra, embora não resolvesse o mistério. O coração e os pulmões maiores denotavam mais facilidade para bombear e levar uma espécie de linfa pelo sistema circulatório, mas este se mostrava muito limitado e de aparência até mesmo primitiva, desproporcional a um suposto avanço genético da criatura. O fluxo do líquido que servia como sangue, parecia regular as funções corporais, assim como as secreções glandulares faz ao corpo humano. O estado adiantado de putrefação dos órgãos parecia mostrar que a nossa atmosfera lhe causava efeito tóxico. Exposta a ela, seus órgãos teriam recebido forte carga nociva, resultando depois num aceleramento da decomposição, muito mais rápida que a dos órgãos humanos.

Em Fort Riley, nos idos de 1947, Corso houvera visto uma criatura flutuar em substância gelatinosa, talvez fosse aquela mesma que agora tinha em mãos o relatório. Por certo, a equipe médica do 509º tinha colocado o corpo num líquido adequado, conservante. Do ponto de vista científico, não se justificava o alto estado de putrefação da criatura, a ponto de os legistas não poderem avaliar o músculo cardíaco e a sua estrutura funcional. Mas concluíram que os pulmões funcionavam como as *"corcovas de camelo"*, armazenando a

UM VERMELHO ENCARNADO NO CÉU

atmosfera para liberá-la depois, aos poucos, na medida em que o corpo solicitasse.

O grupo militar de resgate que cercara a área da queda, depois relatou que uma das criaturas respirava com dificuldade, querendo viver, mas não soube dizer se o pânico devia-se à queda, aos ferimentos ou à atmosfera que lhe seria imprópria. As histórias obedeciam a um modo de ver particular, sem respaldo científico, principalmente em se tratando de criaturas não terrestres, evolucionadas em outro ambiente. Parecia certo que os pulmões funcionavam de modo semelhante aos tanques de oxigênio nas operações de mergulho. Esse fato mostrava que a entidade tinha menos necessidade que o homem de armazenar na nave uma atmosfera respirável, mas isso também não poderia justificar uma capacidade tão longa de viagem.

O sistema digestivo da criatura praticamente não existia. E isso, associado a uma boca pequena e a ausência de meios excretores, parecia justificar a inexistência de alimentos na nave e de recinto privado para os dejetos corporais. Nada parecido com comida fora encontrado no engenho. Os médicos não conseguiram entender como a criatura poderia se manter viva sem um processo alimentar. Nada parecia capaz de revigorar seu corpo, e sua química corporal era inexplicável para os padrões terrestres. Apenas parecia lógico que se não havia um sistema de troca de energia e sobras decorrentes do processo, então a função alimentar deveria estar concentrada na pele, onde a troca sem dejetos seria realizada, algo como *"planta com raízes aéreas"*. Talvez a resposta para isso estivesse na *"camada protetora"* que envolvia a criatura por inteiro.

Uma espécie de envoltório protetor cobria sua pele, como se fosse um tecido de trama uniforme colado a ela. Um dos legistas relatou que aquilo lembrava *"teia de aranha"*, frágil na aparência e forte no desempenho, mas de função específica enigmática. Parecia mais um traje espacial biológico, tão ajustado ao corpo que se incorporava a ele integralmente. Os médicos não conheciam nada parecido, mas consideraram que sem o *"traje"*, a criatura ficaria vulnerável ao impacto das partículas de energia, cujo bombardeamento na viagem poderia cozinhar o corpo como se fosse um forno de micro-ondas.

Por debaixo dessa camada protetora, uma pele interna com característica permeável, aparentando uma espécie de tecido adiposo, revestia o corpo todo. Talvez a falta de sistema digestivo fosse compensada por essa pele, que parecia conectar as camadas profundas e fazer uma troca permanente de energia com o sistema sanguíneo-linfático. Para abastecer os órgãos, não havia nada mais sugestivo que isso na criatura. Era o único indicativo de que os médicos dispunham para tentar entender o como elas se mantinham vivas na nave. Diante da insuficiência dessa hipótese, postulou-se que o objeto poderia estar vinculado a outro maior, a uma nave-mãe de grandes proporções, suficientemente dotada com recursos para suprir todas as necessidades vitais das criaturas.

Os médicos ficaram intrigados com o fato de os ossos apresentarem-se extremamente fibrosos. Eram flexíveis como cartilagens, sugerindo realizar com grande desempenho a função de amortecedor. Em outras palavras, as fibras cartilaginosas poderiam receber um forte impacto sem risco de quebra, sobrepujando o desempenho do corpo humano com seus ossos quebradiços. A estrutura do crânio era esponjosa, assemelhava mais às cartilagens palatais do que ao osso duro da cabeça humana. Mas em contrapartida, a fisiologia da criatura era frágil ao esforço. A quase ausência de músculos, não lhe daria possibilidade nenhuma de realizar trabalho pesado, não havia força muscular para isso. Sem dúvida, parecia mais adaptada a viagens espaciais do que o homem, mas ainda assim insuficiente para transpor distancias interestelares.

Todavia, influenciado pelo programa espacial da época e movido pela necessidade militar de resposta cientificamente válida, o coronel Corso considerou a insólita viagem como realizada somente no espaço convencional. Pelo fato de a criatura estar aqui, convenceu-se de que ela fora geneticamente planejada para realizar a tal viagem. Numa visão materialista,

UM VERMELHO ENCARNADO NO CÉU

para ele a entidade seria uma espécie de bioforma androide, um tipo de robô geneticamente projetado para realizar uma missão.

Contudo, ainda que o coronel fosse lúcido nas ideias e claro nas explicações, não havia como justificar um corpo de ciclo vital limitado, que precisa renovar-se constantemente para viver, fazer uma viagem de milhares de anos para chegar a Terra. Por certo, o segredo da viagem não estava apenas no particular físico da criatura, mas também no seu desempenho mental, na sua capacidade técnica de fazer a viagem. Os artefatos elaborados por ela e o seu funcionamento deviam determinar o *"como fazer"* e o *"por onde fazer"* a viagem, a ponto de reduzir o tempo tão drasticamente para torná-la realizável. Entender a capacidade mental da criatura, seu engenho de viagem e o funcionamento dos comandos de bordo, seria de fundamental importância para o coronel fazer seu relatório ao general Trudeau.

De fato, o cérebro da entidade mereceu atenção especial. Seu tamanho, sua anatomia e seu funcionamento foram alvos de acurado estudo. Quanto ao modo de pensar da criatura, o relato das testemunhas presentes ao local recebeu o devido crédito. Elas davam conta de que a criatura moribunda, lutando ainda para manter-se viva, denotava sofrimento e aparentava sentir dor, mas não produzia nenhum som de lamentação. Sendo assim, o serviço de Inteligência do Exército considerou que para as impressões pessoais valerem, a testemunha deveria receptar da entidade um tipo de projeção empática, traduzido em forte ressonância interior, podendo também receptar um fluxo telepático de ideias, desde que reconhecido claramente, sem equívoco. E que se essas impressões pessoais fossem compartilhadas com outra testemunha, então seu valor seria ainda mais apreciável.

Curiosamente, as pessoas disseram não escutar palavras, mas tinham a sensação mental de sentir a complexidade de um sofrimento, não apenas físico, mas traduzido na mais profunda tristeza psíquica de chorar as entidades mortas ao lado da nave acidentada. Esse sentimento profundo e enigmático foi o que mais intrigou o coronel nas suas pesquisas. Afinal, isso gerou inúmeras especulações sobre a capacidade alienígena de projetar pensamentos, de auferir efeitos psicocinéticos e outras coisas além dos limites da ciência, que a explicação no relatório era econômica em dados científicos e que o coronel não estava disposto a adentrar.

Quanto ao cérebro da criatura, ele era enorme em comparação ao do homem e desproporcional em relação ao pequeno corpo da entidade. Parecia superdimensionado para um corpo tão pequeno. Se a criatura fizesse uso pleno daquela capacidade cerebral, por certo seria inteligentíssima. E não era sem motivo a especulação dos militares, preocupados com uma suposta radiação mental capaz de subjugar o homem num eventual encontro psíquico.

De fato, o funcionamento do cérebro foi motivo de muito estudo e especulação. Dentre os objetos resgatados no acidente, havia certa *"faixa de cabeça"*. Tratava-se de um dispositivo semelhante a um adorno, feito com vulcanização especial, muito flexível, que se encaixava no crânio logo acima das orelhas, ajustando-se facilmente à enorme cabeça. Era constituído de sensores elétricos semelhantes aos condutores de um eletroencefalógrafo. Tratava-se de uma interface conectando o cérebro e a máquina. De modo desconhecido, as criaturas pareciam usar meios psicotrônicos para operarem a nave. De alguma maneira sofisticada, um programa cerebral ou, no mínimo, ordens mentais precisas eram transmitidas ao engenho, comandando suas ações sem o uso de qualquer atuação manual. A nave inteira aparentava ser um enorme circuito integrado, sem que tais estruturas pudessem ser notadas, mas cujo periférico de comando seria a mente alienígena, como se ela fosse o *"computador de bordo"* e o *"módulo de ligação"* com a nave-mãe. Se fosse assim, a inteligência viva seria parte integrante da máquina, formando, ambas, um conjunto harmônico.

Em Roswell, durante o pouco tempo em que o engenho ficara na Base, os oficiais tentaram experimentar a faixa de

UM VERMELHO ENCARNADO NO CÉU

cabeça para saber o que ela fazia na prática. O resultado foi intrigante. Embora ela fosse autoajustável, a cabeça da maioria dos oficiais era pequena em comparação à da criatura, não suficiente para a faixa ajustar-se. Somente alguns oficiais puderam fazer o teste. Os relatos foram variados. Houve quem sentisse apenas um formigamento no interior do crânio, mas teve quem acusasse dores lancinantes na cabeça. Luzes breves, de cores variadas, formavam-se por debaixo das pálpebras. Mas na medida em que a faixa era movimentada na cabeça, elas dançavam nos olhos e provocavam estampidos mentais no cérebro.

A nave não tinha motor nenhum, muito menos propulsão atômica, nem qualquer forma de impulso conhecido que pudesse deslocar o engenho um milímetro sequer. Mas, segundo os relatos, era capaz de anular a gravidade produzindo ondas eletromagnéticas, de inverter o sentido da onda e obter deslocação. A nave seria capaz de captar força magnética e armazená-la, para uso na propagação das ondas que a levariam ao ponto de destino.

Curiosamente, a energia que envolvia a nave não afetava as criaturas em seu interior, supostamente porque elas estariam usando um enigmático traje, envolvidas com algum tipo de energia neutralizadora, capaz de formar um anteparo de proteção ao corpo. Uma potente energia eletromagnética parecia fazer o serviço integralmente: protegia as criaturas, fazia a nave flutuar e a impulsionava numa insólita viagem.

Mas a força mental das criaturas encarregava-se de acionar os comandos operacionais da nave. Esse fantástico ser extraterrestre, operador do magnífico engenho, por algum motivo enigmático, supostamente uma tempestade elétrica de verão, houvera caído em Roswell e transformara-se num valioso arsenal científico a serviço do Exército dos Estados Unidos. Contudo, agora, estava reduzido a um singelo relatório de papel, destinado ao alto-comando militar.

Por certo, seu crânio de proporções enormes abrigava um cérebro avantajado, com capacidade de fazer uma insólita viagem e chegar a Terra com meios totalmente desconhecidos do homem. Estudar a capacidade do cérebro alienígena e descobrir o que ele seria capaz é algo fascinante, porque o homem talvez possa fazer algo parecido com o seu próprio cérebro, num futuro bastante próximo.

De fato, a força do pensamento é uma propriedade de todos os seres vivos. O ser pensante tem capacidade de emitir e receber pensamentos, comunicando-se com outro ser inteligente sem importar a distância e as barreiras físicas. Isso já foi visto em laboratório inúmeras vezes, inclusive nos experimentos levados a efeito na Duke University, pelo Dr. Joseph Banks Rhine (1895-1980), criador da Parapsicologia. Entre os seres humanos, essa prática recebe o nome de *telepatia*. Trata-se de um fenômeno que existe na natureza, embora seja inabitual.

A telepatia é realizada sem que os órgãos dos sentidos sejam excitados, ou seja, ela prescinde totalmente da fala, da audição, do tato, do olfato, da visão e do paladar. Ocorre sem interferência dos meios de comunicação, sem desenho nem escrita ou quaisquer sinais. A subjetividade de um pensamento emitido ao longe, quando captado com precisão por outra pessoa em local distante, mostra a existência de coisas imateriais interagindo entre si. A telepatia denota que o cérebro é capaz de produzir ondas e de projetá-las para fora de si mesmo. Então surge a pergunta: Como as ondas cerebrais chegam à pessoa distante? A resposta é apenas lógica: um plasma universal as conduz para lá!

O vazio interestelar e todos os outros vazios menores simplesmente não existem. O que chamamos de vazio está cheio de um plasma invisível. Isso quer dizer que todas as coisas, sejam elas pequenas ou grandes, sejam sólidas, líquidas ou sutis, estão submersas nesse fluido cósmico universal, energia penetrante que também funciona como *"massa de liga"*. Estando todo cérebro pensante banhado por esse plasma, as ondas emitidas por um, podem ser recepcionadas por outro,

UM VERMELHO ENCARNADO NO CÉU

desde que ambos estejam vibrando na mesma sintonia. O cérebro distante, quando devidamente sintonizado, funciona como aparelho receptor, ou seja, capta as ondas transmitidas assim como o aparelho de rádio recebe as ondas da estação emissora. A isso chamamos "canalização", quer dizer: ato pelo qual o sensitivo sintoniza um pensamento de natureza extrafísica. O plasma universal funciona então como veículo da informação, de modo semelhante ao fio condutor que leva a eletricidade para outros pontos distantes.

No ato de pensar, a força cerebral determina o poder de penetração das ondas. Uma força poderosa pode atingir pontos distantes. E quando o agente pensante acrescenta ainda mais força em seu pensamento, então a potência se multiplica. Ao imperativo da vontade, o pensamento abre no plasma universal um microburaco quântico, por assim dizer, ou seja, um portal de entrada à quarta dimensão, ao quarto estado da "matéria" (estádio de energia). Nessa porta de ingresso, a onda cerebral penetra. E por aí transita, até ser captada, quase instantaneamente, em qualquer parte do cosmos, por outro cérebro que esteja canalizado na mesma sintonia do emissor. Independente da linguagem, a comunicação se faz por imagens mentais e sentimentos íntimos, fazendo com que todos os seres viventes do universo se entendam entre si, estejam onde estiverem. Trata-se de uma vibração íntima da alma, capaz de sintonizar as ondas, de decodificá-las e interpretar o seu significado, transmitindo a mensagem com nitidez, sem que barreira física alguma constitua empecilho capaz de deter o fluxo das ideias.

Além dessas propriedades, a força mental mostrou-se capaz de provocar também *efeitos físicos na matéria*, dando base científica para as fantásticas ocorrências em Roswell. Um jogador de cassino, conversando com o Dr. Rhine, disse ter convicção de que sua força mental interferia no resultado dos jogos. As pesquisas com o rapaz foram estimulantes. Então o professor Rhine reuniu vários jogadores e experimentou com eles o *jogo de dados*.

Cada jogador tinha que mentalizar o resultado máximo que pretendia no lance, e depois lançar, simultaneamente, dois dadinhos no tabuleiro. Deve-se notar que cada dadinho tem numeração de um a 6, portanto, o resultado máximo em cada lançamento é 12. Se o resultado fosse de até sete, ele seria considerado de baixa marca, e de 8 para cima, de alta marca. Realizada a experiência, verificou-se que em cada 12 lançamentos consecutivos havia predominância dos resultados de alta-marca. Os jogadores repetiram inúmeras vezes o teste, inclusive em condições variadas, chegando a obter 90% de alta-marca. Os dadinhos eram agitados, rolavam a esmo na mesa e caiam numa posição favorável ao agente psicocinético.

Diante das evidências, os pesquisadores admitiram a existência de uma energia mental influenciando a matéria. E em 1943, depois de 10 anos fazendo experimentos diversos, o Dr. Rhine publicou os resultados. Ele comprovou sem falhas experimentais que a psicocinesia é fato real, ou seja, que *"um agente psicocinético, aplicando apenas sua força psíquica na matéria, sem nenhum contato direto com ela, influencia seu comportamento e causa nela interferências físicas inequívocas"*.

Com isso, a ciência foi obrigada a admitir que o homem tenha uma faculdade paranormal ainda pouco conhecida, uma força psíquica capaz de atuar vigorosamente na matéria. Por conseguinte, as criaturas de Roswell, com seu poder mental maior que o do homem e sua ciência mais desenvolvida, deram mostras de dominar amplamente essa técnica e de aplicá-la com êxito em seus engenhos.

Apenas numa ideia de grandeza, observamos que o homem comum usa 10% de sua força mental, enquanto outros, como demonstraram depois Uri Geller, nos Estados Unidos, e Nina Kulagina, na Rússia, usariam três vezes mais que o comum, ou seja, cerca de 30%. Contudo, uma força mental muito superior às verificadas na Terra, cerca de oito vezes superior à do homem comum, fora percebida nos alienígenas de Roswell.

UM VERMELHO ENCARNADO NO CÉU

Segundo as observações do coronel Corso, a "faixa de cabeça" era um dispositivo sensorial de ligação, uma interface de conexão entre o cérebro e a máquina, instrumento físico capaz de transformar as ondas do pensamento em comandos psicotrônicos de operação da nave.

Sem necessidade nenhuma de instrumentos manuais, os operadores comandavam o engenho no curso de uma viagem insólita. Essa interpretação de capacidade mental poderia servir de base para outros estudos.

Assim como o homem consegue obter com seu poder mental alguns fenômenos do tipo poltergeist, a entidade alienígena, com capacidade mental mais desenvolvida, poderia obter efeitos físicos ainda maiores. E se àquele cérebro poderoso (como mostrou ter a criatura de Roswell) fosse incrementado recursos técnicos altamente avançados (como a entidade mostrou usar), então sua radiação cerebral ficaria multiplicada, e os efeitos físicos advindos dessa multiplicação atingiriam um grau imaginável pelo homem. Sem dúvida, seu patamar de realização seria elevadíssimo, ultrapassaria os limites da ciência e penetraria ao mundo da ficção, podendo fazer coisas simplesmente inacreditáveis.

Nesse ponto, suas realizações seriam algo semelhante à pura magia. Os contatos imediatos poderiam ser feitos através de uma insólita viagem pela quarta dimensão do espaço-tempo, por outro sistema de ligação interestelar ainda desconhecido, mas de teoria admirável, capaz de converter uma viagem de milhares de anos-luz em apenas brevíssimos instantes. Nesse patamar de desenvolvimento, seria natural pensar-se numa teleportação física para deslocar os seres vivos de um orbe a outro do infinito.

Nesse apport extraordinário, os ETs sólidos viriam a Terra de modo semelhante aos "fenômenos de transporte" no Espiritismo, vistos hoje ainda mais nítidos quando se observa o Fenômeno UFO. Conforme sugerido no Caso Roswell, uma força mental grandiosa, associada à alta tecnologia, poderia obter efeitos físicos fantásticos, como a teleportação. Hoje, o teletransporte é a hipótese mais provável para explicar o como eles chegariam aqui.

A nossa ciência está calcada na Teoria da Relatividade. E quando ela diz que a velocidade da luz não pode ser ultrapassada, os contatos imediatos de terceiro grau parecem apenas ilusão. Quando a testemunha relata uma experiência assim, ela não é fácil de ser acreditada, parece mais uma mentira ou influência dos filmes de ficção na pessoa. Afinal, para se viajar de uma estrela a outra, um ET sólido teria que gastar milhares de anos. Mesmo viajando a velocidade da luz, chegar a Terra pelo espaço convencional seria uma tarefa quase impensável. Apenas para atravessar a Via Láctea, a nave teria que viajar 100 mil anos-luz. Mas apesar dessa suposta impossibilidade, as testemunhas insistem que os contatos são verdadeiros e que os alienígenas são criaturas sólidas. Sendo assim, outras possibilidades para essa suposta viagem precisam ser consideradas.

A ideia científica em voga é que o universo de três dimensões retrata apenas o nosso limitado poder de observação. Ilustrando um pouco essa ideia, vemos que a nossa sombra é um ser de superfície, ou seja, ela ocupa apenas duas dimensões: comprimento e largura. Mas o corpo humano acrescenta, a essas duas, ainda outra, a altura, ocupando assim três dimensões. Tal como o corpo humano, todos os corpos celestes ocupam três dimensões no espaço. E as teorias científicas atuais tratam de consolidar a ideia de que o universo seria formado por mais dimensões, além dessas três, as quais seriam invisíveis ao homem. O universo teria então um caráter multidimensional, fala-se hoje em 11 dimensões e até mais. Existindo outras dimensões além das três conhecidas, considera-se que a quarta poderia ser acessada através de um portal, de um acesso tão incomum quanto à dimensão seguinte. Se for assim, talvez as restrições impostas pela Relatividade pudessem ser removidas e a velocidade da luz não mais seria problema. As ondas de rádio, de televisão

UM VERMELHO ENCARNADO NO CÉU

e até naves espaciais estruturadas poderiam deslocar-se pela quarta dimensão, reduzindo fantasticamente o tempo de viagem no cosmos. A isso é dado o nome de "viagem no hiperespaço".

Numa viagem dessas, uma nave sólida daria a impressão de viajar milhões de vezes mais rápido que a luz, quando, na verdade, teria usado apenas um atalho do universo para chegar ao ponto desejado. Não se trata de ultrapassar a rapidez da luz, mas de algo equivalente a isso. Em teoria, trata-se de uma modalidade de teletransporte. A entrada a esse atalho se daria através de um portal, chamado cientificamente de Buraco de Minhoca.

O estudo dos Buracos de Minhoca é fascinante, porque é altamente convincente. E essa fascinação não acontece somente porque os livros trazem desenhos muito bonitos, com figuras geométricas que ilustram bem o pensamento matemático dos físicos, nem tampouco porque os escritores conseguem grandes tiradas filosóficas para explicá-los, mas, sobretudo, porque essa teoria é corroborada na prática, com experiências de laboratório.

Os fenômenos de *apport* e de psicocinesia mostram que a quarta dimensão verdadeiramente existe. No passado, ela fora constatada por inúmeros pesquisadores do Espiritismo científico. Na atualidade, experiências levadas a efeito em vários laboratórios do mundo confirmam a sua existência. De fato, sob uma intensa força mental, os objetos sólidos entram na quarta dimensão, viajam pelo hiperespaço e saem em outra localidade, sem que os pesquisadores saibam o como. Experimentos assim foram realizados nos Estados Unidos, na Rússia e na China.[2]

Em razão disso, o Laboratório de Pesquisas (AFRL) da Força Aérea dos Estados Unidos (USAF), sediado na Base Aérea de Edwards, Califórnia, procurou avaliar essa possibilidade

---

[2] As experiências na China foram relatadas no livro *UFO: Fenômeno de Contato*, Capítulo — Teletransporte pelos Buracos de Minhoca.

fazendo Estudos de Teleportação Física,[3] durante o período de janeiro de 2001 a julho de 2003. O resultado foi dado ao público em agosto de 2004. Concluiu-se que o teletransporte de objetos e de seres vivos é *"fato real, que pode ser controlado"* em laboratório. Por consequência, o interesse militar passou a ser manifesto, com disposição do governo norte-americano para altos investimentos em pesquisas na área espacial.

As experiências preliminares visaram estudar a ação da mente sobre a matéria, num efeito chamado psicocinese, e também a "visão à distância" ou "visão remota", conhecida na paranormalidade como clarividência, além de conceituar os efeitos de *apport*, ou seja, da teleportação de objetos e de seres vivos. Cinco tipos de teletransporte foram conceituados em laboratório, dando base científica à chamada Teoria dos Buracos de Minhoca. Por esses portais, a quarta dimensão poderia ser acessada e uma hipotética viagem no hiperespaço seria conseguida, tomando-se atalhos para se chegar a qualquer parte do cosmos quase instantaneamente, de modo semelhante ao relatado pelas testemunhas de contatos alienígenas. Supõe-se hoje que esta seja a hipótese mais viável para termos a ideia de como "eles" chegam aqui.

O teletransporte é ainda comparado ao mundo da ficção, algo "louco" como Cristóvão Colombo achando na Europa que tinha outro mundo além do Atlântico, quando, na verdade, tinha mesmo. Uma das possibilidades para se abrir um buraco de minhoca no ar, seria abrindo primeiro um microburaco quântico, construído com potentes aceleradores de partículas. Acredita-se que dilatando esse ínfimo ponto no espaço, poderia chegar-se a um macroburaco de tamanho suficiente para sugar uma espaçonave como se fosse um buraco negro. Nesse tubo dilatado do espaço-tempo, a nave viajaria, para depois sair dele através de um suposto buraco branco. Nessa viagem insólita, a espaçonave estaria toda envolvida por energia negativa, conhecida como matéria exótica, a

---

[3] O relatório completo, contendo 88 páginas em formato PDF (Adobe Acrobat Reader), pode também ser baixado pela internet, site: www.rense.com/1.imagesG/teleport.pdf (jun./2006 - inglês).

UM VERMELHO ENCARNADO NO CÉU

qual funcionaria como camada protetora da nave, isolando o engenho de todas as adversidades. A nave, além de suas funções normais, seria também um potente acelerador de partículas, acionado por qualquer tipo de energia disponível no local em que estivesse, capaz de abrir um novo buraco de minhoca sempre que lhe fosse necessário para prosseguir viagem a outro destino.

Poderíamos imaginar essa espaçonave como um engenho "perfurante", capaz de fazer do universo um imenso queijo suíço, uma rede de buracos no espaço-tempo que funcionaria como pontes de interligação entre um local e outro. Os operadores da nave poderiam escolher uma variedade de caminhos para chegar a qualquer parte quase instantaneamente. Hoje, isso é uma tarefa tão complexa quanto na Idade Média o teria sido pensar-se num avião, num telefone celular ou num computador. Hoje, o homem não sabe fazer isso, mas os alienígenas dão mostras de dominar perfeitamente essa tecnologia, o Fenômeno UFO assim o demonstra.

Em seus estudos, a Força Aérea dos Estados Unidos (USAF) dá mostras de que pretende saber mais do assunto, conforme fica claro no documento emitido por seu Laboratório de Pesquisas, porque a melhor maneira de entender a teleportação física seria tentando realizá-la.

Caro leitor, se a teoria que ventilamos aqui pode lhe parecer apenas um jogo de palavras ou objeto de ficção, nós devemos insistir que os casos mostrados em capítulos anteriores denotam não ser à toa que os organismos militares fazem uso dessa teoria para entender os ufos e idealizar mecanismos de defesa. Vamos lembrar um pouco alguns casos já relatados e avançar em seguida com outros, para fecharmos o raciocínio de modo prático, mostrando que a teleportação já vem sendo realizada, mas falta à nossa ciência saber o como realizá-la.

Lembramos que nos fenômenos ocorridos em Ponta Porã, no sítio de Okabe, os objetos iam parar no cômodo de cima, teleportados de modo misterioso. Certa feita, durante o dia, algumas visitas chegaram ao sítio trazendo balas de presente para as crianças, à noite, para surpresa delas, houve uma verdadeira "chuva de balas". Enquanto as visitas conversavam, as balas "choveram" em cima delas no quarto. As crianças não tinham aberto as caixas, mas quando examinadas, estavam vazias e os lacres permaneciam intactos. De modo enigmático, as balas foram retiradas das caixas e jogadas no quarto, viajando por fora do nosso espaço, num incrível efeito de teletransporte. *"As balas simplesmente apareciam no ar, como vindas do nada, rolavam no alto apenas a um metro da nossa cabeça"*, disseram as testemunhas. Isso, caro leitor, é uma viagem insólita, feita através de uma quarta dimensão.

No outro dia, vendo que os objetos de baixo iam parar no cômodo de cima sem se saber como, surgiu a ideia de amarrar um fio comprido em cada objeto, para dar linha e descobrir por onde passavam até chegar lá em cima. Se desse certo, o trajeto do agente invisível ficaria claro. Dito e feito. As coisas grandes foram levadas para o quarto de cima, mas desta vez tinham deixado para trás os rabos de fio. De modo estranho, os fios estavam inseridos nas frestas, por entre as tábuas do assoalho, num espaço de apenas 2 milímetros, ficando dependurados no teto e esvoaçando no cômodo de baixo. Era algo absurdo, mas verídico. Então alguém perguntou: *"Como poderia uma bicicleta passar pela fresta das tábuas?"*. Mistério! E esse mistério, caro leitor, se resolve considerando o efeito de teleportação. Um microburaco quântico fora expandido, um tubo para a quarta dimensão fora aberto e as coisas sólidas, sem desmaterializar, teriam entrado nele, viajado por fora do nosso espaço e entrado no cômodo superior através de um buraco branco, um portal de entrada, de um Buraco de Minhoca aberto no ar pelo agente invisível capaz de fazer o serviço.

No sítio, os casos insólitos não pararam aí, mas prosseguiram até o clímax. Depois de um grande estrondo no quintal, o jipão Toyota sumiu. Então alguém disse: *"Para o quarto ele não foi! Nós estávamos lá quando ouvimos a explosão. E se tivesse ido, teria desmontado a casa inteira, o Toyota pesa 2.500 kg e está carregado!"*. O veículo tinha ido parar a 40 metros do local em que fora deixado. De modo incrível, estava colocado entre o paiol e o muro de alvenaria, sem margem de manobra para entrar ali. O jipe estava brecado, com o motor frio e a primeira-marcha engatada. Não fora ligado, ninguém escutara o forte ronco do motor. O para-choque de aço estava retorcido, como se fosse entortado por uma força descomunal. Não dava para o enorme jipe ser empurrado pelo aclive até a parte alta do terreno onde fora parar. Tinha chovido, o chão estava molhado e só havia marcas de sapato no chão (as do pessoal), mas não tinha marca nenhuma de pneu. O jipão parecia ter *"caído do céu"* e ficado ali, espremido entre o paiol e o muro. O pesado veículo de 2.500 kg fora teleportado à distância de 40 metros! Pergunta-se: De onde teria vindo a energia capaz de fazer o trabalho? Apenas por suposição, ela teria vindo de um misterioso acelerador de partículas, de um enigmático agente invisível capaz de fazer o serviço. Os dois supostos jornalistas norte-americanos que depois estiveram no local, certamente levaram essas informações a seus superiores. Fora uma viagem insólita, feita através de uma quarta dimensão do espaço-tempo.

A seu turno, na fazenda Ripperstone a teleportação seria ainda mais fantástica, porque se tratou de teleportar seres vivos e não objetos. Nitidamente, o fenômeno estava associado à teoria dos ufos. Quando Bill notou que as vacas diminuíram o leite, que estavam agitadas e algumas tinham desaparecido, ele ficou intrigado e resolveu passar uma noite no estábulo, para cuidar daquelas que precisavam parir. Ele não podia perder mais nenhum animal, o prejuízo avultava. Então o vaqueiro passou a noite inteira no estábulo, quase sem pregar os olhos. Ao amanhecer, foi tomar uma xícara de café em casa, antes de iniciar a ordenha. Aí a coisa aconteceu. De modo enigmático, as 158 vacas, pesando 50 toneladas, foram teleportadas para a fazenda ao lado. Estavam comendo no pasto do vizinho, com o fazendeiro "louco da vida". Nenhum poltergeist houvera sido tão potente para teleportar

PEDRO DE CAMPOS INSTRUÇÕES DE **YEHOSHUA BEN NUN**

um rebanho inteiro de gado. O fenômeno transcendia a tudo até então conhecido. Na época, nada pôde explicar o mistério. Mas hoje, caro leitor, parece claro que houve uma teleportação, uma insólita viagem de um rebanho inteiro através de uma quarta dimensão. Na época, o ufólogo Aimé Michel comentou: *"O Fenômeno UFO é tão insólito que quanto mais se vê, menos se entende!"*. Hoje, o fenômeno parece melhor entendido pela USAF, com seus estudos de teleportação tentando validar a Teoria dos Buracos de Minhoca. Sem dúvida, trata-se da hipótese mais provável para explicar "o como eles chegam aqui".

Nos Estados Unidos, quando Uri Geller esteve à disposição da NASA, no Instituto de Pesquisas de Stanford, logo que ele chegou ao país foi hospedar-se na casa do Dr. Puharich. Ambos presenciaram um fato insólito. O cão de estimação desapareceu da cozinha e foi reaparecer ao longo da estrada, estava voltando em direção a casa, depois de ter sido teleportado por um agente invisível a centenas de metros. O animal veio correndo e chegou descontrolado, encostou-se ao dono como a suplicar proteção e não saiu mais de perto dele. No dia seguinte, quando informado do caso, o astronauta Edgar Mitchell fez um desafio a Geller: queria ter de volta uma câmera deixada na Lua. O resultado desse desafio jamais seria divulgado pelo Instituto de Stanford. Mas o capitão Mitchell teve em seguida uma grande surpresa – seu prendedor de gravatas de estimação, perdido anos antes, foi devolvido a ele após um almoço, quando uma parte da peça apareceu dentro da sobremesa e, a outra, caiu sobre sua mesa de reuniões, dentro do Laboratório de Stanford, ambas por meio de teleportação. Mas o teletransporte mais extraordinário ainda estava por vir.

Era 09 de novembro de 1973, quando às 16 horas Geller saiu do apartamento em que estava hospedado, na Zona Leste do coração de Manhattam, para comprar um binóculo. Achou rapidamente o que procurava e foi a pé ao edifício de

UM VERMELHO ENCARNADO NO CÉU

uns amigos, aonde chegou às 16h30. No local, foi recebido pelo casal Maria e Byron Janis, seus amigos de longa data, e por Shipi, uma amiga que estava no ateliê de Maria ajudando a emoldurar seus quadros para uma exposição de pinturas. Eram 17h30 quando Geller deixou o apartamento dos amigos para voltar ao seu. Ele pretendia tomar um banho e encontra-se com uma garota que estava hospedada no Hotel Biltmore, perto dali.

Ao mesmo tempo, exatamente às 17h30, Solveig Clark, uma amiga de Puharich, saiu de seu escritório no edifício da General Motors e correu até a Central Station, para pegar um trem que chegaria à localidade de Ossining às 19h04. A moça pretendia ajudar Puharich nos originais do livro *Uri*, que ele estava escrevendo. Contudo, caro leitor, por ora nós vamos deixar Solveig aqui, à espera de seu trem na estação. Vamo-nos deter nos acontecimentos de Geller.

O moço saiu rápido do prédio dos amigos, tinha intenção de comprar um presente para a garota que ia encontrar e tomar um banho antes do encontro. Deu uma rápida olhada nas vitrines e prosseguiu, não queria se atrasar. Passavam alguns minutos das 18 horas, quando ele se aproximou do prédio vizinho ao seu, caminhando rápido para chegar a casa. Já estava quase debaixo do toldo de entrada daquele edifício quando algo extraordinário aconteceu. O fato insólito marcaria definitivamente sua lembrança.

Na calçada, apenas entrando no início do toldo, eis que sentiu uma sensação estranha. De súbito, um estímulo raro lhe assaltou o corpo, teve a impressão de estar correndo para trás, alçando o corpo como se tivesse subindo de costas uma escada. Uma intensa sucção sobreveio. Era algo profundamente enigmático, não dava para entender. As lembranças seguintes não se fizeram nítidas e um curtíssimo lapso de tempo passou. Na hora, teve a impressão de estar sendo puxado para cima. Na flutuação, sua sensibilidade corpórea desapareceu, parecia mesmo não ter mais corpo, estava leve como pluma. Então algo mais sobreveio, mas sem distinção consciente. Foi como se fechasse os olhos e, ao abri-los, estivesse em outro local, diferente do anterior. Mas agora estava no ar, impelido de corpo inteiro para uma tela de arame. Era a proteção da varanda de uma casa. Seus olhos abriram a uns 30 centímetros da tela. O impacto era inevitável. Então bateu com tudo na proteção de arame. Simplesmente, atravessou-a! E foi parar dentro da varanda, em cima de uma mesa com tampo de vidro, uma chapa grossa e resistente. Só deu tempo de estender as mãos, numa atitude de defesa. O impacto fora inevitável. Primeiro a mesa virou de lado e depois caiu de chapa no chão. O vidro não suportou, quebrando por inteiro. Geller, a seu turno, rolou no piso da varanda e foi parar longe. Não perdeu os sentidos, tendo a impressão de estar consciente o tempo todo. Apenas o joelho doía, em razão do impacto na mesa. Mas o simples fato de estar vivo e lúcido no chão, já era motivo de alegria. Ele sabia que tinha furado a tela e quebrado a mesa. Também reconheceu o recinto em que estava – a varanda da casa de um amigo. Então gritou por Puharich o mais alto que pôde, suplicando ao amigo para vir socorrê-lo. De imediato, não teve resposta nenhuma. Sentiu-se com frio e muita sede. Mas ficou ali estendido, imóvel, resguardando-se de qualquer coisa, com receio de ter quebrado algum membro.

Puharich, a seu turno, no andar superior da casa houvera assistido alguns minutos do noticiário das 18 horas, quando escutou um estrondo, seguido de forte impacto. Pensou que algo tivesse batido na parede lateral da casa. Então, pulou da cama e foi ver o que era. Olhou primeiro nos três pavimentos da casa, procurou em todos os cômodos e nada... Então considerou que a coisa deveria ter sido lá fora, porque na noite anterior ventara muito e talvez, agora, uma árvore tivesse caído. Era preciso conferir isso, e ele saiu. Mas só se deu conta da situação quando escutou Geller gritar seu nome. Então foi socorrê-lo de imediato. Como médico, procurou fazer um exame geral no moço. Notou que Geller estava assustado, mas não tinha nada de grave, apenas uma ligeira dor no joelho, coisa de quem

UM VERMELHO ENCARNADO NO CÉU

leva uma pequena queda na rua; viu que a mesa estava quebrada e que a tela da varanda tinha um rombo enorme; curiosamente, notou nas mãos de Geller um pacote: o binóculo que ele acabara de comprar em Manhattan.

Em instantes, o telefone tocou. O relógio marcava 18h15. Era Maria, ligando de seu ateliê em Nova York. Ela houvera emprestado um livro de Puharich e queria tirar algumas dúvidas. Falando com ele, soube do acontecimento. Tomou um grande susto, quando Geller pegou o aparelho e lhe confirmou o episódio. Do outro lado da linha, Maria não podia compreender como ele fora parar em Ossining, estando 50 minutos antes em Nova York. Quando pararam para pensar, viram que o fenômeno fora o mais dramático de todos os tempos, algo sem igual na paranormalidade de Geller. Nenhuma forma convencional de transporte poderia levá-lo a 45 km de distância, apenas em segundos.

Mas os fenômenos raros eram comuns com Geller. E toda vez que ocorriam, algo sempre ficava registrado no gravador. Então Puharich foi buscá-lo. Ao ligar, uma voz maquinal se fez ouvir saindo dele. Em inglês, a voz soava com autoridade, destituída de qualquer senso humano, sem sotaque nem colorido. Dizia ser Spectra, a espaçonave alienígena que espreitava Geller desde a sua infância. Na mensagem, deixava claro que sua energia houvera teleportado instantaneamente o moço de Nova York para Ossining, cumprindo quase 50 km de distância apenas num piscar de olhos.

Enquanto isso, Solveig Clark, que ficara na estação, agora viajava de trem para chegar a Ossining. Quando deu 19h04, o trem parou no destino, mas seu anfitrião não estava lá para esperá-la. Ela conta:

> Eu tinha prometido para Puharich que apareceria no fim de semana para ajudá-lo na redação do livro... Disse-lhe o horário do trem e para apanhar-me na estação, mas ele não apareceu. Então telefonei. Fiquei espantada quando do outro lado da linha escutei a voz de Geller. Eu havia falado com ele no início do dia e ele não mencionara que pretendia visitar Puharich. Limitou-se a dizer que em 15 minutos estaria na estação. E desligou. Fiquei esperando

> aflita. Imaginei que algo havia acontecido. Então me preparei para tudo. Só fiquei aliviada quando eles chegaram. Em casa, Puharich acendeu a luz da varanda. Parecia que tinha havido um desastre. A tela de arame apresentava um rombo enorme na parte superior, à altura dos lilases que cercam um trecho da varanda. A mesa estava virada e havia estilhaços de vidro do tampo por toda parte. Geller já estava refeito. Mas se fosse outro, garanto que ficaria prostrado, em tal estado de abalo emocional que teria que ser internado.[4]

Enquanto Solveig foi à cozinha improvisar uns ovos mexidos e salada, Geller e Puharich tentavam entender o estranho episódio. De lanterna na mão, o colaborador da NASA saiu à procura de pegadas nas cercanias da varanda. Tinha nevado e o tempo era propício a elas. Mas nada encontrou. O corpo arremessado entrara pelo ar, a uns 2 metros de altura. O rombo na tela, sem dúvida, tinha sido feito de fora para dentro. O metal tinha sido rompido por carne e osso, não havia nenhum indício de ter sido feito com outro instrumento.

O corpo de Geller houvera passado por uma insólita transformação, talvez estivesse envolvido por algum tipo de energia exótica, capaz de fazê-lo entrar numa quarta dimensão do espaço-tempo, de teleportá-lo à longa distância e de converter o metal da tela em algo mais sutil, fazendo o corpo entrar incólume na varanda. Mas quanto a essa energia exótica, caro leitor, no próximo lance a situação ficará mais clara.

O Caso da Menina que desapareceu das mãos de um médium foi intrigante. Esse episódio fora contado num livro anterior e pode ser aqui resumido em poucas palavras. O confrade X conta que uma jovem senhora estava para dar a luz. O marido, a seu turno, queria de todo jeito ver o parto da esposa. Havia apenas um problema: ele viajava muito e quase não parava em casa. Então foi ao centro espírita e solicitou à entidade que quando chegasse a hora, gostaria de ser avisado. Dito e feito. No dia certo, foi avisado pelo Espírito. Então voltou rapidamente para casa e deu tempo de ver o parto da esposa. Tudo correu bem, a criança era forte e sadia.

---

[4] GELLER, 1975.

UM VERMELHO ENCARNADO NO CÉU

Por questões particulares, a família não apareceu mais ao centro e ficou sem agradecer a entidade. Os meses passaram. Quando voltaram ao local, a criança já estava crescida. Meio sem jeito, mas em tom de brincadeira, o marido disse ao Espírito: *"Nós a trouxemos aqui para batizar!"*. A entidade não se fez de rogada e disse: *"Ah é! Trouxeram para batizar? Então me dê aqui a menina!"*. Quando a criança foi pega no colo, aconteceu algo surpreendente. Ao levantar a menina, ela, simplesmente, sumiu! As mãos do médium ficaram totalmente vazias. Uma sensação de absurdo tomou conta dos pais. *"Onde foi parar a criança?"*, perguntaram atônitos. E logo em seguida, após um curto lapso de tempo, o neném voltou aos braços do médium, como se tivesse *"caído do céu"*. Mas na volta, a menina estava algo diferente. A mãe exclamou surpresa: *"O vestido dela está do avesso!"*, e de fato, estava. De resto, não havia outra anormalidade. A menina sumira por um lapso de tempo e voltara com a vestimenta ao contrário, sem tempo suficiente para qualquer pessoa fazer a inversão da roupa, abotoar o vestido e fazer o laço ao contrário. Não era um efeito hipnótico, tampouco uma ilusão de ótica causada pela refração da luz ou outro artifício, a menina tinha sumido de modo inequívoco. Fora um caso extraordinário, examinado em detalhes no livro anterior. Mas a novidade agora, caro leitor, é outra. Após a publicação do livro, sobreveio um fato intrigante.

Eu estava descansando em casa tranquilo, quando recebi um telefonema. Do outro lado da linha, um militar reformado da Força Aérea Brasileira dizia conhecer um caso semelhante, tão parecido com o Caso da Menina que gostaria de falar-me. Disse que o episódio estava guardado em sua lembrança desde há muito, já quase esquecido, quando tudo voltou à baila em razão do livro: *UFO — Fenômeno de Contato*. Era algo digno de consideração. E de fato, a 01 de agosto de 2005, tive a oportunidade de tomar uma xícara de café com Délio Mathias (pseudônimo), ocasião em que falamos longamente. Ele trazia em mãos uma foto, em preto e branco, do tamanho

PEDRO DE CAMPOS INSTRUÇÕES DE YEHOSHUA BEN NUN

dessas de álbum de casamento, em perfeito estado de conservação e nitidez impecável. Era uma chapa antiga, anterior à existência dos recursos atuais da informática que alteram as coisas e dificultam o trabalho do especialista no reconhecimento. Eu tinha em mãos a foto original, que segundo ele, pertencera a João Silvano.

Quem observa a tal foto, vê quatro pessoas sentadas ao redor de uma mesa. De costas, nota-se um homem de cabelos lisos, penteados para trás; sentada, no lado esquerdo da mesa, uma jovem mãe segura com as duas mãos uma criança de alguns meses, fazendo questão de mostrá-la de pé, na foto; o pai, a seu turno, está ao fundo, sentado de frente; no lado direto da mesa, nota-se perfeitamente um Espírito materializado, trata-se de um homem, de corpo inteiro, com roupas brancas e pairando no ar, nitidamente sem pés e sem mãos, algo impressionante.

Conforme o tenente, a chapa fora tirada uns 30 anos atrás, num antigo centro espírita no alto da Vila Maria. Délio, por razões particulares, estava convencido de que a foto era da tal menina, cujo caso fora contado no livro *UFO*, e que o Espírito motor seria a entidade materializada na foto. Contudo, não tinha certeza. Queria uma opinião. Então a conversa se estendeu para os motivos que o fizeram sentir a necessidade de falar comigo. Aí as coisas começaram a se encaixar melhor.

Segundo ele, tomara conhecimento do caso porque sua esposa, Ermelinda, recebera uma informação de Hindu, seu guia espiritual, de que já havia na literatura espírita informações sobre naves alienígenas. Délio conta que sua esposa fora ao Shopping Center de Caraguatatuba e comprara ali o livro *UFO*. Após a leitura, deu-lhe o livro. Quando ele estava no décimo capítulo, viu algo especial: o Caso da Menina lhe parecia familiar. Uma foto antiga lhe sugeria isso. Em seu íntimo, algo lhe dizia que a menina da foto era a mesma da do livro. Então procurou falar-me. E agora estávamos frente a frente, num agradável bate-papo que se estenderia por duas horas.

Délio falou com muita satisfação dos vários locais em que morou durante sua carreira militar. No Rio Grande do

UM VERMELHO ENCARNADO NO CÉU

Sul, conhecera o Hospital Psiquiátrico em que trabalharam os médicos Dr. José Lacerda e Dr. Vitor Costa, este último, um militar reformado. Ficara conhecendo as atividades de ambos, cujos trabalhos de Apometria (uma modalidade de desobsessão espiritual) eram feitos como coadjuvantes ao tratamento médico convencional. Fez inúmeras experiências com efeitos físicos, tais como: materialização de Espíritos, transporte de objetos e movimento de copos. Esses fenômenos foram presenciados por ele durante anos. Tem em seu poder uma coleção de *pedras teleportadas*, muito brilhosas, pertencentes à sua esposa, e várias fotos de Espíritos em processo de materialização. Falou-me de seu entendimento sobre as narrações do profeta Ezequiel (*Ez 1,1-28; 2,12-15*), da sugestiva nave alienígena ali narrada. Disse estar convicto dos implantes alienígenas e das criaturas que se fazem presentes na Terra de modo enigmático. É capaz de descrevê-las com rara precisão, numa riqueza de detalhes que sugere ao pesquisador a necessidade de outros procedimentos para entender melhor os porquês disso.

Mas a grande surpresa da nossa conversa estava reservada para o final. Quando alguns detalhes vieram à tona, tomei conhecimento de que o pai dele era tio da mãe do confrade X, o amigo que me contara anteriormente o Caso da Menina, ou seja, Délio é primo de 2º grau do confrade X. Desse episódio, fiquei com a impressão de que quando a espiritualidade quer, até os mínimos detalhes podem vir à tona.

A menina, brevemente desaparecida, entrara num suposto buraco de minhoca, ficara oculta em uma quarta dimensão do espaço-tempo, local em que as coisas acontecem com rapidez inconcebível, por assim dizer, e a prova disso fora o "*vestido do avesso*". Depois, então, ela "*caiu do céu*", entrou no nosso espaço e foi parar ilesa nas mãos do médium. Não houve desmaterialização, mas um efeito físico raro, que antecede a ação de teletransporte, ou seja, num lapso de tempo o corpo desapareceu, foi colocado num tubo do espaço tempo, para depois viajar e ser devolvido ao mesmo local. O

Espírito motor fizera um "batismo raro", mostrara que a operação é factível, capaz de ser realizada por quem domina a técnica. Não se trata de milagre, mas de uma ciência incomum que pode hoje ser experimentada em laboratório, conforme mostra o extenso relatório de 88 páginas dado a público[5] em agosto de 2004, pelo Laboratório da Força Aérea dos Estados Unidos.

Caro leitor, o Caso da Menina não é fato isolado no Espiritismo, como ele, há outros. Anteriormente, na Inglaterra, o naturalista Alfred Russel Wallace obteve notáveis fenômenos de teleportação com experiências levadas a efeito em sua casa. De modo independente, Wallace houvera formulado a Teoria da Evolução, tendo como fundamento a seleção natural das espécies. Mas conforme suas descobertas no campo paranormal, ele ficara convencido de que a força da mente, conjugada à atuação de "seres espirituais", deveria estar por trás da história evolutiva do homem. Ele estava disposto a entender isso melhor. E, em 1866, fez várias experiências de teleportação paranormal com a médium Agnes Guppy. Nos experimentos, os objetos apareciam do nada, entravam no ambiente sem que ninguém pudesse entender como, e apareciam na frente de todos como se fosse um ato de criação espontânea do ar. Às vezes, tais aparecimentos estavam associados à força mental da médium, mas em outras, era notória a participação de um agente invisível distinto da senhora Guppy. Os dois agentes davam mostras de poderem operar os fenômenos. Wallace se convenceu disso.

Certa feita, um amigo dele presente à sessão, vendo que era comum pedirem flores para o agente invisível, solicitou algo que julgara mais difícil, pediu um *grande Girassol*. Para surpresa de todos, quase de imediato caiu em cima da mesa uma enorme planta. O Girassol estava ainda orvalhado e com as raízes cheias terra. De modo enigmático, os torrões estavam

---

[5] Para ler o relatório original do Laboratório da USAF e conhecer melhor o evento teletransporte com respaldo científico, seguir as recomendações da web em: www.saindodamatrix.com.br/archives/2205/08/teleporte_de_ob.html (2006).

UM VERMELHO ENCARNADO NO CÉU

impregnados de *"minhocas, plenamente vivas"*. Era a primeira vez que numa sessão espírita se verificava o *"transporte de seres vivos"*. Não satisfeita com o experimento, a Duquesa d'Arpino pediu *"areia do mar"*. De súbito, caiu sobre a mesa, como se fosse aberto um buraco no ar, *"um monte de areia da praia, cheia de estrelas-do-mar, plenamente vivas"*, demonstrando que há pouco estavam em seu *habitat*, mas agora, misteriosamente, mexiam-se em cima da mesa.

Os experimentos não pararam aí. A senhora Guppy, na medida em que era solicitada, conseguia transportar para a sala, supostamente com sua força mental e ajuda de um agente invisível, outros seres vivos. Nesse diapasão, durante as sessões, *"em plena luz do dia foram transportados: peixinhos, enguias, lagostas, caranguejos, rãs, serpentes, tartarugas, borboletas, pássaros e insetos"*. Os animais vivos simplesmente brotavam do nada, numa demonstração do agente invisível de que não havia desmaterialização, mas uma insólita *"viagem por fora no nosso espaço"*, por uma quarta dimensão, *"sem efeito lesivo aos seres vivos"*. Neste ponto, caro leitor, convém lembrar que os ETs sólidos fazem algo similar – o teletransporte é a hipótese mais provável para mostrar o como "eles" chegam aqui.

Hoje, conhecendo a Teoria dos Buracos de Minhoca, supõe-se que para fazer isso seria preciso envolver o corpo vivo numa *"energia exótica"*, capaz de protegê-lo nos vários estágios da insólita viagem, ou seja, na entrada do microburaco negro, no trânsito pela quarta dimensão, na saída do microburaco branco e no processo inteiro de retorno. Sendo assim, pergunta-se: Que energia tão magnífica é essa que envolve o corpo e faz coisas tão incomuns? Aparentemente, a pista fora dada nas sessões realizadas por Wallace, vamos ver isso.

Quando Daniel Dunglas Home se apresentou na Inglaterra, fazendo demonstrações com fogo e carvão em brasa, a suposição de existir uma energia exótica que envolve os corpos sólidos nos efeitos de *apport* passou a ser cogitada. Wallace estava presente à sessão, quando Home caiu em transe profundo. Então o médium ajoelhou-se diante da lareira, mergulhou a cabeça no fogo ardente e ficou ali por algum tempo. Todos notaram que as chamas brincavam com seus cabelos espessos. *"Fora um espetáculo terrível, mas ao mesmo tempo fascinante!"*, disse Wallace. Depois ele tirou a cabeça do fogo (qualquer um teria se queimado mortalmente), virou-se para os assistentes e falou na terceira pessoa, como se outra personalidade estivesse presente em seu corpo: *"Vejam, nem sequer um cabelinho de Home foi queimado"*.

Então prosseguiu falando e aproximou-se de Lord Lindsay, levando consigo um tição de fogo nas mãos: *"Milord, se não temeis, gostaria de colocar-lhe nas mãos este carvão incandescente, para vos convencer da realidade do fenômeno"*. O Lord já houvera aceitado o desafio, mas por infortúnio interveio bruscamente o senhor H. B. Jencken, fazendo questão de não expor o amigo. Numa suposta demonstração de lealdade, levou ele mesmo sua mão e tomou o tição de fogo. Então aconteceu um desastre. Embora houvesse tocado apenas por instantes na incandescência, seus dedos ficaram queimados na hora. A queimadura provocou gritos de dor.

Mas o Lord não se abalou com isso, abriu sua mão esquerda e Home colocou nela o mesmo carvão, ainda vermelho em brasa. O homem nada sentiu. Então Home colocou sua mão sobre a dele e ficaram assim por alguns minutos. Nada aconteceu. Em seguida, pôs um carvão em brasa na roupa e outro num pedaço de papel de jornal. Nada se queimou ali, tudo ficara intacto. Nenhuma irritação nem fuligem, tampouco cinza ou qualquer chamuscado notava-se onde o carvão fora colocado por Home. Contudo, o impulsivo Jencken ainda reclamava das queimaduras, sentido dores nos dedos. O Espírito, incorporado do médium, explicou:

> Hoje tivestes a oportunidade de assistir à terrível e tradicional 'prova do fogo'. Os fenômenos que haveis assistido são aqueles que geralmente as pessoas definem como milagres. Entretanto, creiam-me, aqui não se tratou de milagre nenhum, não houve a supressão das leis naturais, apenas envolvemos as mãos e os carvões ardentes

UM VERMELHO ENCARNADO NO CÉU

com correntes 'ódicas'[6], impedindo que o fogo atacasse a carne. Qualquer de nós poderia fazê-lo, mas a humanidade não conhece ainda sua potência sobre a matéria. O fenômeno foi operado por leis naturais. As mãos foram envolvidas com um tipo de 'substância etérica concentrada', formando uma espécie de invólucro magnético, resistente e impenetrável ao calor, como uma placa de vidro o é para a água. Se quiséssemos, poderíamos formar um invólucro semelhante em torno do corpo humano e este, sob determinadas condições, permaneceria integralmente isolado e protegido. Quanto ao senhor Jencken, que impulsivamente ofereceu a mão sem estar protegida, se queimou.[7]

Caro leitor, não há que se falar aqui em hipnose, porque roupas e papéis não são hipnotizáveis e também ficaram intactos. As pessoas, a seu turno, estavam perfeitamente lúcidas. Fora uma demonstração dos Espíritos de que há efetivamente uma matéria exótica, com a qual se forma um invólucro de "antimatéria", por assim dizer, ou um plasma de energia capaz de isolar as formas vivas das adversidades, e que poderia também ser usada nos efeitos de teleportação, quando os seres vivos fazem uma rara viagem pelo hiperespaço, superando os conhecimentos atuais da ciência.

Além dos fenômenos de fogo, na insólita verificação dos efeitos físicos um clima gelado é quase sempre relatado pelas testemunhas. Durante as sessões, os participantes dizem sentir frio. Uma acentuada queda de temperatura parece invadir o ambiente. Isso precisava ser mais bem pesquisado. Na Itália, experiências levadas a efeito por Angelo de Micheli avaliaram melhor o tema, para saber se poderia ser apenas sugestão.

Durante a sessão, em todos os cômodos do apartamento foram colocados termômetros de mercúrio. Com a ajuda dos

---

[6] O Barão de Reichenbach, no livro *Lettres Odiques et Magnétiques*, Stuttgart, 1856, definiu a Energia Ódica como: *"Uma radiação fisiológica humana que a tudo interpenetra, podendo em ocasiões controladas ficar visível e fotografável"*. Depois ampliou esse conceito, definindo-a como: *"Uma energia universal suscetível de ser acumulada, dando causa final a todos os fenômenos"*. No Espiritismo, Allan Kardec fez a distinção, chamando o eflúvio humano de *"fluido vital"* e o do universo de *"fluido cósmico universal"*, com o qual tudo se forma.

[7] MICHELI, 1991.

assistentes, em períodos de cinco minutos a temperatura de cada cômodo era medida e anotada. Os resultados foram interessantes. No local do evento, houve considerável redução da temperatura. Nos três cômodos próximos, a queda também ocorreu, mas com pouca intensidade, tendendo a normalizar na medida em que o epicentro ficava mais distante. Os participantes relataram sentir *"rajadas de vento gelado"* e *"vórtices de energia que causavam frio"*. No ambiente, constatou-se uma queda de 3º C na temperatura, mostrando que o agente invisível operava algum tipo de técnica para obter os efeitos físicos, quer de transporte quer de materialização.

Diferente dos seres vivos, os objetos teleportados apresentam características distintas, denotando existir mais de um tipo de teleportação. Os metais davam mostras de alterações singelas na estrutura molecular, porque entravam tão quentes no ambiente que precisavam ser mergulhados numa bacia cheia de água, sob a pena de queimadura se fossem tocados. As madeiras, a seu turno, eram afetadas gravemente, porque chegavam com odor característico de *"madeira queimada"*. Isso mostrou que na teleportação, os objetos físicos poderiam ser desmaterializados e rematerializados, mas os seres vivos não. Nestes, o efeito era obtido sem desmaterializar, comprovando assim a informação do Espírito, quando disse: *"Se quiséssemos, poderíamos formar um invólucro semelhante em torno do corpo humano e este, sob determinadas condições, permaneceria integralmente isolado e protegido"*. Efetivamente, dois tipos de teletransporte foram presenciados, com e sem desmaterialização.

Considerando o grande salto térmico verificado nos metais e a queima observada nas madeiras, o fenômeno de Combustão Humana Espontânea (CHE), do qual já falamos em capítulo específico, denota que o agente invisível poderia estar tentando algum tipo de teleportação, a qual fora malsucedida, ocorrendo com isso o choque desastroso no corpo humano.

UM VERMELHO ENCARNADO NO CÉU

Apenas como hipótese, talvez o efeito lesivo da CHE fosse devido ao excesso de energia no teletransporte, a qual fora desproporcional à energia exótica que constituía o envoltório do corpo. Sendo a primeira maior que a segunda, o corpo ficara desguarnecido, sobrevindo uma combustão localizada, sem queimar nada em volta senão o corpo da vítima, como os casos de CHE verificados anteriormente. O agente oculto, responsável pela operação, poderia ser tanto um Espírito desencarnado quanto um ser alienígena, ambos realizam efeitos físicos de teletransporte. Sem dúvida, a teleportação física é a hipótese mais provável e mais convincente para nos explicar o como eles chegam aqui.

Caro leitor, mais à frente nós vamos ainda observar outros tipos de fenômenos. Vamos ver a Transcomunicação, seja Mediúnica (TCM) seja Instrumental (TCI), sendo a primeira modalidade obtida por via cerebral e, a segunda, por aparelhos.

Em particular, na TCI, o microburaco quântico parece dar vazão às informações, fazendo-as transitar além da velocidade da luz, por uma quarta dimensão do espaço-tempo, por meio da qual as monumentais distâncias poderiam ser reduzidas e os contatos, em tempo real, obtidos através de imagens e sons, com potencial para colocar frente a frente as civilizações longínquas do cosmos. O estudo disso é fascinante. Vamos iniciá-lo no próximo capítulo.

17

A TCI VON BRAUN

Alguém já voltou da morte para contar...? Na verdade, são os que nela se encontram que voltam para dizer que a vida continua. A volta dos falecidos mostra que a morte não cessa a vida, os que passaram para o mundo espiritual voltam e se comunicam na Terra. O Espiritismo nasceu dessas comunicações. Os Espíritos podem comunicar-se em qualquer lugar, mas de modo controlado, esses contatos são feitos nas Casas Espíritas, usando a metodologia de Allan Kardec. Para isso, o exercício da mediunidade é fator fundamental, são os médiuns que possibilitam a eclosão dos fenômenos de psicografia, psicofonia e outros. Em tempos recentes, esses fenômenos psíquicos foram chamados de Transcomunicação Mediúnica — TCM.

O método simples e objetivo da TCM fez o mundo do além-vida vir à tona de modo surpreendente. O milagre deixou de ser milagre, passou a ter explicação mais lógica. O

UM VERMELHO ENCARNADO NO CÉU

progresso evolutivo do homem passou a ter um sentido mais amplo, porque se compreendeu que quem evolui é a alma. Ficou claro que ela pode encarnar em outros mundos para fazer sua escalada de progresso. Entretanto, o fato de o Espírito se comunicar e dizer que vive no além-vida, que tem responsabilidade, trabalha e evolui, passou a ser para alguns um grande incomodo, um estorvo a mais, porque veio negar os seus dogmas e atrapalhar o seu prosélito. Todavia, os fatos não deixam de existir somente porque alguém não gostou deles ou se sentiu incomodado, mas prosseguem, porque os fatos fazem parte da vida. Com as comunicações se repetindo a todo instante, os céticos consideraram que a prova da existência do Espírito deveria vir sem a interferência direta do médium. Então um esforço mais concentrado se fez: Espíritos de esferas mais altas que a terrestre, passaram a trabalhar um projeto de contato com tecnologia, ao que foi chamado Transcomunicação Instrumental — TCI. O início dessa fase foi curioso.

As coisas começaram em junho de 1959. Em uma manhã de verão, o artista sueco e produtor de filmes Friedrich Jürgenson, em sua chácara, escutou um canto sonoro de passarinho: era o pintassilgo da gaiola. A melodia do pássaro o levou às alturas. Então ele teve a ideia de gravar o canto, para fazer um arranjo musical de documentário. Usou para isso um gravador comum. E ficou ali dias e dias esperando o pintassilgo repetir a mesma melodia que escutara. Numa das gravações, algo inusitado ocorreu. Quando ele voltou a fita, ouviu um som incomum. De início, pensou que fosse o canto de um pássaro noturno. Mas no dia seguinte, encontrou traços de um fenômeno desconhecido. Ao tocar a fita, escutou vozes falando com ele: *"Manter contato! Com aparelho, manter contato. Favor ouvir! Favor, favor ouvir!"*.

Era algo estranho, inexplicável, mas verdadeiro porque estava gravado. Alguém queria fazer contato e pedia para Jürgenson prosseguir. O fato aguçou sua curiosidade ainda mais. Pouco a pouco ele se convenceu de que aquelas vozes não eram de origem humana. Isso causou um verdadeiro alvoroço.

Depois de cinco anos fazendo experiências, Jürgenson publicou, em 1964, o livro *As Vozes do Espaço*,[1] despertando considerável atenção dos científicos. Peritos de várias empresas examinaram as fitas, dando opiniões variadas. Isso ensejou ainda mais experiências. E os fatos se repetiram em todos os locais em que foram testados com seriedade. As experiências migraram da Suécia para a Alemanha, e daí para outros países do mundo.

Na Alemanha, em 1968, depois de três anos de trabalho, o pesquisador Konstantin Raudive conseguiu identificar 72 mil vozes. E deu isso ao público no livro *O Inaudível Torna-se Audível*.[2] Era algo fantástico. A partir daí, os métodos de gravação foram aprimorados. Passou-se a utilizar gravador, rádio, televisão, filmadora, telefone e computador nas TCIs.

Na medida em que as pesquisas avançavam, surgiram várias hipóteses sobre a causa das enigmáticas vozes. E cada uma delas foi pesquisada com o devido rigor. A suposição de que tudo era fraude, embora houvesse tentativas inescrupulosas para isso, foi a hipótese mais fácil de ser descartada. A ideia de que as vozes eram apenas ruídos do próprio equipamento ou de sons de outras rádios também foi considerada, mas não teve sustentação prática. Então se ventilou a hipótese de que algo produzido pelo subconsciente humano interferia na gravação, sem que a pessoa envolvida se desse conta. Mas isso também não encontrou respaldo científico, fora apenas uma maneira absurda de justificar a falta de conhecimento da causa. Os que pensavam assim tornaram-se uma minoria cada vez mais isolada. A prática da gravação acabou falando mais alto, porque a tecnologia usada não dava margem a erro. Os responsáveis pelas vozes se diziam Espíritos de pessoas falecidas e davam mostras aos parentes e amigos de que estavam bem vivos, que podiam interagir com eles a partir de outra dimensão. As provas obtidas com aparelhos foram irrefutáveis. E o interesse se estendeu a vários

---

[1] JÜRGENSON, 1972.
[2] RAUDIVE, 1971.

UM VERMELHO ENCARNADO NO CÉU

países do mundo. No meio ufológico, o escritor John Fuller precisava saber mais e foi a campo.

A 15 de janeiro de 1983, na Alemanha, a Rádio de Luxemburgo, a maior estação europeia com audiência de milhões de pessoas em toda a Europa, convidou o engenheiro eletrônico Otto Köning para um programa ao vivo. Ele pegou seu equipamento eletrônico, contendo osciladores de compasso extremamente baixos, lâmpadas ultravioletas, infravermelhos e outros componentes sofisticados, e foi ao estúdio da Rádio fazer a TCI. Köning instalou seus equipamentos sob o olhar vigilante do apresentador do programa, Rainer Holbe, e dos engenheiros da própria rádio. Fuller descreveu o acontecimento em *O Fantasma de 29 Megaciclos*.[3] Ele conta:

> No estúdio, a atmosfera estava quente desde o início. Um dos empregados da rádio perguntou no ar se poderia ouvir uma voz em resposta a sua pergunta direta. Dentro de segundos, uma voz clara se fez no ar, dizendo aos ouvintes: *'Otto Köning envia mensagens sem fios para os mortos'*. Então pairou no ar um enigma, não se sabia de quem era a misteriosa voz no rádio. Em seguida, outra pergunta foi feita. Então houve uma pausa, mas logo uma voz clara respondeu no alto-falante: *'Ouvimos a tua voz'*. Outras questões foram postas e respondidas. Então o apresentador do programa, com voz trêmula diante do que ele e todos tinham ouvido, disse: 'Eu vos digo, caros ouvintes da Rádio de Luxemburgo, e juro pela vida de meus filhos, que nada aqui foi manipulado. Não há truques. É uma voz! E nós não sabemos de onde ela vem'.

Em seus relatos, Fuller conta que outros diálogos foram feitos no programa. E a voz do agente invisível se fez claramente para todos os ouvintes. Não restou dúvida, a Rádio de Luxemburgo havia conectado o mundo dos mortos. Depois, a estação emitiu um laudo oficial, mostrando todos os passos seguidos pela área técnica. Empregados e engenheiros ficaram convencidos de que as vozes eram paranormais.

---

[3] FULLER, 1986. O autor descreve em detalhes as pesquisas de George Meek e as provas que ele conseguiu para demonstrar a continuidade da vida após a morte.

A seu turno, Köning não parou aí, fez muitas outras apresentações públicas. Falou com os mortos em rádio e televisão para milhões de pessoas. Certa feita, na própria Rádio de Luxemburgo, o Dr. Raudive, que quando vivo houvera escrito um livro contando sua experiência ao analisar milhares de vozes gravadas, agora, já morto, disse no rádio: *"Eu sou Raudive"*. Então os peritos tomaram essa amostra da voz e ainda outras, gravadas após sua morte em fitas de áudio e chamadas telefônicas, e as confrontaram com as gravações de sua voz quando em vida. Em seguida, análises feitas por computador mostraram que o padrão vocal das vozes, tanto em vida quanto após a morte, era idêntico. Em todas as apresentações houve êxito. E os Espíritos confirmaram a sua existência através de tecnologia, com registros inequívocos através das TCIs.

Todavia, para surpresa geral, nesses contatos surgiu um tipo de comunicação diferente da dos falecidos, ou seja, apareceram vozes de entidades que se diziam de outra origem, diferente da terrestre. E isso era algo mais enigmático ainda. Pela primeira vez, por meio da TCI, sem interferência de voz humana, entidades de outros planetas se comunicaram. Fuller parecia ter encontrado o fio da meada. Estava esperançoso de que as TCIs poderiam ajudar a decifrar os enigmas ufológicos.

Numa conferência em 02 de outubro de 1988, os conceituados pesquisadores Maggy-Fischbach[4] mostraram parte de suas fantásticas experiências. Disseram ter registrado nas TCIs uma entidade de outra esfera, que informava nunca ter encarnado na Terra. Junto com outras entidades de nível elevado, dizia supervisionar os contatos do grupo, dando suporte para o aprimoramento técnico dos aparelhos.

"Quem é você?", perguntou Maggy.

"Sou aquele que sou!", respondeu a entidade no gravador, deixando em dúvida a interlocutora. Mas a própria entidade tratou de elucidar:

> É difícil explicar-lhe: não sou um ser energético nem feito de luz, nunca fui humano nem animal e nunca tive um corpo de carne

---

[4] HARSCH & LOCHER, 1992.

UM VERMELHO ENCARNADO NO CÉU

e também não sou Deus. As pessoas cometem o erro de imaginar Deus como um ser individual. Vocês conhecem o quadro, no qual duas crianças atravessam uma ponte? Pois bem, atrás delas há um ser que as protege. Assim sou visto por vocês, mas sem asas! Caso faça questão de me dar um nome, chama-me de o Técnico.

E o Técnico prosseguiu:

> Não sou um ser onipotente, mas disponho de muito mais habilidade que os homens. Não se esqueçam de que eu também não sou infalível e que ainda me encontro em processo de aprendizagem. Sou o responsável pelo planeta Terra (no desenvolvimento das TCIs). Será um caminho longo, difícil e cheio de espinhos para vocês. Algumas pessoas lhes farão companhia e ajudarão nesse caminho. Uns irão até o fim da jornada, outros apenas até uma parte. Os que saírem, hão de ser substituídos. Vocês nunca estarão sozinhos.

A entidade se dizia diferente dos homens e procurava dar mostras de sua origem alienígena. Os falecidos, a seu turno, pareciam subordinados ao Técnico, mas sem perderem o seu livre-arbítrio. Entretanto, como o alienígena lidava facilmente com os falecidos, isso sugeria ser ele um Espírito estrangeiro, ou seja, alguém falecido em outro planeta, e que esse planeta seria mais adiantado que a Terra. O Técnico explicou: *"Existem muitos planos abaixo de mim e muitos acima. Todos esses planos são, por sua vez, novamente subdivididos"*, como se fossem os degraus de uma extensa escada.

Conhecedor do mundo espiritual, o Técnico causou curiosidade quando disse que a radiação de partículas prejudica o corpo espiritual das criaturas. Disse que o efeito radiativo das explosões atômicas causaria um dano irreparável às gerações futuras, pois haveria grandes mutações no corpo físico, decorrentes de alterações no corpo espiritual; e que isso é algo que deveria ser evitado a todo custo.

Na verdade, esse alerta da entidade não trazia nada de novo, os homens sabem do mal radioativo desde que inventaram as armas atômicas. Mas o Técnico completou, dizendo: *"Em mundos paralelos, esse mal já ocorreu!"*. E isso era uma informação nova.

Se em mundo paralelos a radiação atômica já causara mutações corpóreas prejudiciais a quem vive ali, então não é sem motivo que nos contatos ufológicos apareçam seres estranhos, dotados de corpos imperfeitos e buscando renovação genética em benefício da própria espécie. Isso poderia justificar as abduções, os implantes e as experiências com animais e seres humanos. Afinal, a conversão de uma genética terrena em matéria astral, assim como seu aproveitamento para produzir órgãos de matéria sutil, poderia dar aos alienígenas de mundos paralelos a melhoria corporal de que precisam. Seus corpos danificados pela radiação poderiam receber o benefício. Nas TCIs realizadas, o Técnico parecia dar informações valiosas para decifração de certos enigmas presentes com frequência no Fenômeno UFO.

Num contato feito unicamente através de aparelhos, o Técnico falou de seu mundo, dizendo:

> Nós possuímos um corpo como o seu. Ele se origina numa outra base de vibrações mais finas do que o seu mundo de matéria grosseira. Aqui não existem doenças; os membros que faltam crescem novamente. Corpos que no seu mundo eram atrofiados, aqui são regenerados. Vivemos em habitações com mobília confortável. As paisagens são belíssimas. A idade das pessoas aqui é em média de 25 a 30 anos, e assim continuam a viver. As pessoas que morrem na Terra com idade avançada acordam aqui em plena consciência, após um sono reparador. Esse sono de repouso tem a duração terrestre de seis semanas. Em alguns casos, pode durar um pouco menos. As crianças que chegam a este plano são carinhosamente recebidas e cuidadas por seus parentes falecidos. Elas crescem e continuam a se desenvolver até atingirem a idade de 25 a 30 anos, como os demais. Todos aqui vivemos em companhia de outras formas de vida, com seres humanos que antes da morte habitavam outros planetas. Vivemos também com anões, gigantes e gnomos, bem como com seres incorpóreos. Cerca de 60 bilhões de humanoides encontram-se aqui, provenientes de outros mundos. A amizade e a parceria continuam a ser cultivadas.

Por esses relatos, o Técnico não demonstrava ser ET sólido nem sútil, mas Espírito estrangeiro desencarnado em algum mundo do infinito e vivendo com outros Espíritos naquela esfera espiritual.

UM VERMELHO ENCARNADO NO CÉU

Façamos aqui algumas reflexões. A maioria dos Espíritos estrangeiros (desencarnados em outros mundos), afirmam vir de planos vibratórios mais refinados que o terrestre. Todavia, naquelas paragens rarefeitas, além dos Espíritos, há também seres encarnados em corpos de matéria mais refinada. Planos em que a matéria física está apenas um ponto abaixo da espiritual daquela esfera. Por isso, os corpos são etéreos, vibram numa outra dimensão do espaço-tempo e são invisíveis ao homem. Contudo, diferente do Espírito imortal, as criaturas ali vivem sujeitas a um ciclo de vida definido (não têm a perenidade de 25 ou 30 anos como no mundo espiritual de o Técnico), estão limitadas àquilo que a matéria etérea proporciona, com longevidade relativa, muito inferior à resistência de um corpo espiritual, mas ainda assim melhor do que um corpo de carne. A essas criaturas damos o nome provisório de ET de antimatéria.

São essas bioformas ultrafísicas, seres de química sutil, que têm tecnologia para converter sua frequência vibratória numa química terrestre similar. Ao fazerem uma transmutação insólita na energia, materializam suas naves e seus corpos na Terra, fazendo assim rápidos contatos de terceiro grau. A imaterialidade do Fenômeno UFO mostra a atuação na Terra de seres dimensionais, criaturas em outra vibração da matéria. Seres assim, não fazem contato formal, porque não têm a mesma solidez do homem. São essas entidades que com frequência se fazem presentes nas canalizações, salvo se houver a ingerência de Espíritos do próprio ambiente terrestre ou de ETs sólidos monitorados por entidades de plasma sutil.

O encontro formal, para relacionamento amistoso, somente é possível para seres de mesma natureza. Se os ETs sólidos entrassem no espaço terrestre, seja através de viagem interplanetária comum seja por um processo de teleportação, então o contato formal ocorreria de fato. E não haveria dúvida disso, as provas seriam inequívocas, desde que mostradas pelas autoridades. Criaturas semelhantes ao homem, evolucionadas em planetas tridimensionais como a Terra, procederiam de modo análogo ao homem. Enquanto tal prova não vir a público de modo definitivo, os ETs, oficialmente, não existem! E os contatos serão sempre atribuídos a criaturas de outra dimensão, exóticas como o são os Espíritos, cujos contatos psíquicos são de outra natureza.

Até agora, as TCIs alienígenas mostraram a existência de entidades invisíveis ao homem. E os contatos de terceiro grau se mostram repentinos, sem interesse das criaturas num relacionamento mais estreito. Isso faz pensar que tais entidades tenham alguma limitação que as impedem de ficar aqui por tempo prolongado. Os contatos por TCI são promissores e talvez possam responder muitas questões, dando aos alienígenas a oportunidade de falarem por si mesmos, sem interferência do psiquismo humano na decodificação da mensagem.

Alguns meses após a conferência em Luxemburgo, outro grupo de TCI, o de Rivenich, liderado por Adolf Holmes, conseguiu gravar comunicações intrigantes por um sistema de rádio. O Espírito dizia ter sido um conceituado cientista, perito em foguetes, o alemão Wernher von Braun. Não era de se estranhar isso, porque quando em vida, Von Braun tinha antecedente mostrando seu lado espiritualista. Embora fosse um homem de ciência e fizesse parte do grupo de elite colocado à disposição da máquina de guerra alemã, em várias ocasiões deixara patente sua crença na imortalidade da alma.

Terminada a guerra, quando os Estados Unidos juntaram os cientistas para trabalharem nos projetos norte-americanos, Von Braun demonstrou ter uma consciência espiritual avançada. Numa de suas conferências, ele declarou ao público:

> As leis naturais do universo são tão precisas que não existe nenhuma dificuldade nossa para construir naves espaciais capazes de alcançar a Lua. Também não temos dificuldade nenhuma para calcular sua trajetória com uma precisão de fração de segundos, até o engenho alcançar o satélite. Essas leis universais tão precisas teriam de ser fixadas por alguém. Tudo o que a ciência me ensinou até hoje, fortalece a minha crença na continuidade da vida após a morte, em um mundo espiritual. Eu acredito numa alma imortal. A ciência nos ensina que nada se desintegra no nada. Por conseguinte, a vida da alma também não pode se desintegrar no nada, é imortal.

UM VERMELHO ENCARNADO NO CÉU

Uns 12 anos após morte, o espírito Von Braun voltava para mostrar ao mundo que estava bem vivo e para dar informações de que a vida se espraia em outros mundos, muito além da Terra.

A TCI Von Braun aconteceu a 06 de março de 1989. Eram 11h30 da manhã, quando o falecido assim se expressou no equipamento:

> Aqui fala Wernher von Braun, o cientista. Falo com Holmes através da comunicação com os mortos. Existem muitos ETs que não são iguais aos seres espirituais. Esses ETs estão em contato com o governo americano. Existe contato com a Terra. Os ETs vêm do planeta Karmar e em sua evolução global estão mais adiantados que o homem. Os primeiros contatos dos ETs com a Terra ocorreram em 1954. Entretanto, estão acontecendo com frequência encontros entre os ETs e os homens. Eles são expressamente sigilosos. Fim de contato.[5]

Pela primeira vez uma figura de reconhecida capacidade no meio científico voltava do além-vida para falar de ETs. E isso causou sensação, porque fora registrada através de aparelhos.

Não há dúvida de que o trabalho de transcomunicação tem seus méritos no mundo científico. O uso de tecnologia eletrônica favorece e dá confiança à pesquisa. E o grupo de Holmes não tinha outro vínculo senão o de buscar a verdade através da ciência. Em razão disso, seu grupo tornou-se altamente respeitável. E a TCI Von Braun nos remete a outras investidas.

Para tentarmos entender a questão colocada pelo espírito Von Braun, precisamos buscar respostas para as seguintes perguntas: Quais os contatos de terceiro grau relatados em 1954? De qual deles falava Von Braun? Que vínculo tiveram os alienígenas *não espirituais* com o governo norte-americano? Onde fica o enigmático planeta Karmar? Como eram as bioformas alienígenas? Vamos observar isso em seguida.

---

[5] GOLDSTEIN, 1992, p. 143. O autor é pseudônimo usado por Hernani Guimarães Andrade, iniciador da TCI no Brasil e na América Latina.

18

IKE ENCONTRA COM ETS

Em 1954 houve uma das maiores revoadas de ufos da história. A Europa foi palco da maior incidência deles. Entre os meses de agosto a novembro daquele ano, os alienígenas se fizeram presentes ali de modo amplamente testemunhado, causando preocupações às autoridades de todos os países.

Na França, a 26 de setembro de 1954,[1] uma senhora da localidade de Chabeuil encontrou uma criatura parecida com um *moleque*, enfiado num saco plástico grande; o alienígena tinha olhos grandes e quando observado entrou rapidamente num engenho circular, que levantou voo fazendo um zumbido baixo. A 27 de setembro, perto de Prémanon, quatro crianças ouviram os cães latir e foram ver o que era; havia no local um objeto enorme e um ser que parecia um monstrinho, gesticulando amigavelmente à distância; assustadas, elas atiraram pedras na criatura que fugiu sem deixar vestígios. A 02 de outubro,

[1] NOBILE, 1979, pp. 56-59. Traz descrição das várias ocorrências.

UM VERMELHO ENCARNADO NO CÉU

um jovem mecânico viajava para Croix-d'epine, quando viu um ufo luminoso de forma oval, pousando à beira da estrada; do objeto desceram figuras parecidas com um *"saco de batatas"* e ficaram girando em torno da nave; com medo, o mecânico acelerou o carro e fugiu. A 03 de outubro, três ciclistas iam para a cidade de Vron, quando viram ao lado da estrada um objeto alaranjado, parecido a um *"ninho de vespas"*; próximo a ele, tinha um *"homenzinho usando uma espécie de farda"*; quando notou os ciclistas, a criatura entrou rapidamente no objeto, que levantando voo sumiu em seguida. A 11 de outubro, um viajante e seu amigo seguiam da cidade de Clamecy para Corbigny, quando o motor e o farol do carro deixaram de funcionar; ambos sentiram uma espécie de choque elétrico e não conseguiram mais se mexer, ficando ali paralisados; então viram um objeto cilíndrico muito grande, parado num campo à beira da pista; *"três pequenos seres"* estavam em volta, dando a impressão de que estavam examinando o aparelho; minutos depois, entraram na nave e levantaram voo. A 11 de outubro, três homens viajavam de carro nas imediações de Taupignac, quando avistaram um engenho redondo com uma cúpula saliente; tinha cerca de seis metros de diâmetro e estava parado a 10 metros do chão. De súbito, o ufo se deslocou de lado e sumiu no meio das árvores; duas testemunhas desceram do carro e foram ao local; tiveram grande surpresa ao ver *"quatro alienígenas de um metro de altura"* se movimentando em torno do aparelho; logo que as criaturas viram os homens, correram para dentro; então o objeto misterioso emitiu uma luz ofuscante, de cor azul, laranja e vermelha; deslocou-se na vertical em velocidade fantástica e sumiu no alto. Mas ainda assim, caro leitor, não havia nada nos relatos da França que pudesse ligar algum deles à TCI Von Braun, a qual indicava contato mais estreito com alienígenas.

Na Alemanha, a 09 de outubro de 1954, nas imediações de Rinkerode, a cerca de 70 metros da estrada, um homem viu um objeto em forma de charuto, pairando a alguns metros do solo. O ufo irradiava uma luz azul e debaixo dele a testemunha notou *"quatro criaturas que pareciam vestir uniformes de borracha"*. Eram baixas: 1 metro e 20 centímetros de altura. Tinham o tórax grande e a cabeça proporcionalmente maior que o corpo. As pernas foram descritas como curtas e finas. Era uma descrição muito próxima das criaturas de Roswell. Mas também neste relato e em outros da Alemanha, exceto a coincidência do ano, não havia outra ligação que pudesse conectá-lo à TCI Von Braun, as características eram diferentes.

Na América do Sul, na Venezuela, a 10 de dezembro, na estrada Transandina, os senhores Jesus Gomes e Lorenzo Flores estavam caçando coelhos, quando foram abordados por *"quatro seres alienígenas de pequena estatura"* que queriam raptá-los; houve luta corporal intensa, o senhor Flores estava com a espingarda descarregada, mas conseguiu bater forte em uma das criaturas; a espingarda quebrou como se tivesse batido em pedra e os humanoides fugiram; no dia seguinte, a polícia encontrou sinais de luta e a arma quebrada. Todavia, esse incidente não fora um contato oficial como dissera Von Braun em sua TCI.

No Brasil, os contatos foram intensos. A 10 de novembro, um agrônomo de Porto Alegre e sua família viram um objeto pousado na beira da estrada; saíram da nave *"dois seres de estatura elevada"*, cabelos longos e roupa inteiriça, tipo macacão; o homem, tomado de forte emoção não esperou o encontro, acelerou o carro e fugiu com a família. A 14 de novembro, em Curitiba, uma equipe de operários da ferrovia avistou *"três seres pequenos"*, que tinham nas mãos estranhos focos luminosos, como os quais examinavam os trilhos da ferrovia; os operários tentaram se aproximar, mas as criaturas perceberam e correram para a nave pousada; o engenho levantou voo e sumiu no céu. A 09 de dezembro, em Bela Vista, Rio Grande do Sul, uma nave em forma de chapéu, na cor creme, pousou num descampado e saíram dela *"dois seres altos"*, loiros, de cabelos longos e olhos oblíquos; as entidades vestiam um tipo de macacão justo, na cor marrom; causara espécie o fato de as criaturas ficarem o tempo todo examinando uma cerca de arame farpado. Contudo, caro leitor, embora houvesse no Brasil contatos muito sugestivos, ainda assim não tiveram as características da TCI Von Braun.

Examinando a onda de 1954 nos demais países do mundo, observam-se casos muito intrigantes, mas nenhum deles dá sinais de ser o da referência Von Braun. E como o cientista alemão vivera seus últimos anos nos Estados Unidos, relacionando-se estreitamente com as altas patentes militares da nação mais poderosa do planeta, o endereço mais sugestivo de suas informações na TCI seria a própria Casa Branca. Vamos concentrar o foco de nossa visão dentro do governo norte-americano, para vermos ali o desenrolar dos acontecimentos.

A Administração Nacional de Aeronáutica e Espaço, mais conhecida como NASA, foi criada em 1958 para coordenar o programa espacial dos Estados Unidos. Ao longo de sua existência, a Agência liberou algumas fotos de ufos no espaço, dentre as quais uma de 1965, onde mostra o astronauta Mac Divitt num voo da Gemini 4. A NASA não nega a existência dos ufos nem apresenta uma explicação oficial de sua ocorrência, apenas declara que não tem interesse no assunto. Contudo, esse desinteresse parece apenas despistamento.

O Dr. Maurice Châtelain, especialista de informática e comunicações no espaço, durante 20 anos participou dos principais programas espaciais da NASA, tendo feito parte da equipe que construiu as naves do projeto Apollo. Como ex-funcionário da Agência, ele sustenta em seu livro, *Os Mensageiros do Cosmos*[2], que quando o assunto a ser tratado é o Fenômeno UFO, a NASA trabalha em conjunto com os órgãos de inteligência militar e com a CIA. Mas ele não é o único a ter feito esse vínculo, outros membros da NASA fizeram o mesmo.

Recentemente, após o coronel Philip Corso ter lançado o seu bestseller *The Day After Roswell*,[3] contando tudo o que sabia do Caso Roswell, 50 anos após os acontecimentos o

[2] CHÂTELAIN, 1980.
[3] CORSO, 1998.

PEDRO DE CAMPOS INSTRUÇÕES DE YEHOSHUA BEN NUN

engenheiro aeroespacial Clark C. McClelland veio a público para fazer algo semelhante. Em uma longa entrevista exclusiva dada à CNI News, ele contou a conversa que teve com o cientista alemão Wernher von Braun, sobre o incidente Roswell. McClelland houvera trabalhado 34 anos na NASA, desde a sua fundação até 1992, quando se aposentou. Ele fala na entrevista:

O Caso Roswell se tornou o episódio mais importante e mais bem documentado de todas as quedas e recuperação de destroços na história dos ufos. Durante os meus longos anos de serviço no programa espacial da nação, tive o privilégio de conhecer e trocar algumas informações de grande interesse com cientistas alemães, transferidos que foram aos Estados Unidos em razão da Operação Paper Clip, realizada após a Segunda Grande Guerra. Eram a elite de um grupo de cientistas, agregados ao programa de mísseis alemães, sob o controle de Adolf Hitler. Tive também o privilégio de conversar com o chefe do grupo, o doutor Wernher von Braun, e com outros cientistas ligados à equipe responsável pelo lançamento da ABMA (Army Ballistics Missile Agency) na rampa de lançamento do Cabo Canaveral. Esses homens foram finalmente colocados na nova organização que surgia - a NASA.

No desenrolar dos encontros periódicos do grupo MFA (Manned Flight Awareness), que aconteciam na praia de Cocoa Beach, era comum eu trocar ideias livremente com alguns desses cientistas, em particular com o doutor Von Braun. Numa noite, durante uma pausa, encontrava-me com ele na varanda do Cocoa Beach Ramada Inn. Disse-lhe saber que na época do incidente em Roswell, o seu grupo estava reunido nas proximidades do local da queda, no polígono de White Sands, onde se experimentava o lançamento dos mísseis V-2, capturados dos alemães. Foi então que resolvi fazer uma pergunta que o deixou preocupado. Eu disse: 'Aconteceu ou não o Caso Roswell?' Depois emendei: 'Foi recuperada uma astronave alienígena junto com os corpos? Teve a possibilidade de visitar o local do incidente?

Então, o doutor Von Braun, fumante inveterado, acendeu um cigarro, franziu a testa, ficou pensando um momento e depois começou a falar resoluto da sua inspeção ao veículo caído. Eu lhe havia dado a minha palavra de não falar nada a ninguém, muito menos aos jornais, revistas, televisão, etc. Ele confiou em mim e eu jamais quebrei a minha palavra. Mas agora ele já está morto e o incidente aconteceu há mais de 50 anos. Por isso, estou hoje revelando a sua versão. Penso que tenho o direito de falar, porque são coisas que segundo algumas Agências não existem.

UM VERMELHO ENCARNADO NO CÉU

O doutor Von Braun explicou que ele e seus colegas (os nomes por ora ficam reservados) foram levados ao local da queda e entraram no perímetro ultrapassando o cordão de isolamento, afrouxado que fora pelos militares. Falarei aqui rapidamente de suas análises.

Ele me disse que o veículo de voo não aparentava ser constituído de material conhecido. Acentuou que parecia fabricado com um material biológico, como a pele. Arrepiei-me todo, porque me veio na mente que a nave era algo 'vivo'. Os corpos recuperados foram temporariamente colocados em uma tenda médica montada ali mesmo, no terreno. Eram pequenos, muito frágeis e tinham cabeças volumosas. Os olhos eram grandes. A pele, cinzenta, e com a consistência da dos répteis. Disse que era similar à textura das cobras, como as cascavéis que tinha visto na Base White Sands. A sua inspeção dos destroços o havia deixado atônito: eram fragmentos sutis, cor alumínio, como o papel aluminizado das gomas de mascar, muito leve e resistente ao extremo. Os internos da nave eram praticamente desprovidos de aparelhos, como se a criatura e a espaçonave fossem parte de uma mesma unidade. Era estranho! E eu que me senti verdadeiramente perdido. Então voltamos à cerimônia de homenagem, à qual Von Braun tinha sido convidado, e depois nos despedimos.

Voltei para casa com a cabeça cheia de tudo aquilo que tinha escutado. Foi muito difícil para eu manter silêncio por tantos anos, sobretudo porque estive o tempo todo rodeado de muitos amigos e colegas que acreditam em UFOs, ETs etc. Todo esse tempo eu não falei nada, nem ao major Keyhoe, nem ao NICAP nem ao público. Fiz isso honrando a minha palavra. A USAF (Força Aérea dos Estados Unidos) e o Governo Federal estão até hoje ancorados na versão segundo a qual em Roswell teria caído um balão-sonda de altitude, nome de código Mogul, um projeto desenvolvido para estudar as explosões nucleares na União Soviética. Por outro lado, segundo a USAF, os corpos recuperados eram manequins de provas de paraquedas, caídos no deserto, na zona de queda do 'balão'. De concreto, a USAF se valeu dessa versão inventada e a espalhou, como verdade, para a opinião pública americana.

Assim, McClelland terminou o seu testemunho, relatando aquilo que escutara de Von Braun. Convém lembrar que ele fora engenheiro especialista em projetos aeroespaciais no Cabo Canaveral e no Centro Espacial Kennedy, tendo trabalhado nos projetos Atlas, Titan, Minuteman e em todos os programas espaciais com equipamentos especiais a bordo

PEDRO DE CAMPOS INSTRUÇÕES DE YEHOSHUA BEN NUN

(Mercury, Gemini, Apollo, Space Shuttle), assim como no planejamento avançado da Estação Espacial Internacional. Era homem de confiança da NASA, respeitado por todos e sua entrevista foi amplamente divulgada no mundo.

Observamos que esse importante testemunho vem corroborar a TCI Von Braun, mostrando que o cientista alemão estava plenamente envolvido na questão alienígena desde o Caso Roswell, sabendo bem o que estava falando, com conhecimento de causa. Todavia, o ano desse acontecimento fora 1947. E a TCI Von Braun apontava 1954, como sendo o ano do primeiro contato interativo formal, entre os ETs e o homem.

No incidente de 1947, não houve um contato formal das criaturas, mas sim a queda da nave nos desertos do Novo México. Por certo, em sua TCI, Von Braun não falava desse evento, mas de algum outro verificado depois, envolvendo outras autoridades da Casa Branca. Vamos ao ponto chave.

Na Ufologia, não são poucos os que acreditam que a partir de 1954 os militares norte-americanos fizeram contato com seres alienígenas. Há fortes indícios de que tais encontros teriam sido efetuados. Embora não haja certeza alguma disso, ainda assim acredita-se que as informações obtidas nesses contatos teriam ajudado muito os trabalhos de engenharia reversa. A decifração de como usar as tecnologias das naves acidentadas teria saído em parte desses encontros. E o resultado da meticulosa engenharia reversa, feita pelos cientistas, teria originado muitos melhoramentos; dentre os quais: chip de computador, fibras óticas, raio laser, processos de clonagens, dispositivos de visão noturna, fibras super-resistentes para anteparos de projéteis, cerâmicas aeroespaciais antifricção, tecnologia de invisibilidade ao radar, aparelhos a raios de partículas, voos verticais com controle de gravidade etc.

Conforme a TCI Von Braun, os primeiros contatos com os seres alienígenas teriam ocorrido em 1954, ou seja, durante o governo do presidente Dwight David Eisenhower.

UM VERMELHO ENCARNADO NO CÉU

Observando um pouco a escalada de Eisenhower, até chegar à presidência dos Estados Unidos, vemos que a sua eleição ocorreu quatro meses após uma grande formação de naves alienígenas ter sobrevoado a capital Washington D. C.

Antes, no término da Segunda Grande Guerra, ele houvera sido o chefe supremo do Exército americano. Após o conflito, fora levado ao posto de Comandante Supremo das Forças Aliadas da OTAN, em 1951. Era um general capaz de grandes decisões em benefício de seu país, que ele passou a presidir a partir de janeiro de 1953. E foi justamente nesse ano que uma dezena de incidentes com discos voadores se somou ao Caso Roswell, com relatos de recuperação de naves e de corpos alienígenas, causando grandes preocupações às autoridades responsáveis pela segurança.

Tem-se que nessa ascensão crescente do clima sobre ufos que Eisenhower, após sua posse, conferiu à CIA outras importantes atribuições. Essa Agência teria assumido o controle de todos os serviços de inteligência científica, para fazer um trabalho de investigação civil e integrar melhor os esforços militares de inteligência e informação à Casa Branca. Por seu Departamento de Inteligência Científica, a CIA recomendara ao presidente ampliar o Projeto Blue Book, vinculado à Força Aérea Americana (USAF), para o órgão aliviar sua carga de trabalho e dar conta na investigação de todos os casos de Fenômeno UFO, em particular aos casos de queda nos estados do Novo México, Arizona, Texas, Luisiana, Montana e países aliados.

Em 1954, um ano depois de sua posse, Eisenhower efetuou uma viagem secreta para o antigo campo Muroc (depois Base Edwards), situado no deserto da Califórnia, local em que os ufos sobrevoaram longamente dias depois da queda em Roswell, como a querer algo dali. O presidente levou consigo uma extensa comitiva, composta de vários generais, do repórter Franklin Allen (Hearst Newspapers Group), do bispo católico de Los Angeles, James McIntyre, e ainda outros membros. Conta-se que antes, o presidente encontrara um modo de estar na vizinha localidade de Palm Springs, justificando essa sua viagem com a desculpa de fazer ali um retiro prolongado para um *"jogo de golfe"*.

Assim, na noite aprazada, o presidente fora levado ao campo de Muroc, para um encontro muito especial. Todavia, seu serviço de segurança pessoal disse aos repórteres que ele houvera tido uma "dor de dentes" e precisava ir ao dentista, na Base. Era estranho o dentista regular do presidente atender num consultório em meio ao deserto, à noite. Na verdade, as notícias que transpiraram dessa viagem marcariam a história moderna dos ufos com aquilo que ficou conhecido como Teoria da Conspiração.

Em Palm Springs, o dia 20 de fevereiro de 1954 houvera transcorrido calmamente. Mas à noite, Eisenhower teve de sair rumo à Base Aérea mais próxima. Segundo os registros oficiais, tratava-se de uma "dor de dentes" que precisava ser tratada na hora. Mas conforme outra versão, a viagem intempestiva tivera um caráter diferente. Eisenhower teria ido a um encontro muito especial, para um contato com seres alienígenas.

Um contato assim era algo tão fora do comum que até a assessoria do presidente, não sabendo o que dizer para encobrir o caso, saiu com a desculpa da "dor de dentes". Mas as coisas não ficaram nisso, algo mais grave ocorreu ali, deixando o caso ainda mais intrigante.

Num dado instante, a Agência Associated Press divulgou perplexa: *"O presidente Eisenhower morreu de um ataque do coração em Palm Springs"*. Contudo, dois minutos mais tarde, a mesma Agência retificou seu boletim, dizendo que Ike ainda estava vivo (só morreria 15 anos depois, em 1969).

A causa dessa confusão certamente não seria uma "dor de dentes", algo mais grave deveria estar por trás. O general Eisenhower era conhecido no seu círculo mais íntimo com o apelido de "Ike". E daí surgiu duas versões para sua enigmática viagem. A primeira ficou conhecida como *"Ike vai ao dentista"*; a segunda, como *"Ike encontra com ETs"*. Vamos observar mais detalhes de cada uma dessas duas versões.

UM VERMELHO ENCARNADO NO CÉU

A teoria *"Ike vai ao dentista"*, considera que o general estava num curto período de férias, hospedado no rancho Smoking Tree, em Palm Springs, Califórnia, jogando golfe e relaxando longe das preocupações inerentes ao seu cargo de presidente. Mas a 20 de fevereiro, durante o jantar, ao mastigar uma asa de galinha, seu dente lascou. E Ike teve de sair às pressas para ir ao dentista, conforme informaria à imprensa o seu porta-voz, na manhã do dia seguinte, cumprindo seu papel.

A questão do dente gerou tanta polêmica que o Dr. James Mixson, professor da Universidade do Missouri, publicou, em novembro de 1995, no *Bulletin of the History of Dentistry*, o artigo *"A história da saúde bucal de Dwight D. Eisenhower"*, mostrando o histórico dos dentes de Ike. Em seu trabalho, Mixson disse que naquela noite, o presidente lascara a capa de porcelana de seu *"incisivo central esquerdo superior"*, tendo sido atendido pelo Dr. Francis A. Purcell.

Todavia, as coisas complicaram para os divulgadores da teoria *"Ike vai ao dentista"*, porque quando os pesquisadores procuraram o Dr. Purcell, nada pôde ser confirmado, o dentista havia desencarnado em 1974. Em seu consultório, não foram encontrados registros dentários de Ike. E esse relato de Mixson não pôde ser comprovado pelo dentista que supostamente atendera o presidente na enigmática noite de 20 de fevereiro. De modo estranho, Mixson registrara tudo, mas o dentista do presidente não tinha feito registro nenhum.

Outro fato que intrigou os especialistas foi que, naquela noite, a *Associated Press* divulgou uma bomba jornalística: comunicou a morte do presidente. A notícia não fora inventada. A informação veio do círculo íntimo do presidente. Juntando tudo aquilo que depois transpirou do caso, parece apenas lógico pensar que Ike teria vivido uma emoção sem precedentes, capaz de desarranjar sua máquina cardíaca. No impacto de algo tão extraordinário e inacreditável, o presidente teria sofrido um mal súbito, seguido de uma recuperação muito demorada, em que alguns já o davam como morto. O fato é que alguém da assessoria enganou-se na avaliação e divulgou aquilo que lhe parecia ser a verdade: a morte do presidente. E a notícia foi a público, dada *Associated Press*. Mas Ike continuava bem vivo, sem a tal "dor de dentes", mas agora, talvez, com uma grande "dor de cabeça", precisando de outro tratamento especializado.

Os partidários da teoria *"Ike encontra com ETs"*, consideram que aquela noite fora muito especial. Era algo tão incomum que deveria ficar restrito ao círculo de assessores do presidente. Portanto, não seria algo de ficar exposto em biblioteca, à disposição de todos para eventual consulta, mas um *"evento sigiloso"*, assim como qualificara o espírito Von Braun em sua TCI. Naquela noite, o presidente teria feito uma viagem secreta à atual Base Edwards, da Força Aérea, não só para ver os restos de seres alienígenas e suas naves acidentadas, mas para tentar algo novo – uma canalização com entidades de outras esferas.

Desse encontro, transpirou que os alienígenas eram seres do tipo Nórdico, chamados assim pela semelhança que têm com os escandinavos, de fisionomia bonita, semelhante à humana. Eram entidades de estatura alta, cabelos brancos platinados, compridos, de olhos azuis, lábios descoloridos, vestidos com roupas claras de peça única e mantos reluzentes. Diferente dos humanos, "eles" eram seres que resplendiam luz de seus corpos, parecendo envolvidos por uma redoma. Mostraram-se dotados de muita sabedoria e espiritualidade, com hábitos suaves e tom pacífico. Nas conversas, denotaram bondade de procedimento e respeito ao livre-arbítrio do homem, não fizeram revelações proféticas nem salvadoras. Também não procuraram ser messiânicos e nem mostrar uma filosofia superior. Diziam vir de outras paragens distantes no cosmos, para falar com o presidente Eisenhower, o chefe de Estado com maior poder dentre as nações, e fazer a ele uma oferta extensiva a toda raça humana.

Numa breve reflexão, quem observa hoje a descrição física e moral desses alienígenas, por certo se voltar seu pensamento à

UM VERMELHO ENCARNADO NO CÉU

Antiguidade, época na qual o homem não tinha cultura alguma, irá deduzir que pelo fato de eles *"virem de cima"*, voando numa espécie de *"carruagem alada"*, seria muito natural ao homem rudimentar descrevê-los como sendo figuras exóticas, *"seres do céu"*. E o exagero de quem não os viu, se encarregaria de dizer que *"voam como pássaros"*, que seriam *"homens luminosos com asas"*. Como conclusão, podemos dizer que os *"deuses"* e os *"anjos"* das escrituras antigas não seriam abstrações do homem rudimentar, mas seres alienígenas do tipo Nórdico, que Eisenhower teria encontrado.

Segundo transpirou, durante a canalização uma nave luzente teria se aproximado, ficando visível nos céus. Então, dois alienígenas se fizeram presentes, aparecendo nas dependências da Base Edwards, onde a sessão se desenrolava. Os alienígenas falaram com Ike, numa comunicação exclusivamente telepática, como se o cérebro humano fizesse a vez dos ouvidos e escutasse tudo por ele mesmo, tendo na aparição das formas o contato "olhos nos olhos", facilitando assim a comunicação e o entendimento recíproco. O xis da questão teria sido a proposta feita ao presidente.

Os alienígenas propunham um desarmamento nuclear massivo. Caso o presidente concordasse em eliminar todas as armas nucleares, eles fariam um compartilhamento de sua tecnologia, aquilo que encontrasse respaldo na ciência humana. Ofertavam um grande avanço nos vários ramos da ciência terrestre e, caso houvesse interesse, mostrariam também seu saber espiritual aos dirigentes. Como contrapartida, todos os benefícios deveriam ser repassados aos demais povos, em todos os quadrantes, promovendo na Terra um amplo bem-estar e uma evolução uniforme, dentro de um ambiente de paz e fraternidade.

Assim como o Técnico registraria em sua TCI, as criaturas também denotavam receio de que a detonação nuclear causasse danos em outras esferas, desorganizando os diversos planos do espaço-tempo, onde a vida se desenrola em vibração mais intensa. Todavia, a proposta de desarmamento não parecera segura ao presidente. Ele achara que isso poderia não ser cumprido. Teve extrema desconfiança, pensava que a nação ficaria vulnerável sem as armas de que dispunha para fazer valer a força. Inseguro para prosseguir, ao final declinara da oferta, não concordando com os termos da proposta. Todavia, ainda assim fora alertado pelos Nórdicos de que outras raças alienígenas, dentre elas os humanoides do tipo Cinza, estavam espreitando a Terra e acompanhando a corrida nuclear. Graves ações contrárias poderiam ser desencadeadas. E as catástrofes não seriam mera coincidência. Além disso, outras ações estavam em curso para renovar os maus instintos da humanidade. Depois da reunião, atônito com o que houvera visto e tratado, o presidente tivera um mal súbito.

Os partidários da teoria *"Ike encontra com ETs"*, estavam certos de que um encontro assim não teria passado em branco, sem os devidos registros: filmes, fotografias, gravações etc. Mas tudo isso estaria trancado a sete chaves, sem possibilidade de acesso público.

Embora Ike nunca tenha falado de público dessa canalização, ainda assim poderia tê-lo feito em família. Por isso, seu filho John Eisenhower, general brigadeiro do Exército e autor de vários livros de história, foi questionado sobre isso. Mas ele negou tudo, dizendo: *"Não!"*, e sumariamente declinou de fazer comentários. Essa falta de comunicação era incomum para um autor de livros de história. Sem dúvida, tinha receio de que se comentasse, poderia cair em contradição e reavivar o caso, fazendo a coisa ferver.

Em razão disso, o falatório prosseguiu ainda mais acirrado e um enorme folclore da canalização seria montado. Outras hipóteses foram ventiladas, inclusive dando conta de que aquele contato não fora o último, outros ainda teriam ocorrido, em abril e maio do mesmo ano.

Então surgiu no meio ufológico a Teoria da Conspiração. Essa hipótese não granjeou muitos adeptos, porque os exageros foram grandes e o sensacionalismo, em busca de promoção, ainda maior. Todavia, mesmo com sua lógica profundamente desumana e até mesmo sádica, a hipótese continuou a ser ventilada. Vamos mostrá-la aqui, apenas como curiosidade.

UM VERMELHO ENCARNADO NO CÉU

A Teoria da Conspiração dá conta que, conforme alertado pelos Nórdicos, Eisenhower teria tentado contato com os seres intrusos, capazes de ações nocivas na Terra. Numa sessão verificada em meados de 1954, ele teria conseguindo um encontro com os humanoides do tipo Cinza. Segundo alguns, nesse contato teria havido um acordo secreto, com vantagens particulares. O pacto fora estabelecido apenas em palavras. Como decorrência, os Estados Unidos teriam conseguido certa tecnologia militar alienígena, enquanto os Cinzas, a seu turno, teriam obtido permissão para pesquisar a fauna e a flora terrestres, em locais previamente pactuados. Segundo outros, o presidente Eisenhower não era afeito às coisas metafísicas e as ações alienígenas teriam saído do controle militar, porque o estabelecimento de bases extrafísicas no planeta não é algo detectado pela tecnologia disponível. Por consequência, os hipotéticos *"centros de pesquisas alienígenas"* até agora não puderam ser identificados. E tal fato, segundo outros, poderá desencadear a qualquer hora uma infiltração indesejada em pontos estratégicos de defesa. As abduções, os implantes e as experiências nos seres vivos, fatos cientificamente constatados, seriam os primeiros indícios dessa ação nefasta. Embora, secretamente, o presidente Eisenhower possa ter feito contato canalizado com os Cinzas e ter tido demonstrações da nave a céu aberto, ainda assim, publicamente, considera-se que a Teoria da Conspiração seja apenas uma história inventada.

Dentre os contatos verificados em 1954, o mais sugestivo da referência Von Braun foi o da canalização Eisenhower, na Base Edwards, a 20 de fevereiro. Considerando a TCI Von Braun, a teoria de *"Ike encontra com ETs"* deixa de ser uma mera teoria e dá indícios de certeza, ensejando a nossa reflexão.

Aquelas entidades não eram Espíritos estrangeiros. Pelas características da canalização, davam sinais de entidades *"não espirituais"*, como dissera Von Braun na sua TCI. Todavia, os Nórdicos também não se mostravam sólidos, suas características eram bem outras: respondiam à canalização com contatos telepáticos, de cérebro a cérebro; tinham uma bioforma diferente das coisas sólidas, porque *"resplendiam luz"* de seus corpos; *"materializaram"* a nave e chegaram ao local da sessão; atravessaram os monumentais espaços vazios de uma estrela a outra para aportarem à Terra, numa velocidade muito superior à da luz.

A seu turno, o planeta *"Karmar"*, mencionado na TCI Von Braun, demonstrou ser apenas uma ideia para indicar um mundo que jamais será encontrado pelos seres humanos com as vias tradicionais de observação. Com certeza, ele não existe no universo em que a Terra está encerrada, trata-se de uma esfera em outra dimensão do espaço-tempo, em que os seres viventes vibram em outro estado da matéria, mais sutil.

Quanto aos *"contatos sigilosos"* de que o espírito Von Braun referiu-se, se por um lado nada tiveram de concreto com os Nórdicos, por outro, criaram uma consciência coletiva na humanidade de que o armamento atômico está longe de ser a solução dos problemas humanos. Com certeza, muita coisa nova ainda terá que surgir, para a humanidade encontrar o seu caminho de paz e prosperidade.

Quanto à Teoria da Conspiração, ela é tão contrária aos propósitos do homem que até mesmo o mais frio dos governantes a teria como absurda, fora do bom senso e da ética humana no trato das coisas do homem. Por certo, qualquer proposta como aquela seria refutada por completo.

No próximo capítulo vamos mostrar uma canalização intrigante, em que os alienígenas falaram com funcionários do alto escalão do Pentágono, dentro das instalações da CIA.

19

UMA TCM NA CIA

A partir da Segunda Grande Guerra, os laços de amizade entre os Estados Unidos e o Canadá se estreitaram a olhos vistos. Empresas de ambos os países juntaram forças e trabalharam em regime de parceria. Quando em 1947 a costa leste da América do Norte passou a ser visitada pelos ufos, ambos os países estreitaram ainda mais a amizade, dando mostras de trabalharem juntos num programa comum. A grande fábrica de aviões Canadian Avro Aircraft, passou a trabalhar para a Força Aérea dos Estados Unidos (USAF), desenvolvendo um engenho do tipo disco. Sua engenharia de projetos acreditava que a melhor maneira de entender os discos seria tentando produzi-los. Por conseguinte, o bom trânsito de informações deveria ser crucial ao intento. E o fluxo delas ocorreu não só entre os Governos, mas saiu deles em direção à cúpula das grandes empresas. Foi assim que na investigação do Fenômeno UFO apareceram equipes altamente capacitadas, vinculadas a empresas de renome, tais como a IBM, a Hughes Aircraft, a Bell Labs, a Dow Corning e outras. Numa época em que além dos ufos havia também a chamada "Guerra Fria" para dar preocupação, essas empresas foram a campo tentando obter informações para desenvolver tecnologia militar avançada. O estudo dos fragmentos do incidente em Roswell parecia ter feito escola. E em meados de 1959, um protótipo de disco voador com cerca de sete metros de diâmetro, foi apresentado ao público norte-americano pela Avro. Embora essa tentativa de construção tivesse malogrado, ainda assim o projeto seguiu. E despertou grande interesse da Marinha dos Estados Unidos.

A seu turno, no estado do Maine, fronteira com o Canadá, uma sensitiva dizia fazer contato com o comandante de uma nave alienígena. Nunca ficou claro o como isso aconteceu, mas a Marinha americana obteve informações de que em 1954 o Governo canadense tinha estudado as canalizações daquela sensitiva, obtendo informações científicas valiosas para construção de uma nave em forma de disco. Um contra-almirante da Marinha americana soubera do caso. E a CIA, por sua vez, de alguma maneira houvera colaborado. O Serviço Secreto Naval tratou de ir a campo, mandando inicialmente dois oficiais ao local. O desenrolar dos acontecimentos produziu um capítulo dos mais estranhos na história da investigação dos ufos.

O caso somente veio a público quando o tenente-coronel Robert Friend, ex-chefe do Projeto Blue Book, resolveu contar sua história ao ufólogo Robert Emenegger,[1] em 1973. Nessa altura, Friend já estava reformado e gerenciando a empresa Celeseo, uma fábrica produtora de mísseis defensivos. Durante a conversa com o ufólogo, ele se descontraiu e do mesmo modo cuidadoso de quando estava na ativa, cheio de qualificativos apropriados para cada argumento, relatou o que presenciara em 1959, numa reunião promovida pela CIA, com a participação da Marinha e dele, representando a Força Aérea.

---

[1] EMENEGGER, s.d.

UM VERMELHO ENCARNADO NO CÉU

Em 1959, o major Friend já possuía uma licenciatura em Física e era qualificado para reconhecer os fenômenos ligados à Astrofísica. Em razão dos serviços prestados, era um oficial muito respeitado por seus colegas militares. Houvera sempre tratado o Fenômeno UFO de modo inteligente, com a mente aberta para estudar todas as particularidades do insólito.

Ele sabia, melhor do que ninguém, que o dossiê da Força Aérea contém excelentes exemplares de filmes de ufos. Casos verdadeiramente incomuns fazem parte do arquivo. O filme de Montana, feito a 15 de agosto de 1950, por Nicholas Mariano, responsável pela equipe de baseball *Great Falls*, em sua sequência mostra nitidamente dois grandes discos brilhantes voando num céu azul-claro. O caso foi motivo de análise cuidadosa. Também havia grande interesse no filme feito em 02 de julho de 1952, em *Tremonton*, estado de Utah, pelo oficial Delbert Newhouse, da Marinha americana, especializado em fotografias. Ele houvera registrado de 12 a 14 objetos brilhantes, voando em fila, num filme colorido de ótima qualidade.

Quando o major Friend entrou nas dependências da CIA, em Washington D.C., às 14 horas de 09 de julho de 1959, durante duas longas horas teve de discorrer sobre esses casos. O assunto ferveu. As provas físicas em poder da Marinha davam margem a sérios questionamentos sobre a atuação da Força Aérea na investigação de ambos. Mas o caso principal do dia, o presidente da reunião guardara para o final, sem tempo marcado para encerramento dos debates.

Na exposição feita pelo representante da CIA, ficara claro que em 1954 funcionários canadenses tinham obtido informações de uma sensitiva do Maine, que dizia fazer contato com o comandante de uma nave alienígena. Isso, supostamente, teria facilitado os trabalhos da Avro, na construção do Projeto Disco. A Marinha americana, a seu turno, também fizera várias investidas, tendo entrevistado a senhora Swan, em South Berwick, no Maine, e registrado tudo em seus arquivos.

O método de contato dessa sensitiva era pensar numa pergunta, ficar descontraída segurando o lápis até que uma força estranha, externa às suas possibilidades e controlando sua mão, escrevesse a resposta no papel. No Espiritismo, isso tem o nome de psicografia mecânica. De um modo mais técnico, podemos chamar de Transcomunicação Mediúnica — TCM, situação em que o médium apenas facilita a comunicação com um ser de outra natureza, menos material que a terrestre.

O preposto da Marinha (um respeitável comandante naval), presente na reunião, informou que no mês anterior ele e outro oficial voaram para o Maine e entrevistaram a sensitiva. Na ocasião, ele próprio tentara um contato, mas não fora bem sucedido. Ao voltar, fora à CIA para discutir o caso. Naquele gabinete, conversando com os altos funcionários do órgão e um tenente-comandante naval, fora solicitado para tentar contato de novo. Ele consentira. E para surpresa geral, desta feita seria bem sucedido.

O comandante sentou-se à mesa totalmente relaxado. Fez uma concentração para contatar o alienígena. Uma força mental desconhecida passou a escrever no papel com letra diferente da sua, tendo dois oficiais na troca de folhas. A entidade registrou que seu nome era "*Affa, um habitante do planeta Urano*". E as perguntas vieram:

Você favorece algum Governo, grupo religioso ou raça?

"*Não, não o fazemos!*", registrou Affa no plural.

Haverá uma terceira guerra mundial?

"*Não!*", exclamou a entidade.

Podemos ver a nave espacial ou o disco voador?

"*Quando querem vê-lo?*", respondeu indagando.

Podemos vê-lo agora?

"*Vão à janela!*", disse determinado. Então a psicografia parou e o grupo foi à janela.

Eram 14 horas de 06 de julho de 1959, quando todos viram aquilo que qualificaram como: "*Um disco voador*". O objeto era redondo, sendo o perímetro externo mais brilhante que o

UM VERMELHO ENCARNADO NO CÉU

centro. O pessoal do radar próximo foi consultado. Mas nada fora registrado na tela do equipamento. Na hora indicada, simplesmente ele ficara bloqueado. Contudo, pouco antes, durante as perguntas e respostas, a entidade registrara que havia *"dificuldade para penetrar a rede de radar"* (o objeto não se fizera físico o suficiente, a ponto de sensibilizar o aparelho).

Três dias depois, a 09 de julho de 1959, durante a citada reunião, todos os registros da canalização e demais documentos foram mostrados ao major Friend, representante da Força Aérea. Como chefe do Projeto Blue Book, responsável pela investigação do Fenômeno UFO, ele fez o que devia ser feito: pediu ao comandante da Marinha que tentasse outro contato, na sua presença. Este consentiu, mas o êxito fora apenas limitado. Nenhuma evidência se concretizou ali. Mas os homens que estavam nesta reunião e na outra em que o disco fora visto, eram oficiais da mais alta confiança, ligados à segurança do país e não dando margem a qualquer suspeita. Em razão disso, no dia seguinte, o major Friend foi ao Maine, em companhia do comandante da Marinha, para um encontro com a sensitiva.

Friend constatou que a senhora Swan fora capaz de responder perguntas que estavam muito além de sua capacidade de resposta em razão do pouco estudo. Observou que havia registros de ela ter visto naves alienígenas. Suas anotações indicavam do que eram feitas e o modo de funcionamento delas. Mas ainda assim, eram coisas muito vagas e de pouco valor para a Engenharia de Projeto. A sensitiva confirmou que os canadenses tinham explorado esses dados. E disse que tal Associação Universal dos Planetas estava levando a cabo a *"Operação Terra"*, mas disse não saber o que seria essa tal operação. Além dos contatos da entidade Affa, supostamente de Urano, havia também outras, como as de Mercúrio, chamadas Alomar e Ponnar, este último parecia insatisfeito com a raça humana e queria deixá-la entregue às próprias consequências; havia também Crill, entidade de Júpiter e Ankar, do Centauro.

PEDRO DE CAMPOS INSTRUÇÕES DE YEHOSHUA BEN NUN

Nos registros da senhora Swan, tinha uma série de dados sobre Júpiter e Urano, mas nada importante. O major Friend não encontrou nada suficientemente sólido para fazê-lo prosseguir nas investigações. Contudo, deixou anotadas umas perguntas para o dia seguinte, quando a sessão prosseguiria sem a sua presença. E solicitou que as respostas dadas fossem encaminhadas ao Centro Técnico de Inteligência Aérea (ATIC), sediado na Base Aérea de Wright-Patterson, em Dayton, Ohio, centro nervoso do Projeto Blue Book, local onde foram analisados os filmes de *Great Falls* e *Tremonton*, discutidos pelo major com o comandante da Marinha e o alto funcionário da CIA, na reunião anteriormente efetuada.

Os militares envolvidos nessas pesquisas eram portadores de altas patentes, e os civis, profissionais do alto escalão de Governo, homens que os Estados Unidos confiavam a segurança da nação. O major Friend, a seu turno, relatou os fatos a seu general, e recebeu ordens para não prosseguir: *"Enquanto outro departamento do Governo estiver no caso, nós ficaremos fora"*, sentenciou o general.

"Descobri posteriormente que as testemunhas presentes na sala de reuniões daquele dia, sete pessoas ao todo, foram recolocadas ou transferidas para outras bases ou outros serviços. Para mim, até hoje é um incidente sem solução. Não sei o que fazer dele...", declarou o tenente-coronel-aviador Robert Friend, ao ufólogo Emenegger, em 1973.

De fato, quem não conhece TCM encontra dificuldade para entender os fatos. Parece mesmo loucura ou uma abstração da mente falar de vida inteligente em planetas tão inóspitos. Os engenhos espaciais já lançados demonstraram que não há vida de carne e osso neles. Segundo os Espíritos, a vida nos planetas solares estaria postada em outra dimensão do espaço-tempo, num estado vibratório muito além da matéria física, por isso é chamada de *"vida menos material"*, não sendo visível ao homem. O ser vivente daquelas paragens construiria seus artefatos com o uso de partículas numa outra polarização, situadas em outra dimensão do espaço-tempo.

UM VERMELHO ENCARNADO NO CÉU

Nesse estado de matéria invisível, *"todos os mundos são habitados"*, e os Espíritos ali encarnados vivem num *"regime de encarnação e desencarnação"*, ou seja, tomam um corpo de energia no nascimento e desligam-se dele com a morte desse corpo. Segundo o Espiritismo, é assim que se vive naqueles orbes.

A entidade Affa, a seu turno, seria um espírito encarnado em outro mundo, mas num corpo tão sutil que poderia desprender-se dele facilmente e realizar a psicografia. Vale lembrar que os ETs plasmáticos, quando ainda em parco estágio evolutivo, não fazem psicografia mecânica, e que os Espíritos desencarnados, quando já evoluídos, tampouco viajam em discos voadores. Quanto às demais entidades, os indicativos eram de serem espíritos encarnados em outros mundos, semelhantes à primeira. Mas como naqueles orbes a matéria corporal é diferente da do homem, nada dali bate com as coisas da Terra, sendo quase inútil tentar compreendê-las e procurar algo material em benefício da nação, como fizeram os militares.

Contudo, havendo similaridade entre a química terrestre e as energias de outra dimensão, as entidades visitantes podem realizar a chamada *"transmutação insólita"*, convertendo a energia em matéria densa e se fazendo presentes fisicamente na Terra, tal como a teleplastia fugaz realizada pela nave alienígena, para uma demonstração ao pessoal da CIA. Tais fatos são característicos de seres ultrafísicos, os chamados ETs de antimatéria, formados do plasma da energia.

É de conhecimento amplo que em julho de 1947 a região de Roswell fora palco de um acontecimento insólito. A enigmática queda do artefato não terrestre, de forma circular, fora amplamente noticiada. A nota dessa ocorrência veio inclusive de militares que estiveram envolvidos no caso. Em anos recentes, muita coisa nova transpirou do ocorrido. O coronel Philip Corso, pouco antes de sua desencarnação em 1998, declarou: *"A mídia sabe bem que o governo mente quando o assunto é disco voador. A afirmação de que os destroços de*

PEDRO DE CAMPOS INSTRUÇÕES DE YEHOSHUA BEN NUN

Roswell eram restos da Operação Mogul, não passa de piada de mau gosto".

Na época do incidente, os ufólogos mais atentos ao caso concluíram que muitos oficiais do governo norte-americano estavam tão confusos quanto o resto do povo. Eles não sabiam o que estava se passando. Todavia, certos oficiais de alta patente, ocupando funções estratégicas de comando, pareciam conhecer aquela ocorrência. Em razão dos despistamentos, notava-se uma tentativa de encobrir algo muito sério, desconhecido até mesmo dos altos escalões militares menos impregnados do tema.

Na época, os mais proeminentes cientistas em atuação nos Estados Unidos, dentre eles o Dr. Wernher von Braun, foram chamados a participar de uma iniciativa que visava estudar os destroços de Roswell e executar um trabalho de engenharia reversa para construção de um engenho semelhante àquele. A ideia era fazer um aparelho que pudesse confundir os radares e conseguisse voar numa velocidade até então não alcançada. As informações científicas foram repassadas aos engenheiros projetistas, responsáveis por darem consistência à ideia. Tudo sempre começa assim, com ideias. Então os peritos fizeram um projeto de aparelho, em formato de disco, e colocaram mãos à obra para construí-lo.

Entre 1954-57, a Força Aérea Americana chamou para participar da iniciativa a empresa canadense Avro Aircraft, especializada no desenvolvimento de qualquer tipo de aeronave. A intenção era fazer uma nave discoide, capaz de decolar na vertical e voar à velocidade quatro vezes maior que a do som, em torno de 5.000 km/h. Após os primeiros protótipos, algo mais ambicioso seria planejado. Então foi feito um engenho com seis jatos potentes, capazes de aspirar o ar e fazer a nave levitar, deixando-a estacionária no ar. Um grande compressor turbinado fora construído e localizado na parte central do aparelho, para fazer essa tarefa. O esforço fora grande, mas o resultado não agradou.

A máquina não girava em torno de si mesma, porque os testes levados a efeito em túneis de vento demonstravam

UM VERMELHO ENCARNADO NO CÉU

que um engenho, em forma de disco, construído para girar em torno de seu próprio eixo, ficava completamente instável no voo em linha reta. Podia pairar no alto, se houvesse precisão nos centros de força, mas no deslocamento em linha reta era catastrófico. Em linha reta, o engenho embicava descontrolado, caindo para qualquer direção. Em outras palavras, o princípio aerodinâmico do disco em nada se assemelhava ao dos aviões. E o termo voo, para um disco voador, revelava-se totalmente inadequado para definir o seu deslocamento no ar.

Mas o engenho foi trabalhado. Após algumas simulações, era preciso testar o aparelho. Isso foi feito em laboratório, nas dependências da Avro, num edifício especialmente construído para teste. Durante o ensaio, o objeto se descontrolou de tal maneira, produziu uma vibração tão intensa, que seu local de fixação não suportaria o efeito. O engenho já estava prestes a explodir e a transformar tudo em poeira. Então o alarme soou e o pessoal correu. Ficou ali apenas um técnico, especialmente treinado para isso. Na hora em que o sistema atingiu o limite, ele cortou o combustível e parou tudo. Um grande acidente fora evitado.

Somente nos Estados Unidos, entre os anos de 1960-65, foram projetados 22 discos, com vários tipos de propulsão, inclusive com uma tentativa de motor a plasma, no intuito de levar 25 astronautas a uma jornada interplanetária. Mas o Projeto Disco não pode prosseguir naqueles tempos, porque os testes revelaram que o conhecimento técnico existente não estava à altura de construir um engenho em forma de disco.

Mas ainda assim, tal iniciativa deu origem a outras, para construção de aeronaves. Nos anos seguintes, vieram os aviões com decolagem vertical, usados em porta-aviões, os bombardeiros invisíveis ao radar, como os utilizados na Guerra do Golfo. Acredita-se que na Área 51 deva existir tecnologia com 50 anos à frente de tudo o que é visto por aí. Todavia, pergunta-se: O que são 50 anos para um ser inteligente com milhares de anos à frente da humanidade? Por certo, não é nada! Somente os fenômenos de materialização e teletransporte, seja de criaturas seja de naves alienígenas, são realizações tão avançadas e misteriosas quanto os efeitos da magia.

Por ora, o homem sabe apenas que eles se fazem presentes na Terra sem a nossa permissão, independente da nossa vontade. Como nada se sabe daquela existência incomum e de sua tecnologia avançada, a melhor alternativa é tentar contato e esperar que o próprio ser inteligente diga a que veio. Criaturas inteligentes devem responder indagações inteligentes. Foi assim que surgiram as canalizações no Maine e na CIA.

Por certo, o homem deve atuar com mais destreza mental do que tem feito até hoje, para descobrir como fazer contato através de tecnologia. Novas iniciativas devem ser feitas no campo da TCI, usando as projeções sonoras, o arranjo de luzes, as imagens holográficas, as ondas telegráficas em frequências variadas, os registros sonoros da fala e as transmissões mentais por algum hipotético instrumento psicotrônico. É preciso encontrar um meio de transmissão e recepção comum a ambas as partes. E quando houver disposição para fazer isso junto com as testemunhas, porque são elas que fazem contato e geralmente não o fazem uma única vez, então haverá maior chance de resposta. Caso contrário, o risco que se corre é ao menos um: não entender o Fenômeno UFO.

Há indícios de que os ufos podem ser até mais antigos do que a própria humanidade. E o entendimento das *luzes no céu* poderá ser decorrente de uma renovação de pensamento do homem e de novas maneiras científicas para interagir com o fenômeno. Pelo visto, o ufo é um fenômeno de contato inteligente, talvez aguardando o amadurecimento intelectual do homem para dizer quem é e a que veio.

Por mais que o coronel Corso tenha se esforçado para entender a tecnologia alienígena de Roswell, ainda assim as grandes descobertas científicas nos anos seguintes (aviões Stealth que distorcem os radares, tecnologia com

UM VERMELHO ENCARNADO NO CÉU

visão noturna e de outras que permitem ao piloto atingir o alvo com alta precisão), não chegam sequer perto daquilo que as testemunhas relatam sobre os ufos. Nas iniciativas de engenharia reversa, houve mais especulação do que descoberta propriamente dita, porque ainda nada se sabe dos ufos, de seus operadores e de seus raros processos de materialização e teletransporte. O Fenômeno UFO permanece ainda um grande mistério para a ciência.

No próximo capítulo vamos ver uma TCI diferente de todas as demais: feita com a tevê desligada. Trata-se de algo inédito, sem precedente na história dos ufos.

20

CASO DA TCI COM A TV DESLIGADA

Em outubro de 2002, durante conversas telefônicas com o cientista espírita Dr. Hernani G. Andrade, tomei conhecimento de uma série de acontecimentos sobre o *poltergeist de Guarulhos*,[1] coisas que quando o autor escreve um livro acabam não sendo narradas porque se trata de detalhes não pertencentes à narrativa principal, mas que durante uma conversa informal elas acabam vindo à tona, dentro de outro contexto. Na ocasião, fiquei interessado em saber algo mais sobre a estranha criatura que aparecia nos relatos daquele poltergeist. O animal descrito ali, pelas características, não poderia ser terrestre.

Sabe-se que os Espíritos imperfeitos podem, com certa facilidade, alterar sua forma perispiritual e produzir, dentro de certos limites, materializações disformes, aparentando serem outras criaturas. Também é sabido que os Espíritos

---

[1] ANDRADE, 1993.

UM VERMELHO ENCARNADO NO CÉU

com vivência secular em práticas inferiores, com o passar do tempo seus corpos espirituais ficam alterados, tornando-se brutais e irreconhecíveis. Todavia, em qualquer caso, esses Espíritos estão sempre vinculados a regiões trevosas, o seu nível intelectual é limitado e inferior ao dos seres alienígenas, cuja inteligência mais desenvolvida se faz notória nos contatos e nos engenhos com alta tecnologia que constroem.

Sobre casos de criaturas animalescas, disse-me Hernani:

> Em certos cultos de origem africana, algumas entidades têm uma forma horripilante. Os Umuluns são entidades pavorosas. São semelhantes aos ursos peludos, ora na cor branca ora cinzenta, com as unhas das mãos e dos pés em forma de garras, orelhas pontudas e dentes como os de javali; uns possuem dois olhos e dois chifres, outros têm apenas um de cada na cabeça; seus corpos são tortuosos e os braços e pernas parecem não executar bem as funções, dando a eles um andar gingando; de modo estranho, seus corpos parecem envolvidos numa redoma, exalando de dentro uma luz vermelha escura.

Segundo Hernani, no poltergeist de Guarulhos, ocorrido entre 1973-76, Noêmia alegava ver uma criatura estranha, fazendo coisas nocivas. Disse ela:

> Vi um vulto ao lado de minha cama, um tipo de monstro, um negócio assim... Era um bicho peludo, tipo de uma onça, como se fosse um gorila, um macaco... Um bicho feio e horrível... Tinha a cara de fogo, os dentes grandes. Um negócio horrível...

Como se nota claramente, essa descrição não é a do Umulum africano, mas é tão indecifrável quanto ele. Por certo, o animal descrito não poderia ser terrestre. Nunca houve nos primórdios da Terra uma criatura assim, os fósseis atestam isso.

Naquele poltergeist, causava impressão o depoimento das crianças. Elas viam a mesma coisa que Noêmia. E uma delas foi ferida com gravidade pelas garras do "bicho". A casa inteira ficou em polvorosa. O "monstro" se materializava e cortava tudo com suas garras. Quase nada escapou dele: gente, parede, cama, sofá, tapete. Ele cortava tudo.

Além disso, provocava fogo, transportava objetos e produzia outros fenômenos estranhos.

Hernani desencarnou a 25 de abril de 2003, mas o seu telefonema de seis meses antes, sugerindo-me atualizar o caso, ficara adormecido em mim. Ele apenas me havia dito que o local não era longe, e alguma outra coisa mais. Na hora, tive apenas uma vaga ideia da região em que o fato ocorrera. Para mim, a localização exata era desconhecida.

O tempo passou e tudo ficou de lado. Cerca de três anos depois, em novembro de 2005, após uma caminhada matinal num bosque, o tema pipocou na minha cabeça e decidi na hora procurar o local. A busca parecia infrutífera. Eu tinha apenas o bairro, além de uma vaga intuição. Simplesmente peguei o carro e dirigi. Andei no rumo que me parecia certo: subi e desci ruas. De concreto, não havia nada. Eu não tinha endereço nenhum. Mas ainda assim fui em frente, até chegar num altiplano. Não havia movimento algum na rua. Mas tive a nítida sensação de que o local era aquele. Algo me dizia isso. Eu tinha que parar o carro, e parei!

No quintal da casa de esquina, um homem de estatura média e um cachorro ficaram me olhando. Então desci e perguntei amistosamente: *"O senhor sabe onde fica uma casa que uns 30 anos atrás as coisas pegavam fogo e os jornais falaram muito disso?"*. O cão não latiu para mim, parecia amistoso, mas o homem me olhou com cara estranha. Então, baixou a cabeça e ficou pensando. Passaram-se uns alguns segundos. Enquanto ele pensava, algo no meu cérebro dizia: *"É aqui!"*. Então o homem ergueu a cabeça devagar, estendeu o braço e disse calmamente: *"É aquela azulzinha ali!"*.

A casa fora encontrada. Mas não foi preciso sequer bater à porta. *"Nela não tem mais ninguém do poltergeist"*, disse o homem. *"Ali não mora mais ninguém da família"*, complementou. E ficamos conversando. Voltamos 30 anos no tempo e a conversa animou. Sebastião *"sapateiro"* se revelou uma pessoa muito boa e amiga. Disse-me que sua cunhada tinha se casado com um dos rapazes da casa do poltergeist.

UM VERMELHO ENCARNADO NO CÉU

Para minha surpresa, eu estava falando com alguém da família. Aquele que há pouco me apontara a *"casa azulzinha"*, agora me mandava à residência da irmã de sua mulher, sua cunhada, para saber do poltergeist. Apenas alguns minutos depois, eu estava na casa indicada. Marquei com a senhora Ivonete para no domingo tratarmos do assunto, ocasião em que estariam presentes outros membros da família. A atualização do caso estava para ser feita.

Assim, sem o endereço nas mãos e 30 anos depois dos acontecimentos, cheguei à família em que se verificara o poltergeist. A atualização realizada fora apenas parcial, porque ainda seria preciso aguardar a solução de outras pendências para tratar com a pessoa que na época fora o epicentro dos fenômenos. Ainda assim, tive informações de coisas fantásticas que vieram depois. Contudo, a questão do animal estranho não deu indícios de estar vinculado ao Fenômeno UFO, mas a outros fatores espirituais.

Quase na mesma data, tive a satisfação de tratar assuntos correlatos como uma pesquisadora que fizera parte da equipe do professor Hernani. Estreitei amizade com Sonia Rinaldi. Na época, ela havia dado uma entrevista na rádio, informado ter feito contato por TCI com entidade não terrestre. Eu queria saber mais do trabalho dela[2] e começamos a conversar sobre o tema. Pude perceber que a TCI abre um amplo leque de possibilidades, dando margem a contatos com entidades de várias origens, supostamente com: a) *Espíritos* de falecidos na Terra; b) *Espíritos estrangeiros* de falecidos em outros orbes do infinito; c) *ETs de antimatéria*, encarnados em mundos sutis; d) *ETs sólidos*, encarnados em mundos densos.

Segundo os contatados, as naves que aportam a Terra trazem criaturas vivas de outros mundos. Com o Fenômeno UFO, os alienígenas mostram ao homem a pluralidade dos mundos habitados de modo prático. Por isso, há grande interesse na Ufologia em praticar a TCI para tentar algum contato

---

[2] RINALDI, Sonia. *Gravando Vozes do Além*. 1ª ed. São Paulo, Private, 2005. Com CD. Transcomunicação Instrumental na prática. Para saber mais ou adquirir o livro, ver na web: www.gravandovozes.kit.net .

com essas entidades. Supostamente, as comunicações por tecnologia deveriam anteceder um contato de terceiro grau formal. Funcionaria como preparativo do chamado *"encontro final"*, digamos assim. Em razão dessa expectativa, talvez o trabalho de Sonia pudesse ter atingido um estágio tal que a conexão preparatória já fosse possível. O interesse aumentava em razão disso.

Sonia me mostrou diversos vídeos e áudios feitos por ela. Um de seus métodos para gravar consiste em movimentar luzes dentro de um estúdio, tendo uma câmera fixa a filmar os movimentos por certo tempo. Trata-se de algo simples, mas de resultado alentador. Observando depois as filmagens, nota-se que as luzes movimentadas se transformam em estranhas fisionomias de seres tentando expressar vida, por assim dizer.

Nesse trabalho, não há dúvida de que existe um agente oculto produzindo e controlando as metamorfoses. A entidade que se manifesta nos filmes é inteligente. Seu aspecto corporal é semelhante ao do homem, mas distinto dele em vários particulares. A cabeça nitidamente não é humana, tem forma triangular, aparentando indivíduo talvez evolucionado a partir de algum mono desconhecido na Terra. Seu aspecto corpóreo é bem estruturado, parece forte, mas não dá para fazermos juízo de suas proporções corporais comparadas às do homem, as imagens ainda não permitem isso. Mostrou-se muito hábil no uso de luzes para formar imagens em tempo real, e mostrá-las no filme expressando feições de vida. Tais imagens não são projeções holográficas, como se um filme já existente fosse projetado ao espectador, mas figuras luminosas construídas na hora pelo agente oculto, como resposta a certa pergunta a ele formulada. Os vídeos, de curta duração, mostram a existência de um ser extrafísico fazendo exibições para marcar sua presença. E as sessões de áudio, gravadas com perguntas para respostas da entidade em tempo real, complementam as imagens de vídeo.

Nota-se que o método de trabalho e os aparelhos para captação das mensagens estão ainda num processo de

UM VERMELHO ENCARNADO NO CÉU

melhoria. A cada dia algo novo aparece e novas técnicas são testadas. O objetivo é que a comunicação avance entre os dois lados, produzindo respostas um pouco mais extensas para clareza das ideias, articulando-as melhor através de sons e imagens. A ideia em si de contato vem sendo gradativamente amadurecida. E a morosidade do processo parece apenas circunstancial.

Diferente dos falecidos da Terra, o alienígena quando se comunica deixam no ar um enigma. Quem é ele e o que quer, ainda é um grande mistério. As hipóteses mais prováveis dos contatos de Sonia com a entidade Narisha recaem: primeiro, em Espíritos estrangeiros, seres falecidos em outros orbes do infinito; segundo, em ETs de antimatéria, seres encarnados em outras dimensões. Embora menos provável, não se descarta a possibilidade de ser Narisha um ET sólido, fazendo uma insólita comunicação através de um canal aberto na quarta dimensão, por onde as ondas fariam o trânsito, entrando no nosso espaço de modo semelhante ao explicado no capítulo *Como Eles Chegam Aqui*. Todavia, por ser ainda invisível ao homem, será preciso dar tempo ao tempo para a própria entidade se definir, fazendo isso de modo suficiente para constituir prova definitiva de sua existência e interagir como o homem regularmente, através de aparelhos. Quando esse estágio chegar, então a experiência poderá ser autenticada como "contato formal". Enquanto isso, não há ninguém com legitimidade suficiente para falar em nome da entidade.

Essas experiências estavam ocupando meu pensamento, quando um evento novo chegou-me às mãos. Vinha da cidade de Ribeirão Preto, interior São Paulo. Tratava-se de um caso intrigante: uma TCI com a TV desligada. A protagonista do evento, Maria Moura,[3] contou-me seu caso por carta. Depois conversamos longamente, por várias vezes. Concordei com

---

[3] Maria Moura foi o nome adotado por uma mulher inteligente, autodidata, estudiosa, formada em duas faculdades. Com voz pausada e timbre suave, revela-se muito equilibrada. Aposentou-se no cargo de Procuradora de importante órgão do Governo Brasileiro.

ela que seria muito interessante dar seu caso a público. E ela estava convicta de que as entidades queriam isso, concordei. A impressão que tive foi a mesma da dela.

O Caso Maria Moura pode ser narrado pela própria carta que ela me escreveu a 1º de março de 2006:

> Pedro, obrigada por me atender.
>
> Eu tenho o hábito de visitar sebos e de comprar revistas e livros antigos, por isso só agora tomei conhecimento de uma entrevista que você deu faz algum tempo. Com você, pela primeira vez ouço falar nessa possibilidade de analisar os ufos do ponto de vista espírita. Vou descrever aqui o que me aconteceu em 30 de novembro de 1998. A partir daí, uma série de coisas incomuns ocorreram em minha vida.
>
> Nesse dia, por volta da 1h10 da manhã, após ter assistido os programas costumeiros de domingo, aprontei a cama, cerrei as cortinas, apaguei a luz e fui ao banheiro. Pouco depois estava de volta ao quarto. Fui à TV e desliguei o aparelho no botão. O quarto ficou silencioso e tranquilo. Então deitei para o descanso reparador da noite. Virei para o lado oposto, para a parede do armário embutido, com portas envernizadas de imbuia, dando as costas para a televisão. Naquela hora, eu não poderia imaginar que estava prestes a ter uma experiência sem igual em toda minha vida. Um caso que eu não poderei jamais esquecer.
>
> Após deitar, não demorou um minuto, um forte clarão de luz iluminou completamente o meu quarto. 'Que é isso?', perguntei a mim mesma. Eu não tivera tempo sequer de piscar os olhos quando isso aconteceu. Apenas observei que era uma luz diferente da comum, não iluminava de pronto. Do lado em que eu estava deitada, notei que ela vinha devagar lá do fundo, bem ao lado dos meus pés, como se estivesse empurrando a escuridão para o outro lado do quarto. Não era como acender uma lâmpada no interruptor, nessa condição a claridade se faz no ato, mas aquela luminosidade era diferente, caminhava de modo perceptível. O verniz do armário refletiu ainda mais a estranha luz, acendendo o quarto por completo. Os 16 metros quadrados foram iluminados mais forte que a luz de uma lâmpada de 100 watts. Quando virei na cama, vi que a televisão estava funcionando. Eu a tinha desligado, mas agora ela estava funcionando e não havia ninguém no quarto senão eu mesma. Sentei na cama e fixei os olhos para ver o que era, estava a um metro e meio do aparelho. Quase não pude acreditar no que vi: tinha um ufo luminoso na tela da televisão!
>
> Eu estava totalmente controlada. Observei bem, no centro da tela tinha uma imagem excessivamente luminosa: era a nave. A

UM VERMELHO ENCARNADO NO CÉU

luz dessa figura se projetava no quarto inteiro, clareando tudo. Na tela, ao redor dessa imagem, havia um fundo negativo, totalmente preto. Fiquei ali observando o objeto. Ele tinha o formato de um cogumelo, com base plana e cúpula redonda. Nesse abaulamento, distinguia-se bem sua superfície toda cheia de losangos, como se fossem favos coloridos, refletindo cores muito suaves, num tom bebê, muito clarinhas, na tonalidade verde, rosa e azul. Para mim, o material da nave parecia metálico e fosforescente. Mas essa fosforescência não era gritante, porque tudo na imagem era suave e equilibrado. No início, os contornos daquela 'meia bola' eram totalmente definidos e ela parecia estar parada, por isso pude ver bem.

Após uns três minutos dessa apresentação insólita, eu apertei a tecla da cabeceira e a luz elétrica acendeu. Incrível: a TV estava desligada. Em ato contínuo, apaguei a luz do quarto e a imagem voltou ao vídeo exatamente na mesma hora, como se ela estivesse oculta quando a luz elétrica iluminou o quarto. Mas agora, no retorno, ela não tinha a mesma nitidez de antes. Era uma espécie de farol, aparentando estar em movimento. Então, lentamente, deslocou-se do centro da tela para a extremidade direita. Foi diminuindo de tamanho, assim como um avião em perspectiva distanciando-se aos poucos no céu. Quando o disco já estava distante, num plano de visão muito diminuto, o preto que fazia fundo e dava contraste à imagem movimentou-se na tela e aos poucos foi cobrindo o objeto, deixando-o fora de foco. Enquanto a sombra aumentava, a luz do objeto diminuía. No final, o que se via era algo parecido com o eclipse da Lua, em que aos poucos tudo vai escurecendo. Lembro que o objeto ia se afastando devagar, diminuindo de tamanho até desaparecer de vista. A tela ficou toda preta. Essa aparição durou cerca de sete minutos. Curiosamente, desde o início da aparição algo me dizia na cabeça que era um ufo.

Até essa data, eu nada conhecia de Transcomunicação Instrumental. Se já tivesse algum conhecimento do assunto, acho que não teria tido tanto medo e poderia registrar os acontecimentos gravando tudo. Hoje sei que existem contatos por TCI, mas ainda assim não imaginava que para mim isso fosse acontecer de modo tão original, ou seja, uma TCI com a TV desligada. Faço questão de ressaltar que eu havia desligado a TV na própria TV, e não no controle remoto. Talvez você possa ter alguma explicação para isso. Parece que alguém andou preocupado em comprovar-me a existência de vida inteligente fora dos padrões terrestres. Naquele dia, pensei que tudo ficaria nisso. Mas estava enganada. As coisas não pararam aí. Dez dias depois, os fatos novamente se repetiram. Aconteceu assim.

Meu apartamento fica no 10º andar de um prédio no centro da cidade. E agora a TV do quarto estava na sala. A vizinha do andar de cima passou a fazer muito barulho e eu tive que ir à sala para poder dormir. Ao me deitar no sofá, desliguei a televisão e virei para a janela, que deixa passar alguma luz de fora. Olhei em direção às ondas da cortina e pensei comigo: 'Quero ver se vocês aparecem aqui agora!'. Então foi incrível. De duas uma: ou captei a mensagem que me sugeriam telepaticamente, ou estava sendo monitorada e eles aceitaram o meu desafio.

Após pensar isso, a televisão ligou imediatamente. E aquele mesmo objeto luminoso de antes, produziu um enorme clarão na sala. Na tela, ele estava se esforçando para ser visto, porque o ambiente não era propício. A nitidez da imagem ficou prejudicada. As luzes de fora atravessavam as ondas da cortina e batiam na tela, formando ondas pretas na frente do objeto. Eles tentaram repetir o feito do quarto, mas na sala a eficácia era menor. Concluí que qualquer luz ambiente é prejudicial à formação da imagem. No quarto, tudo era favorável, o ambiente escuro e o fundo preto da televisão deram à nave uma imagem impecável. Isso me fez pensar em estúdio fotográfico.

Depois, fiquei preocupada. O desafio fora respondido. E no correr dos dias as coisas pioraram. Tive medo de continuar. Eu não sabia lidar com aquilo. O telefone tocava, eu atendia e não era possível mais desligá-lo. Ele fazia um tipo de toque inteligente, fora dos padrões normais, parecia um código Morse. Mas fazia isso por uns 30 ou 40 minutos sem parar, e só parava quando queria! O telefone estava em mãos de alguém invisível e muito ousado. Não bastando isso, as luzes estouravam como se fossem um transformador de rua. O alarme do carro se desligava sozinho. No final, entrei em pânico.

Não sabendo o que fazer nem como lidar com aquilo, para me orientar, procurei uma vidente. Eu a conhecia de longa data. Sou espírita há 40 anos. Ela me disse para ficar longe daquilo. Falou-me que tudo acontecera porque tenho mediunidade de efeitos físicos e que eles se aproveitaram da minha energia vital para produzir os fenômenos. Disse que as minhas forças estavam sendo consumidas. Eu estava ficando fraca. Aconselhou-me a evitar esses contatos a todo custo. Então travei uma luta contínua com essas inteligências estranhas. A luta foi bem grande e o meu medo também. Uma das causas desse medo foi que as pessoas com as quais falei se mostraram desconfiadas de mim: disco voador..., televisão desligada..., telefone que toca sem ninguém..., luzes que estouram... Da maneira como elas se expressavam, ficou claro para mim que me achavam 'pirando'. Meu filho sabia o que estava acontecendo e pedi a ele para levar embora a velha Mitsubishi de 20 polegadas.

Um ano depois, voltei a pensar no assunto. E até me arrependi um pouco do que fiz. Às vezes me critico por ter sido tão medrosa e

UM VERMELHO ENCARNADO NO CÉU

não ter feito contato mais estreito com eles. Agora a TV voltou, mas eles não voltaram. Hoje, o que mais lamento é que tive oportunidade de obter a prova de tudo; mas o meu medo, o medo das pessoas e a incredulidade geral derrubaram isso por terra. Todos foram incapazes de entender que o universo visível e invisível está todo ele cheio de vida e de interligações que nós nem sequer imaginamos, mas certamente aquelas inteligências sabem disso muito bem.

Agora que li sua entrevista, tive alguns esclarecimentos do assunto. Agradeceria se me pudesse falar mais alguma coisa. Muito obrigada,

Maria Moura

Depois de ler essa carta, considerei que se o agente invisível não fosse um Espírito leviano, o chamado poltergeist espiritual, se fosse um ser alienígena em busca de contato na Terra, certamente faria uma demonstração com a nave, a céu aberto. Na carta, Maria Moura nada tinha me falado sobre isso. Mas deixou-me seu telefone de contato. Eu precisava tirar essa dúvida. Então liguei e conversamos longamente. Dei-lhe as minhas impressões do caso e ela me contou outras coisas mais. Pedi que colocasse tudo no papel, inclusive os desenhos. A 13 de março, recebi outra carta:

Pedro. Ainda faltam mais algumas coisas para eu te dizer.

Não faz muito tempo tive outra experiência, desta vez foi uma voz no telefone. Uma amiga me telefonou. Seu pai falecera há oito dias e ela queria me dar a notícia. Parece que eu já sabia do acontecimento antes que ela falasse. Seu pai era inconfundível no telefone, um italiano que falava enroladíssimo. Ela estava falando comigo e de repente não a ouvi mais. Outra voz entrou no fone e começou a falar da mesma maneira enrolada do pai. Não entendi uma palavra. Quando parou, perguntei quem havia pegado a extensão. Ela disse que ninguém o havia feito. O fone da extensão estava próximo e dava para ela ver bem. Então contei o sucedido. Mas ela reafirmou que ninguém poderia fazê-lo sem que ela visse. Não acreditou nas minhas palavras e parece que me achou irresponsável por falar tal coisa do pai dela. Mas procurei não me abalar com isso. Busquei explicações e sosseguei o meu espírito. Fiquei sabendo que nos contatos por TCI isso é perfeitamente possível. Por certo, alguém mais experiente estava ajudando o falecido a comunicar-se com a filha, através de mim, usando tecnologia, o telefone. Mas certamente, algo na ligação não deu certo, porque a minha amiga não escutou a voz do pai dela.

PEDRO DE CAMPOS INSTRUÇÕES DE YEHOSHUA BEN NUN

Aconteceu também outro caso estranho. Aflorou em mim uma capacidade telepática incomum. Vou contar a você como foi isso. É a primeira vez que o faço, não queria correr o risco de ser taxada de louca.

Eu tenho em casa outra televisão, já está comigo há um bom tempo. Acontece que quando estou assistindo, a coisa vira uma brincadeira. Fui percebendo que as pessoas na tela, quando iam falar alguma coisa, eu já sabia o que era. Prestei muita atenção nisso. As coisas aconteciam independentes do canal sintonizado e do programa. Eu adivinhava as palavras antes delas serem pronunciadas no ar. Eu sei que a capacidade telepática existe, mas com as imagens da televisão é algo incompreensível. Só mesmo alguma tecnologia alienígena poderia conectar o meu pensamento ao da pessoa distante, a ponto de eu saber o pensamento dela antes dele ser externado na televisão. Penso que isso seja uma variante de TCI muito avançada. A inteligência oculta deve operar um tipo de tecnologia sofisticada, talvez até mesmo aquela que captou meu pensamento quando fiz o desafio e a nave apareceu. Será que ainda estou sendo monitorada? Quanto às TVs, inclusive aquela do ufo, acho que elas passaram por algum processo tecnológico raro, capaz de servir à distância aos propósitos dos alienígenas. Só o tempo poderá dizer, se elas voltarem a ser usadas por algum especialista em TCI.

Mas você me pergunta outra coisa, quer saber se a nave fez contato comigo a céu aberto. Eu já disse por telefone que não sou de sair de casa. E não gosto muito de falar sobre o acontecimento, porque o fato ocorreu com o meu filho. Como eu já disse a você, depois de certo tempo ele levou a televisão embora. Por minha insistência, alguns anos depois ela voltou para mim e está comigo até hoje, aguardando outro destino. Nesse entremeio, aconteceu algo estranho, como se aquelas inteligências quisessem dizer algo a mim, através de meu filho. Talvez até para dizer que eles não precisam de televisão alguma para fazer contato. Vou resumir o caso.

Algo inusitado aconteceu com o Omar. Cerca de cinco anos atrás, ele trabalhava para uma grande empresa e precisava viajar muito. Em setembro de 2001, vinha dirigindo de Belo Horizonte para o sul de Minas. Seu destino era a cidade de Poços de Caldas, quase na divisa com o estado de São Paulo. Já era noite, por volta das 19h30. A estrada naquela região é quase deserta. Enquanto dirigia, ele observou no céu uma luz bem viva. Parecia um helicóptero. A luz do aparelho girava no ar continuamente. E aquilo permaneceu lá em cima, sobrevoando a área. Às vezes, ficava bem visível a ele. O Omar não pensou em nada. Deu uma parada em Varginha, para fazer um lanche. Num restaurante à beira da estrada, tomou uma

UM VERMELHO ENCARNADO NO CÉU

xícara de café e comeu um sanduíche. Ele ficou ali uns 20 minutos e depois foi em frente. Mais umas três horas de viagem e estaria em Poços, para dormir em casa.

Assim que saiu de Varginha, rumou para Elói Mendes. Eram 8 horas da noite quando a estranha luz voltou a ficar bem nítida nos céus. O Omar ficou intrigado, aquilo parecia lhe dizer alguma coisa. Mesmo naquele ermo de estrada, ele pensou em parar o carro e observar melhor a estranha luz. O tempo estava bom e a noite clara. Até àquela hora, ele nem imaginava que aquilo poderia ser um ufo. Ainda dirigiu mais um pouco, até que se aproximou do objeto. Nessa altura, já estava perto do rio Sapucaí. A natureza ali tem uma paisagem bonita – é agradável de ver. Não demorou muito e ele parou num local apropriado. Queria ver mais de perto aquela estranha luz. Do carro, ela lhe parecia muito bonita. E quando fixou os olhos naquilo deu para ver bem tudo. Era algo incrível.

O objeto estava pairando na lateral da estrada, distante no máximo uns 20 metros do Omar. A coisa pairava sobre o mato, numa altura de uns 15 metros do chão. Era um objeto circular, com cerca de uns seis metros de diâmetro. Em cima, tinha uma cúpula em forma de abajur. O Omar deu alguns passos e parou. Então fixou os olhos naquele corcel de luzes coloridas. Parecia um carrossel de parque de diversões, girando, mas sem os cavalinhos em cima. Dava para ver bem as luzes. O objeto projetava uma coloração fraca e suave, de algum modo semelhante àquela que vi. Mas de repente, o Omar se deu conta de que o tal helicóptero, não era um helicóptero. Era um engenho circular, com uma cúpula em cima e luzes girando. Não fazia o menor ruído ao pairar no alto. Não produzia vento nem nada que caracterizasse aquilo como algo da natureza. Quando o Omar se deu conta disso, ele sentiu medo: Era 'uma nave, um ufo, um óvni, um engenho não humano nos céus', pensou. 'Não dá para ficar mais!', concluiu. Então ele bateu em retirada o mais rápido que pôde, pisou fundo no acelerador e fugiu.

Desde que ele vira o ufo pela primeira vez até o objeto desaparecer depois de Paraguaçu, foram 40 km da coisa se mostrando a ele. Nas curvas, sumia, mas depois, nas retas, voltava e ficava parado nos céus. Não foi uma perseguição, mas um 'acompanhamento' incômodo. Eu gostaria de saber o que estaria fazendo ali aquele disco? Será que queria um contato? Penso que meu filho não deveria ter parado. Quando ele me contou o caso em detalhes, fiquei procurando coisas comuns ao meu. Gravei o que ele disse *[escutei a gravação]*. Ambos os objetos tinham suavidade nas cores e luminosidade forte. Talvez aqueles losangos coloridos que vi, fossem as luzes que ele viu girando na nave. Tive essa intuição do caso. E a minha intuição é boa.

PEDRO DE CAMPOS INSTRUÇÕES DE YEHOSHUA BEN NUN

Aliás, voltando a falar de mim, gosto dessa faculdade intuitiva que tenho agora. Tenho a impressão de que ela me ajuda em muitas ocasiões. Às vezes, de forma acidental e espontânea, já me aconteceu dos meus olhos encontrarem outros olhos e nessa condição eu sentir uma espécie de sono, algo hipnótico, chego a me desligar por um lapso de tempo. Trata-se de algo ínfimo, um relâmpago de tempo suficiente para ver imagens que considero sendo talvez de outra vida. Mas não sei bem o que seja. A minha percepção sensorial às vezes me impressiona, me surpreende, parece estar aguçada. Algo em mim acontece sem que eu saiba como e porquê.

Pedro, conto com você para falarmos disso. O resto do material e os desenhos da nave seguem anexos. Agradeço,

Maria Moura

Depois dessa carta, voltamos a falar longamente, com calma. Colocamos as coisas em ordem. Mas ainda assim, outros acontecimentos estavam encerrados na memória, aguardando Maria Moura se lembrar deles com naturalidade, sem forçar nada. Bastava apenas uma pequena gota no copo para a água transbordar e novas lembranças virem à tona. E as coisas vieram de modo absolutamente natural. Somente algumas perguntas chaves foram feitas para estimular a recordação. Em outra carta, a 06 de abril, ela prosseguiu sua narrativa:

Pedro. Outro dia você falou por alto em fisionomias estranhas de pessoas que nunca vimos por aqui, mas que podem ou não surgir na nossa mente como se fossem relances de algo aparentemente vivido. Na hora, a conversa rolou solta, mudou de rumo e eu perdi a chance de comentar o que acontece sempre comigo. Hoje, vou contar a você isso.

Sempre tive curiosidade de saber por que isso acontece. Certas vezes, inclusive após uma boa noite de sono, os meus olhos continuam fechados mesmo depois de acordar. Então umas pessoas estranhas começam a aparecer para mim; estão sempre juntas e elas são muitas, quase uma multidão, eu acho. Depois, uma ou outra se destaca das demais. Sempre uma delas me atrai mais do que outras; ou eu a ela, não sei! Então fico a observá-la por um bom tempo, vários minutos, até me cansar a vista; mas ela aguenta firme, eu não! Nesse estado, posso desviar o foco de minha atenção para outra coisa, mas ainda assim volto ao contato dela facilmente, ela não desaparece. Sempre sou eu que me canso de observá-la. Vejo isso há anos.

UM VERMELHO ENCARNADO NO CÉU

Nessas visões, as fisionomias que vejo variam muito. Tenho visto moças bonitas, senhoras, homens; não estou lembrada de ter visto gente pequena ou crianças. São de cores diferentes e de raças também diferentes. Às vezes estão paradas perto de mim, outras vezes, se movimentando. O que acho estranho é que não são pessoas assim como as de hoje, usam roupas diferentes das nossas. Talvez sejam pessoas antigas. Tudo se passa como se eu estivesse vendo um quadro.

Depois, quando analiso o que vi, não comento com ninguém o fato. Penso que ninguém vê essas pessoas como eu as vejo. E tenho medo de que me achem, no mínimo, 'estranha'. Eu aguardava que um dia alguém falasse disso comigo. E você o fez agora. Não sei como pode ser isso. Mas gostaria de ter outras explicações dessas imagens.

Ontem, ao acordar, antes de abrir os olhos, vi todo esse pessoal de novo, um aglomerado de gente em minha volta. Separado do grupo, notei um tipo novo. Era diferente dos demais. Eu o achei estranho. De início, parecia russo, com pele e cabelos muito claros; olhos verdes, também claros. A figura estava entre os outros, mas era um tipo maior que os demais. Prestei atenção no rosto dele. Falava comigo, mas no que falava, sua expressão foi modificando por completo. Aos poucos, foi ficando de um jeito incrível. Dava medo. Seria impossível para uma pessoa mexer os músculos da face daquela maneira e ficar com a fisionomia tão diferente. Para mim, era como se eu pudesse ver dentro da máscara que ele usava. Ele tinha uma natureza perversa. Não sei como dizer, algo assim... satânico! Acho que nem Picasso distorceria as feições de alguém daquele jeito como ele. Era uma figura horrível. Mas eu o vi com certa naturalidade, como quem vê uma tela de pintura, não me abalei.

Estou escrevendo rapidamente para não esquecer nada. É comum eu esquecer essas visões logo em seguida. Mas agora não quero esquecê-las. Estou com as coisas na cabeça. Interessante que você me pediu para descrever os sonhos que tenho. Mas o que estou descrevendo agora não é um sonho, aconteceu acordada! E por não ser sonho, tem que ter outra explicação: Serão espíritos? Seres alienígenas? Imagens? Eu não sei! O que posso dizer é que eles são diferentes de nós.

Quero te contar mais uma coisa. No caso da TCI com a TV desligada, depois de o ufo ter feito contato, fui à médium vidente, minha amiga de longa data, e ela me disse outras coisas que ainda não te contei. Ela me ajudou muito, isso eu faço questão de ressaltar. Mas na hora disse que 'eles' tinham feito um procedimento na minha televisão, o que só foi possível porque o aparelho já era bem antigo e tinha algumas peças de que 'eles' precisavam para fazer o serviço.

PEDRO DE CAMPOS INSTRUÇÕES DE **YEHOSHUA BEN NUN**

Também disse que 'eles' poderiam vir até mim, no local em que eu estivesse, em qualquer lugar, inclusive em casa. Isso me deixou muito assustada! Então eu quis saber quem era 'eles'. A resposta dela foi enfática: 'São ETs!'. E complementou: 'Eles não vão abrir a sua porta e andar com você no apartamento, farão isso de modo invisível'. Quando li o seu livro sobre os ufos, compreendi o que ela disse, porque 'eles' não ficariam sólidos como os ETs de Varginha. Os de Varginha, não poderiam fazer isso, por si mesmos, são menos evoluídos e foram materializados por outros. Mas aqueles seres ultraterrestres sim, porque são mais adiantados; logo, 'eles' poderiam... Fiquei com medo do que ela disse. E custei muito para me livrar disso. Agora estou calma, por isso estou escrevendo. Algo está me ajudando, sinto isso dentro de mim.

Quanto aos ETs de Varginha, fiquei pensando no assunto, porque o contato do Omar foi nessa região. Você disse que eles entraram aqui em matéria sólida por artifícios da nave, conforme está no seu livro.[4] Explicou que essa transposição envolve forças mentais mais desenvolvidas que a humana, algo como o efeito de teletransporte obtido em laboratório.[5] E que aquelas criaturas têm vida curta, por estarem fora de seu *habitat*. Disse que foram colocadas na Terra por outras, mais inteligentes, para colherem aqui um minério de que precisavam. Todavia, algo não deu certo e foram capturadas. O soldado que teve contato direto com a criatura desencarnou, porque tocou nela e recebeu uma carga de energia nociva a ele. Eu acho o assunto Varginha palpitante. E liguei sua explicação com o Caso Roswell. Pela primeira vez entendi a possibilidade de seres alienígenas agirem na Terra de modo sólido. No meu caso, por aquilo que mostraram, estou certa de que foram os tipos mais adiantados que fizeram contato comigo, os de corpo sutil. Você também concluiu isso, e fiquei mais aliviada.

Para terminar, quero dizer outra coisa que acho estranho em mim. Toda vez que na TV vão apresentar alguma reportagem ou coisa de ufos, por alguma razão que desconheço sou intuída a ligar o aparelho ou a sintonizar o canal certo, sem nenhum motivo para isso. A coincidência é grande. Parece que alguém quer me manter sempre informada do assunto ufo.

É isso que me lembro. Hoje vou encerrar. Até outro dia,

Maria Moura.

A narração de Maria Moura fala por si só. Ela é a principal figura. É a médium. É a contatada. Tudo acontece em torno dela, como se alguém lhe dissesse:

[4] *UFO — Fenômeno de Contato*, capítulo: *Teletransporte pelos Buracos de Minhoca*.
[5] Teletransporte com respaldo científico e exemplo prático ver na web (2006): <www.saindodamatrix.com.br/archives/2205/08/teleporte_de_ob.html>.

UM VERMELHO ENCARNADO NO CÉU

Veja os seus dons, as suas visões, a sua telepatia, os seus sonhos recorrentes, as suas saídas do corpo, a sua capacidade para gerar efeitos físicos, as suas enigmáticas recordações, a sua possibilidade de fazer contatos por 'TCI' e de ampliá-los com outras variantes ainda desconhecidas até mesmo dos especialistas. Observe que você faz contatos com Espíritos e com seres inteligentes de outras dimensões não espirituais, entidades que são normalmente invisíveis ao homem, mas que poderiam interagir com ele mostrando suas naves e parte de suas realizações, caso o homem já estivesse preparado para isso. Observe que assim como a lagarta rastejante reúne energias enigmáticas e converte sua íntima organização numa linda borboleta, assim também os alienígenas, usando de energia especial, revestem o campo etéreo das formas e plasmam na Terra suas naves e seus próprios corpos. Então vai Maria Moura, procure lembrar-se de tudo e diga ao mundo que a comunicação existe e que há possibilidade de contato mais estreito com outras civilizações do cosmos.

Em última análise, é isso que os alienígenas querem de nós: o nosso conhecimento e a nossa divulgação dos fatos. E é isso que está sendo mostrado aqui, caro leitor, para você tomar conhecimento deles e tirar as suas próprias conclusões.

No próximo capítulo vamos fazer algumas reflexões sobre um congresso realizado em Curitiba e sobre implante hipnótico que certas pessoas ligadas ao Fenômeno UFO parecem possuir e que lhes é nitidamente prejudicial.

21

IMPLANTE HIPNÓTICO

Aquele que está convencido de que os contatos por tecnologia devem anteceder o clássico encontro de terceiro grau, teve no 5º Diálogo com o Universo,[1] realizado em novembro de 2005, em Curitiba, exemplo magnífico de constatação

---

[1] Foram presenças de destaque no Congresso o ex-astronauta da NASA, Bryan O'Leary, o antropólogo mexicano José A. Garcia, a escritora boliviana Cloris A. Rojo, o estigmatizado italiano Giorgio Bongiovanni, o deputado federal Celso Russomanno, o vereador Jorge Bernardi, o editor da *Revista UFO*, A.J. Gevaerd, o astrônomo Ronaldo F. Mourão, o ator Carlos Vereza, a cantora Elba Ramalho, a apresentadora Rosana Beni, o físico Wilson Picler, o escritor Pedro de Campos, a neuropsiquiatra Analígia Santos Francisco, o escritor Jan Val Elam, o investigador Reginaldo de Atahyde, os pesquisadores Wagner Borges, Bernardete Sabbi, A.J. Thot, Rogério Chola, Paulo Kronemberger, Nelson Granado, Marco A. Petit, Gener Silva, Geraldo Medeiros, Jorge Bernardi e o organizador do evento, Rafael Cury, presidente do Núcleo de Pesquisa Ufológica (NPU), grupo sem fins lucrativos, para pesquisa e divulgação do Fenômeno UFO. Congressistas do Brasil, Estados Unidos, Uruguai, México, Bolívia e Itália estiveram no 32º Congresso Brasileiro de Ufologia Científica, em Curitiba, Paraná, de 12 a 15 de novembro de 2005.

UM VERMELHO ENCARNADO NO CÉU

disso. Casos como: os Ufos do Sistema Flir (filmados pela Força Aérea Mexicana), as Flotilhas Mexicanas (dadas por Jaime Maussán), a Operação Prato (filmagens da rede Globo que correm o mundo), o Caso Gulf Breeze Novo (na Flórida, a 14 de agosto de 2005, com sete ufos luminosos em formação de cruz), mostraram que os contatos detectados por tecnologia estão aí para qualquer cidadão bem informado.

Especialistas de todo o mundo estão captando sinais através de instrumentos. A prova técnica é vista por telescópios, filmes, fotografias, exames do espectro luminoso, medidas de radiação, imagens de radar, gravações de sons, coleta de resíduos materiais, programas de computador mostrando linhas ortotênicas (caminhos por onde passariam os ufos). E também por avaliações médicas de pessoas abduzidas, exames veterinários em animais mutilados, pesquisas científicas de campo e o crescente interesse de militares de outros países nos congressos brasileiros de Ufologia. Isso tudo mostra que a atividade alienígena no planeta humano não é *"coisa de lunático"* nem *"objeto de ficção"*, mas fato real que precisa ser discutido e estudado.

Se a humanidade ainda não está preparada para saber, então só nos resta dizer que ela tem que ser preparada, porque as evidências estão aí, mostradas por tecnologia. No dia seguinte ao da conferência de Pedro de Campos, em que a visão espírita do Fenômeno UFO foi dada ao público, o tenente-coronel-aviador Ariel Sanchez, da Força Aérea Uruguaia (FAU), confirmou, após sua conferência, que está tentando integrar grupos de investigação nos diversos países da América Latina. Ele é membro da Comissão Receptora e Investigadora de Denúncias de Objetos Voadores Não Identificados (Cridovni), entidade criada há 26 anos com aval do governo uruguaio. *"O Brasil é riquíssimo na casuística"*, disse o coronel.

E de fato, quem viu a palestra de Reginaldo de Athayde não pode ter dúvida disso. O coronel se mostrou particularmente interessado nas pesquisas de Athayde e no Caso Beni,[2] com o farto material mostrado. O trabalho de integração do coronel Sanchez está permitindo criar um banco de dados no Uruguai, contendo informações de toda a América do Sul e de outras partes do mundo. Segundo ele, os fenômenos existem e as provas científicas são reais. Por isso, nenhuma hipótese deve ser descartada a priori, incluindo as mais insólitas. No atual momento em que estamos não dá mais para considerar o Fenômeno UFO algo apenas nacional. Ele transcende a isso. Os interesses de informação no mundo globalizado estão cada vez mais exigindo uma ação universal na Ufologia. No Brasil, os arquivos de Agências privadas estão recheados de tal maneira, que hoje permitem a seus detentores tratar inclusive com Agências oficiais, para troca de informações e ampliação do banco de dados.

Apenas como exemplo, os arquivos e a estrutura do Centro Brasileiro de Pesquisas de Discos Voadores (CBPDV), são hoje maiores do que a de muitos governos no mundo. Isso já pôde ser constatado por ufólogos de várias instituições. É certo que através de ações particulares, num trabalho mútuo de parceria, os arquivos privados poderiam ser aumentados. A experiência uruguaia mostrou isso no congresso. Não vale a pena e nem é preciso gastar mais tempo estendendo a mão para órgãos de governo que preferem o isolamento. Isso também já ficou claro. O evento mostrou que o braço das organizações privadas do Brasil é mais comprido. Conforme o tenente-coronel Ariel Sanchez, a estrutura da Cridovni está constituída de Diretor de projetos e uma secretaria, além dos departamentos de Operações, Técnico e de Arquivos e Estatística.

Mesmo com as limitações orçamentárias existentes, as operações de campo são realizadas por membros capacitados. A aérea técnica lança mão de profissionais especializados em cada ramo da ciência, tanto civis como militares, incluindo as áreas médicas. A arquitetura do banco de dados

---

[2] Trata-se da experiência vivida por Rosana Beni, conceituada apresentadora de programas de rádio e televisão.

UM VERMELHO ENCARNADO NO CÉU

recebe atualização técnica e os registros são feitos depois de concluída cada investigação. A comissão uruguaia faz consultas frequentes aos Estados Unidos e recebe em média 40 denúncias mensais, as quais são investigadas com o devido rigor. Em outubro de 2005 (atípico), houve 100 ocorrências. Os ufos luminosos representam 49% das denúncias, sendo que a aparição de seres alienígenas ocorreu em 2% deles. Há ainda casos de abdução e contatos de terceiro grau no Uruguai, mas nada comparado ao visto pelo coronel no Brasil, durante o congresso. Os fatos observados na ocasião foram motivos de vivo interesse dele, face à confiança que as testemunhas passaram durante os testemunhos. Em 2002, casos de animais mutilados foram registrados na região, mas não houve explicação lógica para eles, porque todas as possibilidades terrestres foram descartadas. A teoria dos ufos foi a que melhor se encaixou. Alguns se encontravam em curioso estado de petrificação, algo raro na Ufologia.

Além das naves, sondas ufológicas também são avistadas com frequência nas cidades uruguaias e nas fronteiras. Após um avistamento, relatado pelo coronel, foram encontradas marcas circulares de 30 por 20 centímetros de profundidade. Um exame dos resíduos mostrou a presença de fósforo, manganês e zinco. Em 2004, um ufo foi fotografado voando sobre o mar e o tráfico de tais artefatos tem sido constante, especialmente nas fronteiras. Perguntado sobre a comunicação entre os militares dos países vizinhos para defesa da região quanto ao aparecimento de tais objetos, ele respondeu: *"Quando o ufo atravessa a fronteira, seja do Brasil seja da Argentina, a comunicação é realizada, mas às vezes não é detectado do outro lado".*

Para satisfação de todos, no último dia do encontro o ator Carlos Vereza e a cantora Elba Ramalho deram ao público seus testemunhos, no centro espírita Lar Frei Luís, Rio de Janeiro, dizendo terem sido curados recentemente por médicos desencarnados. Esses Espíritos materializados fazem operações cirúrgicas. Vereza, na época, com sérios problemas de ouvido e entravado numa cadeira de rodas, ficou curado após a intervenção espiritual e voltou a trabalhar. Ao contar seu caso, foi às lágrimas. Ele se emocionou e emocionou a todos que estavam lá. Após esse episódio, viria uma surpresa ainda maior. O ator contou um caso ufológico fantástico, ocorrido no Rio de Janeiro.

Deu conta de que seu tratamento no Centro Espírita já levava alguns meses, quando ele e mais 10 pessoas foram à praia. Já era noite, quando de súbito apareceu no céu uma nave enorme, pairando nas alturas, bem acima do mar e à frente deles. Diante daquele halo luminoso, de natureza exuberante, não sabendo o que fazer, a reação de todos foi darem as mãos e rezar. Mas na medida em que oravam, as lágrimas rolavam na face de cada um. A seu turno, os operadores da nave mostraram saber dessa emoção, porque no instante da prece, a nave derramou no ar fagulhas de luz, como lágrimas caindo em forma de fótons luminosos, demonstrando assim que o sentimento emotivo não era só dos humanos, mas recíproco. *"Enquanto chorávamos em terra, a nave chorava no céu despejando gotas de luz"*, disse ele emocionado.

Para Vereza, assim como os Espíritos, os alienígenas e suas naves também se materializam, tal como fora visto por ele na praia. Nas experiências que viveu, notou que a materialização é comum em ambos os casos. Ele não teve receio de contar o que viu e sofrer algum desgaste profissional com isso, ficando no prejuízo. Durante os relatos, a figura de ator desapareceu do palco, dando lugar ao ser humano sincero, de sentimento puro, com toda sua nudez de alma. Ele deu a público o que viu, com sinceridade de coração.

Antes disso, o editor da *Revista UFO*, A. J. Gevaerd houvera blindado o público com a magnífica apresentação do documentário sobre a Operação Prato, feito pela Rede Globo, em que cenas fantásticas foram observadas. Todavia, a morte do coronel Hollanda suscitou reflexões do público. Escutamos várias opiniões e raciocínios sobre ela no saguão

UM VERMELHO ENCARNADO NO CÉU

do congresso. Diante da insistência, não nos furtamos à neutralidade. As hipóteses deixavam claro que diante da complexidade, o tema ainda teria de ser mais bem desenvolvido, através de matéria escrita. Para encerrar estes relatos, vamos examinar não a morte do coronel, mas o evento de suicídio. Precisamos descobrir o porquê de ele consumir tantas pessoas – são muitas, como veremos – ligadas ao Fenômeno UFO. Com certeza, descobrindo suas causas, estaremos diminuindo sua incidência. Vamos propor aqui apenas uma hipótese, buscando encontrar uma generalização.

É certo que alguns contatos alienígenas provocam efeitos nocivos ao homem. O implante hipnótico é algo que precisa ser estudado, para saber como sair dele. A Operação Prato, na Amazônia, mostrou que os alienígenas agem no Brasil de modo vigoroso. As ações ali realizadas foram inéditas na Ufologia Mundial. As naves ficaram bem nítidas. E as entidades fizeram projeções tipo *raio laser*, extraindo o fluído vital das vítimas, como acreditam alguns pesquisadores. Isso foi declarado também por várias testemunhas, inclusive pela médica e diretora da Unidade Sanitária da Ilha de Colares, a doutora Wellaide Cecim Carvalho. Essa interpretação de sugar os fluidos é hoje muito bem aceita. Ela se harmoniza com os relatos feitos em estado de sono hipnótico. As testemunhas dizem ter visto luzes, sido levadas à nave e ali sofrido algum tipo de experiência. A prova material disso está no corpo da vítima. As marcas deixadas e os implantes retirados, através de ato cirúrgico, provam a agressão física da entidade.

Mas além do ato físico, há também o implante hipnótico. O alienígena, quando quer resguardar seus interesses, pratica certo tipo de hipnose seletiva, fazendo a vítima esquecer-se de parte da ocorrência. Essa amnésia, geralmente plantada no ato da abdução ou do contato, reforçada depois com sugestões, denota insistência da entidade em praticar suas ações. Ela provoca na pessoa uma fascinação. Potencializa predisposições do indivíduo e leva-o a transtornos psiquiátricos.

PEDRO DE CAMPOS INSTRUÇÕES DE YEHOSHUA BEN NUN

Vem daí o descontrole, a ansiedade, o nervosismo, a ideia fixa, a exaustão.

Isso é semelhante ao evento de obsessão espiritual, estudado no Espiritismo há cerca de um século e meio. Em anos mais recentes, estudos em hospitais psiquiátricos feitos por médicos como o Dr. Vitor Ronaldo Costa, autor do livro *Apometria*,[3] e o Dr. José Lacerda Azevedo, autor de *Espírito e Matéria*,[4] mostraram casos práticos em que as vítimas de obsessão espiritual recebem artefatos parasitas em suas mentes, o estado delas se agrava e podem chegar a óbito, segundo informaram esses médicos.

O implante hipnótico é algo parecido. Ele sugere um estado induzido de fascinação. Nesse estado, a vítima passa por uma completa submissão aos desejos de uma entidade invisível, mas não se dá conta disso. A entidade atua sobre sua mente, inibindo seu raciocínio lógico. O indivíduo não percebe bem o que faz e nem sequer o ridículo pelo qual passa às vezes. Embora sofra com isso, acha que faz parte de sua missão.

Trata-se de um implante de ideias, em que a vítima age como se estivesse dominada pela criatura, executando tarefas que não eram de sua rotina diária. Fica como se estivesse no *"mundo da lua"*, flutuando em suas ações, e quase nada executa de útil. Em sua mente, avulta um ser "superior". E ela se ilude com as supostas qualidades dele. Chega a fazer previsões de encontros fabulosos que nunca acontecem, mas acha sempre uma maneira de justificar seu desacerto e insiste em outras previsões. Geralmente atua com tal convicção que consegue influenciar pessoas incautas, então se acha de fato escolhida e prossegue em seu engano. Às vezes, descontrolada, conclui que a Terra não é o seu mundo. Então, surge em sua imaginação um mundo inexistente, supostamente melhor, para onde deveria ir. Não raro tenta influenciar outros a segui-la e não percebe o seu próprio decaimento. Outras vezes, acha-se perseguida ou procurada

---

[3] COSTA, 1997.
[4] AZEVEDO, s.d.

UM VERMELHO ENCARNADO NO CÉU

por algo enigmático. Fica sempre desconfiada, olha em volta e para o alto seguidamente, como se procurasse algo vindo do céu. A fascinação descontrola totalmente o indivíduo; e, no extremo, pode levar ao suicídio.

O escritor e pesquisador Sidney Sheldon registrou vários casos de morte enigmática na Inglaterra, com pessoas vinculadas ao Fenômeno UFO. Embora tenha sugerido ações agressivas de origem terrestre para os casos, como, por exemplo, os Homens de Preto, aqui para nós as coisas se invertem, pois para nós alguns desses fatos são sugestivos de ação alienígena. Vamos dar aqui alguns deles:

> Ernest Brockway (1983). Suicídio.
> Stephen Drinkwater (1983). Suicídio por asfixia.
> George Franks (1984). Suicídio por enforcamento.
> Stephen Oke (1985). Suicídio por enforcamento.
> Jonathan Wash (1985). Suicídio pulando de um prédio.
> Dr. John Brittan (1986). Suicídio por envenenamento.
> Arshad Sharif (1986). Suicídio por enforcamento.
> Vimal Dajibhai (1986). Suicídio pulando de uma ponte.
> Peter Peapell (1987). Suicídio na garagem do carro.
> David Sands (1987). Suicídio pulando de um carro.
> Mark Wisner (1987). Suicídio por enforcamento.
> Shani Warren (1987). Suicídio por afogamento.
> Trevor Knight (1988). Suicídio.
> Brigadeiro Peter Ferry (1988). Suicídio por eletrocussão.
> Alistair Beckhan (1988). Suicídio por eletrocussão.[5]

Adicionamos também dois casos:

Almirante James Forrestal (1949). Suicídio pulando da janela do 16º andar do Hospital Naval de Bethesda, onde fora internado com depressão nervosa. Era Secretário de Defesa dos EUA e fundador do Projeto Majestic 12. Homem religioso, não suportou a carga emocional no início do Caso Roswell.

Coronel Uyrangê Hollanda (1997). Suicídio por enforcamento. Fora chefe da Operação Prato na Amazônia.

Caro leitor, a agressão contra a própria vida e o descontrole pessoal nas ações diárias parece resultar de uma sugestão

---

[5] SHELDON, 1992, pp. 364-365.

PEDRO DE CAMPOS INSTRUÇÕES DE YEHOSHUA BEN NUN

hipnótica feita para ser cumprida em certo prazo. E a saída desse domínio mental invisível, desse implante hipnótico incomum, requer muita ajuda da família, dos amigos e tratamento médico, psicológico e espiritual adequados, além de amparo e proteção do Governo.

A 24 de abril de 2006, Gevaerd repassou-me uma carta que ilustra bem um tipo de implante hipnótico relatado com frequência na Ufologia. Seu intuito era de encontrar algum consultor da *Revista UFO* que fizesse a investigação, relatasse os fatos e ajudasse a testemunha em seu desconforto ufológico. No caso em questão, é comum o pesquisador procurar tomar ciência dos fatos, colher depoimentos e se após as primeiras entrevistas a história se revelar consistente, ele pode sugerir à testemunha outras ações, tais como procurar as autoridades, os médicos, o psicólogo, fazer um tratamento espiritual ou uma regressão sob sono hipnótico. Por uma questão humanitária, o interesse da testemunha deve estar sempre em primeiro lugar. A exemplo do Caso Hill, já mostrado em detalhes no livro *UFO: Fenômeno de Contato*, o médico psiquiatra pode recomendar sessões de hipnose como forma de tratamento.

O evento em apreço ocorrera em Brasília. E por certo alguma instituição local se colocaria em movimento para ajudar a testemunha. Quanto a nós, a tarefa aqui é tomar o relato apenas como cenário para mostrar mais à frente alguns lances de um trabalho de *"desabdução"* iniciado num grupo espírita. No caso em questão, a entidade envolvida poderia ser tanto sólida quanto de corpo sutil, cujas características já foram definidas anteriormente. Casos semelhantes, quando confirmados pela espiritualidade, podem ser tratados nas casas espíritas em paralelo aos demais tratamentos oferecidos pela medicina convencional, a qual não aceita o evento alienígena. A terapia espiritual, levada com prudência, é sempre saudável em casos assim. No intuito de resguardar as particularidades do caso, poderíamos chamar o evento de

UM VERMELHO ENCARNADO NO CÉU

Brasília como: Caso Ceilândia. Na carta, a pessoa conta sua experiência:

Moro em Brasília, no Distrito Federal, há 27 anos. Gostaria de saber se poderia me ajudar. Antes de tudo, quero dizer que não sei se isso foi um caso real ou apenas um sonho. Comigo já aconteceram coisas estranhas, foram tão reais que até hoje trago gravado na mente.

Há uns seis anos ou mais, não sei precisar bem, certa noite estava junto de minha família, assistindo televisão, quando de repente me deu um sono irresistível. Isso foi entre 20 e 21 horas. Então fui deitar-me. Ao acordar de madrugada, deparei-me deitado em uma sala pequena, de uns 2 metros quadrados. Eu estava em cima de uma espécie de cama prateada, não tinha pernas, como se fosse uma caixa retangular de um metro de altura. Eu não me mexia, porém estava calmo e conseguia movimentar a cabeça. A sala era da mesma cor da cama, toda prateada, não tinha lâmpada, mas estava clara como um dia de sol. Também não tinha janelas, era toda fechada. Quanto a mim, não senti nada, nem dor nem formigamento no corpo.

Fiquei nessa situação por pouco tempo. Logo apareceu um ser cinzento, perto de mim. Era cabeçudo, sem orelhas, olhos grandes e lábios finos. Estranhamente, lembro-me de estar muito calmo. Parecia que já o tinha visto antes. Eu estava deitado, e em razão disso não conseguia ver direito o chão. Mas acho que o ser tinha de 1,40m a 1,50m de altura, no máximo, mas era magrinho. Então ele veio se aproximando de mim e sem dizer nada, nem mentalmente, fez um gesto no ar e meu corpo se levantou pela metade, ou seja, fiquei com as pernas esticadas e o corpo erguido. Na verdade, fiquei sentado na cama com as pernas estiradas. Em seguida, o ser apontou para a parede prateada e nela se abriu do nada uma janela, que tinha uns 80 centímetros quadrados, não era grande. Então comecei a me preocupar um pouco, pois naquela janela avistei a Terra. Em volta dela, só havia escuridão. A Terra parecia uma bola de basquete e o ser continuava apontando para lá. Eu não entendia nada. Não sei se ele queria me mostrar um ponto específico ou outra coisa qualquer. Em seguida, apaguei. Fui acordar no dia seguinte. Então contei tudo para minha mãe, que também já passou por experiências estranhas.

Mais recentemente, uns quatro ou 5 anos atrás, outro fato ocorreu comigo. Novamente fui dormir e quando acordei de madrugada, deparei-me nos fundos da casa de meus pais. Eu estava de pé, imobilizado, conseguia somente mover a cabeça e não podia falar. O fundo da casa estava coberto por uma intensa luz branca, quase ofuscante. Ao tentar me mexer, percebi que não estava só.

PEDRO DE CAMPOS INSTRUÇÕES DE YEHOSHUA BEN NUN

Minha irmã, dois anos mais nova, estava perto de mim, só que desacordada e, estranhamente, em pé. Percebi também que havia outra pessoa na nossa frente, mas não consegui identificá-la. Parecia um ser humano, também desacordado. Formávamos ali uma espécie de triângulo. E a luz iluminava todo o fundo da casa, não somente a gente. Para ter certeza de que não era um sonho, comecei a olhar tudo. Reconheci o telhado da casa e os barracos de madeira. Tudo me era familiar. Não tendo mais dúvida, resolvi olhar para cima e verificar a fonte da luz intensa. Ao levantar a cabeça, vi a luz aumentando de intensidade e de repente apaguei de novo, só voltei a mim no outro dia.

Mas as coisas não pararam aí, houve outro caso. Neste, eu estava bem acordado. Faz uns quatro anos, eu estava na sala novamente, com minha família assistindo tevê. E de novo me deu aquele ataque de sono. Fui deitar e acordei de madrugada. A minha cama ficava atravessada na antiga porta da cozinha. A metade de cima da porta era de vidro, então minha mãe colocava um pano para cobrir um pouco. Ao acordar de madrugada, deparei-me com um brilho intenso, parecia que estava de dia. Olhei no relógio, eram 4h15 da manhã. Ao olhar pela cortina, deparei-me com um brilho tão intenso que não conseguia enxergar nada lá fora. Foi aí que me senti cansado e sonolento, queria me levantar, mas algo me impedia. Então fui vencido pelo cansaço e voltei a dormir.

Numa outra vez, e isso já faz muito tempo, quando eu era criança, tinhas uns seis ou 7 anos, lembro-me de estar dentro de uma nave. E dentro dela, as luzes ascendiam e apagavam, fazendo um tipo de pulsação. Lembro-me de ter visto alguns partos, feitos por essas criaturas estranhas. Não sei se isso foi um sonho ou não. Certa vez, eu disse para minha mãe que tinha um irmãozinho que ela não conhecia. E que esses seres estavam cuidando dele. Eu não sei o porquê disse isso a ela.

O estranho é que até hoje tenho essas imagens todas na minha mente e não consigo apagá-las. Se puder esclarecer-me o motivo desses sonhos ou dessa realidade, eu ficaria muito grato. Além de mim, há também outros acontecimentos com minha irmã, coisas que eles falaram para ela. Mas isso são coisas dela, não minhas. Se puder me responder ou me orientar, por favor, informe. Obrigado.

Roberto Gomide

Geralmente, as recordações de sonhos registradas por testemunhas assim, quando confrontadas com os seus relatos em estado de sono hipnótico, quase sempre batem em substância, ficando muito próximos. Na hipnose regressiva, ao ser vazada a amnésia não é incomum que os sonhos sejam

UM VERMELHO ENCARNADO NO CÉU

confirmados e que mais detalhes venham à tona, mostrando os acontecimentos de modo muito mais amplo, com tal riqueza de detalhes que nos leva a cogitar sobre tudo ter acontecido de fato. A reencenação da ocorrência se faz de modo integral e a abdução é mostrada com incrível clareza. Mas o fato é tão insólito que até mesmo os pesquisadores podem duvidar do resultado obtido.

Todavia, no Caso Ceilândia, tendo apenas o registro dos sonhos, isso não prova nem desacredita o evento, mas enseja outros estudos. Quem está longe de uma ocorrência assim, por lógica procura considerar as várias possibilidades. Na verdade, as hipóteses são muitas. Pode ser um sonho, um desdobramento da alma, uma obsessão espiritual, uma impostura, o indício de alguma enfermidade, uma abdução individual ou até mesmo extensiva a membros da família. Mas tudo isso são apenas hipóteses, somente um estudo detalhado poderia tentar concluir a questão e mostrar mais detalhes do caso, fazendo outros desenvolvimentos.

Com esse relato, o propósito aqui é mostrar um modelo de narrativa comum nas testemunhas, que mostre o como geralmente as coisas começam e derivam depois para uma regressão hipnótica, a qual não raro culmina por revelar detalhes fantásticos de uma abdução, seguida de implante hipnótico para velar a ocorrência e resguardar os interesses alienígenas. São casos assim, quando confirmados pelo mentor da Casa Espírita, que ensejam a prática de uma eventual Sessão de Desabdução.

No próximo capítulo vamos fazer os preparativos para mostrar depois uma sessão dessas. Antes, vamos ver algumas cenas vividas por um grupo de cientistas em Minas Gerais, quando estiveram ali para pesquisar as atividades de Dr. Fritz. Como desdobramento, mostraremos também as atividades atuais desse Espírito arrojado, que se decidiu por fazer agora cirurgias espirituais, sem cortar o corpo físico, como também a mostrar como ele particularmente trata os eventuais casos de abdução, algo absolutamente *sui generis* em tal atividade.

22

DR. FRITZ: O CIRURGIÃO DO PERISPÍRITO

Vamos voltar um pouco no tempo. Na tarde de 22 de maio de 1968, chegou a Congonhas do Campo, em Minas Gerais, um grupo de cientistas norte-americanos chefiados pelo Dr. Henry Puharich, que não raro usava seu nome de batismo, Andrija, de origem iugoslava, para se apresentar às pessoas.

Tratava-se de uma equipe altamente especializada, composta de pesquisadores do mais alto nível, atualizados com as mais novas descobertas da ciência e dispostos a fazer um trabalho sem precedentes no Brasil. O Dr. Puharich era médico formado pela Northwest University, especializado em bioengenharia. Os trabalhos de sua equipe eram normalmente repassados para órgãos especializados da NASA, do Pentágono e da Força Aérea dos Estados Unidos. Os serviços de inteligência do Governo americano tinham profundo interesse nos resultados.

UM VERMELHO ENCARNADO NO CÉU

Por aqueles tempos, a evolução da Física teórica houvera mostrado aos cientistas que tudo até então conhecido em termos da matéria física não era absolutamente nada. O estudo das partículas elementares atingia um ponto tal de imaterialidade que dava mostras de estar beirando à metafísica. Era algo novo, que precisava ser mais bem estudado. Quando o antipróton foi descoberto na Universidade da Califórnia, o mundo científico veio abaixo, porque passou a cogitar-se algo aparentemente absurdo: o mundo da antimatéria. Esse novo conceito abria um imenso campo de outras possibilidades e o paranormal ganhou outra dimensão de estudos. Isso porque em existindo a antimatéria, não seria de todo impossível existir também outros mundos, estrelas, galáxias inteiras e sistemas de galáxias em forma de antimatéria. Como consequência, tudo aquilo que se falava de Espíritos e de Fenômeno UFO poderia estar embutido nesse novo conceito. Afinal, se nos mundos materiais a vida surgiu, evolucionou, tornou-se inteligente e realizadora de tecnologia avançada, não haveria como duvidar de um processo semelhante ter acontecido num universo de antimatéria, caso esse mundo oculto fosse teoricamente confirmado. Todas as coisas enigmáticas e ocultas que se apresentavam à nossa volta, desde épocas remotas, poderiam ser o resultado da evolução da vida nesses mundos insólitos de antimatéria. Admitindo-se tal possibilidade, os seres dessa matéria incomum poderiam estar atuando na Terra de uma maneira oculta e totalmente desconhecida do homem. Portanto, seria preciso estudar com afinco essa possibilidade. O Dr. Puharich e sua equipe estavam no Brasil para isso.

Em Minas Gerais, a seu turno, um cidadão quase sem estudos estava produzindo fenômenos inexplicáveis. Essa pessoa era José Pedro de Freitas, mais conhecido como Arigó. Ele estava fazendo curas fantásticas. E o mais intrigante, dizia não ser ele o protagonista, mas sim o Espírito de um médico alemão, desencarnado no final da Primeira Grande Guerra, chamado Dr. Adolf Fritz.

PEDRO DE CAMPOS INSTRUÇÕES DE YEHOSHUA BEN NUN

Os cientistas norte-americanos estavam no Brasil já pela terceira vez, pensando desta feita tirar tudo a limpo. Levaram para Congonhas do Campo um verdadeiro laboratório em miniatura, com o qual poderiam fazer vários exames e constatar se aquilo que Dr. Fritz falava em seus diagnósticos estaria de fato acontecendo com os pacientes. Além disso, pretendiam saber se as intervenções de Dr. Fritz de fato surtiam efeito e, se possível, saber quem era Dr. Fritz, caso não fosse uma abstração da mente de Arigó.

A seu turno, os mundos de antimatéria eram muito sugestivos, mas estavam tão fora da concepção científica tradicional que a hipótese da existência de um Dr. Fritz era tão irreal para eles que os estudos iriam se concentrar primeiro na figura de Arigó. A princípio, seria ele o realizador de todas as façanhas. Contudo, se esgotadas todas as possibilidades, a "hipótese Dr. Fritz" poderia ser tomada para estudos.

Tendo isso em mente, a equipe americana chegou a Congonhas do Campo e alojou-se numa fazenda aconchegante, disponibilizada por Walter de Freitas, irmão de Arigó, distante da cidade uns quatro quilômetros. O local era de terra bonita, campos verdejantes impregnados de rios, de lagos e muita vegetação. No mesmo dia, após os cuidados iniciais com a bagagem e um banho reparador, os membros da equipe se reuniram para relaxar um pouco. Então eles ficaram ali sentados num imenso gramado, admirando a paisagem e olhando os céus. Falava-se de tudo, jogando um pouco de conversa fora. Era uma reunião para descontrair e colocar as ideias em ordem. Mas algo estranho e intrigante haveria de acontecer ali.

O ufólogo John Fuller[1] conta que o Dr. John Laurance, um dos cientistas que compunham a prestigiosa equipe, estava interessado em explorar o estudo da telepatia para os órgãos de inteligência do governo americano, por isso fundara a Life Energies Research, uma instituição para esse fim. Sabendo que o corpo humano exala certas energias, seu interesse

---

[1] FULLER, 1975.

UM VERMELHO ENCARNADO NO CÉU

versava em saber se o sensório humano poderia produzir comandos eletrônicos ou, então, receber impulsos para ser teleguiado. Hoje, sabemos que a nave acidentada em Roswell era conduzida por comandos sensoriais desse tipo, por induções mentais. Mas, seguramente, esse assunto era tão secreto e restrito a certos setores militares que nem mesmo a equipe americana sabia no que poderia redundar suas descobertas. Puharich, a seu turno, estava à frente de outra instituição, a Essentia Research Associates, agremiação sediada em Nova York que reunia muitos médicos, cirurgiões, neurologistas, engenheiros, professores e executivos para pesquisas que extrapolavam os limites da ciência.

Essas duas organizações se juntaram para virem ao Brasil e estudar Arigó. O Dr. Laurance houvera trabalhado na divisão de astroeletrônica da RCA, em Nova Jersey, tendo projetando e construído satélites para a NASA. Era um especialista nas coisas do espaço, acostumado a lidar com objetos artificiais em órbita da Terra. Tendo trabalhado a vida inteira em projetos para controle do espaço, um especialista desse naipe naturalmente não poderia estar interessado apenas em curas corporais, algo mais deveria estar por trás de seu interesse declarado. E foi justamente ele que naquele início de noite, examinando detidamente o espaço, divisou algo estranho no céu.

No estado das Minas Gerais, o mês de maio costuma ser frio e seco. E aquele era um dia típico do mês. Às seis da tarde, o céu já estava escuro o bastante para as primeiras estrelas mostrarem seu brilho. Mas o brilho visto por Laurance não era o de uma estrela. Ele divisou lá em cima uma luz branca e intensa, que se deslocava vagarosamente, indo do sul para o norte. Era algo digno de registro, porque sendo ele um especialista no assunto, disse não se tratar de avião nem tampouco de satélite artificial. Durante seis minutos os norte-americanos ficaram com os olhos presos naquela estranha luz, que viajava lentamente no céu, bem acima da cabeça deles. Era impossível avaliar sua altura, não havia referência alguma para isso. Então, lá no alto, a enigmática luz cintilou um pouco e subitamente desapareceu da visão de todos.

PEDRO DE CAMPOS INSTRUÇÕES DE YEHOSHUA BEN NUN

Como homens de ciência, a conversa deles passou a girar em tono da estranha luz. Imaginaram ser algum tipo de fenômeno atmosférico. Todavia, causava estranheza o fato de a aparição ter perdurado por seis minutos. Era muito tempo para um fenômeno atmosférico permanecer no ar. Eles costumam ser mais rápidos, de curtíssima duração. Foi aí que se juntou ao grupo o irmão de Arigó, o senhor Walter de Freitas, homem muito respeitado na cidade. E foi ele que contou um fato que deixaria os norte-americanos ainda mais intrigados.

O intérprete lhe colocou a par daquilo que a equipe houvera acabado de avistar. Walter escutou atentamente a história e abriu um amplo sorriso no rosto. Dava mostras de já saber o que era. Então contou aos cientistas que as pessoas dali falavam que entre os meses de maio a agosto a tal luz era sempre notada na região. Ela tinha sido batizada com um nome curioso: Rios de Ouro do Céu. Muita gente acreditava que seguindo a estranha luz haveria de se encontrar um monte de ouro e ficar rico. O irmão de Arigó explicou que ele, em particular, não acreditava nessas superstições, mas podia entender bem o motivo de ter surgido tais comentários. Ele mesmo já houvera visto algo assim estranho.

Contou que dois anos antes, em 1966, estava exatamente onde todos estavam agora, de pé e observando o céu, quando divisou uma estranha luz que veio baixando lentamente. Ela desceu na direção do rio e aterrissou a cerca de 500 metros dali. A hora era mais ou menos a mesma, logo depois do pôr-do-sol. A noite estava clara, por isso dava para ver bem. E ele seguiu em direção àquela entranha luz. À distância de uns 50 metros, foi possível ver uns vultos se mexendo em cima de algo que parecia ser *"um avião de metal, semelhante a uma lente gigantesca"*, comentou. *"Até hoje não sei ao certo se as criaturas pareciam mais com os seres humanos ou com os animais"*, disse ele.

Walter contou ter visto nitidamente as criaturas escavarem o chão. Ficara curioso e aproximara-se um pouco mais do local. Ele estava agora a uns 30 metros de distância. Mas os

UM VERMELHO ENCARNADO NO CÉU

três ou quatro vultos que estavam ali perceberam seu avanço, então subiram de imediato no *"casco de metal"* e desapareceram dele num piscar de olhos. A seu turno, o estranho casco de metal permanecera ainda ali, parado, por mais algum tempo. Deu para ver bem que estava apoiado sobre *"pernas"*, talvez assim fosse mais bem definida sua sustentação na terra. Então a estranha nave subitamente produziu fogo e fumaça, subiu na vertical e desapareceu no céu.

O fato era intrigante demais e Walter não se conteve. De imediato, foi ao local do pouso e examinou bem o terreno. Constatou que a terra estava ainda quente, com marcas recentes no chão, deixadas pelo objeto. Com a noite encobrindo tudo, não dava mais para averiguar. Mas no dia seguinte, em razão da lenda, ele imaginou que pudesse encontrar ouro no local. Então voltou até lá e ficou procurando. Mas depois de averiguar bem, convenceu-se de que ali não tinha ouro nenhum. A lenda de que a estranha luz mostrava os *"Rios de Ouro do Céu"*, não se consumaria para ele. Então teve que se contentar em prosseguir ganhando a vida trabalhando muito, extraindo de suas propriedades os minérios comuns e fazendo algum comércio na cidade, para tirar o pão de cada dia.

Walter já havia terminado de contar sua experiência, quando o Dr. Luís Cortes, um brasileiro que acompanhava a equipe americana, olhando para o céu, gritou: *"Hei pessoal, lá está outra!"*. E de fato, uma intensa luz branca estava lá em cima, movimentando-se agora em sentido inverso, vinha do norte para o sul, a uma distância impossível de calcular. Nessa condição de avistamento, a luz ficaria por 12 longos minutos, contrariando com esse tempo todos os fenômenos naturais conhecidos. Mas, agora, Puharich estava prevenido. Pegou sua câmera fotográfica, preparou o tripé e registrou o fenômeno com várias fotos em preto e branco.

Quando a luz foi embora e tudo parecia acabado, eis que outra luz intensa surgiu no céu – tão enigmática quanto às duas outras luzes. E fazia um movimento diferente das anteriores. Desta feita, seguiu lentamente de leste para o oeste.

PEDRO DE CAMPOS INSTRUÇÕES DE YEHOSHUA BEN NUN

Na foto, Puharich expôs um pouco mais o filme, película muito sensível, obtendo um objeto claro com estria luminosa. A cena foi corroborada por muitas estrelas, formando na foto uma espécie de mapa estelar, tudo inserido no fundo negro da noite.

Ainda assim, para não rotular aquilo como Fenômeno UFO, eles preferiram chamar as aparições de *"luz atmosférica não identificada"*, mas nunca se convenceram do próprio nome que criaram. O Dr. Puharich, chefe dos cientistas, ficara tão impressionado que mais tarde registraria em seu livro:

> Nos dias que se seguiram, discutimos pela primeira vez a teoria de que os poderes de Arigó talvez não se devessem a nenhum Dr. Fritz, mas sim a seres inteligentes associados a espaçonaves de origem extraterrestre. Isso parecia ser uma hipótese perfeitamente lógica, mas não havia como comprová-la. Falamos com Arigó sobre essa possibilidade, mas ele se limitou a rir, sem responder às perguntas que fizemos.[2]

Cerca de 30 anos depois, quando a 20 de janeiro de 1996, na cidade de Varginha,[3] próxima a Congonhas do Campo, os moradores viram duas criaturas não terrestres num terreno baldio, a questão extraterrestre veio à baila intensamente. Uma unidade do Corpo de Bombeiros, junto com pequena tropa do Exército, capturou as criaturas. A seu turno, os ufólogos detiveram estudos em todo o sul de Minas, concluindo que a região inteira está infestada de ufos desde longa data.

Mas, caro leitor, o nosso propósito aqui não é prosseguir falando dos ufos na região de Minas Gerais, nem das fantásticas conclusões a que chegaram os cientistas quando estudaram Arigó, isso já foi feito de modo magnífico por outros escritores. O nosso intuito aqui é falar de Dr. Fritz nos dias de hoje, porque isso pode nos trazer novos conhecimentos, elucidando inclusive alguma coisa do passado.

Os relatos aqui são de casos observados pessoalmente.

A partir de 2005, tive a oportunidade de trabalhar ao lado de Dr. Fritz por inúmeras vezes, ajudando-o. O Espírito conserva a

---

[2] PUHARICH, 1974, p. 29.
[3] RODRIGUES, 2001.

UM VERMELHO ENCARNADO NO CÉU

mesma personalidade de quando atuava com Arigó, apenas está mais aprimorado nas atitudes e na sensibilidade pessoal, porque na vida tudo evolui. Não fosse assim, a Terra ainda seria um mundo de protozoários. Mas não é isso que vemos ao abrirmos a nossa janela pela manhã. Quando o fazemos, observamos que aquele princípio inteligente que movia o protozoário evoluiu e se tornou Espírito humano, devendo ainda prosseguir na escalada de progresso rumo a outras posturas ainda mais avantajadas. Sem dúvida, a evolução é uma lei imperiosa, que enquadra e subjuga todas as criaturas, fazendo-as avançar cada vez mais em conhecimento e sabedoria. Desta feita, para realizar sua tarefa, Dr. Fritz incorpora a médium Stefany[4] e executa com ela seus trabalhos, postado agora num outro patamar de progresso. Sempre que estive ao seu lado, ficou claro para mim que Dr. Fritz é um Espírito, não um ser extraterrestre como aventara o Dr. Puharich em suas cogitações. Para entender isso, é preciso conhecer as diferenças entre uma e outra entidade, as quais já foram amplamente externadas nesta obra.

Hoje, quando Dr. Fritz atende as pessoas, ele o faz de modo descontraído, conversando com todos à sua volta. Sente-se à vontade para falar com os médiuns, seus colaboradores, que foram anteriormente selecionados por ele. Conta de quando estava encarnado na Alemanha, no seio de uma família abastada, com posses materiais e intelectuais. Gosta de falar dos episódios caseiros, vividos na intimidade do lar, com seu pai, sua mãe e os empregados. Fala de sua vida na infância e na mocidade. Conta sobre as trilhas que gostava de abrir na neve, desobstruindo o caminho de casa e formando muros de gelo ao lado. Fala com muito carinho de sua mãe, do pão de centeio que ela fazia e do cotidiano em sua casa. Conta de seus estudos para se formar médico e dos preparativos que fazia para discutir suas teses com os membros da academia. E quando já médico, fala de suas pesquisas

---

[4] No intuito de resguardar os membros da equipe mediúnica que atua com Dr. Fritz, evitando curiosidades fúteis, os nomes empregados nos relatos são pseudônimos.

PEDRO DE CAMPOS INSTRUÇÕES DE YEHOSHUA BEN NUN

pioneiras, como, por exemplo, sobre o *diabetes mellitus*, estudado por ele no início do século XX, antes da descoberta da insulina. Na época, houvera considerado que o diabetes estava relacionado a outros inconvenientes, como o funcionamento irregular do baço e do fígado, somente culminando nas ilhotas de Langerhans quando já estava instalado. Fala da AIDS nos tempos atuais e dos miasmas deletérios do além-vida. Diz que teve primeiro que aprender a fazer, para depois ensinar, e que somente o exemplo é capaz de mostrar a virtude. Conta também dos momentos difíceis vividos na Primeira Grande Guerra, coisas gerais que marcaram profundamente sua personalidade, compelindo-o a remir o passado atendendo grande número de necessitados. No trabalho atual, é exigente na organização, na responsabilidade e na disciplina dos médiuns. Por tudo o que sempre disse e realizou, deu mostras a mim e aos demais colaboradores de sua equipe de ser ele um Espírito que viveu na Terra uma experiência marcante, tendo permanecido aqui para resgatar seus débitos e dar chance a outros, assim como ele, em seu nome, de fazerem o mesmo. Seu propósito é ajudar o próximo com muito amor. Hoje, Dr. Fritz é um Espírito de luz.

Quase um ano depois, quando a ocasião se fez oportuna num intervalo dos trabalhos, falamos sobre seres alienígenas. Então me deu indicativos de saber sobre essa outra realidade da vida. Quando lhe perguntei se os alienígenas eram Espíritos, assim como ele, ou se estavam encarnados, assim como eu, Dr. Fritz respondeu: *"Estão encarnados assim como você!"*. Então complementei: "De modo geral, eu os considero seres ultrafísicos". E ele me disse: *"Está certo! Muitos se materializam"*. Então lhe perguntei sobre Varginha, e ele respondeu: *"As criaturas estiveram em Varginha, elas existem. Foram colocadas na Terra por outras mais inteligentes. Precisavam de certos minérios dali e estavam pesquisando. Foi um caso perigoso"*. Então considerei: "Foi perigoso mesmo, o soldado que capturou a criatura veio a desencarnar". *"A energia liberada por essas criaturas faz mal ao ser humano"*, disse encerrando o assunto, os trabalhos de cura precisavam seguir.

UM VERMELHO ENCARNADO NO CÉU

Lembro-me que no passado, quando Dr. Fritz fazia suas fantásticas cirurgias agindo diretamente no corpo físico, por diversas vezes falou que suas operações poderiam ser feitas de modo diferente: *"O que faço cortando, pode ser feito agindo somente no corpo espiritual, sem corte físico nenhum. Mas o paciente tem que ter fé e o resultado demora mais"*, dizia ele.

Hoje, os tempos são outros. O que Dr. Fritz dizia no passa-do reflete-se agora na sua conduta de cirurgião do perispírito. Agora ele funciona atuando apenas no corpo espiritual. Trata--se de uma forma de cirurgia psíquica mais complexa do que as realizadas no passado, mas de impacto público menor, porque não se observa mais o fenômeno. Não se vê mais corte, sangue e doença exposta. E por isso mesmo o ceticismo avulta ainda mais do que antes. Contudo, o objetivo agora é outro. Aquela sua forma calculada de chocar a opinião pública, usando um canivete enferrujado para abrir o corpo e operar o paciente, já não existe mais, são águas passadas. Nesta fase, o que impor-ta é a fé. Qualquer expectativa de cura deve ser proporcional a ela, e não à atuação dele como médico do perispírito.

Agora, a ação de um bisturi espiritual, totalmente invisível aos olhos da ciência, não contraria as leis vigentes no país nem deveria causar desconforto à classe médica. O cirurgião atua apenas no corpo espiritual do paciente, sem mexer em seu corpo físico. Dr. Fritz solicita ao paciente que tenha fé, nada mais. E como antes, não cobra nada por isso e não aceita qualquer contribuição. Por conseguinte, seu trabalho se en-quadra totalmente nos preceitos da religião espírita, cuja li-berdade de prática é garantida legalmente pela Constituição da República. Sendo a cura do corpo proporcional à fé e ao merecimento de cada indivíduo, conforme os preceitos es-píritas, Dr. Fritz funciona como emérito e qualificado facili-tador dela.

Contando com grande equipe de médiuns bem treinados, a técnica de Dr. Fritz consiste em incorporar a médium e fazer o serviço. O ato cirúrgico se processa no corpo espiritual do paciente, por isso não pode ser visto de modo comum, mas

PEDRO DE CAMPOS INSTRUÇÕES DE YEHOSHUA BEN NUN

apenas por médiuns videntes, os quais não são poucos. O paciente é acomodado em uma maca, que serve como mesa de cirurgia. O observador comum vê apenas a médium simular todos os movimentos cerimoniais de uma intervenção cirúrgica, mas não vê nenhuma incisão. Os instrumentos são espirituais. Sua manipulação é feita a alguns centímetros de distância do corpo do paciente, sem geralmente tocá-lo. A cena é similar à de uma operação moderna, realizada num hospital dotado de recursos, mas numa versão espiritual, com gestos típicos do médico-cirurgião convencional, com as suas mesmas expressões corporais, podendo prescindir totalmente da verbalização. Uma ou mais luzes coloridas iluminam levemente a sala, dando um tom muito suave ao ambiente. Um leve fundo musical, com a mesma suavidade de uma Ave Maria, eleva o ambiente espiritual às altas paragens. E o cirurgião prossegue com serenidade, operando o perispírito do paciente.

A teoria dá conta que atuando no corpo espiritual, do qual o corpo físico é apenas uma réplica, o benefício pode ser vertido ao corpo de carne, o qual funciona como mata-borrão. O resultado da cirurgia vem com o tempo. Os relatos de casos bem-sucedidos são estimulantes e numerosos. Mas o conceito da cirurgia espiritual é tão estranho às ciências médicas que a sua compreensão está muito longe de ser alcançada no mundo ocidental. Se no passado os cientistas da NASA, estudando Arigó, apenas concluíram que os seus poderes estavam muito distantes do entendimento científico, agora, a seu turno, Dr. Fritz se distancia ainda mais deles, pois para entender as cirurgias espirituais seria preciso estudar uma medicina que não está disponível nas universidades e não há parâmetros de comparação para entendê-la senão nos postulados espíritas.

O trabalho de assistência à distância é ainda mais insólito, pois se trata de intervir no corpo espiritual fazendo uso de fluidos especiais, quer do Espírito quer das pessoas. Para isso, ele conta com uma Equipe de médicos desencarnados

UM VERMELHO ENCARNADO NO CÉU

(centenas deles), que fazem o trabalho e a *"fluidoterapia"* em casa. Vou mostrar melhor como isso acontece, contando o meu próprio caso.

Em fevereiro de 2005, cerca de 10 dias após uma cirurgia que fiz no Hospital da Beneficência Portuguesa, em São Paulo, para correção de um fluxo linfático, a qual, diga-se de passagem, foi bem-sucedida, passei a sentir uma dor na região lombar, logo abaixo do local em que fora aplicada a anestesia para aquele ato cirúrgico. Nunca fiquei sabendo se essa dor tinha ou não a ver com a anestesia aplicada. O fato em questão, é que senti uma dor insuportável nas costas, com reflexos ainda piores na coxa da perna direita. Então fui conduzido a um pronto-socorro hospitalar, onde tive atendimento. E tornaria a voltar a ele no dia seguinte, em razão da dor. Os médicos iniciaram um tratamento invasivo, com administração de analgésico e anti-inflamatório. Logo em seguida, as mesmas drogas passaram a ser administradas por via oral. Quatro semanas após, quando a dor aguda já tinha passado, o tratamento seguiu com adição de sessões diárias de fisioterapia. Em 10 de março de 2005, os médicos do Hospital Carlos Chagas, em Guarulhos, fizeram uma tomografia computadorizada da coluna e diagnosticaram: *"Osteofitose marginal nos corpos vertebrais, inclusive na lateral direita em L5, Espondilose lombar e Abaulamento discal difuso em L4 L5 e mais discreto em L5 S1"*. O tratamento seguiu com drogas orais e injetáveis. Todavia, caso não resolvesse, um ato cirúrgico na coluna poderia ser recomendado.

Em razão disso, fui levado ao centro espírita para iniciar um tratamento. Eu não sabia quem era o Espírito-médico, estava interessado apenas em ficar bom. Para minha surpresa, fui atendido pelo espírito de Dr. Adolf Fritz, incorporado em Stefany. E fiquei sabendo depois que a família da médium era conhecida da minha esposa, a Dalcira. É que Maria Ângela, uma tia de Stefany, fora sua amiga íntima, colega de estudos, mas desencarnou no auge da maturidade, com trinta e poucos anos. Era comum a Dalcira frequentar a casa de Maria Ângela e encontrar lá Stefany, ainda menina.

Na segunda vez em que lá estive para tratamento, Dr. Fritz me informou que faria infiltrações no meu corpo espiritual e que daria para perceber a melhora. De fato, foi o que aconteceu. E os cuidados dele prosseguiram em outras ocasiões, porque o tratamento espiritual é mais demorado do que o da medicina convencional. Num dos atendimentos, em razão dos meus serviços no Espiritismo, tive a satisfação de ser convidado por ele a participar de alguns trabalhos. Aceitei o convite e participei sempre com muita dedicação. Minha filha, Daniela, recebeu o mesmo convite, tendo iniciado um trabalho de psicografia, com mensagens alentadoras ao público.

O tratamento da coluna prosseguiu, sendo realizado uma ou duas vezes por mês, conforme a recomendação de Dr. Fritz. Em 31 de agosto, quando já bom da coluna, compareci no centro e falei sobre um antigo problema de coração. É que anos atrás, sofri um enfarte do miocárdio, tendo sido tratado pela medicina convencional com cateterismos, angioplastia, exames específicos e remédios. O tratamento surtira efeito, mas de lá para cá tenho lutado com o controle do colesterol e com uma arritmia cardíaca que me acomete às vezes. Naturalmente, a minha preocupação é que os vasos voltem a fechar.

Dr. Fritz ouviu as minhas queixas. Embora eu não seja o que se chamaria de gordo, disse-me que por debaixo da pele, em certas regiões do corpo, principalmente no abdome, havia um excesso de gordura que dificultava o bom funcionamento do organismo. Foi aí que me perguntou se eu estaria disponível na terça-feira. Disse-me que pretendia fazer uma cirurgia espiritual, sem incorporação alguma, em minha casa. Nessa época, eu já era seu colaborador e falava sempre com ele. Dr. Fritz me passou instruções. Disse que Daniela deveria ficar ao meu lado na ocasião, ela daria ajuda na doação de fluidos.

Dito e feito. Em 6 de setembro, às 21 horas, conforme previamente acertado, lá estava ele em minha casa, trazendo consigo outros de sua equipe. Na clarividência de Daniela, o Espírito se apresentava como um homem de porte robusto, ligeiramente calvo e usando barba. Havia com ele duas outras

UM VERMELHO ENCARNADO NO CÉU

entidades. Também estava presente o espírito Ângelo, guia da médium. Através da vidência e clariaudiência, ela notou que o Espírito deu rápidas instruções aos outros. Em seguida, uma entidade iniciou os procedimentos, sem incorporação alguma.

Deitado na cama, apenas sentia uma presença espiritual, além de me sentir relaxado. Tive uma ligeira sensação de que as células de meu corpo estavam sendo *"aspiradas"*, por assim dizer sem melhor expressão (meses depois, Dr. Fritz disse que a aspiração espiritual quebra as moléculas de gordura). A médium, a seu turno, ficou sentada numa cadeira ao lado da cama, conforme fora instruída por Dr. Fritz no centro espírita. Sem dúvida, estava doando fluidos para o evento. Através dela, tive apenas informações brevíssimas. O que escrevo aqui é resultado de conversa posterior que tive para saber de suas impressões.

O cirurgião espiritual realizou seu trabalho conversando o tempo todo com os outros Espíritos ali presentes e, também, com a médium, sem que eu tivesse conhecimento disso. Perguntado mentalmente pela médium o motivo de a voz dele vibrar como a de Stefany e não como a de um homem, respondeu que ela recebia informações pelo pensamento, mas como mentalizava Stefany, escutava o timbre da voz dela; contudo, em ato contínuo, disse para mentalizar outro médium. Então o timbre de voz mudou, agora era o de Edson Queiroz, conhecido médium, já desencarnado, que incorporava Dr. Fritz.

Quanto a mim, ficaria a ideia de que na indução do Espírito as informações armazenadas na memória da médium teriam sido ativadas pelo fluido do próprio Espírito, com isso, efetuara-se a conversação, mas o conteúdo mental da médium aflorara com certa cota de participação, modulando o timbre de voz e talvez ativando outras sensibilidades. Independente do timbre, ela *"ouvia"* também um sotaque alemão com os *"erres"* fortemente pronunciados, de modo muito mais intenso do que os reproduzidos por Stefany ou por Edson Queiroz, quando incorporados por Dr. Fritz. Essa diferença de pronúncia parecia indicar traços distintos de outra personalidade presente, a qual não seria Dr. Fritz. Intrigado, perguntei a mim mesmo: Quem seria esse outro Espírito? E essa mesma pergunta, eu teria chance de fazer a Dr. Fritz no centro espírita, num outro dia.

A prática cirúrgica espiritual consistia em retirar do corpo, fluidicamente, o excesso de tecido adiposo, que estava injetando gordura e dificultando o trânsito na região cardíaca. Com luvas e instrumentação específica, o Espírito retirou da região do abdome uma parte do material adiposo, depositando-o num recipiente etéreo. Segundo informou à médium, ele fez também uma pequena redução do estômago, para diminuir a ingestão alimentar que provoca acúmulo.

Minutos após o início, fui solicitado para deitar de bruços. Segundo a médium, outro Espírito entrou em ação e fez duas incisões na região dorsal, ambas na altura da cintura. E retirou daí considerável quantidade de tecido adiposo. Com bom-humor, falou sorrindo que eu ficaria mais *"magro e elegante"*. Disse que tinha dado os medicamentos necessários e que, no dia seguinte, teria de ser feito um regime à base de frutas, verduras e legumes. Nos dias posteriores, a comida poderia voltar ao normal, mas um regime saudável deveria ser seguido, como condição para tudo dar certo. Sempre de maneira apenas espiritual, deu-me também um remédio para normalizar as funções intestinais.

Quando tudo parecia terminado, o Espírito que havia feito a última incisão pediu a seu assistente para fazer a sutura, enquanto ele iria psicografar. Foi então que Daniela, até então doadora de fluidos, dirigiu-se à escrivaninha, pegou caneta e folha de papel, sentou-se e começou a psicografar:

> Pedro, amigo e companheiro, estamos hoje unidos em uma luta para melhorar a condição física e espiritual das pessoas. É nosso dever e nossa obrigação, como espíritas e compromissados com o plano superior, auxiliar aqueles que necessitam, mas cada um a seu modo e todos unidos em um só pensamento: ajudar ao próximo. Felicito-o pelo trabalho realizado. O plano espiritual tem em grande conta e com grande satisfação os benefícios e as

UM VERMELHO ENCARNADO NO CÉU

informações que você tem trazido a muitas pessoas. Nosso trabalho atravessa fronteiras, tanto materiais quanto espirituais. Dentro
dessa perspectiva foi que nos encontramos, pois nada é por acaso.
Sinto-me muito honrado em tê-lo como amigo e colaborador, pois
estou certo de que quando um dia nos encontrarmos no plano espiritual, relembraremos juntos os trabalhos agora realizados. Fique com Deus e que Ele ilumine ainda mais esse seu trabalho que
já é tão abençoado. Um abraço fraterno do amigo e companheiro,
em nome de, Dr. Adolf Fritz

A 05 de outubro, quando voltei ao centro espírita, Dr. Fritz
me informou que naquele dia estivera presente, houvera iniciado o trabalho e depois se retirara para outros afazeres. A
cirurgia espiritual fora realizada, em sua maior parte, pelo
Dr. Kempler, um dos médicos da equipe, seu companheiro
de jornada na Alemanha, e mais um assistente. Disse-me
que a psicografia fora de Dr. Kempler e que este o fizera em
seu nome, sendo tudo endossado por ele; os *"erres"* pronunciados mais fortes, conforme notara Daniela, eram os de Dr.
Kempler. Quanto a mim, o tratamento deveria prosseguir.

Posteriormente, como colaborador em suas cirurgias espirituais, assisti seu trabalho lado a lado, em inúmeros atendimentos, tendo sido, a convite dele, seu auxiliar direto em
vários casos. Com muita satisfação pude constatar que agora
o cirurgião não corta mais. Incorporado em Stefany, pessoa
de ótima formação e lúcida nos trabalhos, Dr. Fritz se apresenta mais cordial. A bela fisionomia da médium e a sua
suavidade de procedimentos caracterizam as cirurgias de
Dr. Fritz como algo agradável de ver, amplamente favorável
aos sentidos. Não há mais o forte impacto de antes. O resultado prático das cirurgias se dá num prazo mais estendido,
sem necessidade de cortar a carne. Sem dúvida, esse *modus
operandi* está totalmente em sintonia com os preceitos da
Doutrina Espírita. Trata-se de um trabalho que marca o início
de uma nova e longa jornada, com novas iniciativas de maior
proporção para beneficiar as pessoas e levar a mensagem
espírita além das fronteiras.

Conforme informações do próprio Dr. Fritz, embora atue
hoje mais constantemente com Stefany, ainda assim suas

PEDRO DE CAMPOS INSTRUÇÕES DE YEHOSHUA BEN NUN

atividades de agora não se restringem a uma única instituição, mas atua também em outras. Certas vezes, o faz projetando apenas o intelecto, fazendo-se presente em localidades distantes. Seu atendimento também não fica adstrito ao aspecto corpóreo do assistido, mas age igualmente na desobsessão, porque os obsessores transferem sentimentos, energias e miasmas que causam inúmeros males ao corpo do obsidiado, requerendo tratamento específico da causa. Participei de vários casos assim com ele, alguns remontando séculos de obsessão. Outros casos graves, como os de possessão, são tratados por Dr. Fritz com rara habilidade. Cada intervenção dele guarda um grau de sucesso, sempre proporcional ao merecimento do assistido e à sua fé. Numa frase: Dr. Fritz reúne os meios necessários para o próprio assistido curar a si mesmo através de sua fé em Deus.

Certa feita, eu levei a ele um caso insólito, totalmente diverso do convencional. Eu havia participado de um congresso de Ufologia na cidade de Curitiba e os livros psicografados por mim estavam despertando muito interesse no meio espírita, por ser algo novo no Espiritismo. Para minha surpresa, conheci no congresso muitos espíritas, quase todos com história de algum desconforto ufológico, digamos assim. Fui procurado por médiuns frequentadores assíduos de várias Federações Espíritas, dentre as quais: Rio Grande do Sul, Paraná e São Paulo. Terminado o evento, a moça de São Paulo voltou a procurar-me. Tratava-se de uma abdução alienígena.

Pelas características do caso, a capacitação requerida para fazer o atendimento era a de um Espírito-médico, conhecedor dos males do corpo e do espírito, além de outras realidades existenciais. Foi então que o meu mentor espiritual, sabendo disso e considerando indispensável essa atuação independente da minha, tratou com mestre Lisboa, espírito mentor de Stefany, e ambos com Dr. Fritz. Quanto a mim, falei com Dr. Fritz e expus a ele a minha disposição. Pelas circunstâncias, eu estava certo de que seria preciso ajudar a pessoa, fosse o que fosse, independente do que este ou aquele poderia dizer. *"A nossa casa está aberta para todo aquele que precisar"*, disse Dr. Fritz a mim, de modo muito solícito.

UM VERMELHO ENCARNADO NO CÉU

Com sua característica arrojada, mesmo sabendo do desgaste que isso poderia trazer em razão do preconceito e da incompreensão alheia, ainda assim se dispôs a ajudar. Para minha satisfação, pude acompanhar o tratamento passo a passo. Foi um grande aprendizado para mim. E vou mostrá-lo a você, caro leitor, e a todos os que queiram conhecê-lo, para que as instituições tomem ciência do fato e possam atender os abduzidos com alguma referência anterior.

Os casos de abdução não são poucos, outros foram observados pelo nosso grupo e atendidos. Antes, casos semelhantes já existiam, mas não eram divulgados, entrando tudo no rol do clássico tratamento de desobsessão. Agora, uma separação de casos estava sendo realizada, isolando o alienígena do espiritual, para melhoria de resultado.

O abduzido com consciência do que se passou consigo, em geral busca algo que possa parar a reincidência das abduções, cortar o monitoramento das criaturas e resolver seus males corporais e psíquicos decorrentes da abdução. Enfim, quer voltar a ter uma vida normal. Trata-se de algo novo, em termos de assistência espiritual, que deve ser feita na casa espírita somente com a orientação do mentor da casa.

O caso de abdução que vamos mostrar fora detectado de modo tido como científico, através de hipnose regressiva, feita por hipnólogo especialista e acompanhada por pesquisadores. Independente dessa atuação, as informações espirituais obtidas também deram conta do mesmo inconveniente ufológico, ou seja, abdução.

Trata-se de mostrar alguns lances de uma reunião que Dr. Fritz tomou para si o comando dos trabalhos e executou a primeira Sessão de Desabdução de que se tem notícia em uma Casa Espírita. Não foi algo secreto, mas testemunhado por pessoas com sólidos conhecimentos doutrinários e com ótimo nível cultural, destacando-se: pedagogas, advogadas, administrador e jornalista. No próximo capítulo vamos ver esse caso intrigante, em alguns detalhes.

23

SESSÃO ESPECIAL DE DESABDUÇÃO

Selma Hellen[1] dava indícios de ter iniciado cedo sua sensibilidade mediúnica. Aos nove anos, na Penha, São Paulo, ela passara a sentir uma estranha presença de pessoas em seu quarto. Mas tal fato não é de todo incomum nas crianças, geralmente elas são suscetíveis a isso, principalmente durante a primeira infância, idade em que as reminiscências da vida passada afloram mais facilmente ao consciente, com cenas e imagens não muito bem definidas. O caso de Selma parecia ser esse. E por aquelas épocas, o fato não causaria maiores preocupações à família. Mais tarde, quando já adulta, Selma frequentaria a Federação Espírita do Estado de São Paulo. Nessa instituição, faria todos os cursos oferecidos, exceto o

---

[1] Para resguardo da identidade, o nome Selma Hellen é pseudônimo. Trata-se de uma mulher inteligente, com formação universitária em duas faculdades, séria, honesta e em perfeito estado de saúde. Sua pessoa e seus relatos são dignos do nosso mais profundo respeito e consideração.

UM VERMELHO ENCARNADO NO CÉU

de doutrinador, que lhe pareceu não ser de sua vocação. Em seguida, passaria a trabalhar no conhecido Centro Espírita Cairbar Schutel, na capital de São Paulo, como médium de incorporação, tendo participado regularmente dos trabalhos de desobsessão. Em suma, tratava-se de uma pessoa com raízes espíritas sólidas, desde a mocidade, e de formação universitária.

Agora, aos 46 anos, depois de ter vivido uma experiência ufológica incomum e passado pelas mãos de três ufólogos[2] da melhor expressão, adeptos da clássica teoria extraterrestre, e de ter assistido a uma de minhas conferências, na cidade de Curitiba, veio a mim solicitando ajuda para o seu caso. Ela não havia tentado isso antes, porque nenhuma das casas espíritas que frequentara dava atendimento ao abduzido, a espiritualidade parecia aguardar novos tempos para tratar o tema abertamente. No centro espírita, tudo sempre houvera ficado por conta de uma obsessão continuada, e o caso assim fora levado. Mas quem estuda os fenômenos ufológicos sabe que o caso não é de uma desobsessão espiritual clássica, algo mais haveria de ter. E de fato, tratava-se de fazer algo novo para dar assistência a ela.

Inteire-me de tudo, observei bem os seus relatos. Havia também um acompanhamento espiritual com Selma. Trata-va-se de sua mãe, que agora desencarnada queria ajudá-la, sem saber como. Mas isso não era o fato determinante. Por trás disso, havia uma atividade insólita, causada por entidades alienígenas. Quando estava para lhe pedir as fitas gravadas da regressão hipnótica que fizera, Selma se antecipou e informou-me que as tinha destruído: não suportara ouvir os seus próprios relatos. O impacto de escutar a própria voz contando algo que ela não queria nem poderia admitir, causara-lhe enorme desconforto. Sua defesa natural fora destruir as fitas e tentar esquecer tudo.

---

[2] RANGEL, 2001, capítulo 45, menciona estudos do médico e hipnólogo Dr. Max Berezovsky e do ufólogo e engenheiro Claudeir Covo, pesquisadores da mais alta expressão na Ufologia, com diversos trabalhos publicados.

PEDRO DE CAMPOS INSTRUÇÕES DE YEHOSHUA BEN NUN

Informações do mentor espiritual davam conta de que um Espírito-médico houvera aceitado a incumbência de tratá-la. E desta feita haveria um trabalho inédito no Espiritismo. Dr. Fritz se fez presente, mexendo mais uma vez com as estruturas e causando uma profunda reciclagem nos conceitos espirituais. Conversamos sobre o caso. Ele atenderia Selma pela primeira vez a 13 de dezembro de 2005, dia em que o tratamento dela fora iniciado. Nessa data, eu já era membro do Grupo de Estudos Espíritas João Rocha, participando espaçadamente de alguns trabalhos do Dr. Fritz.

Na sessão de desabdução, Dr. Fritz procede de um modo todo próprio. O assistido fica em meio a um círculo de médiuns, formado sob o critério dele próprio. O assistido é a única pessoa a não falar absolutamente nada durante todo o processo, somente escuta. Depois dos preparativos iniciais, os médiuns, sentados confortavelmente em cadeiras, com as mãos dadas para equilíbrio das energias, concentram-se profundamente na figura do assistido. Inicia-se então uma espécie de rastreamento da memória. Ao influxo da "corrente médica", cada médium recebe pulsos oriundos das camadas profundas da mente do assistido, registrando as cenas da abdução ou os sintomas que o lesado retém na mente. Os médiuns parecem recepcionar cenas previamente escolhidas nas camadas profundas da mente do assistido, como se houvesse dele um vazamento controlado de ideias, deixando escapar da mente apenas aquilo que a "corrente médica" cuidadosamente escolheu para vir à tona, sem risco algum ao assistido. Depois de uns 15 minutos em profunda concentração, Dr. Fritz solicita a cada médium para descrever o que viu e sentiu durante o evento. Então, cada qual faz o seu relato, contando detalhes de sua captação psíquica. Alguns lances aparentemente capitais da experiência vivida pelo assistido ganham corpo nesta fase.

Cada um dos 12 médiuns que compunha o círculo descreveu as cenas captadas, enquanto o assistido, lúcido e sem desconforto, reconhecia mentalmente os episódios, na medida em que eram narrados. Assim, ficava fora do impacto emocional mais forte, como se aquilo não lhe dissesse respeito ou fosse apenas um filme de cinema, embora sabendo que aquelas narrações ou parte delas se passaram consigo.

Uma espécie de regressão hipnótica fora realizada por Dr. Fritz, através da transferência de dados de uma mente para várias outras, ou seja, da mente do assistido as informações migraram e, seletivamente, foram pulverizadas na mente de cada médium, sem que o assistido tivesse qualquer desconforto.

Em seguida, o trabalho de hipnoanálise foi realizado de uma maneira incomum. Cada membro do grupo externou o que vira e sentira, dando detalhes do episódio, compartilhando assim a cena com os demais membros do grupo, como se ele próprio tivesse vivido o drama. Assim, a terapia aos poucos foi sendo realizada, com o paciente relaxado, em total silêncio, escutando tudo como se ele mesmo tivesse dizendo aquilo, mas sem dizer absolutamente nada. Não houve desconforto, pois o assistido não se envolveu na fabulação dos outros e pôde, consigo mesmo, selecionar tudo o que fora dito, rever cenas do episódio e vazar para si mesmo a amnésia, se o caso fosse esse. Fora algo sem igual em terapia, um processo absolutamente *sui generis*.

Quando Selma tinha 12 anos, ela vivera uma situação rara em sua vida. Tinha amigas com quem gostava de brincar na Penha, um grupo de meninas-moças vizinhas de sua casa. Fora uma época em que estava apenas iniciando a adolescência. Ela era uma menina como as outras, cheia de vida, que começava a descobrir com inibição um mundo novo em si, com as novas formas corporais desabrochando e o espelho que lhe parecia ficar cada vez mais atraente aos olhos. Era uma mocinha que ainda não havia abandonado os divertimentos típicos de uma menina irrequieta e vivaz, características de uma infância saudável, marcada pela responsabilidade e rigidez da família.

Foi assim que num domingo, apenas ao cair da noite, às 19 horas, Selma brincava de esconde-esconde com as amigas.

PEDRO DE CAMPOS INSTRUÇÕES DE **YEHOSHUA BEN NUN**

"Onde vou esconder agora?", pensou consigo mesma. Em ato contínuo, correu para o quintal da casa vizinha. Afinal, era comum uma amiga se esconder na casa da outra. Na brincadeira, valia tudo. E ela ficou lá, escondida no quintal, atrás do muro. Foi aí que sentiu algo caindo em seu braço: *"Que é isso? Está chovendo?"* questionou a si mesma. E ficou preocupada. Afinal, aquilo poderia ser o fim da gostosa brincadeira. Sua mãe, sempre cuidadosa consigo, costumava rapidamente chamá-la quando os primeiros pingos despontavam. *"Mas, estranho, não está chovendo!"*, exclamou olhando para cima. Foi aí que viu lá no céu, quase na sua perpendicular, uma luz forte. A estranha luz baixou rapidamente, como se estivesse caindo sobre ela. Um susto enorme bateu em seu peito. Algo acima de suas forças fizera suas pernas não suportarem. Foi um impacto.

Selma caiu de costas, olhando assustada para aquela estranha luz no céu. Caíra paralisada, com os olhos fixos em algo incomum. Talvez estivesse desfalecida: não sabe, não lembra exatamente o quê. Não encontra mais a si mesma: está atordoada, meio adormecida. *"Talvez seja um sonho"*, considera. *"Preciso gritar para alguém acudir"*, ela pensa. E faz um esforço enorme para isso. Mas nada! A voz não sai. Como num sonho, sua voz parece engasgada na boca. Foi um grito mudo, interior, sem qualquer som. Nada aconteceu de prático, ninguém poderia ajudá-la. Era inútil, por mais que tentasse, não dava para gritar, a voz não saía. Enquanto isso, a amiga mais próxima, entretida na gostosa brincadeira de esconde-esconde, parecia nem sequer vê-la.

Foi aí que pela primeira vez apareceram diante dela duas criaturas estranhas. Estavam em cima do muro de sua casa, olhando para ela de modo enigmático. Depois, foram descritas como sendo *"criaturas pequenas, de cabeça volumosa, feias, figuras magras, desconhecidas, coisa de causar medo"*. Finalmente, um cachorro latiu: era o seu, do outro lado do muro. Mas as criaturas fizeram alguma coisa e ele parou de repente. O cão da vizinha também latiu, mas assim como o

UM VERMELHO ENCARNADO NO CÉU

seu, aquele também parou bruscamente. E o fez de um modo tão estranho que ela pensou que o cão tivesse morrido.

Curioso, algo novo estava acontecendo agora. Seu corpo parecia não estar mais no chão. Parecia levitar, subir e subir. Primeiro a Selma viu nitidamente a cobertura do tanque, em que sua mãe lavava as roupas. Depois, passou a janela do quarto e prosseguiu. Seu corpo continuou subindo e subindo. Os telhados foram ficando cada vez menores e as duas criaturas ficaram lá em baixo, em cima do muro, olhando a sua subida. Mas agora dava para ver que não eram apenas duas figuras, tinha outra, eram três. O terceiro elemento estava no chão, bem no corredor de sua casa, ao lado do muro que encobria sua visão. No alto, tudo em baixo foi ficando cada vez menor aos seus olhos, até que num repente a cena mudou.

Selma não sabe como isso aconteceu, mas estava agora por sobre uma mesa, postada num ambiente de estrutura única, tudo muito liso. Foi aí que surgiu um ser menos repugnante, diferente em fisionomia dos três que ficaram em terra. Era uma criatura mais alta que os anteriores. Tinha estatura média e silhueta mais parecida com as formas humanas, mas ainda assim, um humanoide estranho. Tinha a cabeça grande, os olhos oblíquos e puxados como os de japonês, corpo magrinho, braços e pernas finas. A criatura fez um gesto repentino em sua cabeça. Algo parecia ter acontecido. E isso a contrariou muito. (Durante a terapia feita por Dr. Fritz, um médium sentiu um desconforto na cabeça, uma espécie de capacete invisível, algo ligado à região esquerda do crânio para fazer alguma coisa, talvez facilitar a comunicação e o monitoramento quando ligado).

Dentro da nave, Selma sentiu vontade de ir ao banheiro, mas não teve permissão da criatura para fazê-lo. Teve de ficar ali, esperando... Mas esperando o quê? Talvez a fisiologia das criaturas fosse outra e não fizessem uso dele. (Assim como ela, na segunda sessão de terapia feita por Dr. Fritz, ao menos quatro médiuns sentiram uma vontade irresistível de ir ao banheiro; Selma também, e teve permissão para fazê-lo).

Então a criatura lhe deu para beber um líquido colorido, sem gosto de nada, como se fosse água. E procedeu em seguida como se tivesse terminado sua tarefa. Procurou ser amável com ela, dizendo: *"Sempre que precisar, virei ajudá-la"*. Mas essa ajuda nunca se consumou. Ao contrário, sempre que Selma nota uma estranha aproximação, sua cabeça fica pesada do lado esquerdo e não raro torce o pé e cai no passeio, precisando de mão amiga para recompor. Certa feita, uma espécie de arritmia cardíaca lhe tomou conta. Foi conduzida ao serviço de emergência hospitalar, mas o eletrocardiograma nada acusou: o coração estava normal.

Fazendo aqui uma pausa, durante os trabalhos de desabdução, ao menos três médiuns sentiram certa aceleração no ritmo cardíaco. Dr. Fritz esclareceu que a energia das criaturas pode causar esse tipo de desconforto. Por isso todos estavam de mãos dadas, para melhor distribuição das energias e para ninguém sofrer mal algum. Quanto a mim, lembrei-me dos contatos imediatos em Alexânia, quando um indivíduo da equipe de Uchôa sentiu um desconforto no coração e teve de ser retirado às pressas do local. Também me recordei da situação vivida na Base Muroc, quando a Agência Associated Press divulgou perplexa: *"O presidente Eisenhower morre de um ataque do coração em Palm Springs"*. O alarme era falso, mas transpirou depois que a notícia tinha fundamento. Naquela noite, o presidente norte-americano teria feito contato com seres alienígenas, sentira-se mal e fora dado como morto por alguns. Perante o nosso grupo, fiz essas observações a Dr. Fritz. E para minha surpresa, escutamos dele: *"Os alienígenas já fizeram contato com o governo, mas tudo ficou em segredo"*.

Apenas terminado o exame, a estranha criatura deu a mão a Selma, conduziu-a para uma espécie de janela na nave e mostrou-lhe a paisagem embaixo. Deu para divisar as casas e as árvores que estavam sobrevoando. Num jardim próximo a uma região densamente arborizada, os três pequenos humanoides foram recuperados pela nave. Em poucos instantes,

UM VERMELHO ENCARNADO NO CÉU

a nave estava de volta ao local da captura. Selma fora deixada, sem saber como, no quintal de sua casa, perto da escada. Ela houvera deixado aquele mesmo local duas horas antes. Agora, o relógio marcava 21 horas.

De repente, um grito sou alto: *"Onde você esteve menina? Todo mundo já cansou de te procurar e ninguém te encontra!"*. Brava como estava, sua mãe lhe deu um tapa no braço e mandou-a entrar. *"Vai jantar agora!"*, exclamou alto. Selma quis ir ao banheiro, mas a mãe não a deixou. Depois da janta, foi trancada no quarto, para não sair mais. Só conseguiu ir ao banheiro quando conseguiu destravar a porta.

Anos depois, sua mãe desencarnou. Recentemente, numa sessão espírita apropriada, comunicou-se dizendo que não sabia o que estava fazendo na época e que hoje se arrependia profundamente de ter tratado a filha como tratou. Falou de tudo, como se fosse a culpada. Mas de fato, não era! O ato de abdução e o monitoramento das criaturas desorganiza-ram as emoções da família, gerando um clima de nervosismo e insegurança por anos a fio. Nisso tudo, Selma fora a maior prejudicada. Teve de pagar o preço da incompreensão de muitos, embotando em seu psiquismo o desconforto ufoló-gico que vivenciara. Não era uma doente, mas fora tratada como tal. Não era uma obsidiada de Espíritos inferiores, mas assim fora tomada por aqueles que desconheciam o fato. Não era uma carente de afetos, mais assim fora considerada. Na verdade, fora vítima de uma ação insólita, perturbadora, realizada por entidades alienígenas de condição moral precária.

Contudo, agora, as mãos amigas da espiritualidade superior estavam ali para ajudá-la, buscando sua normalização. Os fatos seriam mostrados como na verdade o são, independente de outros gostarem ou não deles. Os fatos são os fatos, e assim precisam ser encarados. Seria preciso fazer uma desabdu-ção. E Dr. Fritz me disse para marcar a data. Então certei com a professora Isadora para o evento acontecer a 11 de maio de 2006, numa quinta-feira. Algo fantástico aconteceria nesse dia. Por certo, quem participou não poderá esquecer jamais.

PEDRO DE CAMPOS INSTRUÇÕES DE YEHOSHUA BEN NUN

No mundo espiritual, a Corrente das Fraternidades é formada por bons espíritos. Ela é responsável por um fluxo de pensamento contínuo, por uma energia incessante capaz de produzir efeitos renovadores em todas as criaturas menos evoluídas. Os impulsos mentais emanados das Fraternidades formam cargas magnéticas potentíssimas, que vibram ao redor das criaturas e plasmam nelas uma aura de novas ideias, ditam novos procedimentos e provocam outras vocações, fazendo com que suas tarefas sejam realizadas de modo diferente. Sem que se possa resistir, os seres menos evoluídos são envolvidos por essa onda monumental de vibrações, submergem a ela e ficam compelidos, mesmo sem o saber, a realizar outras tarefas, mais edificantes do que imaginavam. Essa emanação de forças mentais construtoras, quando dirigida para um mesmo propósito, ajusta sua vibração à capacidade de quem deve recebê-la e estimula qualquer criatura do universo a um procedimento mais fraterno e amoroso, para realização de um propósito mais altruísta, ainda que seja à revelia da entidade menos evoluída. Para isso, nos trabalhos de desabdução, Dr. Fritz tem o concurso da Corrente das Fraternidades, Espíritos de luz que interferem no plano em que os alienígenas estão vinculados, sejam estes de constituição sólida ou sutil.

Todo o ambiente do Centro Espírita fora preparado pela espiritualidade superior com vários dias de antecedência. Durante a semana que antecedeu o evento, os médiuns ficaram sem comer carne e, nos dois últimos dias, não tomaram leite nem sequer fizeram uso de qualquer alimento animal, para ficarem livres de fluidos impróprios. Essa precaução atendia a dois requisitos principais: primeiro, não se predispor às energias alienígenas que poderiam ser nocivas à pessoa; segundo, não fornecer eflúvios corporais favoráveis aos alienígenas.

Antecipando-nos um pouco, após o contato com os alienígenas, Dr. Fritz informou que eles somente se dispuseram a participar da reunião porque pensavam conseguir algo favorável para suas experiências. A reunião para eles, segundo

UM VERMELHO ENCARNADO NO CÉU

pensavam, seria um campo fértil, no qual seus experimentos poderiam desenrolar. Mas quando perceberam que o ambiente estava todo fechado, protegido com telas de defesa tecidas pela espiritualidade maior e que o planejamento efetuado por eles não lograria êxito, então ficaram desolados e não quiseram prosseguir, compreendendo que estavam sendo estudados e compelidos a fazer o que não desejavam, ou seja, deixar Selma livre de suas experiências e de seus monitoramentos.

Por ser algo absolutamente novo no Espiritismo, fui convidado por Dr. Fritz para falar aos médiuns algumas palavras de esclarecimento sobre os trabalhos da noite e, também, para ser o contato, ou seja, a pessoa que conversa oficialmente com as entidades. Dez minutos me foram dados para introduzir o tema aos 20 médiuns e aos dois convidados. Dentre estes, estavam presentes os empresários Maiellari e Carrijo.

Antes da palestra, Dr. Fritz já havia informado que as entidades estavam ali, não de corpo presente, porque este ficara na nave, mas em projeções de imagens semelhantes a um filme, como se fossem hologramas visíveis apenas aos médiuns clarividentes. Falara também do contato telepático, que o processo de transmissão de pensamento seria feito tendo um espírito das Fraternidades como anteparo, para reduzir o potencial e tornar sem efeito as energias projetadas pelos alienígenas (eles pretendiam captar o pensamento antes das perguntas, o que não seria permitido). A Fraternidade captaria o pensamento alienígena e o transmitiria ao médium, por telepatia, e este se encarregaria de dar a mensagem verbal ao grupo. O mesmo se daria com a pessoa de contato, na hora de fazer a pergunta e dialogar com o alienígena através do médium.

Qualquer que fosse a via da comunicação, a Fraternidade funcionaria como filtro, por assim dizer, como anteparo. Tudo passaria por ela, tornado sem efeito qualquer ato ou energia perniciosa disparada pela nave (os alienígenas possuem um alto poder mental, superior ao do homem). Pelas explicações de Dr. Fritz, parte dos seres alienígenas era capaz de corporificar seus

PEDRO DE CAMPOS INSTRUÇÕES DE YEHOSHUA BEN NUN

corpos e se fazer presentes no ambiente, em estado sólido, num evento de teleportação. Outra parte era capaz de transmutar a energia em massa, numa transpolarização capaz de convertê-los em matéria sólida e vice-versa, semelhante ao evento espiritual de materialização. Contudo, ambos os eventos estariam totalmente afastados nesta sessão, porque a Corrente das Fraternidades se encarregaria disso. Enquanto Dr. Fritz fazia sua explanação, pela minha cabeça passaram rapidamente os efeitos físicos que essas entidades são capazes de causar, como, por exemplo, as ondas eletromagnéticas exacerbadas, as micro-ondas destruidoras, os efeitos de poltergeist de que já falamos em detalhes neste livro e as radiações nocivas ao ser humano.

Quanto a mim, a palestra que fiz terminou no tempo aprazado: 10 minutos. Conforme informações, parte dela fora repassada aos alienígenas por um Espírito coordenador de uma das Fraternidades. Enquanto isso, uma das médiuns de grande sensibilidade, que estava no cômodo ao lado da sala principal, recebia informações telepáticas e as transmitia à Débora, a dirigente dos trabalhos. Também estava a postos uma médium desenhista, no cômodo ao lado, para reproduzir no papel as imagens que fossem liberadas pela espiritualidade. Na sala principal, mas fora do círculo formado por Dr. Fritz, Daniela funcionaria como médium psicógrafa, registrando a mensagem espiritual da noite. Os médiuns da sala principal, a seu turno, estavam reunidos num círculo, com as mãos dadas, sobrepostas umas às outras, para que as energias não se concentrassem num único médium ou na pessoa de contato, mas ficassem distribuídas uniformemente. O objetivo era obter um profundo equilíbrio de todos, sem sobrecarregar ninguém. Cada um dos 12 médiuns formadores do círculo representava uma Corrente de Fraternidade, sendo protegido por ela durante todo o tempo.

No centro do círculo, protegida pelos médiuns e pelas Fraternidades, ficara Selma, sentada numa cadeira; estava ali apenas para observar, tranquila, como se nada lhe dissesse

UM VERMELHO ENCARNADO NO CÉU

respeito; estaria meditando sobre cada ocorrência, sem se envolver com nada, como se assistisse confortavelmente a um filme de cinema; seria a única pessoa a não falar nada o tempo todo, durante toda a sessão. E de fato, a pessoa com quem Selma mais falou, foi comigo. Eu a cumprimentei na chegada e, no final, ela se despediu de mim com um sorriso e uma exclamação de *"obrigado"*, juntamente com seu tio, que a acompanhou em todos os eventos.

Terminada a minha curta palestra, Dr. Fritz retomou o comando e num dado momento me liberou para perguntas. Disse-me que os diálogos teriam apenas dois minutos de duração. E que o circuito poderia ser interrompido a qualquer momento pelas Fraternidades ou pelos próprios alienígenas. O primeiro contato telepático foi feito por uma das médiuns. Dr. Fritz informou que um pesquisador alienígena já estava em sintonia.

"Qual o vosso objetivo na Terra?", perguntei a ele, indo direto ao assunto. O tempo era curto demais – não nos detivemos em apresentações, nomes etc. Não me preocupei com isso.

"Somos de uma civilização longínqua. Viemos para realizar pesquisas, coisas que são importantes de conhecer em nosso mundo", disse a entidade com muito desembaraço.

"Por que fazem experiências prejudiciais ao ser humano?", indaguei em seguida. O objetivo da questão era avaliar o nível de maturidade moral e social dos alienígenas. Na pergunta, tinha também embutido uma afirmação que poderia colocar a entidade na defesa, mas sua técnica foi contra-atacar o meu argumento, numa tentativa de reverter o aspecto moral.

"Vocês pensam que são muito adiantados e que sabem muito. Mas veja o que fazem com os animais! Não se importam nem um pouco com eles. Vocês os matam, alimentam-se deles e fazem experiências brutais. Não se importam nem um pouco em sacrificá-los. Os estudos que fazemos aqui são importantes para a nossa civilização. Devem ser feitos em benefício do nosso objetivo", falou a criatura.

Pela resposta, notei perfeitamente que a entidade não gostara nem um pouco da minha pergunta. Mas não havia adotado postura defensiva nenhuma, ao contrário, procurou atacar, acusando a espécie humana de praticar atrocidades para com os animais. Quanto a mim, na resposta que pretendia dar-lhe, eu também não ficaria na defensiva. Por certo, não poderia dizer a ele que o nosso grupo, em particular, não fazia isso com os animais, porque o diálogo não era de um grupo com o outro, mas de uma civilização com a outra. Além disso, no nosso grupo os vegetarianos eram poucos; e mesmo estes, comiam ovos, alimento para o qual as galinhas são confinadas em cativeiro a vida inteira, num desempenho quase mecânico; eram poucos os que não usavam um sapato, uma bolsa, um cinto de couro, uma fivela de osso, um brinco ou um botão de roupa. Seguramente, ele sabia disso e pretendia insinuar que o nosso nível moral era baixo. Contudo, para mim, essa postura alienígena não poderia de modo algum justificar as experiências feitas por eles com os seres humanos, motivo da minha pergunta.

Eu estava pronto para prosseguir, mas Dr. Fritz interrompeu o diálogo, informando que o tempo houvera terminado. Nesse primeiro diálogo, tinha ficado claro para mim que eles não seriam nem um pouco amistosos conosco, insistiriam na causa animal para não responderem às perguntas e ofuscarem a nossa moral. Assim, o nosso propósito de livrar Selma das mãos deles, seria uma tarefa disputada ao extremo.

Percebendo minhas intenções, Dr. Fritz pediu para não tratar os alienígenas como obsessores, porque eles não o eram. Explicou que se tratava de outra civilização do universo, de indivíduos muito inteligentes, dotados de outra cultura, totalmente diferente da nossa. Certas coisas, nós não poderíamos entender deles, assim como eles não entendiam a nossa maneira de ser, os nossos valores e os nossos sentimentos, tudo, enfim, era diferente do deles. Dr. Fritz insistiu dizendo que os diálogos não deveriam ter um tom de confronto, mas uma postura baseada exclusivamente em uma lógica bem engendrada, com respeito mútuo e sem concessões. Tampouco o diálogo religioso surtiria efeito, porque se tratava de uma civilização de entidades materialistas. Para nós, a Terra é a nossa casa e os intrusos são eles. Mas na lógica deles, a concepção de propriedade é outra: este planeta não seria nosso, mas do universo e estaria disponível também a eles, para pesquisas. Quanto ao juízo de valor que eles fazem dos seres humanos, isso ficaria mais claro nos diálogos seguintes.

Outra médium de grande sensibilidade começou a receber fluxos de pensamento. Dr. Fritz explicou que ela não estava incorporada. *"Os olhos dela estão fechados para concentrar melhor, mas as mensagens vêm por telepatia. Os alienígenas não incorporam, a energia deles é outra"*, ensinou o Espírito-médico. Então me deu mais dois minutos, dizendo que agora era o *"chefe da nave"* que iria falar comigo.

Eu não cheguei sequer a fazer a pergunta, porque a entidade tomou logo a iniciativa e fez a sua comunicação. O *"chefe alienígena"* retomou o ponto deixado pelo *"pesquisador"*. E desenvolveu com outras palavras o mesmo argumento anterior, reprovando as nossas atitudes para com os animais. Enquanto falava, para mim ficava nítido que ele não pretendia declinar de suas atitudes para com os seres humanos. Tal como o *"pesquisador"*, ele pretendia colocar-me na defesa. Fiquei atento e repliquei, mas conduzindo a conversa para o ponto chave do nosso interesse, ou seja, livrar Selma das mãos deles.

"As experiências que você está fazendo com ela devem parar!", exclamei.

"Não podem parar! — retrucou de imediato —, estamos numa missão de suma importância para nós. Tudo o que fazemos aqui foi planejado antes. A missão deve ser conduzida até o término", disse o chefe, resoluto.

"O que está sendo feito é muito prejudicial a ela, peço a você que pare. Isso é muito importante", concluí.

"Não reconheço em você autoridade para mandar parar as nossas experiências", respondeu firme.

Eu estava certo de que ninguém do nosso grupo estava satisfeito com essa posição do chefe alienígena, e ainda menos eu.

Imaginei que os meus argumentos deveriam ser mais incisivos, mas tocando algo em que eles são fracos. De antemão, eu sabia que o poder da mente alienígena é grande, por isso, as Fraternidades estavam ali, para manter tudo num ponto de equilíbrio. Eu teria de me valer disso. Sabia também que o físico deles é frágil, inferior ao do homem. Quando ocultos, são fortes, mas de corpo presente, são extremamente vulneráveis. Então prossegui.

"*Amigo, você está oculto e tem interesse nisso, mas ainda assim está encarnado. Eu também estou encarnado. Você sente dor, eu também sinto dor. Você morre, eu também sou mortal. Assim como nós dois, ela também está encarnada, também sente dor e também morre. Ela está sofrendo muito com as experiências e os monitoramentos feitos. Portanto, não peço que você reconheça em mim autoridade, apenas solicito, em nome de Deus, que pare e a deixe em paz*", concluí.

"*Não temos as suas crenças e não posso dar uma reposta agora. Não depende exclusivamente de mim. Acima de mim há outros. Levarei o seu pedido para ser discutido no conselho diretor. É o que posso dizer por ora*", informou sem demonstrar sentimento algum.

"*Assim como você, acima de mim também há outros. Gostaria de agradecer a sua posição de repensar o caso junto aos demais, obrigado!*", finalizei.

Os meus dois minutos já estavam encerrados e os acréscimos que Dr. Fritz me concedera tinham sido muito proveitosos. Ao menos, tínhamos conseguido levar o Caso Selma Hellen ao "*conselho diretor alienígena*", onde seria reavaliado. Restaria agora esperar, confiando na Corrente das Fraternidades para sensibilizar aquelas inteligências e fazê-las compreender que os seres humanos são uma espécie de vida em estágio de consciência desenvolvido, possuindo sentimentos e limites que devem ser respeitados por qualquer outra espécie.

Embora a cultura alienígena seja muito diferente da nossa, ainda assim, como nós temos o nosso livre-arbítrio, eles também têm o deles. Por isso, podem realizar aquilo de que são capazes. Mas, o mau uso dessa livre-escolha, predispõe e conduz todas as criaturas à lei de causa e efeito, em que o ressarcimento dos débitos se faz obrigatório, exigindo aprendizado contínuo através de provas e expiações árduas. Um futuro acerto de contas, digamos assim, geralmente se faz no mesmo campo em que a falta se verificara, funcionando a pena como renovação de todas as criaturas, compelindo-as a seguir o caminho do bem e da virtude com qualidades que enobrecem o Espírito em qualquer parte do cosmos. Mas, ainda assim, essas ações todas podem levar muito tempo e o nosso caso precisava de resultado imediato. Além disso, tínhamos de considerar que os alienígenas eram seres materialistas, não suscetíveis de pronto a qualquer consideração doutrinária e a nenhum argumento religioso. A linguagem deles era fria e calculista, prevalecendo um intelecto destituído de sentimento.

Nesse instante, uma das médiuns estava incorporando um Espírito de muita cultura, que faria outros esclarecimentos:

> Meus irmãos – disse ele –, todos estão observando hoje algo completamente diferente de tudo que foi visto até então nas sessões de Espiritismo. Hoje, inaugura-se uma nova fase de conhecimento. Essas entidades presentes, com sua tecnologia mostram ao homem que a pluralidade dos mundos habitados é uma realidade. Muitas civilizações existem no universo. O que vemos aqui se trata apenas de uma amostra. A diversidade dos mundos e das raças é muito grande. Na verdade, são duas as civilizações aqui presentes. Cada qual com sua personalidade e suas características corpóreas, mas em pensamento ambas estão muito próximas. Ambas possuem naves distintas, auxiliam-se mutuamente e permutam informações entre elas. Os médiuns videntes as estão observado e poderão descrevê-las. São povos muito adiantados em vários ramos da ciência, mas ainda assim fracos na moral. Têm como objetivo apenas a pesquisa. Para vós, seriam como uma nação de cientistas, atentos apenas aos aspectos materiais da lógica, sem preocupação alguma com os sentimentos e as coisas do coração que vos sensibilizam. Não estranhem, porque são culturas diferentes da vossa. Para vós, a sessão de hoje é uma grande oportunidade de aprendizado. Aproveitem bem o que estão vendo e ouvindo, porque na casa de Deus há muitas moradas.

PEDRO DE CAMPOS INSTRUÇÕES DE YEHOSHUA BEN NUN

Também foi permitido a outro Espírito manifestar-se. Mas este era uma vítima dos alienígenas. Em linhas gerais, ele informou que os trabalhos da noite eram benéficos à Selma. *"É muito bom o que vocês estão fazendo para ela"*, disse o Espírito. A seu turno, os médiuns videntes observaram junto de alguns alienígenas muitos falecidos da Terra, imantados que estavam às energias daquelas criaturas. O Espírito comunicante era um deles. Disse que houvera se aproximado dos alienígenas quando estes estavam submersos em zonas infraterrenas, pesquisando regiões umbralinas. Ele ficara ali, apenas por curiosidade, querendo saber mais sobre essas entidades tão raras, diferentes de tudo que já houvera visto antes. Mas agora, não conseguia mais soltar-se. Encontrava-se fortemente imantado. As energias eram tão penetrantes que a imantação não lhe dava possibilidades de fuga. Mas disse estar esperançoso agora, porque via a possibilidade de soltar-se com o desenrolar dos nossos trabalhos. Agradeceu muito e afastou-se.

Nesse momento, fui convidado por Dr. Fritz para ir à sala ao lado, local em que estava uma médium de grande sensibilidade psíquica e ainda outra, desenhista, com prancheta e lápis na mão para o serviço. Três outros médiuns davam suporte a esses dois. Deixei o círculo principal e aproximei-me delas. Dr. Fritz, incorporado em Stefany, disse-me que estava ali o *"chefe da segunda nave"*. Era um alienígena de outro tipo, diferente dos anteriores. O propósito agora seria buscar outras informações, para conhecimento. Ele me lembrou do tempo disponível, os exíguos dois minutos de sempre. Débora, a chefe dos trabalhos, antecipou-se e sugeriu-me: *"Pergunte de onde eles vieram!"*. Reproduzi a sua pergunta.

"Viemos de muito longe — disse ele —, somos uma nação de cientistas. A nossa nave não está distante. Não podemos voltar sem ter cumprido a nossa missão. Estamos interessados no estudo de alguns átomos, após o quê deveremos regressar, mas não será tão cedo. Ainda temos muito que fazer. A nossa morada fica num corredor lateral da Via-Láctea", disse de modo muito

UM VERMELHO ENCARNADO NO CÉU

claro. E para minha surpresa, o próprio alienígena indagou: *"Você gostou do que viu? O que achou da nave que te mostrei?"*, perguntou sério.

Compreendi então que ele falava do Fenômeno UFO, verificado por mim e pelo Rafael a 03 de fevereiro 2006, evento já descrito na *Introdução* desta obra. A aparição fora provocada por ele. Mas ele não pararia somente naquela demonstração. Voltaria três meses depois, a 1º de maio, dez dias antes desta sessão de desabdução. O próprio Dr. Fritz já me avisara que haveria uma aproximação das entidades, em razão dos trabalhos.

Dessa feita, era 00h34 da manhã, quando o ufo apareceu e seguiu de longe o carro da Dalcira, minha esposa, quando ela fora buscar o filho na casa de outra pessoa. Rafael tem 17 anos e ainda não dirige. De pronto, ele reconheceu o ufo. Era o mesmo que houvéramos visto antes. Quando entrou em casa, disse logo: *"Pai, acorda! Quer ver o ufo? Ele está lá fora de novo. Coloca o sapato e vem. Eu já estou indo"*, e saiu.

O Rafael pegou a máquina fotográfica, saiu pelos fundos e foi até o terraço da caixa d'água. Ali é um lugar alto, dá para ver o céu de modo amplo. Quanto a mim, saí depois, imaginei que o ufo estivesse no mesmo lugar da primeira vez e saí pela sala. Fui ao jardim, mas não encontrei nada. O Rafael não estava e fiquei preocupado. Então me dei conta de que estava no local errado e corri para a porta da cozinha. No quintal dos fundos, subi a escada. O Rafael estava lá em cima, ao lado da caixa d'água, apontando a máquina fotográfica para o ufo.

"Eu vi a coisa de dentro do carro, faz uns sete minutos", disse ele olhando o relógio. *"O tamanho dele estava um pouco menor do que da vez passada. Agora está assim, menor ainda. Saiu do oeste, foi para o leste e ficou mais longe. Agora está parado ali"*, contou rapidamente. Com os olhos alternando o visor da máquina e os céus, foi batendo as fotos. A primeira foi registrada às 00h41, a última, às 00h47. Ao todo, foram batidas seis chapas.

Quanto a mim, fiquei parado ali, com os olhos presos na coisa. Notei que o objeto estava longe, certamente pouco mais de um quilômetro de distância. Sua altura, também deveria ser por volta disso, eu não tinha referência para avaliar melhor. O ufo fez então um movimento lento, saiu do leste e veio para o oeste. Parou, depois foi para o norte e, velozmente, numa velocidade incrível, desapareceu no céu. Eram 00h53 da manhã, daquele 1º de maio, quando tudo terminou. Ao todo, foram 19 minutos de avistamento.

Não tivemos dúvida, embora desta feita estivesse longe, as características eram as mesmas de antes: a forma, a luminosidade e os movimentos. Isso ficou mais acentuado quando examinamos as fotos detidamente. As seis fotografias batidas, quando confrontadas com as outras 17, tiradas a 03 de fevereiro, tinham as mesmas características. Sem dúvida, parecia ser o mesmo objeto. E o "chefe alienígena", comandante da segunda nave, estava agora se comunicando comigo, nesta TCM de desabdução. E pelas perguntas que fizera, demonstrava ser ele o protagonista das duas aparições.

"As exibições foram boas", respondi ao chefe, sem fazer outros comentários. E emendei uma pergunta: *"Se vieram de um corredor paralelo à Via-Láctea, então suponho que vieram de outra Galáxia?"*, falei esperando alguma resposta.

"Sim! Viemos de outra Galáxia", disse sem comentar.

Enquanto isso, a médium desenhista, uma mocinha de 16 anos, ao meu lado, sob o influxo de um guia espiritual, colocava no papel o desenho que lhe era transmitido mentalmente. Mais tarde, ela me mostraria o desenho, o qual indicava o *"corredor"* mencionado pelo chefe da segunda nave. Era um aglomerado de figuras apresentando muitas galáxias juntas, bem desenhadas, uma das quais era a nossa e outra, a dele. Então ela apontou o citado *"corredor"* e disse: *"Ele veio daqui"*. Era uma localização aparentemente indecifrável.

Naquele instante, apenas pensei que a Via-Láctea tem cerca de 100 mil anos-luz de diâmetro. E que estando o nosso Sol na sua periferia, o corredor mais próximo, fora de nossa galáxia, deveria estar distante milhares de anos-luz, algo simplesmente absurdo para qualquer criatura sólida viajar,

UM VERMELHO ENCARNADO NO CÉU

mesmo se o fizesse à velocidade da luz. Por certo, o modo de viagem deveria ser outro. O teletransporte, pelos chamados Buracos de Minhoca, pareceu-me ser a alternativa menos medíocre para explicar o caso. No diálogo efetuado, pela resposta dada, notei que para vir de tão longe não era nenhum absurdo. O chefe alienígena falou com tanta naturalidade de uma distância tão monumental que parecia ser ali mesmo. Contudo, Dr. Fritz esclareceria depois: *"Eles viajam por outro caminho, por fora do vosso espaço"*.

A seu turno, a médium que reproduzia o pensamento do chefe alienígena nada sabia de Ufologia, não poderia argumentar como o fizera. Fiquei convencido de que não era coisa de sua cabeça, mas algo externo que lhe chegava ao intelecto. Não se tratava também de Espírito, fiquei convencido disso porque as características eram outras, bem diferentes. Estou acostumado a falar com Espíritos há 40 anos e não tinha visto nada parecido. Mas o meu tempo estava expirando, quase esgotado quando fiz outra pergunta.

"Você vem de longe, mas de que civilização?", perguntei.

"Não entendo a pergunta!", respondeu breve.

"Sua civilização é do tipo Cinza, do tipo Nórdico, afinal, de que tipo?", esclareci.

"Não entendo a pergunta!", voltou a dizer.

"Amigo, eu posso descrever a mim mesmo como sou fisicamente. Você pode descrever a si mesmo para mim?", perguntei. De modo estranho, ele deu mostras de não ter gostado da pergunta, e isso ficaria claro a seguir.

"Ela sabe como sou, pergunte a ela!", respondeu resoluto, referindo-se à médium que lhe estava canalizando.

"Eu não perguntei a ela, perguntei a você de modo claro. Poderia responder?", insisti.

Nesse instante, o próprio alienígena interrompeu bruscamente a comunicação. Depois, perguntei a Dr. Fritz o parecer dele sobre essa fuga inesperada da criatura. *"O chefe sempre manda os soldados e nunca gosta de ele mesmo se expor. Quando exposto, sente-se enfraquecido. Foi o que aconteceu com ele, por isso interrompeu o circuito. Não queria se expor!"*, explicou Dr. Fritz.

Durante a exposição final, Dr. Fritz solicitou que cada médium externasse as suas impressões, falando do que viu e sentiu durante a reunião. A médium que receptara o chefe da segunda nave informou que, inicialmente, antes das minhas indagações, ele lhe surgira na mente mostrando uma forma estranha, totalmente indefinida. Por telepatia, ela lhe disse: *"Você não é assim! Como você é?"*, perguntou. Então ele alterou a forma e se fez outro na imagem mental. E ela voltou a insistir: *"Você ainda não é assim! Como você é na verdade?"*. E isso se repetiu, por três vezes. Em nenhuma delas o alienígena se definiu numa imagem mental precisa.

Sem dúvida, não pretendia mostrar-se. Por certo, tinha capacidade de mudar de forma, ao menos na imagem mental sugerida à médium. E, seguramente, possuía algum receio. Isso ficou ainda mais transparente quando lhe disse: *"Eu posso descrever a mim mesmo como sou fisicamente. Você pode descrever a si mesmo para mim?"*. E ele não o fez, saindo com a resposta de que a médium saberia fazê-lo. Sem dúvida, cortou o circuito para não se expor. Aparentemente, só queria falar coisas de seu interesse. Não descarto a possibilidade de ter sido essa mesma figura, o humanoide de olhos puxados, que disse à Selma: *"Sempre que precisar, virei ajudá-la"*. Fato nunca ocorrido, por ser mentira! Com os três alienígenas que falei, retive a impressão de que todos eles possuíam um notável talento para mentir e, quando não, para sair com evasivas. Pelo visto, o propósito com Selma não fora ajudar, mas fazer pesquisa e monitoramento a seu bel-prazer.

Dos 20 médiuns participantes, oito deles viram com nitidez as criaturas e puderam descrevê-las. Mas não o fizeram de modo idêntico, cada qual distinguiu mais uma ou outra particularidade das formas alienígenas. De modo geral, duas criaturas distintas puderam ser descritas.

A *primeira*, mais alta, tinha cerca de 1,50m de altura; era muito magra, sem espádua nos ombros, quase reta no

UM VERMELHO ENCARNADO NO CÉU

aspecto corporal; cabeça desproporcional ao corpo e bastante volumosa, sem cabelos no crânio nem pelos na face; boca pequena: quando a criatura a abriu, supostamente tentando emitir algum som, deu mostras de ser a boca pequena e redonda, apenas um orifício da grossura de um dedo, sem dentes; os olhos eram grandes, sem pálpebras, mas não de todo opacos, tinham um pequeno brilho característico; a pele era muito áspera, numa tonalidade forte, puxando para um marrom-amarelado.

A *segunda* criatura foi descrita como sendo mais baixa que a primeira, um tipo pequeno de cor cinzenta, de cabeça ainda mais volumosa, olhos semelhantes aos de formiga, membros roliços e compridos, criatura estranha em todos os sentidos. Parecia ser mais material que a outra. De modo simples, os médiuns definiram *o primeiro* tipo como *"Bicho magrinho"*, e o *segundo*, como *"Formigão horroroso"*. Curiosamente, projetados no local havia uma quantidade enorme deles: *"A sala toda estava cheia de bichos"*, disseram os médiuns clarividentes, num consenso absoluto entre eles.

No final, Dr. Fritz abriu para perguntas. Respondeu a todas com muito desembaraço e lucidez. Mas ainda assim, no final, pairava certa incompreensão. A pergunta chave era: *"Como criaturas tão inteligentes, que fazem naves para viajar tão longe, poderiam ser fracas na moral?"*. Por aquilo que ofereceram na sessão, elas poderiam ser classificadas como "trevosas". Por certo, isso era desconcertante. E as concepções geralmente imaginadas de evolução para essas criaturas pareciam vir a baixo. Foi Dr. Fritz quem colocou essa questão ao grupo, pedindo a todos para pensarem no assunto. Mas face ao adiantado da hora, somente em outra ocasião isso seria debatido.

Então alguém ao meu lado lembrou, rapidamente, que os alienígenas não pareciam querer dominar a Terra, o propósito deles seria apenas pesquisar coisas em benefício de sua própria espécie. Também não davam mostras de ser imorais, mas sem dúvida, para nós, eram criaturas amorais, ou seja, não tinham o mesmo senso de moral que temos.

PEDRO DE CAMPOS INSTRUÇÕES DE YEHOSHUA BEN NUN

Mais tarde, traduzi essas palavras em outras, dizendo que quando o homem usa os ratinhos para testar medicamentos ou inocular micróbios para ver a reação em cada um deles, que senso de moral tem o homem? Ele não é imoral, mas apenas amoral; está praticando algo em benefício da própria espécie, sem se importar que os ratinhos sofram com suas experiências; nessa hora, o homem é indiferente: é fraco na moral.

Talvez assim pudéssemos entender o que vimos, porque, desse modo, age o alienígena que pratica abdução. Ele se julga muito superior à espécie humana e faz as experiências de que precisa para melhorar sua espécie, com desespero de causa para achar algo de importância vital em seu mundo ou em sua dimensão. *"Os estudos que fazemos aqui são importantes para a nossa civilização, devem ser feitos em benefício do nosso objetivo"*, disse o alienígena. A impressão deixada foi de que embora tenham técnica avançada e sejam dotados de bom nível mental, ainda assim não medem esforços nem consequências, apenas julgam estar fazendo o melhor para sua espécie, semelhante aos procedimentos do homem para com os ratos de laboratório. Portanto, não são amigos da espécie humana.

A mesma médium que me fez a observação da *"amoralidade"*, sem conhecer nada de Ufologia disse ter visto, de modo clarividente, seres indefinidos em grandes *"tubos de ensaio"*, como se a nave alienígena fosse grande laboratório.

É repugnante pensar que seres humanos estariam sujeitos a tais experiências. O fato nos causa profunda aversão. Mas os fatos são os fatos, eles não acontecem para contentar esta ou aquela pessoa, este ou aquele pensamento, esta ou aquela religião. Eles devem ser encarados assim como se apresentam. Na verdade, os mundos físicos e as esferas invisíveis podem abrigar civilizações muito diferentes da nossa, tanto na maneira de ser quanto na de pensar, constituindo algo incompreensível. Dentre nós, aquele que sabe mais, por certo nada sabe das coisas do infinito. *"Para vós, a sessão de hoje é uma grande oportunidade de aprendizado. Aproveitem*

UM VERMELHO ENCARNADO NO CÉU

bem o que estão vendo e ouvindo, porque na casa de Deus há muitas moradas", disse um Espírito de muita cultura que se comunicou na sessão. E sem dúvida, como dissera ele, foi um grande aprendizado.

Quando nos lembramos da afirmação do chefe alienígena, dizendo: *"Não temos as suas crenças"* (fato motivado pela minha expressão *"em nome de Deus"*), vemos que ele demonstrou o mesmo raciocínio da nossa ciência. Ou seja, para ela, Deus é apenas uma questão de fé, não pode ser colocado dentro de uma fórmula matemática. Assim também parece ser para eles. Quando voltamos o nosso rosto ao passado e vemos que a nossa ciência, na medida em que avançou no saber, cada vez mais descobriu os mistérios do universo e fez a religião renovar seus conceitos fundamentais, modificando-os, pergunta-se: O que se pensar então de uma ciência com milhares de anos à nossa frente? Sem dúvida, ela terá modificado tanto a religião que os anjos de hoje poderão ser entendidos como criaturas que chegaram onde nós estamos hoje e que depois avançaram muito mais na evolução. Tais seres, por certo, teriam desenvolvido uma ciência que lhes permitiria dizer: *"Não temos as suas crenças"*. E nós não poderíamos recriminá-los por isso – suas crenças seriam outras.

Contudo, no estágio atual da nossa ciência, ainda em franco retardo, somente nos resta vislumbrar tais seres com o auxílio da religião. Na nossa filosofia, julgamos que a moral de uma civilização deveria acompanhar a sua ciência. Mas os fatos demonstrados na TCM alienígena não indicaram isso. E se não acompanhou, por certo um motivo imperioso deve existir. De modo apenas lógico, as experiências em seres humanos e os monitoramentos seriam motivados por uma causa maior: a sobrevivência da espécie alienígena.

Por algum motivo ainda não declinado por eles, sua espécie estaria ameaçada. Contudo, não parecem capazes de fazer uma dominação na Terra, porque uma parte deles é de corpo incompatível, oriundos de uma natureza diversa, a outra parte, sem dúvida, é sólida, mas oriundos de um ambiente tão diverso do nosso que os faz fracos. O propósito de ambos seria converter a estruturação da vida terrestre numa correspondente de seu mundo, para com isso auferir benefícios.

Na primeira aparição do ufo, a 03 de fevereiro de 2006, foram batidas 17 chapas e feito um filme de 1m08 de duração, tendo o ufo ficado bem visível por 15 minutos. Na segunda, a 1º de maio, embora estivesse mais distante que na vez primeira, foram batidas seis fotos em 19 minutos de avistamento. Na TCM alienígena, realizada a 11 de maio, nada menos que 22 indivíduos participaram do evento. A abdução é um fato amplamente testemunhado e, por certo, embora prejudicial ao homem, deve acordá-lo para o entendimento de outra realidade de vida, fora de seu mundo, a qual não pode mais ficar oculta e nem fora do nosso estudo da pluralidade dos mundos habitados, para que as providências necessárias de defesa sejam efetivadas.

Os trabalhos da noite encerraram-se com uma suave Ave-Maria, da maneira com que Débora está acostumada a fazer, sempre com muita vocação evangélica, seguindo-se depois a leitura de uma breve mensagem psicografada por Daniela, de autoria do coordenador de uma das Fraternidades:

> Estivemos mais uma vez aqui reunidos para, em nome de Jesus, proceder a uma reunião de amor aos nossos irmãos. Todos nós necessitamos de compreensão e de amor com base nos fundamentos do nosso Divino Mestre, uns mais que outros. É em nome desse amor que hoje fizemos esta sessão, para que todos possam encontrar seu caminho e que este seja baseado nos preceitos do Evangelho. Deus, acima de tudo, deve sempre estar em nosso pensamento. E quando Deus está em nós, nada pode nos afetar, porque estamos fortalecidos na luz Divina. Que essa luz penetre em nossa vida, hoje e sempre. Graças a Deus!

Os participantes deixaram o recinto com a recomendação de Dr. Fritz para evitarem comentários naquela noite. Nenhuma energia mental deveria ser movimentada, visando não reatar os laços de ligação há poucos desfeitos. Os fluidos alienígenas estavam represados no recinto e seriam levados para longe, pelos ambientalistas, num amplo trabalho de purificação.

UM VERMELHO ENCARNADO NO CÉU

Todos os vínculos magnéticos que prendiam Selma aos alienígenas tinham sido desfeitos. Dr. Fritz apenas pediu a ela para ter muita fé, vigiar a si mesma e relatar a ele todas as ocorrências de agora em diante. Isso seria feito na época do retorno, quando a assistência prosseguiria até a conclusão.

Cerca de 10 dias depois, Selma telefonou-me. Disse que seu desconforto no lado esquerdo da cabeça havia cessado e a sensação de pânico ao acordar durante a noite também cessara, seu sono estava normal e reparador, e que durante o dia, sentia-se bem, com muita disposição para tudo. Orientei-a para mudar o tipo de leitura, detendo-se apenas nos romances, fazer o Evangelho no Lar e participar das atividades evangélicas no centro espírita que frequenta. Cerca de quatro meses depois, quando falamos novamente, disse-me que estava ótima e gostaria que todos pudessem ter a assistência que ela teve.

Caro leitor, talvez a experiência de Selma Hellen possa ajudá-lo a compreender essa outra realidade da vida. O desejo dela é que outras pessoas e outras instituições possam entender um pouco isso, possam enxergar o abduzido como pessoa normal, como alguém que foi vítima de uma ação nefasta e que precisa de muita compreensão e apoio para recomposição. Como seres humanos que nós somos, o nosso dever é proporcionar uma consciência pública e tentar parar essa ação indesejável que assola o ambiente humano.

Quanto a Selma, agora é seguir em frente com determinação, muita fé e confiança no futuro. Lembrando sempre que: *"Nas batalhas da vida, um soldado de Cristo, embora ferido e de coração sangrando, jamais perderá, sempre sairá vencedor"*, conforme nos ensina a espiritualidade maior.

No próximo capítulo vamos observar com mais detalhes o tipo alienígena que mais se apresenta na Terra executando fenômenos físicos prejudiciais aos seres humanos. Sabendo um pouco mais sobre ele, talvez possamos conter as suas ações e sanear mais o ambiente terrestre, fazendo do planeta humano um mundo bom e renovado, em todos os sentidos.

24

CINZA: ENTIDADE DECAÍDA

Após o longo caminho que fizemos mostrando as várias faces do Fenômeno UFO, chegamos a um ponto difícil, aquele em que devemos descrever e discutir ainda mais as ações de um tipo de entidade das mais polêmicas na Ufologia: o Cinza. Sem dúvida, trata-se de um alienígena capaz de realizações totalmente indesejadas. É um ser que se corporifica, materializa-se e faz abduções e experiências com seres humanos. Face à gravidade da questão, não poderíamos dar esta narrativa senão como hipótese, algo para ser examinado em todas as suas nuances, para ser discutido e pesquisado antes de ser aceito. No meio ufológico, há amplo consenso sobre a existência de práticas alienígenas nocivas ao homem. Mas falta saber ainda tratar cada vítima dessa agressão e desenvolver mecanismos de defesa contra o agressor. Todavia, para fazer ambas as coisas é preciso saber com quem estamos

UM VERMELHO ENCARNADO NO CÉU

lidando. A hipótese aqui veiculada pretende levantar o véu e mostrar tanto quanto possível "quem são eles".

Como em toda prática humana, a Ufologia também não está isenta de testemunhos falsos e exagerados, mas ainda assim uma visão dos Cinzas se faz aqui necessária. Sabendo mais sobre eles, será possível entendermos o porquê de ter surgido na Ufologia hipóteses tão aterradoras. Isso não é sem motivo. Há relatos de pessoas que dizem não saber se sonharam ou viveram de fato uma ocorrência ufológica, em que ela própria se encontra num cenário estranho e constrangedor, vivendo situações que jamais poderia concordar em plena lucidez, mas ainda assim parece tê-las vivido em estado de torpor e isso as deixa intrigadas, querendo saber o que de fato aconteceu consigo. Em casos assim, a Ufologia aconselha o uso de hipnose regressiva, aplicada por profissionais competentes, e os cuidados de psicólogos e médicos especialistas.

Contudo, há também pessoas que em estado desperto viram os tais humanoides em contatos de proximidade, sabem como eles são e relatam publicamente tudo o que viram, sem reservas. Outras, dizem que foram abduzidas e passaram momentos difíceis na nave, tendo ficado o tempo todo bem lúcidas; essas testemunhas relatam suas experiências em estado normal de consciência, sem indução hipnótica alguma. Há também peritos que prestaram serviços em área militar restrita, viram as criaturas após o resgate e depois relataram os fatos. Há quem tenha tomado conhecimento das autópsias, à revelia das autoridades, e contado tudo depois. Outros trabalharam em serviços de inteligência militar, manipularam e leram relatórios secretos e depois, quando já aposentados, vieram a público para contar os acontecimentos. São pessoas assim que deram seus testemunhos, os quais nós vamos aproveitar aqui para montar um quadro descritivo e mostrar essa criatura tão enigmática que espreita o ser humano desde longa data. Pelo que vimos na Sessão de Desabdução feita por Dr. Fritz, na presença de 22 pessoas que nada sabiam de Ufologia, somos compelidos a dizer que: *"Há chances de ser assim".*

Os alienígenas do tipo Cinza são descritos como tendo características físicas bem distintas. Trata-se de um humanoide de pequena altura, variando entre 90 centímetros a 1 metro e 50 centímetros. Em posição ereta, é um ser aparentemente frágil, de corpo pequeno, magro, pernas finas e longas. Para os padrões humanos, sua cabeça é muito volumosa. Não tem orelhas protuberantes; alguns apresentam orifícios na região, mas todos escutam bem. Seus olhos são inclinados, grandes, opacos, muito protuberantes e de coloração profundamente negra ou marinha; alguns têm pupilas verticais, como se fossem olhos de gato. A boca é pequena, sem dentes, estreita, com os lábios extremamente finos; quando aberta, lembra o orifício de um vidro de xarope; através dela, a criatura produz uma espécie de zumbido. Em posição normal, mantém os braços como se fosse rezar; quando estendidos, são compridos, alcançando os joelhos; não se distingue cotovelos nem articulações no pulso, parecendo tudo uma peça única, flexível como cartilagem. A palma da mão é pequena, com os dedos longos; já foram presenciados tipos com quatro dedos, movendo-se em forma de pinça, sem o polegar, mas já foi visto também tipos com seis dedos. O corpo é totalmente desprovido de pelos. Tem pele resistente, lembra a textura dos répteis, na cor cinzenta, mas já foi visto também tipos de cor castanha e marrom-amarelada. Os pés são pequenos, com dedos compridos. Seus movimentos são deliberados, denotando inteligência, são criativos, lentos e precisos; mas, certas vezes, tornam-se muito rápidos. Os órgãos internos se assemelham um pouco aos dos seres humanos, mas nitidamente cumpriram uma evolução diferente. Seu sistema digestivo em nada se assemelha ao humano, não parece processar alimentos sólidos, talvez esteja atrofiado, como se estivesse em desuso de longa data; isso confirma a ausência de alimentos nas naves recuperadas; seu processo alimentar talvez seja por algum tipo de sucção através da pele. Notoriamente, sua sobrevivência depende da absorção de fluidos terrestres, inclusive do sangue e de outros fluidos biológicos encontrados na fauna e na flora terrestres; parece precisar dos fluidos animais em abundância, como mostra o total desaparecimento de sangue nos vários animais mutilados, principalmente do gado. A comida parece sugada e convertida em energia por um processo semelhante ao da fotossíntese, sendo a pele seu principal órgão de sucção. A excreção também parece ser pela pele, já que a criatura não tem orifícios nem apêndices excretores. Não foram encontrados órgãos de reprodução, nem feminino nem masculino, fazendo pensar que a proliferação da espécie seja obtida artificialmente, em laboratório. A entidade tem dois cérebros, um anterior e outro posterior, separados distintamente na própria caixa craniana, não havendo conexão entre os dois. Nos contatos, a criatura denota grande capacidade em receptar e transmitir pensamentos. Com o poder da mente e fazendo uso de artifícios desconhecidos de entorpecimento, é capaz de produzir efeito hipnótico quase instantâneo e de dominar os humanos com relativa facilidade. Há casos em que as vítimas se safaram da dominação, reagido com vigor, inclusive com fúria física, outras, com potente reação mental; o medo sempre facilita a ação da criatura. Geralmente, o alienígena surge de súbito, como se tivesse entrado de uma só vez no ambiente, teleportado de modo planejado por ele, mas também já foi visto levitando no ar e materializando aos poucos. Seu tempo de permanência na Terra é curto, denotando possuir algum tipo de limitação para ficar neste ambiente. Sem dúvida, faz experiências com os seres vivos terrestres: vegetais, animais e seres humanos; interessa-se também em pesquisar minerais, cujo interesse em alguns parece ser grande. Provoca o desaparecimento de coisas que lhe são de interesse, às vezes em definitivo, não importando o tamanho e a constituição delas. Não é um tipo amistoso, mas antagônico. Também não se mostrou sensível a súplicas nem à doutrinação religiosa, denotando ser frio em sentimentos, com interesse exclusivamente material e científico. Sempre tenta fazer o que quer realizar, como se estivesse programado para ações planejadas com antecedência. Por essas e outras razões, não se mostrou confiável e o contato formal com ele está prejudicado. Pelo que demonstrou nos encontros e nos eventos de abdução, o Cinza é um tipo a ser repelido.

Refletindo um pouco sobre ele, vamos observar que a descrição física, moral e social desse alienígena são para nós muito conhecidas se tomarmos como base os relatos religiosos. Nestes, há uma figura lendária muito parecida. Se voltarmos o nosso pensamento à Antiguidade, ao tempo do homem rudimentar, vamos ver descrições horripilantes. Se ao tipo Cinza forem adicionadas as referências do pastor antigo, acostumado a pastorear suas cabras nos desertos de Canaã levando na mão uma insígnia de comando, então veremos a figura do Cinza com dois chifres na cabeça (como as cabras) e um cajado na mão (como o pastor), mas em forma de tridente.

Observando hoje a descrição dada pelas testemunhas, o Cinza não seria um mero devaneio, mas algo que o judaísmo antigo já mostrou na figura maléfica do diabo. Essa entidade satânica não seria um Espírito trevoso oriundo da Terra, porque a bioforma humana é outra bem diferente, mas uma entidade evolucionada em outro mundo. Essa figura lendária estaria mais próxima do Cinza do que da forma humana. E na maneira de agir, por ser uma criatura inteligente e ardilosa, seria oriunda de uma civilização materialista, uma entidade decaída em sua esfera de origem. Submetido a viver num corpo deficitário para resgatar seus débitos do passado, viveria num regime de encarnação e desencarnação para avançar principalmente nos campos da moral. A Civilização Cinza seria aquilo que a Prece das Fraternidades ensina: *"Forças do mal que tentam dominar o mundo, mas não conseguem..."*.

Embora a ciência diga que a velocidade da luz não pode ser ultrapassada, alguns cientistas procuram filosofar sobre essa possibilidade para satisfação de uma necessidade momentânea. Isso também nos permite postular que viagens acima da rapidez da luz somente seriam possíveis para seres ultrafísicos, cujos corpos estariam além da matéria sólida. A afirmação de que criaturas sólidas, como os homens, poderiam superar a rapidez da luz em viagens interestelares e alcançar outros planetas, não pode ser considerada definitiva para a ciência. Em razão disso, outras possibilidades foram cogitadas para justificar os testemunhos de que os alienígenas são entidades sólidas.

Para alguns estudiosos, os corpos sólidos passariam por uma transmutação insólita, em que técnicas superavançadas fariam o trabalho de transformar matéria em energia e vice--versa, teleportando coisas e seres de um lugar para outro do cosmos com a velocidade da luz. Mas essa possibilidade nada resolveria, porque os espaços interestelares são monumentais e viajar à velocidade da luz não seria suficiente, ainda assim teria que se gastar milhares de anos para ir de um sistema a outro.

Então outros pensadores consideraram que o universo conhecido não seria um evento único, mas haveria vários outros universos, todos em paralelo a este. Por suposição, os seres inteligentes de lá teriam desenvolvido uma técnica tão avançada que a passagem do outro universo para este já existiria, mas por falta de melhor conhecimento científico, essa transposição, nos dias de hoje, pareceria aos seres humanos algo de "pura magia".

Com os avanços da Física, a questão dos Universos Paralelos se tornou assunto envolvente. Alguns especialistas advogam que a quantidade de matéria existente no universo deveria ser muito maior. E para equilibrar o sistema, postulam a existência de mais universos, onde tudo o que há neste, haveria também naqueles. Sendo assim, criaturas densas como o homem, mas com tecnologia alguns milhares de anos à frente, poderiam ter descoberto uma maneira de viajar por fora do nosso espaço e entrar neste através de portais, por assim dizer. Essa possibilidade levou o nome de Teletransporte pelos Buracos de Minhoca[1]. Vários ufólogos consideram que a origem dos ufos seja essa.

Na verdade, essa hipótese não é nova. Ela é corroborada por experimentos levados a efeito no passado, quando em laboratório observou-se que seres vivos e coisas físicas poderiam entrar no nosso espaço viajando por fora dele, através de um "espaço paralelo".

De fato, na segunda metade do século XIX, o cientista alemão Friedrich Zöllner conseguiu demonstrar em laboratório essa possibilidade, fazendo experiências de *apport* e psicocinesia. Ele chamou o espaço externo de quarta dimensão e usou como agente psíquico um médium. A produção dos fenômenos dependia da vontade de um agente invisível: um Espírito de pessoa falecida. Para Zöllner, o Espírito, usando dos fluidos do médium, seria capaz de retirar coisas sólidas do nosso espaço, movimentá-las numa dimensão paralela e fazê-las retornar a este, vindas de um ambiente externo totalmente desconhecido dos seres viventes na terceira dimensão.

Todavia, com muita prudência, Zöllner considerou que a existência de seres sólidos em outro ambiente, atuando como agente físico dos fenômenos, somente poderia ser aceito com experiências positivas, apenas como resultado de fatos reais. Em outras palavras, a hipótese de criaturas físicas, de carne e osso como o homem, por assim dizer, vivendo num universo paralelo, somente poderia ser aceita se demonstrado através do contato formal delas conosco. Somente a presença física delas no ambiente terrestre, fazendo contato formal, seria prova dessa existência rara. Sem isso, tudo não passaria de hipótese.

Na Ufologia, os contatos de terceiro grau ainda precisam ser investigados sob a ótica dos universos paralelos. Trata-se de uma teoria muito sugestiva, e até mesmo admirável! Sem dúvida, em termos relativamente científicos, é a hipótese

---

[1] CAMPOS, *UFO: Fenômeno de Contato*, 2005, ver os capítulos: Teletransporte pelos Buracos de Minhoca; Um Ser Humano na Quarta Dimensão.

UM VERMELHO ENCARNADO NO CÉU

mais sugestiva para explicar como os seres sólidos chegariam aqui. Conforme mostramos em capítulo específico, o *"Como eles chegam aqui"* é uma preocupação estudada nos laboratórios militares de alguns países.

Segundo os Espíritos, não há de se considerar que a criatura densa, encarnada naquelas paragens, entidade em estádio evolutivo similar ao humano, pudesse de lá sair e entrar neste universo por si só, sem ajuda nenhuma. Isso para ela não seria possível. Mas a situação se modifica caso haja monitoração de outras, mais sutis que ela, originárias de esferas ultra-físicas e conhecedoras do processo de teleportação. Esse evento seria tão complexo quanto o verificado nos fenômenos psicocinéticos, quando o emprego de grande força mental se revela capaz de transportar, *"por fora do nosso espaço"*, objetos e seres vivos, levando-os a grandes distâncias, conforme casos práticos que já mostramos em capítulos anteriores. Entidades capazes de transitar nos dois planos, no denso e no sutil, como é o caso dos ETs de matéria insólita, poderiam realizar essa tarefa, tal como os Espíritos no ambiente terrestre ao transportar objetos de um lado a outro, de modo totalmente enigmático ao ser humano.

Nos fenômenos de psicocinesia, quando algo sólido deixa este espaço, sem que o homem saiba como, e depois volta a ele de modo ainda mais misterioso, ele considera que tal fato fora produzido por seu próprio poder mental, quando, na verdade, o fenômeno fora preparado antes e operado por Espíritos. Segundo estes, o objetivo da psicocinesia é mostrar ao homem a existência de outras vidas paralelas à dele, existentes em outras dimensões e vivendo num estádio existencial invisível aos olhos da carne. Isso não quer dizer que o homem não tenha seu próprio poder mental e que não consiga coisas fantásticas, mas apenas que precisa ser ajudado por outras inteligências viventes em outras dimensões do espaço-tempo, para obter prodígios ainda maiores.

Se um corpo físico, estranho ao globo em que nasceu, for teleportado à outra esfera de vida, ele seria ali um estranho.

Correria riscos de vida e seria muito limitado em suas ações. Não poderia permanecer por tempo indefinido. Contudo, ainda assim, a entidade motora de tal operação, segundo sua capacidade, poderia fazer estudos com o transportado. De maneira semelhante, seres de dimensões sutis, ou seja, os ETs de antimatéria ou ultrafísicos podem colocar outros seres na Terra, entidades sólidas, e fazer aqui experiências. Quanto mais desenvolvida for a entidade motora, melhor os resultados.

Observam-se então dois tipos de criaturas: uma sólida, outra sutil. Este último, em suas incursões, opera desejoso de experimentar e serve-se para isso de seres densos, os quais são seus "servidores inteligentes" e realizam nos contatos as tarefas consideradas mais perigosas. O tipo sutil, assim como consegue vir de seu mundo ultrafísico e plastificar aqui seu corpo, do mesmo modo procura fazer na Terra o inverso, ou seja, desmaterializar substâncias físicas, fazendo delas uma cópia etérea, para tentar, assim, organizá-las em seu mundo, conformando ali uma bioforma ultrafísica *sui generis*, para com ela se beneficiar no melhoramento genético da própria espécie.

A hipótese dos universos paralelos, contendo mundos com gente de carne e osso, por assim dizer, ganhou mais adeptos na Ufologia na medida em que aumentaram os relatos de abdução. Afinal, para que fazer exames clínicos, implantes no homem, coleta de materiais genéticos, tentativas para reprodução híbrida se os corpos alienígenas não são sólidos e compatíveis com o corpo humano? A questão colocada faz sentido. E dadas às imensas distâncias que precisam ser vencidas em uma viagem interestelar, uma criatura sólida não teria chances de fazê-la e chegar a Terra ainda vivo. Assim, a Teoria dos Universos Paralelos ganhou força. E a sugestiva teleportação de corpos emergiu como a melhor das hipóteses para se chegar aqui. Com o teletransporte através de portais de interligação se chegaria a outros mundos facilmente, esquivando-se de superar a velocidade da luz com a tomada de atalhos. A viagem assim seria quase instantânea, por assim dizer, sem revogar os preceitos da Relatividade, porque a criatura não precisaria se transformar em energia para fazer a viagem, bastaria entrar num atalho, protegida por uma energia exótica, viajar num tubo do espaço-tempo e chegar a outro local quase num piscar de olhos.

Mas, ainda assim, é comum ver nos contatos criaturas que se dizem sólidas fazerem materialização e desmaterialização, apenas num repente. Ao materializar, o alienígena age como Espírito, mas na coleta genética, atua como se fosse entidade sólida precisando reproduzir a espécie. A criatura, às vezes, se mostra sutil, mas em outras, se mostra densa. Na verdade, é preciso considerar que são duas entidades distintas em ação, agindo ambas de modo sincronizado. As duas possuem um ciclo vital e precisam melhorar a espécie. São figuras *sui generis*. A primeira vive numa quarta dimensão do espaço-tempo, a segunda, em mundo físico, tridimensional como a Terra. Uma é ultrafísica, outra, de matéria sólida, mas está a serviço da primeira.

O fascinante estudo da teleportação nos remete ao Gênesis 6: 2-4, numa época anterior ao dilúvio bíblico, fazendo-nos refletir sobre a suposta lenda dos seres celestes: *"Os filhos de Deus viram que as filhas dos homens eram belas e tomaram-nas como mulheres"*; então *"os filhos de Deus conheceram as filhas dos homens, as quais lhes deram filhos"*. Conforme o mentor espiritual, o tipo Cinza está muito distante de conseguir um feito tão memorável, somente permitido aos ministros de Deus, por assim dizer, encarregados da espécie humana no orbe terrestre, conforme mostramos num trabalho anterior.[2] Essa pretensão não pode ser conseguida por eles na Terra, dada sua imperfeição.

Sendo a coleta genética hostil ao ser humano e altamente deplorável, tal fato não é de modo algum aceito, precisa ser devidamente estudado para se saber os porquês e desenvolver

---

[2] CAMPOS, *Colônia Capella: A outra face de Adão.*

mecanismos de defesa. Embora tal assunto seja extenso, ao mesmo tempo ele é palpitante. A priori, podemos dizer que entidades de grande evolução, responsáveis pela elaboração das formas humanas, são outras bem diferentes dessas coletoras de agora. Sobre aqueles Gênios da genética, por assim dizer, que trabalharam na Terra no início dos tempos, já tratamos de modo extenso no livro *Colônia Capella*. Esses coletores de agora, do tipo Cinza, são seres materialistas, evoluídos na ciência, mas sem capacidade para grandes realizações.

O plano espiritual dá conta de que no passado a civilização Cinza afetou os seus corpos com acidentes radioativos. E agora faz experiências tentando converter o DNA humano em uma cópia extrafísica do mesmo, para com ela enxertar a composição sutil e melhorar sua própria bioforma. Postados num patamar evolutivo em desalinho com os graus elevados da moral, tais entidades coletam na Terra esses materiais, obtidos de diversos seres vivos. E o processo de materialização usado por eles, também emprega parte desses mesmos fluidos.

Embora isso seja um ato deplorável, motivo de nossa mais incisiva reprovação, ainda assim devemos considerar que Espíritos do ambiente terrestre também fazem coisas nocivas ao homem. Quem estuda Espiritismo, sabe que existem regiões sob a crosta terrestre, situadas numa estratificação intraterrena chamada abismo ou trevas, em que entidades impuras, dentre as quais criminosos contumazes, profissionais inveterados do sexo e antigos clínicos da obstetrícia criminosa, estagiam em condições mentais precárias. Elas fazem incursões à crosta para praticarem atos reprováveis ao extremo, casos que podem jogar ao manicômio ou conduzir à morte o encarnado, vítima da obsessão de tais criaturas. A atuação do Cinza pode ser considerada como algo parecido a isso, mas não igual.

Observando o passado do homem, vamos notar que aos poucos, fazendo uso do raciocínio e exercitando seu livre-arbítrio, o homem se definiu como predador maior, que submeteu as demais espécies à sua apreciação, definiu com maestria sua cadeia alimentar e serviu-se dela até que começou a criar em cativeiro suas espécies favoritas para se fartar delas na mesa. E quando precisou se livrar das doenças, criou animais em cativeiro e submeteu-os às mais diversas experiências médicas em laboratório. Isso tudo vemos ocorrer ainda hoje, em ambientes de grande avanço científico. E a humanidade se beneficia dessas práticas, prosseguindo sua marcha evolutiva e melhorando seu corpo físico sem considerar isso imoral. Nessas iniciativas, o homem é apenas amoral, ou seja, não tem plenamente desenvolvido em si o senso moral, porque não o exerce no trato com os seres de consciência e capacidade cerebral inferior à sua, relegando-os à própria sorte.

Todavia, observando-se em conjunto a lei de causa e efeito associada com a do livre-arbítrio, tanto na conduta pessoal quanto na de uma sociedade, e partindo-se do princípio de que tais leis vigoram em todos os mundos, pergunta-se: Quais serão os efeitos que a matança de animais produzirá na humanidade? E as experiências médicas com animais, o que trarão ao homem? De modo apenas comparativo, indaga-se: Será que uma civilização alienígena, com a ciência mais adiantada, poderia submeter o homem assim como ele submete os animais? Como vimos na sessão de desabdução realizada por Dr. Fritz, a resposta poderia ser: *"Sim! Uma civilização mais adiantada pode subjugar o homem"*.

Se entendermos que a humanidade é ainda indiferente para com o sofrimento dos animais, da mesma maneira, talvez, pudéssemos entender a ação dos seres Cinza contrária ao homem. Enquanto ao homem falta sensibilidade para livrar os animais, ao alienígena faltaria o mesmo para livrar os seres humanos. O animal estaria para o homem assim como o homem estaria para os seres Cinza; ou seja, um subjugando o outro em razão de sua maior capacidade. E cada qual, a seu modo, gerando débitos para resgate futuro.

Todavia, atos de moral deplorável devem ser por nós repelidos, seja onde for. Por mais sentimentais e amorosos que formos, ainda assim não podemos compactuar em nada com a ação dos Cinzas, porque a luz da razão sempre chega, ilumina a penumbra e triunfa em todas as esferas do infinito. O homem não está desamparado na espiritualidade. Ao contrário, tem dela toda a proteção. É preciso confiança em si mesmo e fé na providência Divina, para fazer valer a moral e o livre-arbítrio nas coisas do bem. Atos de moral precária não devem ser compactuados, mas repelidos.

Alguns ETs sólidos, para interagir com o homem, operam tecnologias fantásticas. Seus aparelhos psicotrônicos irradiam imagens como se fossem filmes em estado etéreo, ao mesmo tempo em que aguçam a faculdade de vidência do médium para que a irradiação seja facilmente percebida. Para isso, sua atuação focaliza a capacidade cerebral da pessoa, ativa suas faculdades tornando a transmissão telepática mais fácil. Assim, enquanto as formas alienígenas de seres e objetos são projetadas e as mensagens telepáticas captadas pela mente humana, o alienígena, a seu turno, se mantém fisicamente à distância, observando tudo sem ser diretamente observado. Com isso, mantém-se em segurança, até que seja conveniente para ele efetuar o contato de terceiro grau, ocasião em que tudo se realiza face a face, de modo totalmente planejado por ele.

Esse *modus operandi* é usado pelos ETs sólidos que chegam à Terra por meio de um sistema avançado de teletransporte, semelhante aos casos de psicocinesia (ação da mente sobre a matéria), levados a efeito no laboratório da Universidade de Duke pelo Dr. Rhine,[3] e associados aos efeitos de *apport*, obtidos no Espiritismo científico pelo Dr. Zöllner.[4] O transporte paranormal de objetos e seres vivos, por fora do nosso espaço, através de um hiperespaço interligando várias dimensões, teoricamente poderia ser acessado por *"tubos do espaço-tempo"*, que a ciência denominou Buracos de

---

[3] RHINE, 1958.
[4] ZÖLLNER, 1996.

UM VERMELHO ENCARNADO NO CÉU

Minhoca[5] (Wormholes).[6] O Caso Roswell é exemplo prático dessa atuação. Portanto, sendo fato, é científico. E os fatos são os fatos, a ciência sempre supera a filosofia e as crenças, contra os fatos não há argumentos que possam resistir.

O Cinza tipo "cabeça de pera e olhos de formiga", por assim dizer, revelou-se um ET sólido. Ele opera na Terra, ajudado por outras criaturas, os ETs ultrafísicos, oriundos de uma espécie Cinza mais evoluciona, um tipo mais alto que o primeiro. Sem dúvida, ambos tiveram origem diferente da raiz primata de onde o homem partiu na evolução. Seu sistema de comunicação é quase que inteiramente através de telepatia. Opera uma tecnologia avançada para realizar a transmutação insólita nas coisas, utilizando para isso os fluidos coletados no ambiente terrestre. Materializa e desmaterializa objetos com facilidade, mas não consegue fazer o mesmo com os seres vivos. O ET sólido utiliza um processo de teletransporte quase instantâneo e viaja através de outra dimensão do espaço-tempo, diferente de tudo hoje conhecido pela ciência terrestre, razão porque nada se encaixa no clássico entendimento das viagens interplanetárias. Ele não é um extraterrestre com o "padrão" humano, por isso o entendimento dele está prejudicado. Seu poder mental está mais desenvolvido que o do homem, razão pela qual encontra certa facilidade para dominá-lo com a força do pensamento nos eventos de abdução. Nos experimentos que realiza, seu objetivo é estudar o corpo humano e monitorá-lo para conhecer o desempenho. Sem dúvida, pretende converter o DNA das formas vivas em cópia extrafísica de informações genéticas, para aproveitá--las em benefício das espécies em seu orbe, principalmente da sua própria, que fora degenerada no passado em razão de acidentes radioativos. Dedica-se às experiências genéticas para obtenção de novas espécies e à reprodução delas através de processos de clonagem, para trabalhos específicos desses servidores em sua civilização de cunho materialista.

---

[5] HAWKING, 2002.

[6] Para saber mais sobre Buracos de Minhoca pode-se ver na web: <www.saindodamatrix.com.br/archives/2005/08/teleporte_de_ob.html>(2006).

São entidades cuja bondade de coração e a sensibilidade fraterna ainda não tocaram o suficiente, estando sujeitas a sérios reveses na escalada de progresso.

Embora não seja nada alentador, o perfil das duas civilizações alienígenas que mais aportam ao orbe terrestre é esse que traçamos. Trata-se de seres que também vivem em Mundos de Provas e Expiações (como denomina a Doutrina dos Espíritos) tal como o homem, estando sujeitos às vicissitudes e às mazelas decorrentes de sua condição evolutiva. Segundo o Espiritismo, não tardará o dia em que todo aquele que não mais se enquadrar nos pré-requisitos de "mundo regenerado" que a Terra em breve se transformará, daqui será levado para habitar outras moradas do infinito, mais condizentes com o seu estado íntimo. Não se trata de castigo, mas de adequação ao nível de cada um. Nessa leva, estarão incluídos todos os seres que aportam à Terra e praticam atos nocivos à vida, porque a justiça Divina não falha, segundo o mentor espiritual.

Embora Dr. Fritz durante a sessão de desabdução tenha se referido exclusivamente à Corrente das Fraternidades para a tarefa de livrar os abduzidos, ou seja, aos Espíritos de Luz que fazem a mediação entre os homens e as entidades alienígenas, na Ufologia, a seu turno, a figura de Ashtar Sheran tem sido muito lembrada em ocasiões semelhantes. Trata-se de uma entidade pouco conhecida no meio espírita. Vamos dar aqui uma visão dessa enigmática figura, para que seja mais bem conhecida. Mas destacando que o ramo da espiritualidade encarregado de acionar essa e outras entidades é a Corrente das Fraternidades.

Para entender Ashtar Sheran segundo os preceitos espíritas é bastante fácil. Embora ele seja uma entidade encarnada, por assim dizer, pode receber uma classificação específica, do mesmo modo que os Espíritos errantes. Admitem-se no Espiritismo três grandes divisões para mostrar o estágio evolutivo de cada entidade. Na base da pirâmide, situam-se os

UM VERMELHO ENCARNADO NO CÉU

espíritos imperfeitos, na faixa central os *bons espíritos*, e no topo da escala, os *espíritos puros*. Temos assim três grandes levas superpostas: seres imperfeitos, bons e puros. Todavia, a escala de progresso é ilimitada, razão pela qual qualquer classificação que se faça nada poderá ter de absoluto, uma vez que não há linhas divisórias estabelecendo fronteiras. As subdivisões podem ser aumentadas ou diminuídas para se estabelecer uma relação satisfatória de entendimento.[7]

Os *espíritos puros* são aqueles que já percorreram toda a escalada de progresso e atingiram o patamar mais elevado, por méritos próprios, não precisando mais reencarnar. Em razão disso, não usam mais os corpos mortais, sejam eles densos ou sutis. São aqueles a quem chamamos de seres sublimados, que executam as ordens do Altíssimo para manutenção da harmonia. Compreende-se assim que as maiores hierarquias do universo são compostas por eles, ou seja, os chamados anjos, arcanjos, serafins etc. Nessa categoria está a conhecida figura do arcanjo Miguel, que muitos interpretam equivocadamente como sendo a figura de Ashtar Sheran. Cumpre notar que aos espíritos puros não há limites no universo. Eles são autossuficientes para transpor as galáxias e os sistemas de galáxias, não precisando para isso de espaçonave alguma. Sendo apenas um foco inteligente, projetam-se para qualquer parte do infinito com a velocidade do pensamento e coordenam todas as demais hierarquias que lhes são inferiores. São os verdadeiros *"prepostos de Deus"*.

Os *bons espíritos* são aqueles que ficam logo abaixo dos puros. Predomina neles o desejo do bem, ficando as coisas materiais num plano quase desprezível. Durante a longa escalada de progresso nos planos inferiores, adquiriram qualidades morais e sabedoria científica que lhes confere hoje o poder para realizar as obras mais fraternas e edificantes. A bondade é a sua característica marcante. Nessa ordem de espíritos, enquadram-se todas as Fraternidades, ou seja, as correntes espirituais que interferem positivamente nos seres

---

[7] Para aprofundar estudos ver Allan Kardec, *O Livro dos Espíritos*, 2ª Parte, Cap. I.

densos, encarnados em mundos materiais, e nos seres sutis, "encarnados" em esferas ultrafísicas. No passado, a cultura do homem encarregou-se de dar a eles diversos nomes: gênios, mestres, protetores, seres de luz, espíritos do bem etc.

Nessa ordem de pensamento encontramos a figura de Ashtar Sheran na condição de espírito bom, mas ainda assim "encarnado", fazendo uso de um corpo sutil, menos denso. Trata-se de um ET de antimatéria, por assim dizer, que atua nas esferas ultrafísicas realizando tarefas enobrecedoras, engajado no comando de uma frota intergaláctica. Não estando ainda totalmente desmaterializado, conserva os traços da existência corpórea, tais como as formas, a linguagem, os hábitos, as maneiras de proceder. Não fosse isso, seria um espírito perfeito, não teria corpo "físico" e não precisaria de astronaves para cruzar o cosmos, pois os espíritos puros fazem isso facilmente sem elas. Atua tendo sob seu comando uma equipe de seres "encarnados" como ele, que com suas astronaves patrulham os distritos do universo que lhes foram confiados. É feliz por realizar o bem e por impedir a realização do mal, proporcionando bem-estar, paz e harmonia às pessoas, aos povos e às civilizações. Trabalha para neutralizar as forças contrárias projetadas pelos seres imperfeitos, como, por exemplo, os atos reprováveis da civilização do tipo Cinza, composta por entidades trevosas, dotadas de saber científico, mas fracas em termos morais por praticarem atos lesivos ao ser humano, tais como as abduções e as experiências genéticas. Ashtar Sheran é a força neutralizadora dessas ações. É o emissário dos Espíritos puros, como, por exemplo, do arcanjo Miguel, que lhe incumbe a tarefa de sanear o ambiente terrestre, quer bloqueando a ação dos Cinzas, quer transferindo os espíritos imperfeitos para outros orbes do infinito, aos novos locais em que irão encarnar.

No que concerne ao saneamento da Terra e à transformação do planeta num mundo melhor, o autor espiritual nos fala de uma grande mudança neste Terceiro Milênio, a qual já se iniciou e deverá prosseguir ainda por séculos à frente.

UM VERMELHO ENCARNADO NO CÉU

Nos tempos que hão de vir, somente Espíritos de índole mais aprimorada deverão encarnar na Terra. E esse será o motivo da transformação planetária. O homem de épocas vindouras estará melhorado em sentimentos e procedendo de modo mais humanitário. Contudo, além dessa massa de Espíritos com moral mais elevada, vindos de outros distritos espaciais distantes, há também aqueles que estão deixando esta escola para continuarem o aprendizado em outros orbes do infinito, em perfeita sintonia com o grau de avanço conseguido e segundo suas próprias aspirações. Essa transmigração espiritual está sendo conduzida por entidades de elevada hierarquia. Não vamos aqui explicitar cada uma delas, mas apenas generalizá-las como sendo entidades da ordem de Ashtar Sheran.

Todavia, nessa tarefa enobrecedora, conforme postula o Espiritismo, o leme de comando está nas mãos de Jesus, o Espírito puro responsável pelos destinos da Terra. No Espiritismo, os codificadores falaram da existência de um tipo de vida menos material existente no universo, de um ser de corpo incomum, evolucionado nos círculos sutis de outras esferas planetárias e também nas profundezas etéreas do cosmos. Essa criatura de natureza ultrafísica, invisível ao homem, por estar vivo, seria natural ter de reproduzir a espécie para a continuidade da vida. Do mesmo modo, seria normal desenvolver tecnologia, a qual poderia já ter atingido um patamar muito mais avançado que o terrestre. Se considerarmos isso, então vamos ver que os ufos são as expressões técnicas dessas civilizações mais adiantadas, vibrando numa faixa de vida totalmente desconhecida da nossa ciência.

Em uma canalização na Alemanha, Ashtar Sheran falou:

> Ao lado do universo visível, existe também um universo invisível. Esse antiuniverso se assemelha na construção e na estrutura ao universo material. Os seres viventes daquele antiuniverso, que contém também humanidades, não podem ser vistos sem o uso de complicadíssimo aparelhamento. O antiuniverso, porém, não deve ser confundido com os mundos espirituais, porque essa é outra esfera, assim como a de Deus, postada entre as encarnações materiais.

PEDRO DE CAMPOS INSTRUÇÕES DE YEHOSHUA BEN NUN

O grupo de Herbert Victor Speer, em Berlim, após os contatos que teve, registrou essas informações e as deu ao público no livro *Appello dal Cosmo*.[8] E essas palavras estão em sintonia com a visão espírita dos mundos menos materiais.

A seu turno, os *espíritos imperfeitos* são aqueles que progrediram pouco na evolução e seus interesses materiais predominam sobre tudo. Possuem certa intuição de Deus, mas não o compreendem de todo. Nessa categoria, vamos encontrar a maior parte dos seres humanos e ainda aqueles que certos povos chamaram de duendes, gnomos, demônios, gênios malfazejos, espíritos do mal e outros. Quando encarnados, as criaturas que eles constituem são inclinadas às paixões, aos vícios, à hipocrisia e a toda sorte de imperfeições morais.

Nesse diapasão encontramos na Ufologia também as criaturas do tipo Cinza, entidades "encarnadas" em outros orbes, um tipo de intruso que se insinua na Terra para pesquisar os seres vivos e a geologia do planeta. Observamos nele um grau de avanço científico superior ao do homem, contudo, seu nível de maturidade moral e social é inferior. Trata-se de uma entidade incomum, não só porque sua constituição física é aparentemente frágil e repulsiva, mas também porque sua moral está em franco retardo, desproporcional ao elevado grau científico já obtido. Seus procedimentos sugerem um caráter materialista e extremado, capaz de produzir no mundo em que vive um ambiente de intrigas, onde as experiências genéticas e as pesquisas do átomo fervem destituídas de sentimento. Propensas ao mal, aos abusos advindos do personalismo, do egoísmo e da falta de ética, interessadas apenas em pesquisas, procuram colocar a humanidade para ferver num caldeirão sem alma. Com a destra, alçaram a bandeira do saber, mas com a esquerda arrancaram o amor do coração. São esses os intrusos que mais aportam a Terra e que mais exigem ações de neutralização de entidades da ordem de Ashtar Sheran.

---

[8] SHERAN, 1974, p. 101.

UM VERMELHO ENCARNADO NO CÉU

No decorrer do tempo, essa figura de "guardião dos céus" se transformou no símbolo das forças do bem. E qualquer entidade do tipo Nórdico que se apresente na Terra será tomada como sendo Ashtar Sheran, porque ele passou a ser a referência dileta dos canalizadores, a entidade que todo ufólogo gostaria de contatar para um diálogo esclarecedor. Na Ufologia, Ashtar Sheran pode ser considerado uma entidade capaz de proteger as vítimas de abdução e de anular as ações malfazejas. Estando encarnado, suas ações são benevolentes. Está despojado do orgulho, do egoísmo e da ambição que caracterizam os seres inferiores. O ódio e o rancor não estão presentes na sua personalidade, nem tampouco a competição e o desejo de experimentar, porque isso já ficou longe em sua escalada de progresso. Pratica apenas o bem pelo bem, sem buscar outra recompensa.

Seu perfil é esse, de um espírito bom, entidade de elevada estirpe, encarnado num universo ultrafísico e atuando no cumprimento das leis Divinas para que a amplidão celeste não seja um "espaço de ninguém".

Em uma interpretação espiritista, quem aciona Ashtar Sheran para atuar livrando os abduzidos de entidades menos evoluídas é a Corrente das Fraternidades, a mesma hierarquia espiritual que Dr. Fritz se referiu em seu trabalho de desabdução, mostrado nesta obra, caro leitor, para haver uma referência específica e saber-se amplamente da assistência fraternal realizada em uma Casa Espírita.

Nessa ordem de pensamentos, vamos também encontrar no Antigo Testamento as entidades responsáveis por proteger Israel: *"Então enviei vespões diante de vós, que os expulsaram da vossa presença"*(Js 24, 12), resolvendo de vez a questão ameaçadora. Assim nos ensina *Yehoshua.*

BIBLIOGRAFIA

ANDRADE, Hernani Guimarães. *Poltergeist*. 2 ed., São Paulo, Pensamento, 1993.

———. *Parapsicologia, uma Visão Panorâmica*. 1 ed., Bauru, FE, 2002.

AZEVEDO, Dr. José Lacerda. *Espírito & Matéria: Novos Horizontes para a Medicina*. S.c., Private, s.d.

BECK, Roberto Affonso. *Ufologia à Luz dos Fatos: pesquisas e experiências pessoais com discos voadores no Brasil*. Campo Grande, CBPDV, 2006.

BERLITZ, Charles & MOORE, William L. *Incidente em Roswell*. Rio de Janeiro, Nova Fronteira, 1980.

BONDARCHUK, Yurko. *UFO — Observações, Aterrissagens e Sequestros*. 2 ed., São Paulo, Difel, 1982.

BRIAZACK, Norman J. & MENNICK, Simon. *O Guia dos UFOs*. São Paulo. Difel, 1979.

BROOKESMITH, Peter. *O Mundo dos Discos Voadores*. São Paulo, Círculo do Livro, 1987.

CAMPOS, Pedro de. *Universo Profundo: Seres Inteligentes e Luzes no Céu*. São Paulo, Lúmen Editorial, 2003.

―――. *UFO: Fenômeno de Contato*. São Paulo, Lúmen Editorial, 2005.

―――. *Colônia Capella: A outra face de Adão*. 6 ed., São Paulo, Lúmen Editorial. 2006.

CHÂTELAIN, Maurice. *Os Mensageiros do Cosmos*. Lisboa, Europa-América, 1980.

CONOZCA MÁS, Equipe. *Caso Roswell: ET – EL Informe Final*. Buenos Aires, Editorial Atlântida, 1995. Contém os escritos de Stanton Friedman e Don Berliner.

CORSO, Philip J. *The Day After Roswell*. New York, Pocket Books, 1998.

―――. *Dossiê Roswell*. Rio de Janeiro, Educare Brasil, 1999.

COSTA, Vitor Ronaldo. *Apometria, Novos Horizontes da Medicina Espiritual*. 2 ed., Matão, O Clarim, 2000.

CROOKES, William. *Fatos Espíritas*. Rio de Janeiro, Federação Espírita Brasileira, 1971.

DAVIES, Paul. *Outros Mundos*. Lisboa, Edições 70, s.d.

DOYLE, Arthur Conan. *História do Espiritismo*. São Paulo, Pensamento, s.d.

DURRANT, Henry. *O Livro Negro dos Discos Voadores*. Lisboa, Ulisseia, s.d.

EMENEGGER, Robert. *OVNI's: Passado, Presente & Futuro*. Lisboa, Portugália, s.d.

ERNY, Alfred. *O Psychismo Experimental*. Rio de Janeiro, Garnier, s.d.

FRIEDMAN, Stanton T. & BERLINER, Don. *Crash at Corona: The U.S. Military Retrieval and Cover-up of a UFO*. New York, Marlowe, 1992.

FULLER, John G. *A Viagem Interrompida*. Rio de Janeiro, Record, s.d.

———. *Incident at Exeter: The story of UFOs over America.* New York, Putnam, 1966.

———. *Aliens in the Skies: The scientific rebuttal to the Condon Committee report.* Nova York, Putnam, 1969.

———. *Arigó: O Cirurgião da Faca Enferrujada.* São Paulo, Nova Época, 1975.

———. *Ghost of 29 Megacycles.* New York, New American, 1986.

GADDIS, Vicent H. *Mysterious Fires and Lights.* New York, Dell, 1968.

GELLER, Uri. *Minha História.* Rio de Janeiro, Nova Fronteira, 1975.

GOLDSTEIN. Karl W. *Transcomunicação Instrumental: TCI.* São Paulo, Folha Espírita, 1992. Autor é pseudônimo de Hernani G. Andrade.

HALL, Richard H. *The UFO Evidence.* Washington, Nicao, 1964.

HARSCH, Maggy & LOCHER, Theo. *Transcomunicação: A Comunicação com o Além por Meios Técnicos.* São Paulo, Pensamento, 1992.

HAWKING, Stephen. *O Universo numa Casca de Noz.* 6 ed., São Paulo, Arx, 2002.

HOPKINS, Budd. *Intrusos.* Rio de Janeiro, Record, 1991.

———. *Testemunho Oficial.* Rio de Janeiro, Educare Brasil, 1998.

HYNEK, J. Allen. *OVNI — Relatório Hynek.* Lisboa, Portugália, s.d.

———. *Ufologia: Uma pesquisa Científica.* Rio de Janeiro, Nórdica, s.d.

———. & VALLE, Jacques. *The Edge of Reality: A Progress Report on Unidentified Flying.* Chicago, Henry Regnery, 1975.

JÜRGENSON, Friedrich. *Telefone para o Além.* Rio de Janeiro, Civilização Brasileira, 1972.

KARDEC, Allan. *O Livro de Allan Kardec.* São Paulo, Opus, s.d. Contém biografia de Allan Kardec e suas obras: *O Livro dos Espíritos, O Que é o Espiritismo, O Livro dos Médiuns, O*

Evangelho Segundo o Espiritismo, O Céu e o Inferno, A Gênese, Obras Póstumas.

―――. *Revista Espírita: Jornal de Estudos Psicológicos.* Período de 1858-1869. São Paulo, Edicel, s.d.

KEYHOE, Donald E. *Flying Sancers From Outer Space.* Ed. bras.: *A Verdade Sobre Os Discos Voadores.* Rio de Janeiro, LCB, s.d.

―――. *Aliens From Space.* Ed. Bras.: *A Verdade Sobre Os Discos Voadores.* São Paulo, Global, 1977.

LINS, Edmar. *Os Fantásticos Caminhos da Parapsicologia.* 1ª ed., Brasília, Ebrasa, 1970.

MICHELI, Angelo de'. *Guia do Espiritismo.* São Paulo, Maltese, 1991.

NOBILE, Peter. *UFO: Triângulo das Bermudas e Atlântida.* São Paulo, Melhoramentos, 1979.

PAULA, João Teixeira de. *Dicionário Enciclopédico Ilustrado: Espiritismo, Metapsíquica, Parapsicologia.* 3ª ed., Porto Alegre, Bels, 1976.

PUHARICH, Andrija. *Uri Geller: Um fenômeno da parapsicologia.* Rio de Janeiro, Record, 1974.

RANGEL, Mário Nogueira. *Sequestros Alienígenas: Investigando Ufologia com e sem Hipnose.* Campo Grande, CBPDV, 2001.

RAUDIVE, Konstantin. *Breakthrough.* New York, Taplinger, 1971.

RHINE, Joseph Banks. *El Nuevo Mundo da Mente.* Buenos Aires, Paidos, 1958.

RINALDI, Sonia. *Gravando Vozes do Além.* 1ª ed. São Paulo, Private, 2005. Com CD. Transcomunicação Instrumental na prática.

REGIS JR., Edward. *Extraterrestres: Ciência e Inteligências Alienígenas.* Lisboa, Europa-América, 1985.

RODRIGUES, Ubirajara. *O Caso Varginha.* Campo Grande, CBPDV, 2001.

RUPPELT, Edward J. *Discos Voadores: relatório sobre os objetos aéreos não identificados.* São Paulo, Difel, 1959.

PEDRO DE CAMPOS INSTRUÇÕES DE **YEHOSHUA BEN NUN**

SAGAN, Carl. *O Mundo Assombrado pelos Demônios*. São Paulo, Companhia das Letras, 2006.

SHELDON, Sidney. *Juízo Final*. Rio de Janeiro, Record, 1992.

SHERAN, Ashtar. *Appello dal Cosmo: La Terra è in pericolo*. Roma, Mediterranee, 1974.

STEIGER, Brad. *Projeto Livro Azul*. 3 ed., Lisboa, Portugália, 1976.

TIMES-LIFE, Editores. *O Fenômeno OVNI*. Rio de Janeiro, Abril Livros, 1992.

———. *Evocação dos Espíritos*. Rio de Janeiro, Abril Livros, 1993.

TINÔCO, Carlos Alberto. *Poltergeists: Fenômenos Paranormais de Psicocinesia Espontânea*. 2ª ed., São Paulo, Ibrasa, 1989.

UCHÔA, A. Moacyr. *Além da Parapsicologia: 5ª e 6ª Dimensões da Realidade*. Brasília, Ebrasa, 1969.

———. *A Parapsicologia e os Discos Voadores*. 3 ed., Brasília, Horizonte, 1981.

———. *Mergulho no Hiperespaço*. 3 ed. Brasília. Horizonte. 1981.

XAVIER, Francisco Cândido. *Nos Domínios da Mediunidade*. 11ª ed., Rio de Janeiro, Federação Espírita Brasileira, 1955.

———. *Cartas de uma Morta*. 8.ed. São Paulo, Lake, 1981.

WALLACE. Alfred Russel. *O Aspecto Científico do Sobrenatural*. Niterói, Lachâtre, 2003.

ZÖLLNER, J.K. Friedrich. *Provas Científicas da Sobrevivência, Física Transcendental*. 6 ed., Sobradinho, Edicel, 1996.

Leia os romances de Schellida!
Emoção e ensinamento em cada página!
Psicografia de Eliana Machado Coelho

O BRILHO DA VERDADE
Samara viveu meio século no Umbral passando por experiências terríveis. Esgotada, consegue elevar o pensamento a Deus e ser recolhida por abnegados benfeitores, começando uma fase de novos aprendizados na espiritualidade. Depois de muito estudo, com planos de trabalho abençoado na caridade e em obras assistenciais, Samara acredita-se preparada para reencarnar.

UM DIÁRIO NO TEMPO
A ditadura militar não manchou apenas a História do Brasil. Ela interferiu no destino de corações apaixonados.

DESPERTAR PARA A VIDA
Um acidente acontece e Márcia, uma moça bonita, inteligente e decidida, passa a ser envolvida pelo espírito Jonas, um desafeto que inicia um processo de obsessão contra ela.

O DIREITO DE SER FELIZ
Fernando e Regina apaixonam-se. Ele, de família rica, bem posicionada. Ela, de classe média, jovem sensível e espírita. Mas o destino começa a pregar suas peças...

SEM REGRAS PARA AMAR
Gilda é uma mulher rica, casada com o empresário Adalberto. Arrogante, prepotente e orgulhosa, sempre consegue o que quer graças ao poder de sua posição social. Mas a vida dá muitas voltas.

UM MOTIVO PARA VIVER
O drama de Raquel começa aos nove anos, quando então passou a sofrer os assédios de Ladislau, um homem sem escrúpulos, mas dissimulado e gozando de boa reputação na cidade.

O RETORNO
Uma história de amor começa em 1888, na Inglaterra. Mas é no Brasil atual que esse sentimento puro irá se concretizar para a harmonização de todos aqueles que necessitam resgatar suas dívidas.

FORÇA PARA RECOMEÇAR
Sérgio e Débora se conhecem a nasce um grande amor entre eles. Mas encarnados e obsessores desaprovam essa união. Conseguirão ficar juntos?

LIÇÕES QUE A VIDA OFERECE
Rafael é um jovem engenheiro e possui dois irmãos: Caio e Jorge. Filhos do milionário Paulo, dono de uma grande construtora, e de dona Augusta, os três sofrem de um mesmo mal: a indiferença e o descaso dos pais, apesar da riqueza e da vida abastada. Nesse clima de desamor e carência afetiva, cada um deles busca aventuras fora de casa e, em diferentes momentos, envolvem-se com drogas, festinhas, homossexualismo e até um seqüestro.

Obras da médium
Maria Nazareth Dória

Mais luz em sua vida!

A Saga de Uma Sinhá (espírito Luiz Fernando - Pai Miguel de Angola)
Sinhá Margareth tem um filho proibido com o negro Antônio. A criança escapa da morte ao nascer. Começa a saga de uma mãe em busca de seu menino.

Lições da Senzala (espírito Luiz Fernando - Pai Miguel de Angola)
O negro Miguel viveu a dura experiência do trabalho escravo. O sangue derramado em terras brasileiras virou luz.

Amor e Ambição (espírito Helena)
Loretta era uma jovem nascida e criada na corte de um grande reino europeu entre os séculos XVII e XVIII. Determinada e romântica, desde a adolescência guardava um forte sentimento em seu coração: a paixão por seu primo Raul. Um detalhe apenas os separava: Raul era padre, convicto em sua vocação.

Sob o Olhar de Deus (espírito Helena)
Gilberto é um maestro de renome internacional, compositor famoso e respeitado no mundo todo. Casado com Maria Luiza, é pai de Angélica e Hortência, irmãs gêmeas com personalidades totalmente distintas. Fama, dinheiro e harmonia compõem o cenário daquela bem-sucedida família. Contudo, um segredo guardado na consciência de Gilberto vem modificar a vida de todos.

Um Novo Despertar (espírito Helena)
Simone é uma moça simples de uma pequena cidade interiorana. Lutadora incansável, ela trabalha em uma casa de família para sustentar a mãe e os irmãos, e sempre manteve acesa a esperança de conseguir um futuro melhor. Porém, a história de cada um segue caminhos que desconhecemos.

Jóia Rara (espírito Helena)
Leitura edificante, uma página por dia. Um roteiro diário para nossas reflexões e para a conquista de uma padrão vibratório elevado, com bom ânimo e vontade de progredir. Essa é a proposta deste livro que irá encantar o leitor de todas as idades.

Minha Vida em tuas Mãos (espírito Luiz Fernando - Pai Miguel de Angola)
O negro velho Tibúrcio guardou um segredo por toda a vida. Agora, antes de sua morte, tudo seria esclarecido, para a comoção geral de uma família inteira.

Rua dos Ingleses, 150 – Morro dos Ingleses
CEP 01329-000 – São Paulo – SP
Fone: (0xx11) 3207-1353

visite nosso site: www.lumeneditorial.com.br
fale com a Lúmen: atendimento@lumeneditorial.com.br
departamento de vendas: comercial@lumeneditorial.com.br
contato editorial: editorial@lumeneditorial.com.br
siga-nos no twitter: @lumeneditorial